DOMINIQUE LORMIER

LES VICTOIRES FRANÇAISES
DE 1914 À NOS JOURS

Dominique Lormier

Historien et auteur de plus de 150 ouvrages, membre de l'Institut Jean Moulin, lieutenant-colonel de réserve, chevalier de la Légion d'Honneur, Dominique Lormier est l'un des plus grands spécialistes des deux guerres mondiales.

Les victoires françaises de 1914 à nos jours

Publié par Le Retour aux Sources

www.leretourauxsources.com

© Omnia Veritas Limited – Dominique Lormier – 2020

Tous droits réservés. Aucune partie de cette publication ne peut être reproduite par quelque moyen que ce soit sans la permission préalable de l'éditeur. Le code de la propriété intellectuelle interdit les copies ou reproductions destinées à une utilisation collective. Toute représentation ou reproduction intégrale ou partielle faite par quelque procédé que ce soit, sans le consentement de l'éditeur, de l'auteur ou de leur ayants cause, est illicite et constitue une contrefaçon sanctionnée par les articles L-335-2 et suivants du Code de la propriété intellectuelle.

INTRODUCTION 9
I **13**
    LA MARNE 1914 13
II **21**
    VOSGES 1915 21
III **30**
    VERDUN 1916 30
IV **38**
    LA MALMAISON 1917 38
V **45**
    LA MARNE 1918 45
VI **51**
    RIF ET DJEBEL DRUZE 1921-1926 51
        La guerre du Rif au Maroc (1921-1926) *51*
        La guerre du Djebel druze au Levant (1925-1926) *52*
VII **54**
    NARVIK 1940 54
VIII **65**
    HANNUT-GEMBLOUX 1940 65
IX **85**
    STONNE 1940 85
X **105**
    ABBEVILLE 1940 105
XI **123**
    DUNKERQUE 1940 123
XII **167**
    AMIENS 1940 167
XIII **183**
    RETHEL-ATTIGNY 1940 183
XIV **191**
    VONCQ 1940 191
XV **198**
    SAINT-AVOLD ET SARRALBE 1940 198
XVI **203**
    ALPES 1940 203
XVII **225**
    ÉRYTHRÉE 225
XVIII **248**
    BIR-HAKEIM 1942 248
XIX **284**
    TUNISIE ET CORSE 1942-1943 284
XX **307**
    ITALIE ET ILE D'ELBE 1943-1944 307
XXI **336**

BRETAGNE 1944	336
XXII	**347**
PROVENCE 1944	347
XXIII	**360**
PARIS ET DOMPAIRE 1944	360
XXIV	**369**
VOSGES ET ALSACE 1944-1945	369
XXV	**380**
ALLEMAGNE 1945	380
XVI	**397**
INDOCHINE LA RECONQUÊTE 1945-1953	397
XVII	**401**
ALGÉRIE 1954-1962	401
XVIII	**412**
KOLWEZI 1978	412
XXIX	**415**
OPÉRATION DAGUET 1991	415
XXX	**417**
LIBYE 2011	417
CONCLUSION	**424**
ÉDITIONS LE RETOUR AUX SOURCES	**437**

INTRODUCTION

L'administration américaine du Georges Bush a fustigé l'attitude pacifique du gouvernement de Jacques Chirac, lors de la seconde guerre contre l'Irak en 2003, par un déferlement de contre-vérités historiques à l'encontre de la France et de son armée. Cette Amérique qui admirait jadis la résistance héroïque du poilu de 14-18, au point d'en faire un film à grand budget sous la direction d'Howard Hawks en 1936 (*Les Chemins de la gloire*), passait subitement d'un extrême à l'autre après la défaite française de mai-juin 1940, en considérant la France comme un pays vaincu définitivement, du fait de son manque de combattivité, ce que le président Roosevelt allait sans cesse reprocher amèrement au général de Gaulle, en faisant tout son possible pour que le plus ancien allié de l'Amérique ne figure pas à la table des négociations des grandes puissances victorieuses de 1943 à 1945.

Ce point de vu réducteur, d'une France peureuse et défaitiste, est souvent relayé par de nombreux médias français, frappés du syndrome de « masochisme national ». Aux dires de ces « faiseurs d'opinion » et d'une partie de la pensée américaine la plus conservatrice, voir la plus réactionnaire, la France n'aurait connu que des défaites militaires depuis Waterloo en 1815, soit depuis la chute de l'Empire napoléonien. La guerre de 14-18 ne serait qu'une simple parenthèse, liée en grande partie à l'intervention de l'armée américaine en 1918, qui aurait largement contribué à la victoire des Alliées. C'est oublier que lors la seconde bataille décisive de la Marne en juillet 1918, 110 divisions françaises se trouvent engagées sur le front occidental contre 6 divisions américaines sur les 23 disponibles, et que c'est donc bien l'armée française qui a largement contribué à cette défaite irrémédiable de l'Allemagne. L'armée britannique, décimée par les offensives allemandes du printemps 1918, en Picardie et dans les Flandres, ne tient son secteur que grâce aux renforts de 40 divisions françaises. Les contre-offensives victorieuses françaises de l'été 1918, utilisant massivement les chars d'assaut et l'aviation, ont été le facteur décisif de la défaite allemande, comme l'a reconnu le Kaiser lui-même.

Contrairement aux clichés véhiculés depuis des décennies sur la défaite de mai-juin 1940, l'armée française n'a pas démérité, comme l'attestent divers succès tactiques sur le terrain, présentés en détails dans cet ouvrage. Les erreurs stratégiques du haut commandement français, en se trompant sur l'axe réel de l'offensive de la Wehrmacht, la meilleure utilisation des divisions blindées chez les Allemands, soutenue par un système de transmission performant, sans oublier la supériorité numérique et technique de la Luftwaffe, ont permis à Hitler de remporter une indéniable victoire, malgré la résistance acharnée des troupes tricolores, dont les principaux généraux allemands, comme Rommel et Guderian, ont souligné l'immense bravoure.

À des moments cruciaux du Second Conflit mondial, l'armée française a joué un rôle déterminant dans la victoire des Alliés. À Dunkerque en mai-juin 1940, la résistance des troupes françaises sauve le corps expéditionnaire britannique de la capture, permettant ainsi à Churchill de poursuivre la guerre avec une réserve suffisante de soldats professionnels, dont deux futurs maréchaux : Montgomery et Alexander. À Bir-Hakeim en mai-juin 1942, la 1ère brigade française libre bloque durant une quinzaine de jours l'offensive de Rommel, permettant à l'armée britannique de se dégager et de se rétablir à El Alamein. En Tunisie, durant l'hiver 1942-1943, l'armée française d'Afrique fixe le gros des troupes allemandes et italiennes, favorisant ainsi la contre-offensive alliée du printemps, chassant définitivement l'Axe de l'Afrique du Nord. En Italie, le corps expéditionnaire français joue un rôle décisif dans la percée des défenses allemandes en mai-juin 1944, malgré les difficultés du terrain en zone montagneuse. Les maquis de la Résistance intérieure et 2 régiments parachutistes gaullistes fixent dans la guérilla 150 000 soldats allemands en Bretagne en juin 1944, favorisant ainsi la constitution d'une tête de pont solide en Normandie, après le débarquement des Alliés. Enfin, fait souvent occulté, 60% du territoire national est libéré exclusivement par les FFI (AS, ORA, FTP), l'armée du général de Lattre de Tassigny et la division blindée du général Leclerc de Hauteclocque. Cette même armée française de libération capture de nombreuses garnisons allemandes sur les fronts de l'Atlantique et des Alpes occidentales, puis conquiert tout le sud de l'Allemagne en 1945.

En Indochine, de 1945 à 1953, le corps expéditionnaire français remporte quasiment que des succès militaires, malgré une guérilla appuyée massivement par la Chine communiste. En Algérie, de 1954 à 1962, l'armée française gagne la guerre sur le terrain contre la rébellion, mais doit suivre les décisions politiques amenant à l'indépendance algérienne.

Depuis les années 1970, l'armée française est intervenue de nombreuses fois dans le monde, afin de venir en aide aux populations menacées, assurer le maintien de la paix, participer à des coalitions contre divers tyrans de la planète. Elle bénéfice d'un immense prestige au sein de l'opinion internationale, du fait de la qualité professionnelle de ses militaires et de la qualité exceptionnelle de son équipement. Les experts militaires mondiaux la considère même comme l'une des meilleures du monde.

Ainsi, l'armée française, contrairement aux clichés défaitistes et forcément réducteurs, a multiplié les victoires depuis 1914 à nos jours. Les faits irréfutables balayent les élucubrations de certains, qui réduisent la réelle puissance militaire française à « la pente glissante du patriotisme patriotard », lorsque l'on ose se permettre de rappeler les nombreuses victoires militaires françaises accumulées en l'espace d'un siècle. Ces grincheux réducteurs, qui limitent l'histoire de France à l'aide américaine de 1918, à la défaite de 1940, à la collaboration de Vichy, au débarquement américain en Normandie, à la défaite de Dien Bien Phu et à la torture uniquement française en Algérie, occultant bien entendu celle du FLN, sont souvent cités en exemples par certains médias français : ils incarnent parfaitement ce que Jean-Pierre Chevènement appelait le « masochisme national ».

Cet ouvrage ne fait que présentait les faits historiques avérés, sans complaisance pour les faussaires et les opportunistes d'une pensée francophobe, mais sans cependant tomber dans le contraire de l'apologie béate.

I

LA MARNE
1914

Lors du déclenchement des hostilités en août 1914, l'Allemagne vise une victoire éclair contre la France, en six semaines, pour ensuite retourner l'ensemble de ses forces contre la Russie. Le plan Schlieffen prévoit à ce titre une invasion rapide de la Belgique, afin de prendre à revers l'armée française engagée massivement en Lorraine. Le commandement allemand imagine une masse de manœuvre qui pivoterait autour de l'axe Thionville-Metz-Verdun, déborderait constamment sur leur gauche les forces françaises, pour finalement les enrouler et les rabattre en front renversé, face à l'ouest, le dos aux Vosges et aux fortifications de Toul-Épinal. Schlieffen, chef de l'armée allemande de 1891 à 1906, émet même l'espoir que les Français, au tempérament offensif, attaqueront vigoureusement d'emblée en Lorraine et progresseront quelque peu, aggravant ainsi la posture fragile de leurs arrières et de leur flanc nord. L'armée allemande, venant de Belgique, aura pour mission de tout balayer devant elle, de déferler à travers les Flandres et la Picardie et de dépasser la basse Seine, en assiégeant Paris par l'ouest et le sud. Schlieffen n'a de cesse, jusqu'à sa mort, en 1912, de désigner les flancs comme objectifs fondamentaux et de réclamer obstinément l'utilisation complète des ressources en hommes, y compris les réservistes.

De son côté, le commandement française envisage de concentrer ses forces principales en Lorraine pour enfoncer les positions allemandes par une puissante offensive, tout en maintenant de faibles forces pour couvrir la frontière belge. Une offensive secondaire est également prévue pour libérer l'Alsace de l'occupation allemande.

Le rapport des forces en présence en août 1914 révèle que l'armée française tient la place principale au sein des Alliés par le nombre et la qualité de ses divisions. Pour un pays de 40 millions d'habitants, la France parvient à mobiliser 3 580 000 hommes, répartis en 84 divisions d'infanterie, 10 divisions de cavalerie. L'artillerie française repose sur 4000 canons de 65 mm et 75 mm et 380 pièces lourdes de 120 et 155 mm. L'Allemagne, forte de 70 millions d'habitants, mobilise 3 750 000 hommes, organisés en 88 divisions et 32 brigades d'infanterie, 11 divisions de cavalerie. L'artillerie allemande est en mesure d'aligner 5000 canons de 77 mm et 3500 canons de 105 mm à 420 mm, soit un total de 8500 canons allemands contre 4380 canons français. La supériorité allemande en artillerie lourde est écrasante, surtout si l'on prend en considération que les meilleurs canons lourds français ne portent qu'à 6500 mètres alors que ceux des Allemands atteignent 7400 à 14 000 mètres.

L'armée française prône l'offensive à outrance, où la masse de l'infanterie doit emporter la décision par une charge furibonde à la baïonnette, faiblement soutenue par l'artillerie. L'armée allemande envisage de contrer facilement les offensives françaises grâce à ses nombreuses mitrailleuses et à sa très puissante artillerie, pour ensuite contre-attaquer après avoir décimé les divisions françaises par sa puissance de feu très supérieure. L'armée française ne dispose que de 6 mitrailleuses par régiment contre 12 chez les Allemands. L'armée française est l'unique armée d'Europe dont les soldats sont encore équipés d'uniformes voyants (pantalons rouges notamment), alors que sa rivale allemande a adopté depuis longtemps la tenue de camouflage feldgrau (gris-vert de campagne).

Sur le front ouest, l'armée française peut compter sur l'aide de 6 divisions britanniques d'infanterie et 1 division britannique de cavalerie, 6 divisions belges d'infanterie et 1 division belge de cavalerie.

Lorsque l'armée allemande envahit la Belgique, le commandement français n'est pas entièrement surpris, contrairement à ce qui a été souvent affirmé : il engage la 5e armée française du général Lanrezac, le corps expéditionnaire britannique du général French et compte sur le concours de l'armée belge, tandis que quatre autres armées françaises sont massivement engagées en Lorraine et en Alsace. Le commandement français se trompe cependant sur la puissance de l'aile droite allemande en Belgique. Les Belges, qui croient la solidité de leurs forts qui bordent la frontière allemande, comme à Namur et à Liège, constatent que l'artillerie lourde allemande écrase les fortifications les plus solides. Le général Joffre, commandant en chef de l'armée française, estime que l'étirement des lignes allemandes, de la Belgique à l'Alsace, va lui permettre de répéter la bataille d'Austerlitz et de frapper l'ennemi au centre, principalement en Lorraine, pour le couper en deux. La présence des corps allemands de réserve, sous-estimés par les Français, va en décider autrement.

La bataille des frontières, du 17 au 24 août 1914, se transforme en défaite pour l'armée française, du fait de l'écrasante supériorité numérique de l'artillerie lourde allemande, dix fois plus nombreuse, et des erreurs tactiques du commandement français. Joffre croit impossible l'utilisation par l'armée allemande de ses corps de réserve en première ligne. De fait, il sous-estime la force de son adversaire en Lorraine, évaluant ses effectifs à 46 divisions au lieu de 68. Les Français attaquent donc en moins grand nombre. L'infanterie française s'élance avec un courage extraordinaire à l'assaut des positions allemandes : des dizaines de milliers de soldats au pantalon rouge sont fauchés par les mitrailleuses et l'artillerie lourde. L'armée française compte 30 000 morts rien que le 22 août 1914. Le même jour, devant Châtelet en Belgique, le 1er régiment de tirailleurs algériens perd 1034 hommes sur 3200 en quelques minutes, lors d'une charge à la baïonnette contre les mitrailleuses et les canons allemands. Au même moment, la 3e division d'infanterie coloniale subit le même sort dans la vallée de la Semois.

Après l'hécatombe de la bataille de frontières, subissant la contre-offensive allemande, Joffre ordonne un repli généralisé. Les Allemands pensent avoir le champs libre pour exécuter le plan Schlieffen. Les nombreuses batteries lourdes allemandes musellent les faibles batteries lourdes françaises. Les troupes britanniques au Cateau et françaises à Guise mènent des actions retardatrices qui permettent un repli en bon ordre de l'armée française. Devant Verdun, Nancy et Toul, la 3e armée française du général Sarrail et la 2e armée française du général de Castelnau opposent une résistance farouche à des troupes allemandes deux à trois plus nombreuses. Joffre enjoint au reste de son armée (6e armée française, corps expéditionnaire britannique, 5e, 9e et 4e armées françaises) de se rétablir au sud de la Marne pour y affronter l'ennemi dans une bataille qui sera décisive et dont dépendra sans doute le sort de la guerre.

Se croyant tout permis, les généraux allemands accumulent les erreurs : l'aile droite allemande avance vite en refoulant les Français entre Paris et Verdun. Le repli français se déroule en bon ordre et ceci ne peut échapper aux avions de reconnaissance allemands. Fin août et début septembre 1914, pour hâter la fin, le général von Kluck, commandant de la 1ère armée allemande, décide de ne plus appliquer le plan Schlieffen à la lettre. Au lieu de contourner Paris par l'ouest, il dirige son armée à l'est de la capitale française, en direction de Coulommiers, pour y affronter le corps expéditionnaire britannique et la 5e armée française du général Franchet d'Esperey, tandis que la 6e armée française du général Maunoury menace l'aile droite de la 1ère armée allemande, à l'ouest, entre Senlis et Meaux. L'erreur stratégique allemande apparaît en pleine lumière, avec également le prélèvement à l'aile droite de 10 divisions, retenues par les sièges d'Anvers et de Maubeuge ou en instance de départ pour la Prusse orientale, avec la non occupation de la côte de la Manche, alors que la cavalerie allemande demeure passive à Amiens.

Le 3 septembre 1914, des aviateurs français voient l'aile droite allemande délaisser Paris pour marcher vers le sud-est. Le général Gallieni, gouverneur de Paris, ordonne alors à la 6e armée française du général Maunoury de frapper le flanc de la 1ère armée allemande, ce qui a pour effet de la stopper. Du coup, le général Joffre ordonne de mettre fin à la retraite et de contre-attaquer immédiatement.

La bataille de la Marne débute le 5 septembre, de Senlis à Vitry-le-François, sur environ 200 kilomètres, où 4 armées françaises et le corps expéditionnaire britannique affrontent 4 armées allemandes. Lorsque la 6e armée française du général Maunoury, lancée par Gallieni contre le flanc de la 1ère armée allemande, passe à l'offensive, elle cause une grande inquiétude au général von Kluck, qui craint d'être pris à revers. Pour y faire face, la 1ère armée allemande est obligée d'arrêter l'axe de son avance vers le sud-est. Dans le même temps, les autres armées allemandes continuent la poursuite des forces françaises et britanniques, de telle sorte qu'une brèche énorme de 50 kilomètres s'est ouverte au centre du dispositif entre les 1ère et 2e armées allemandes, à compter du 7 septembre 1914. Les 8 et 9 septembre, le corps expéditionnaire britannique et la 5e armée française s'y engouffrent avec facilité, menaçant ainsi la 1ère armée allemande d'encerclement. Devant la menace, le général von Bülow, qui commande la 2e armée allemande, arrête ses troupes.

« Le commandement allemand commence à perdre pied, écrit Yves Buffetaut : la parfaite mécanique s'enraye et il n'y a pas de solution de rechange. Le général von Moltke envoie un émissaire, le colonel Hentsch, pour prendre le pouls auprès de chacun des commandants d'armée sur le terrain. Il est chargé par le général en chef allemand de coordonner la retraite. Or, aux 5e, 4e et 3e armées, aucun repli n'a débuté. Mais les perspectives sont peu encourageantes en raison de la surprenante volte-face française. À la 2e armée, la crainte d'un enveloppement par les Français et les Britanniques est telle que von Bülow, avec l'assentiment de Hentsch, ordonne le repli de ses troupes vers le nord-est. »[1]

Lorsque Hentsch atteint le commandement de la 1ère armée, il y trouve une atmosphère particulièrement sombre : von Kluck craint d'être encerclé sous peu et lui aussi ordonne la retraite. En raison de la présence des Britanniques et des Français à sa gauche, il ne peut se replier vers le nord, ce qui a pour effet d'aggraver encore plus la brèche entre son armée et celle de von Bülow. Dès lors, la défaite allemande est irrémédiable les 8 et 9 septembre 1914. Pour qu'elle se transforme en déroute, il faudrait

---

[1] Yves Buffetaut, *Atlas de la Première Guerre mondiale*, éditions Autrement 2005.

que la poursuite des troupes françaises et britanniques soit menée avec vigueur et rapidité. Mais les troupes alliées ont énormément souffert depuis le mois d'août et la victoire de la Marne, concrétisée le 10 septembre, a été très coûteuse en vies humaines. Le repli allemand s'effectue en bon ordre.

L'espoir allemand de finir la guerre à l'ouest début septembre 1914 se termine par une défaite, dont les conséquences stratégique sont énormes. Le 11 septembre, le recul allemand est général, Joffre peut télégraphier au gouvernement français, replié sur Bordeaux, que « la bataille de la Marne s'achève en une victoire incontestable ». L'infanterie française, qui a parcouru 650 kilomètres depuis le 15 août, de Mézières à Reims, par Charleroi, Guise, Laon et Montmirail, est épuisée. L'armée allemand recule de 60 à 150 kilomètres pour établir un front sur l'Aisne. La Marne sauve la France d'un désastre, brise définitivement le plan de guerre allemand et détruit le mythe d'invincibilité de l'état-major à Berlin.

Du 5 au 14 septembre 1914, 1 100 000 soldats français et 200 000 soldats britanniques ont tenu en échec 1 485 000 soldats allemands, sur 300 kilomètres de front, de Senlis à Verdun. Les pertes témoignent de l'acharnement de cette bataille, avec 80 000 soldats français hors de combat (tués ou blessés), 2000 soldats britanniques et 130 000 soldats allemands. Les troupes françaises ont également capturé 16 000 soldats allemands. Le succès français est d'autant plus remarquable, que l'armée allemande alignait dix fois plus de canons lourds que l'armée française.

Plus à l'est, la bataille pour Nancy (4-12 septembre 1914) se termine par une éclatante victoire de la 2ᵉ armée française du général de Castelnau qui, bien que luttant à un contre deux en infanterie et un contre trois en artillerie, parvient à repousser la 6ᵉ armée allemande du Kronprinz de Bavière.

Le général von Kluck, commandant de la 1ᵉʳᵉ armée allemande (battue sur la Marne), ne peut cacher son admiration devant l'étonnante bravoure des troupes françaises :

« Que des hommes ayant reculé pendant dix jours, couchés par terre, à demi morts de fatigue, puissent reprendre le fusil et attaquer au son du clairon, c'est une chose avec laquelle nous n'avions pas appris à compter, une possibilité dont il n'avait jamais été question dans nos écoles de guerre. »[2]

Sur 950 kilomètres de front, de la mer du Nord à la frontière suisse, la guerre se fige en combats de tranchées, ou les deux camps s'opposent lors d'attaques et de contre-attaques stériles, pour des gains territoriaux dérisoires et des pertes effrayantes.

Le bilan de l'année 1914 se solde positivement pour la France, malgré l'impréparation militaire de son armée, deux fois moins de mitrailleuses par régiment et dix fois moins d'artillerie lourde que sa rivale allemande : elle est parvenue à repousser l'offensive allemande et à obliger l'Allemagne à lutter sur deux fronts, face à la France et à la Russie.

---

[2] *Archives militaires allemandes*, Fribourg-en-Brisgau.

II

VOSGES
1915

La bataille de Steinbach, totalement méconnue, illustre à merveille ce qu'a été le sacrifice et l'héroïsme de l'infanterie française en 1915. Steinbach, village vosgien, est dominé par la cote 425, qui le sépare de Thann, et par le plateau de l'Oratoire. En décembre 1914, ces deux hauteurs sont fortement tenues par les Allemands. Le 26 décembre, le 152e régiment français d'infanterie (commandant Jacquemot) attaque simultanément Steinbach, la cote 425 et la chapelle Saint-Antoine. Sur les ailes, l'assaut est arrêté très vite par la résistance ennemie, ce qui gêne beaucoup la progression du régiment au centre. L'infanterie avance néanmoins, pas à pas, dans une vallée encaissée, hérissée d'obstacles : barricades, abatis, barbelés que les cisailles ont peine à entamer, tranchées, mitrailleuses invisibles qui fauchent les fantassins. L'artillerie, qui appuie l'attaque française, se limite à des petits canons de 65 mm de montagne, luttant difficilement contre les pièces allemandes de calibres bien supérieurs. Au prix de sacrifices et d'efforts inouïs, le 152e RI atteint enfin le village de Steinbach. Alors la lutte devient sauvage : au milieu des incendies et des bombardements ininterrompus, sous la fusillade partant des soupiraux des caves, des toits, des murs crénelés, il faut faire le siège de chaque maison. Le 27 décembre, une compagnie du 152e RI s'empare des décombres du château Brûlée et tente de pousser plus avant par une charge à la baïonnette. Arrêtés net par un grillage vertical en fil d'acier que les cisailles ne peuvent entamer, les soldats français tentent de l'escalader et tombent frappés à mort les uns après les autres. Les quelques braves qui parviennent à pénétrer dans le village sont cernés et succombent sous le nombre. Mais l'un d'eux, le soldat Bourgeois, se défend seul plus d'une heure dans une rue et tient tête aux Allemands qui essaient de l'atteindre par les soupiraux et les fenêtres. Après avoir terrassé plusieurs assaillants à coups de crosse, il réussit à se dégager et à rejoindre sa compagnie. Cet exploit incroyable est authentifié par une citation.

Le 28 décembre, l'attaque reprend. Le 30, une compagnie du 152e RI force enfin l'entrée du village, lutte corps à corps à travers les barbelés et les barricades qui défendent la rue principale, et se retranche sur place au cours de la nuit. Pendant que cette attaque se déroule, des bataillons de chasseurs de la 66e division française d'infanterie franchissent la Thur, au sud-ouest de Steinbach, sur un pont établi la nuit par le génie. Après le passage des bataillons, à l'aube du 30 décembre, ce pont est détruit par les obus allemands : il ne reste plus qu'à atteindre l'objectif, la cote 425, sinon les chasseurs seront finalement acculés à la rivière et écrasés. Ils s'élancent donc à l'assaut des pentes sans souci des pertes, mais il leur faut plusieurs jours de rudes combats pour enlever la position.

Le 31 décembre 1914, le tiers de Steinbach est occupé par les troupes françaises. L'attaque se poursuit, malgré la mitraille qui décime les fantassins français. Le 3 janvier 1915, de nouveaux corps à corps livrent au 152e RI presque tout le village. À minuit Steinbach est entièrement conquis, grâce à un hardi mouvement tournant d'une compagnie. Presque aussitôt, une violente contre-attaque permet aux Allemands d'y reprendre pied. Ils parviennent jusqu'à la 8ᵉ compagnie française, maintenue en réserve sur la place. Surprise d'abord, celle-ci se ressaisit, et se jette sur l'ennemi à la baïonnette. Un simple soldat, Raclot, entraîne par son ascendant une vingtaine de ses camarades, et dans la mêlée, se lance à leur tête sur l'église et le cimetière. L'ennemi chancelle sous le choc et abandonne précipitamment le village, laissant une quarantaine de prisonniers, dont deux officiers. Du côté français, on compte 12 officiers et 700 hommes hors de combat. Malgré de nouveaux et nombreux assauts allemands, le 152ᵉ RI garde Steinbach avec l'énergie qu'il a mise à le conquérir. Sous la neige, la mitraille et les obus, dans les tranchées envahies par l'eau glacée qui monte jusqu'au genou, le régiment souffre le martyr. Sur un effectif de 3200 hommes, 1800 doivent être évacués pour pieds gelés. L'héroïsme qu'à déployé le 152ᵉ RI dans cette affaire de Steinbach vaut à son drapeau sa première palme.

Le Viel-Armand, autre bataille méconnue de la Grande Guerre, mérite que l'on s'y attarde, tant les combats acharnés, qui s'y livrèrent, illustrent parfaitement l'héroïsme et l'immense sacrifice de l'armée française en 1915.

Le Vieil-Armand, Hartmannswillerkopf pour les Allemands, est un contrefort des Vosges de 956 mètres, qui tombe à pentes escarpées sur la plaine d'Alsace, presque en face de Mulhouse. Sorte de presqu'île terminale, détachée de la chaîne à l'est de la vallée de la Thur, il n'est relié au ballon de Guebwiller que par le Molkenrain (1125 mètres). À ses pieds, l'Alsace s'étale à perte de vue.

En janvier 1915, le sommet n'est tenu que par un peloton de chasseurs. Les allemands, par surprise, cernent et réduisent au silence la petite troupe française. Maîtres du Vieil-Armand, leur génie d'organisation en fait bientôt une forteresse qui brise tous les assauts de la 1ère brigade française de chasseurs, appelée en hâte pour reprendre le sommet. Épuisées, décimées, ces troupes d'élite, malgré leur héroïsme, s'arrêtent impuissantes.

Le 22 mars 1915, à l'aube, le 152ᵉ RI reçoit l'ordre d'attaquer. Le 1ᵉʳ bataillon a pour objectif la crête, le 2ᵉ les pentes nord, le 7ᵉ bataillon de chasseurs alpins (BCA), les pentes sud ; le 3ᵉ bataillon est en réserve. Après un violent bombardement, les fantassins français bondissent, la baïonnette haute, à l'assaut de la forteresse. À travers les fouillis des réseaux barbelés à demi détruits, des tranchées effondrées, l'enchevêtrement des sapins abattus, ils pénètrent de tous côtés dans la position ennemie, dépassent la première et la deuxième tranchée. Mais il faut s'arrêter là : à droite et gauche, sur les pentes, les bataillons d'assaut se trouvent devant des tranchées insoupçonnées où l'artillerie n'a pu leur frayer un passage. Les compagnies, réduites à une poignée d'hommes, dont un sergent reste parfois le seul gradé, se cramponnent au terrain.

Sur les pentes sud, le 7ᵉ BCA, fauché par une fusillade meurtrière, ne parvient pas à déboucher de ses tranchées. Le sommet n'a pu être atteint. Pourtant, les Français y touchent et la position ennemie se trouve disloquée. Quatre contre-attaques allemandes tentent en vain de reprendre les tranchées conquises.

Le 26 mars 1915, sous la neige, le 152ᵉ RI reprend l'attaque, les 1ᵉʳ et 3ᵉ bataillons en première ligne, appuyés au sud par le 7ᵉ BCA. La préparation d'artillerie est puissante. Au moment où le sommet disparaît dans la fumée et la flamme des éclatements, les vagues d'assaut, accompagnant les dernières rafales des canons de 75 mm, sautent hors des tranchées, déferlent jusqu'au rocher culminant qu'elles submergent.

Le 27 mars, dans une émouvante et simple cérémonie le général Serret décore de la médaille militaire le soldat Auberger qui a pris pied le premier au sommet du Vieil-Armand. C'est dans les tranchées de première ligne encore toute bouleversées, sous le sifflement des balles, devant quelques soldats hâves et boueux, que le général accroche le glorieux ruban à la poitrine de ce brave. Un feu de salve sur les Allemands remplace la sonnerie habituelle. Et sur son drapeau, à côté de l'étoile d'or du Spitzenberg et de la palme de Steinbach, le 152e RI peut fixer une nouvelle palme.

Le massif tout entier avec ses contreforts est maintenant aux Français et les vainqueurs ont à leurs pieds la « terre promise ». Par-delà les broussailles de fer, par-delà l'horreur des espaces ravagés, les guetteurs voient la belle et riche Alsace ; la nuit, ils voient scintiller les lumières de Mulhouse et de Bâle.

L'armée allemande ne peut s'avouer vaincu. Rejetée des pentes, elle les surveille âprement et, le 25 avril 1915, lorsque le calme est revenu sur la montagne sanglante, elle tente un grand coup pour la ressaisir. Un bombardement foudroyant éclate à midi. Les plus gros calibres des artilleries allemandes et autrichiennes : 210 mm, 250 mm et jusqu'aux 305 mm, concentrent leurs tirs sur le Vieil-Armand. Couchés sur le sol qui tremble, les Français attendent stoïquement la fin de la tempête d'acier : détachés du sommet de la montagne, des blocs de granit roulent en avalanche et broient tout sur leur passage ; les tranchées de pierres sèches, accrochées au flanc du Vieil-Armand comme des balcons, volent en éclats. Pourtant, les poilus du 152e RI tiennent toujours. Entourés de morts et de blessés, épuisés, haletants, couverts de terre et de sang, quatre fois ils repoussent les assauts de l'ennemi. Six bataillons d'élite de l'armée allemande essaient vainement jusqu'à la fin de l'après-midi de prendre pied sur le Vieil-Armand.

Les pentes du Vieil-Armand vers l'Alsace se divisent en deux contreforts, que le troupier appelle deux Cuisses. Chacune est défendue par un bataillon, le troisième bataillon, au milieu, tient l'Entre-Cuisses. Vers 18 heures, après six heures de bombardement et cinq tentatives d'assaut, les Allemands prennent pied sur les deux contreforts et, à l'abri de ces pentes, s'avancent vers le sommet. Bientôt leurs deux colonnes atteignent les crêtes et se réunissent près de la côte 956, cernant ainsi les défenseurs de l'Entre-Cuisses, qui tiennent toujours. Attaquée de tous côtés par l'ennemi qui la domine, sans cartouches et sans vivres, n'ayant plus que ses baïonnettes pour se défendre, cette poignée d'hommes tombe aux mains des Allemands. Quelques-uns seulement parviennent à s'échapper, tel le soldat Chassard, qui venu jusqu'en première ligne à travers les bombardements pour apporter à manger à ses camarades, tombe au milieu des Allemands, saisit un fusil, abat ceux qui l'approchent et se fraie un passage à travers les assaillants décontenancés. Appelées en toute hâte, les dernières réserves du 152e RI se jettent à corps perdu dans la fournaise et, aidées de deux bataillons de chasseurs, se maintiennent autour du sommet.

Pendant de longs mois, la lutte se poursuit : française un jour, allemande le lendemain, la crête n'est la plupart du temps à personne. Aucun des deux adversaires n'a encore réussi à s'y organiser solidement ; aucun, surtout, n'est parvenu à la dépasser.

En décembre 1915, le 152e RI, reçoit la mission non seulement de prendre le sommet du Vieil-Armand, mais encore de s'emparer des organisations ennemies de la Cuisse droite et de la Cuisse gauche, et de s'établir au-delà, sur les dernières pentes du massif. C'est le 21 décembre, à 14 h 15, qu'il s'élance à l'assaut sous les ordres du colonel Semaire. À gauche, le 2ᵉ bataillon attaque l'éperon nord ; à droite, le 1ᵉʳ bataillon attaque l'éperon sud. Accolés au départ, les deux bataillons doivent immédiatement s'écarter pour permettre au 3ᵉ bataillon de s'intercaler entre eux et d'attaquer à leur hauteur. La forme du terrain rend ce dispositif obligatoire : le front de départ, en effet, ne dépasse pas 300 mètres, alors que l'objectif en mesure 1800. Décimées, rompues, les vagues progressent quand même. Tous ses chefs tombés, le caporal Berquand, de la 9ᵉ compagnie, entraîne ses camarades et trouve une mort héroïque devant la seconde tranchée allemande. Mais en avant du sommet, un promontoire, le Rehfelsen, brise un instant le flot des assaillants. Patiemment creusée par les Allemands et garnie de mitrailleuses, cette forteresse de granit a résisté au bombardement et balaie de ses feux le champs de bataille. Autour d'elle les assaillants refluent, s'arrêtent, et c'est tout à coup le désert. Mais une poignée de braves a gagné en rampant le rocher. L'un deux, le sous-lieutenant Kemlin, cramponné près d'un créneau de la forteresse, y jette des grenades que ses hommes lui font passer. Écrasées dans leur tanière, les mitrailleuses allemandes se taisent brusquement. Aussitôt l'attaque reprend. Les fantassins français ne font que passer en courant sur le sommet reconquis et s'élancent le long des pentes en talonnant devant eux l'ennemi en déroute : tout le champs de bataille du 25 avril est repris d'un seul élan. Le 152ᵉ RI dépasse même ses anciennes tranchées et porte la ligne bien au-delà des pentes ravagées par les derniers bombardements. Environ 1400 prisonniers allemands sont envoyés à l'arrière. Le 152ᵉ RI a perdu 22 officiers et 400 hommes. L'artillerie française a joué un rôle important par la puissance de ses canons : 1 batterie de 370 mm, 3 batteries de 240 mm, 3 batteries de 220 mm, 7 batteries de 155 mm, 1 batterie de 120 mm, 7 batteries de 155 mm, 6 batteries de 75 mm, 4 batteries de 65 mm, 2 batteries de 58 mm.

Durant toute la nuit, autour du Vieil-Armand où les Français exténués tentent de se reposer, l'armée allemande concentre une grosse artillerie, masse tous les bataillons d'élites de la 82e brigade d'infanterie. Au matin du 22 décembre 1915, la contre-attaque allemande se déchaîne. Le 152e RI, déployé en une longue ligne mince que l'ennemi déborde et perce, accroché sur des pentes abruptes, lutte désespérément toute la matinée et oppose ses seules forces épuisées par les combats de la veille, à la ruée des troupes fraîches que l'ennemi jette sans répit par bataillons entiers. Le 152e RI, réduit à trois bataillons décimés, se trouve en grande partie encerclé par 10 bataillons allemands. Les renforts français, appelés en hâte, sont trop loin.

Au bout de huit heures de corps à corps, cernés au fond des ravins, ou traqués à travers les rochers, les derniers Français sont faits prisonniers. Pour la seconde fois, l'armée allemande prend pied sur le sommet du Vieil-Armand. Le colonel français Semaire, commandant du 152e RI, reçoit en renfort deux compagnies du 23e RI. Au même moment, les premiers fantassins allemands surgissent à travers le brouillard et la fumée des éclatements, et pénètrent sur tout le front dans les anciennes tranchées françaises. Cyclistes, téléphonistes et travailleurs français se trouvent autour du PC pour le défendre. L'officier téléphoniste, le lieutenant Marcadier, un vieux territorial, prend le commandement de ces quelques hommes. Il a saisi un fusil et se tient debout sur le parapet. Une balle le jette à terre, mais son sacrifice a exalté ses hommes. Les colonnes allemandes, décontenancées par la contre-attaque des survivants du 152e RI et les renforts de deux compagnie du 23e RI, s'arrêtent, refluent devant l'intrépidité des soldats français, si bien qu'une partie du sommet du Vieil-Armand reste malgré tout entre les mains des troupes françaises. Le

152ᵉ RI a presque cessé d'exister en tant qu'unité combattante avec 1950 soldats et 48 officiers hors de combat, après les deux journées des 21 et 22 décembre 1915.

Du 23 au 28 décembre 1915, les combats se poursuivent avec une violence extrême. Le sommet du Vieil-Armand change de main à plusieurs reprises. Le général français Serret, commandant de la 66ᵉ DI, est blessé le 28 décembre 1915 et meurt le 6 janvier 1916. Le général Nollet lui succède. Lors du mois de janvier 1916, les deux adversaires retrouvent leurs positions d'avant la bataille du 21 décembre. Jusqu'à la fin de la guerre, les soldats français et allemands resteront en présence sur la crête. La bataille du Vieil-Armand de l'année 1915 a causé des pertes énormes dans les deux camps : 30 000 soldats français et allemands confondus y ont été tués et environ 100 000 autres blessés.[3]

Mon arrière-grand-père paternel, Gaston Lormier (1885-1959) a combattu avec bravoure au Vieil-Armand au sein des chasseurs à pied, corps d'élite de l'armée française. Victime d'une gelure grave, après avoir passé une nuit glaciale, une jambe en-dehors d'un abri surpeuplé, il est soigné dans un hôpital à l'arrière, où il prend connaissance de la fin de la guerre. Il retourne ensuite chez lui avec une jambe raide, qu'il faudra lui amputer bien des années après.

---

[3] *L'Alsace et les combats des Vosges 1914-1918*, guide illustré Michelin 1920.

III

VERDUN
1916

L'année 1916 fixe sur le front occidental 106 divisions françaises, 6 divisions belges, 56 divisions britanniques, 1 division russe et 127 divisions allemandes, tandis que 56 divisions allemandes se trouvent sur le front russe. Comme on peut le constater par les chiffres, le front français accapare la plus grande partie de l'armée allemande.

Au début de cette même année 1916, le commandement allemand décide de passer à l'offensive en France, car la stratégie défensive de l'année 1915 a montré ses limites. Victime du blocus naval des Alliés et de la lutte stérile sur deux fronts, l'armée allemande doit à tout prix obtenir un succès décisif sur le front français. Si les Alliés subissent de très lourdes pertes en 1915 en multipliant des offensives suicidaires, l'Allemagne ne peut cependant obtenir la décision en restant sur un plan purement défensif. Le blocus allié désorganise l'économie allemande, c'est ainsi que des émeutes, contre la faim et les restrictions alimentaires, éclatent sur le territoire du Reich. Il devient de plus en plus urgent de battre l'armée française, l'adversaire principal de l'Allemagne. La Grande-Bretagne et la Russie seront alors contraintes de capituler. Après bien des hésitations, le général von Falkenhayn décide de frapper à Verdun, la place forte française la moins éloignée de la frontière allemande. Il s'agit d'enfoncer le front français à cet endroit, afin de contraindre le gouvernement français à demander un armistice.

Le 21 février 1916, la 5ᵉ armée allemande, commandée par le Kronprinz impérial (Guillaume de Hohenzollern), fils de Guillaume II, se lance à l'assaut de Verdun, avec 10 divisions, appuyées par 1257 pièces d'artillerie. Dix autres divisions allemandes sont maintenues en réserve. Le choc sera soutenu par 36 bataillons français contre 72 bataillons allemands : 30 000 soldats français contre 150 000 soldats allemands. L'armée française ne peut opposer que 3 divisions et 281 canons dans ce secteur.

Le 21 février, le jour se lève par un beau temps froid et sec, sur une campagne couverte de givre. À 7 h 15, un véritable déluge de feu, sans précédent depuis le début du conflit, s'abat sur les tranchées françaises, sur un front d'environ 30 kilomètres. Perçu jusqu'à 150 kilomètres de là, dans les Vosges, le bombardement allemand se prolonge dans toute la profondeur du camp retranché de Verdun, battant les communications, les forts, les ponts de la Meuse, la ville elle-même.

« C'est un effroyable pilonnage de tous calibres, allant du 77 mm au 420 mm, écrit un témoin oculaire, dont la cadence ne fait que croître, pour atteindre une furieuse intensité vers 10 heures. À 16 h 30, les tirs s'allongent et l'infanterie allemande aborde au pas, par petits groupes, l'arme à la bretelle, la défense française bouleversée : l'artillerie conquiert, l'infanterie occupe. Formule nouvelle, mais qui aura encore besoin d'être approfondie, car, malgré les effets destructeurs de cette débauche d'artillerie lourde, le fantassin allemand voit surgir devant lui des sortes de fantômes ressuscités de l'enfer, éparpillés dans le chaos des trous d'obus, qui les reçoivent à coups de fusils, de grenades et parfois de mitrailleuses. »[4]

Le secteur du bois des Caures, défendu par le colonel Driant et ses 56e et 57e bataillons de chasseurs à pied, devient l'objet d'une lutte terrible, où les soldats français se battent comme des lions, malgré l'écrasante supériorité numérique et matérielle de l'adversaire : les deux bataillons français comptent en quelques heures 1120 tués et seulement 210 rescapés ! Le 22 février, l'offensive allemande prend toute son ampleur. Les soldats français, qui survivent par miracle au milieu des cratères d'obus, continuent à lutter avec une énergie stupéfiante et parviennent à freiner considérablement l'avance allemande. Le 23, le front semble se figer en une lutte stérile pour la conquête de quelques centaines de mètres de terrain nivelé par les obus. Le 24, la pression allemande se fait sentir de plus en plus, la deuxième ligne française est atteinte, les avant-gardes arrivent seulement à 10 kilomètres de Verdun. L'infanterie allemande attaque avec un mordant extraordinaire, sans tenir compte de l'importance des pertes. Le soir même, le général Joffre appelle le général Pétain, afin qu'il organise la défense de la ville avec sa 2e armée.

Philippe Pétain arrive le 25 février sur place, le jour même où le fort de Douaumont, le plus important du système fortifié français, est conquis par les soldats allemands. La situation devient critique, mais dès le lendemain, l'offensive allemande marque des signes de fatigue : 2 200 000 obus ont été tirés par l'artillerie allemande, si bien que l'approvisionnement a besoin d'être complété. Pétain installe son PC à Souilly, au sud de Verdun, et organise aussitôt la défense. Il annule les

---

[4] *Archives militaires françaises*, Vincennes.

ordres de destruction des autres forts, défendant le secteur, renforce le front en première ligne, si bien que les effectifs français passe de trois à onze divisions contre vingt divisions ennemies. Il met surtout en place le ravitaillement de son armée, en organisant judicieusement la relève des divisions par la Voie Sacrée, l'unique route menant à Verdun, qu'il fait agrandir, afin de permettre à 3000 camions, 90 000 hommes et 50 000 tonnes de munitions d'y transiter par semaine. Les effets du système Pétain sont rapides sur le terrain : les troupes allemandes piétinent, notamment en raison de l'artillerie française habilement placée sur la rive gauche de la Meuse, qui les prend en enfilade. Le Kronprinz est obligé de porter l'offensive également dans ce secteur, élargissant ainsi sa ligne de front. Le général Pétain renforce l'artillerie française, ce qui va lui permettre d'aligner 1727 canons le 28 mai 1916 contre 2200 canons allemands. Ainsi, nous sommes loin de la disparité du début en artillerie : 281 canons français contre 1257 canons allemands. La troupe française séjourne moins longuement en première ligne que son homologue allemande, grâce au système Pétain de la relève régulière. Si bien que les soldats français, moins épuisés par les combats, se montrent souvent plus combatifs que les soldats allemands. Une attaque allemande est systématiquement repoussée par une contre-attaque française.

Le 9 mars 1916, l'armée allemande attaque en direction du Mort-Homme, une hauteur qui domine le champ de bataille. L'armée française s'y accroche et parvient à repousser l'assaillant. Le Kronprinz tente alors d'élargir le front vers l'ouest, à la cote 304, où les fantassins français parviennent également à enrayer les assauts de l'ennemi. Le 9 avril 1916, une offensive allemande de grande envergure est brisée par les Français sur la rive gauche. Le général Pétain galvanise la résistance de ses troupes par son célèbre message : « Courage, on les aura ! » À la fin du mois, du fait de son rôle décisif dans la sauvegarde de Verdun, Pétain est promu au poste de commandant du groupe d'armées du Centre. Il est remplacé à Verdun par le général Nivelle, qui tente aussitôt de reprendre Douaumont, mais l'attaque française se heurte à une résistance acharnée des défenseurs allemands qui parviennent à stopper les assaillants.

En juin 1916, l'armée allemande, qui veut en finir au plus vite et dont les pertes s'accumulent, redouble d'activité sur la rive droite de la Meuse. Elle s'empare brillamment du fort de Vaux, malgré la résistance héroïque des poilus du commandant Raynald, qui se rendent épuisés en particulier par le supplice de la soif, après avoir repoussés de très nombreux assauts allemands. Les Allemands accordent à la garnison française les honneurs de la guerre. L'infanterie allemande tente ensuite son va-tout dans le secteur de Fleury, fin juin et début juillet. À bout de souffle, elle parvient à quelques centaines de mètres de la côte de Belleville, qui domine Verdun, mais ne peut progresser au-delà, en se heurtant à une résistance féroce des troupes françaises.

Dès la mi-août 1916, l'armée française passe à la contre-offensive pour dégager Souville et, après les poussées successives des divisions du général Mangin sur l'ouvrage de Thiaumont et la brillante reprise des ruines de Fleury par le régiment d'infanterie coloniale du Maroc (RICM), le régiment français le plus décoré de la Grande Guerre, les Allemands ont définitivement perdu l'initiative des opérations devant Verdun. Leur opinion publique, naguère si enthousiaste, condamne désormais l'offensive sur Verdun. Guillaume II, empereur d'Allemagne, remplace Falkenhayn, à la tête du commandement allemand du front occidental, par Hiddenburg et Ludendorff, les vainqueurs du front russe, qui décident, le 2 septembre, d'arrêter toute offensive spectaculaire sur Verdun : c'est avec un profond soulagement que, trois jours plus tard, lors de leur passage à Charleville, le Kronprinz, effondré par l'énormité de pertes allemandes à Verdun, vient les en remercier.

En septembre 1916, l'armée française améliore ses positions et se rapproche du fort de Douaumont, que Nivelle compte bien reprendre à la faveur d'une puissante offensive, qui débute le 24 octobre 1916 et semble irrésistible. Le fort de Douaumont est pilonné par des canons lourds français de 105 mm à 400 mm. Du 19 au 25 octobre, l'artillerie française tire 530 000 obus de 75 mm et 100 000 obus de 155 mm. Les trois divisions françaises du général Mangin - la 38e DI (général Guyot de Salins), la 133e DI (général Passaga) et la 74e DI (général de Lardemelle) – s'élancent avec une fougue extraordinaire et s'emparent de tous les objectifs, dont principalement le fort de Douamont, pour des pertes légères et la capture de 6000 soldats allemands lors de l'unique journée du 24 octobre. Le 2 novembre 1916, la victoire française est complétée par la reprise du fort de Vaux. En décembre, un autre assaut permet de récupérer la plus grande partie du terrain perdu depuis février. La bataille de Verdun se termine par une incontestable victoire française. En l'espace de quelques jours, les troupes français reprennent un terrain que l'armée allemande avait mis des mois à conquérir. Les pertes militaires sont sensiblement identiques dans les deux camps : 163 000 soldats français tués et 260 000 blessés contre 143 000 soldats allemands tués et 236 000 blessés, soit 423 000 soldats français hors de combat (tués ou blessés) contre 379 000 soldats allemands. Des chiffres récents, provenant d'archives allemandes inédites, annoncent 420 000 soldats allemands hors de combat lors de cette bataille.

« Verdun pour l'Allemagne a bien été une défaite, écrit Louis Cadars. Encore plus nette même que la Marne qu'elle avait expliquée en la présentant comme une méprise du haut commandement, une erreur d'appréciation stratégique de sa part. Car à Verdun l'armée allemande s'est employée à fond, en bourrant sur l'obstacle, sans manœuvres, en engageant tous ses moyens matériels pour forcer la décision. En définitive, nous avons reconquis en deux jours de bataille presque tout le terrain que l'ennemi avait mis huit mois à conquérir. Donc victoire matérielle et victoire morale pour nous. »[5]

Pour dissimuler son échec, le général von Falkenhayn va chercher à faire croire, après la guerre, que l'offensive allemande ne visait pas essentiellement à gagner du terrain, elle recherchait la mise hors de cause de la France en réalisant la « saignée » de l'armée française, obtenue aux moindres pertes par la supériorité matérielle de l'attaquant. Or même à cet égard, le but capital de l'Allemagne n'a pas été atteint. La bataille d'usure qu'elle se flattait de gagner s'est retournée contre elle. Falkenhayn, en grande partie pour justifier sa stratégie aberrante, a prétendu que les pertes allemandes n'avaient pas dépassé le tiers des pertes françaises et qu'il avait broyé 90 de nos divisions sur la Meuse. Les chiffres condamnent cette affirmation mensongère, pourtant reprise par de nombreux « historiens » anglo-américains. Il y a certitude que l'armée française n'a engagé que 66 divisions dans la bataille de Verdun sur les 106 divisions françaises présentes sur le front occidental en 1916, en effectuant, selon la méthode Pétain, des relèves aussi rapides que possible, en évitant ainsi leur épuisement total, à la différence du commandement allemand qui rivait ses effectifs au secteur de Verdun jusqu'à l'extrême limite de leur capacité de combat.

---

[5] Louis Cadars, *1915, l'année sanglante et Verdun*, Les Cahiers de l'Histoire n°53, février 1966.

Les Allemands n'ont fait passer à Verdun que 43 divisions, mais elles ont été soumises à une extrême tension que seule leur exceptionnelle endurance leur a permis de supporter. À mesure que se développait la bataille, les Allemands étaient soumis à la même épreuve que les Français, sans aucun abri sur le terrain conquis et sans possibilité d'en construire sous notre feu. L'artillerie française, si démunie au début de la bataille, mit par la suite en action 2000 pièces dont environ 1100 canons de 75 mm et déversa plus de 14 millions d'obus, dont plus de 10 millions d'obus de 75 mm.

Les calculs établis par le commandement allemand prévoyaient des pertes françaises cinq fois plus importantes que celles des troupes allemandes. Or, à la fin de la bataille de Verdun, 423 000 soldats français et 420 000 soldats allemandes ont été tués ou blessés.

Verdun a, dans le monde entier, un retentissement moral immédiat et prodigieux. L'armée allemande, réputée invincible, est mise en échec par la vaillance des troupes françaises. Verdun symbolise aux yeux du monde la résistance héroïque de l'armée française, capable de tenir en échec l'armée la plus puissante du monde. Au même titre que la bataille de Stalingrad témoigne de la résistance admirable de l'armée soviétique durant la Seconde Guerre mondiale, Verdun occupe la même place au sein de l'armée française durant la Grande Guerre.

L'armée allemande comptait vaincre la France à Verdun, elle n'a fait que rendre le légendaire poilu plus combatif, offrant à l'armée française un prestige inégalé aux yeux du monde à l'époque des faits.

IV

LA MALMAISON
1917

Le 10 mai 1917, le général Philippe Pétain est nommé commandant en chef de l'armée française, après l'échec de l'offensive du général Nivelle, au Chemin des Dames en avril. Pétain trouve l'armée française abattue par des pertes terribles depuis 1914 (3 360 000 soldats tués ou blessés) et dans un état de profond malaise : 46 divisions sur 106 ont été affectées par des actes collectifs de rébellion. Les soldats veulent bien défendre le territoire national mais ne plus être lancés dans des offensives suicidaires. Il s'agit de simples révoltes contre l'incompétence de certains généraux et les assauts meurtriers, conduisant à de véritables hécatombes de l'infanterie. Trop de tués et de blessés pour des résultats limités, trop de promesses de percées définitives jamais réalisées.

« Si l'on cherche à faire le bilan des actes collectifs de rébellion en 1917, écrit Pierre Dufourcq, on arrive aux chiffres suivant : 10 du 22 avril au 25 mai, 80 du 29 mai au 10 juin, 20 du 10 juin au 2 juillet, 5 du 2 au 24 juillet, 3 en août, 1 seul en septembre. Les 110 cas graves ont affecté 21 bataillons de chasseurs, 79 régiments d'infanterie, 8 d'artillerie, 1 de dragons, 1 bataillons de Sénégalais. Les condamnations prononcées par les tribunaux militaires ont été nombreuses : 23 839. Sur ce chiffre, le plus grand nombre des malheureux égarés, combattants chevronnés, a pu se réhabiliter au front. Quant au chiffre des mutins passés par les armes, il a donné lieu aux légendes les plus fantaisistes. Sur 412 peines de mort prononcés, seules 55 ont été suivies d'exécution pour crimes militaires, voire de droit commun, caractérisés. »[6]

Pétain ramène le calme en un mois, sans que les Allemands se rendent compte de quoi que ce soit. Il se rend sur le terrain, visite de très nombreuses divisions et déclare aux soldats : « Surtout, ne cherchez pas à me faire plaisir. Je veux savoir la vérité. » Il améliore le quotidien des soldats. En mettant fin aux attaques coûteuses en vies humaines, il rétablit la confiance de l'armée. Avec autant d'indépendance d'esprit que de lucidité, Pétain détermine les causes du mal, qu'il importe de vaincre au plus vite. Il constate que le soldat français est souvent mal nourri, mal installé à l'arrière après ses séjours en ligne, que le système des permissions tant désirées fonctionne d'une façon irrégulière, que le cas des ouvriers d'usine, retirés du front et fort bien payés, n'est point sans irriter les combattants, et surtout que l'échec de la dernière offensive a d'autant plus brisé le ressort de la troupe qu'elle en a attendu, avec la victoire, la fin de leur cauchemar.

Les remèdes du général Pétain sont simples : « L'alimentation sera surveillée de très près, les cuisines roulantes rapprochées des premières lignes. Des cantonnements salubres seront partout aménagés à l'arrière et réservés en priorité aux unités descendant du front. La vente du vin sera rigoureusement contrôlée et les mercantis impitoyablement

---

[6] Général J.E. Valluy et Pierre Dufourcq, *La Première Guerre mondiale*, éditions Larousse 1968.

chassés des coopératives. Les permissions seront strictement réglées à raison de dix par jours tous les quatre mois, suivant un tour préétabli et connu de tous, et les gares où transitent les permissionnaires se feront plus accueillantes. La noria des divisions sera étudiée soigneusement, en vue d'une alternance régulière des séjours en ligne, au repos et à l'instruction. Il s'agit également de réapprendre à sa battre, suivant des méthodes nouvelles, à une troupe trop longtemps enlisée dans la routine comme dans la boue des tranchées. Il faut multiplier écoles et stages, organiser de courtes manœuvres pour les unités de corps. »[7]

Le général Pétain visite, de juin à juillet 1917, près de 90 divisions françaises, parle aux généraux, aux cadres et aux hommes. Tout en consacrant l'essentiel de son attention à la remise en condition de l'armée, Pétain n'entend pas la laisser dans l'oisiveté. L'ennemi se charge, d'ailleurs, de tenir les troupes françaises en éveil. Du 3 juin au 31 juillet 1917, les troupes allemandes lancent de nombreux assauts au mont Cornillet, sur le plateau de Californie, au Doit d'Hurtebise et autour de la grotte du Dragon. Les soldats français résistent opiniâtrement et conservent leurs positions.

Fidèle à son principe de redonner à l'armée française toute sa confiance, Pétain lance en août 1917, à Verdun, sa première offensive destinée à compléter les succès des 24 octobre et 15 décembre 1916. L'opération est menée d'Avocourt à Bezonvaux, sur un front de 18 kilomètres, par la 2e armée française du général Guillaumat. Après dix jours d'une puissante préparation d'artillerie (un canon tous les 6 mètres, soit 6 tonnes de munitions au mètre courant), l'attaque débouche, le 20

---

[7] *Archives militaires françaises*, Vincennes.

août, sur les positions de la 5ᵉ armée allemande du général von Gallwitz. Le 25, les côtes de l'Oie et du Talou, le village de Samogneux sont conquis. Les soldats français parviennent même aux lisières de Beaumont. C'est un succès complet, pour des pertes françaises limitées (3500 tués ou blessés) et la mise hors de combat de 22 000 soldats allemands.

La grande idée de Pétain est cependant de revenir à ce Chemin des Dames, source de tant de maux dont le souvenir doit être effacé. C'est la 6ᵉ armée française du général Maistre qui est chargée de l'opération, dont le but est de refouler sur 12 kilomètres le front allemand au sud de l'Ailette : c'est la bataille de La Malmaison. Sur un front de 12 kilomètres, les troupes françaises engagent 8 divisions, 2000 pièces d'artillerie, trois groupes de chars d'assaut. Les Allemands opposent 9 divisions et 1000 canons ou mortiers. Organisée dans ses moindres détails, l'offensive de La Malmaison est le cas concret de la nouvelle tactique d'infanterie mise au point par Pétain et caractérisée par une adaptation systématique des objectifs aux moyens. Le 23 octobre 1917, les divisions françaises attaquent chacune sur un front de l'ordre de 1500 mètres, avec leurs trois régiments accolés, dont les bataillons, en colonne, se relèveront sur chaque objectif intermédiaire. Ainsi, une véritable noria d'unités fraîches maintiendra la puissance du coup de boutoir. Les artilleries divisionnaires ayant été triplées, chaque bataillon d'attaque est précédé d'un barrage roulant alimenté par deux groupes d'artillerie. L'offensive se déroule remarquablement, avec des pertes extrêmement légères chez les Français. Le 23 octobre, à 6 heures, trois quart d'heure après le départ de l'attaque, le fort de La Malmaison est enlevé sans coup férir par un bataillon du 4ᵉ régiment de zouaves aux ordres du commandant et futur général Henri Giraud. Le 24, la 126ᵉ division d'infanterie occupe le plateau de Moizy jusqu'au mont des Singes. Le 25, les chasseurs alpins du général Brissaud-Desmaillet (66ᵉ DI) atteignent Pargny et patrouillent sur l'Ailette, où, le 2 novembre, les Allemands se replient après avoir abandonné aux troupes françaises victorieuses 12 000 prisonniers, dont 200 officiers, 750 mitrailleuses, 210 canons et 222 mortiers. Les pertes militaires françaises se limitent à 4000 tués ou blessés. Les Allemands comptent également 8000 tués et 30 000 blessés. Un véritable triomphe par l'armée française, qui a progressé de 12 kilomètres : 4000 soldats français hors de combat contre 50 000 soldats allemands, en comptant les prisonniers.

Le Pétain de 1917 a incontestablement redonné à l'armée française ses lettres de noblesse. Un rapport militaire du 10 novembre 1917 dresse le constat suivant :

« Pour la troupe comme pour le hommes politique, le général Pétain apparaît un « havre de grâce ». Face au problème de la guerre, il réévalue à froid ses moyens, réagit contre l'irréalisme de son prédécesseur et décide d'appliquer une nouvelle tactique offensive, plus puissante en artillerie et en chars d'assaut. Face au problème moral, il résiste à ceux qui veulent maintenir une autorité inhumaine. Il n'étouffe pas les cris, il les écoute, puis les assourdit peu à peu ; il sait éteindre directement et sans brutalité la pâte humaine. Par contre, il s'oppose à ceux qui contrarient l'action du commandement en acceptant des revendications anarchiques et il n'hésite pas à condamner certains articles excessifs de la presse « patriotarde » qui portent, eux aussi, atteinte au moral de l'armée. Lors de cette crise qui a secoué le pays, l'armée française a le rare bonheur d'être dirigée par un chef remarquable, qui sait comprendre sa souffrance et lui rendre la conscience de sa mission.

« Remarquable, Pétain l'est par son allure même : de haute stature, bâti en force, insensible à la fatigue, il s'impose par la majesté naturelle de son maintien comme par la froideur calculée de son accueil. Remarquable, il l'est par la somme des dons de l'esprit qui révèle dans un visage de marbre un regard intensément expressif. En fait, il y a alors chez lui une coexistence de facultés humaines, dont il joue avec le plus sûr instinct selon les circonstances. C'est essentiellement une énergie exempte de brutalité, une ténacité qui n'est pas entêtement, une sensibilité sans faiblesse et une doctrine d'action constamment orientée vers la protection de l'infanterie.

« Ce culte de l'infanterie qui l'a opposé aux fameuses théories de l'offensive à outrance, Pétain l'observe déjà en tout temps, et déjà en 1914 ses contre-attaques à la tête de la 4e brigade, puis de la 6e division comptent parmi les plus efficaces et les moins coûteuses. Lorsque, en 1915, il monte l'attaque du 33e corps d'armée en Artois, il règle minutieusement le soutien de l'artillerie à ses fantassins, qui, après une action foudroyante, s'emparent de la crête de Vimy. En 1916, il sauve Verdun par une habile défense des positions, une mécanique parfaitement réglée de la relève de l'infanterie, un renforcement considérable de l'artillerie, un remarquable ravitaillement dans tous les domaines, une utilisation appropriée des voies de communication. Ses succès récents de 1917, témoignent également de sa parfaite adaptation à la guerre moderne, permettant à l'armée française d'atteindre ses objectifs, avec un minimum de casse, en affligeant à l'ennemi des pertes considérables. »[8]

---

[8] *Archives militaires françaises*, Vincennes.

V

LA MARNE
1918

Le général allemand Ludendorff estime que pour vaincre les Alliés sur le front occidental, il doit impérativement écraser l'armée française, sa principale rivale. L'armée britannique, assommée et décimée par les deux précédentes offensives allemandes en Picardie et dans les Flandres en mars et avril 1918, ne tient ses positions que grâce au soutien de 47 divisions françaises, ce qui a pour conséquence de dégarnir le front central du Chemin des Dames, où les troupes françaises sont moins nombreuses. Ludendorff compte frapper les Français dans ce secteur, marqué par de violents combats en 1917.

C'est au Kronprinz impérial, fils de l'empereur d'Allemagne, qu'est confiée, le 17 avril 1918, la direction de la nouvelle offensive, sur les 90 kilomètres du front du Chemin des Dames. Deux armées allemandes, alignant 43 divisions et 4000 pièces d'artillerie, doivent passées à l'assaut le 27 mai. En face, la 6ᵉ armée française du général Duchêne ne dispose que de 15 divisions et 1500 pièces d'artillerie. À 1 heure du matin, le bombardement à obus toxiques et classiques s'abat sur les positions françaises. À 3 heures 40, l'infanterie allemande s'avance derrière le barrage roulant de son artillerie. Malgré l'alerte donnée le 26 mai par deux prisonniers allemands, la surprise est totale. Elle se double d'une mauvaise conduite de la défense. Malgré les ordres formels de Pétain, Duchêne, bien que disposant d'effectifs réduits, a bourré ses troupes en première ligne, sans effectuer de systèmes défensifs en profondeur, condamnant ainsi son infanterie au massacre en cas de barrage d'artillerie de l'ennemi. Il y a plus grave, les ponts du canal de l'Ailette et de l'Aisne n'ont pas été détruits. Si bien que dès le premier jour de l'offensive le front français est enfoncé.

Les Allemands abordent la Vesle à Fismes et ne s'arrêtent, après un bond de 20 kilomètres, que sur les plateaux au sud de cette rivière. Pétain mesure tout de suite l'ampleur du désastre. Il rameute la 5e armée françaises du général Micheler et décide de s'accrocher à tout prix sur les plateaux du Soissonnais comme sur la montagne de Reims, dont il pense déjà se servir comme basse de contre-attaque. Mais le 30 mai, les Allemands atteignent la Marne entre Dormans et Château-Thierry. Foch met à la disposition de Pétain la 10e armée française du général Maistre, rappelée de Picardie. L'offensive allemande se heurte à une résistance acharnée du côté de Soissons et de Reims. L'aviation française de bombardement s'acharne sur toutes les concentrations ennemies.

Le 1er juin 1918, la 10e armée française assure la défense de la forêt de Villers-Cotterêts, où les chars Renault FT 17 se distinguent particulièrement en refoulant l'infanterie allemande à Chaudun et à Berzy-le-Sec. Dans la soirée, les Allemands du groupement d'assaut von Conta parviennent cependant à s'emparer de Château-Thierry, défendu par les coloniaux de Marchand, soutenus par des mitrailleurs américains. Après avoir progressé de 50 kilomètres en trois jours, l'armée allemande, à bout de souffle, ne parvient pas à franchir la Marne, malgré l'engagement de 3 nouvelles divisions. Paris à 70 kilomètres redevient l'objectif principal de Ludendorff.

Le 9 juin 1918, à 4 heures, 13 division allemandes passent à l'attaque, sur 30 kilomètres, entre Noyon et Montdidier. La 3e armée française du général Humbert a pris ses dispositions pour recevoir l'assaillant. Les 5 divisions français parviennent à repousser les 13 divisions allemandes. Le 10, le général Fayolle, commandant le groupe français d'armées de réserve, décide de passer à l'action. Le lendemain, 5 divisions françaises, soutenues par 163 chars d'assaut et la 1ère division aérienne, contre-attaquent avec fougue. Le coup est si violent que Ludendorff ordonne à ses divisions maintenues en réserve d'appuyer au plus vite les troupes de première ligne. Les nombreux chars français Renault FT17, Saint-Chamond et Schneider refoulent partout les Allemands. L'infanterie française fait de nombreux prisonniers.

Du 27 mai au 14 juin 1918, Ludendorff a perdu 400 000 soldats contre l'armée française et, pour maintenir le nombre de ses bataillons, a dû en réduire l'effectif aux environs de 600 soldats sur les 1200 initiaux. Il a hâte de revenir à son objectif initial d'écraser définitivement l'armée britannique dans les Flandres. Mais il juge les réserves françaises insuffisamment consommées et décide de lancer une ultime offensive en Champagne avec 39 divisions. En face, 30 divisions françaises, 6 divisions américaines et 2 divisions italiennes s'apprêtent à riposter au plus vite. Pour éviter la déconvenue du Chemin des Dames du 27 mai, le général Pétain ordonne l'abandon temporaire de la première ligne de défense, réduite à de simples avant-postes, et exige une résistance à outrance sur la seconde position. L'artillerie allemande doit ainsi gaspiller ses munitions sur des positions dégarnies de troupes.

Le 15 juillet 1918, à 5 heures 30, après quatre heures de bombardement, les divisions allemandes passent à l'assaut et découvrent les tranchées françaises de première ligne vides de tout occupant. La seconde position françaises, intacte, oppose une résistance farouche qui décime les assaillants. Des combats acharnés se livrent notamment à Perthes. Les troupes françaises, américaines et italiennes contre-attaquent et repoussent avec succès l'armée allemande. Neuf nouvelles divisions françaises, conduites en partie par l'ardent général Gouraud, balayent les dernières troupes allemandes. L'offensive allemande est définitivement repoussée. Ludendorff a perdu l'initiative des opérations.

Le 18 juillet 1918, tournant de la guerre sur le front occidental, 19 divisions françaises, 6 divisions américaines et 2 divisions britanniques, appuyées 492 chars français, dont 250 excellents Renault FT17, 3000 pièces d'artillerie et 850 avions, contre-attaquent entre l'Aisne et la Marne. Couvertes par les forêts de Villers-Cotterêts et de Compiègne, les troupes alliées débouchent, à 4 heures 35, quasiment sans préparation d'artillerie, afin de surprendre l'ennemi. Fantassins et chars alliés progressent rapidement et enfoncent le centre allemand entre Dammard, Villers-Hélon et Vierzy. L'armée française capture lors de cette unique journée 10 000 prisonniers allemands. Le soir même, l'avance dépasse 10 kilomètres sur 50. Elle se poursuit le lendemain et le surlendemain. Les Allemands abandonnent Château-Thierry le 21. Par une brillante action, le 67e régiment français d'infanterie chasse le 79e régiment prussien d'infanterie du village de Villemontaine, le 25. Plus au sud, les Alliés arrivent sur Fère-en-Tardenois et Ville-en-Tardenois. Dans la nuit du 27 au 28, l'armée allemande s'éloigne de cette Marne qui, pour la seconde fois, lui est funeste. Le 2 août, des soldats français de la 11e division d'infanterie pénètrent dans Soissons. Les soldats des généraux français Mangin, Degoutte et Berthelot bordent l'Aisne, puis la Vesle, de Braine à Reims. La victoire française est totale. Les troupes françaises ont capturé 35 000 prisonniers allemands, 700 canons et libéré 200 villages. Du 18 juillet au 2 août 1918, on compte 125 000 tués ou blessés dans les rangs français et 168 000 chez les Allemands. L'action massive des chars français Renault FT17 a été décisive dans la défaite allemande. Une soixantaine de divisions françaises ont été engagées lors de ces opérations, ainsi que 6 divisions américaines, 2 divisions britanniques et 2 divisions italiennes. Une fois de plus, comme on peut le constater par les chiffres, l'armée française a joué un rôle essentiel dans cette victoire décisive.

Pour la perte de 558 000 soldats (tués, blessés, disparus et prisonniers) de son côté, l'armée française a mis hors de combat 856 000 soldats allemands, de mars à juillet 1918. En mai 1918, on comptait 204 divisions allemandes sur le front français, contre 180 divisions alliées, dont 110 divisions françaises. Le 6 août 1918, Foch est fait maréchal de France.

Assez curieusement, l'historiographie anglo-américaine attribue la seconde victoire de la Marne de juillet 1918 à l'engagement massif des troupes américaines. Or, sur 27 divisions américaines disponibles à ce moment, seulement 6 ont participé à cette bataille. Il faut attendre le 10 août 1918, pour que la 1ère armée américaine, du général Pershing, soit constituée avec 16 divisions, dont 8 ayant l'expérience du combat. La 1ère armée américaine se voit attribuer, le 26 août, le secteur de Saint-Mihiel, représentant 80 kilomètres de front. La France livre à ses alliés américains 144 chars Renault FT17, 3000 canons et 500 avions. L'essentiel du matériel lourd américain est français. En août 1918, avec 110 divisions en ligne, l'armée française tient 720 kilomètres des 950 kilomètres du front occidental. Elle a joué un rôle déterminant dans la défaite de l'Allemagne en 1918.

VI

RIF ET DJEBEL DRUZE
1921-1926

La guerre du Rif au Maroc (1921-1926)

La guerre du Rif est un conflit colonial qui oppose les tributs rifaines, guerriers de la chaîne de montagnes du nord du Maroc, aux armées française et espagnole. Les deux armées européennes agissent officiellement en vertu des accords du protectorat passé par le sultan du Maroc, Moulay Abd al-Hafid. Les Rifains refusent de se soumettre aux deux puissances coloniales occupant alors le Maroc. Sous la conduite d'Abd el-Krim, 80 000 guerriers rifains livrent une lutte acharnée aux 300 000 soldats espagnols et aux 200 000 soldats français.

Lors de la bataille d'Anoual, le 21 juillet 1921, 14 000 soldats espagnols sont massacrés par les rebelles. Les troupes espagnoles accumulent les défaites et doivent se retirer sur la côte. Ils n'occupent plus, en 1924, que Ceuta, Melilla, Asilah et Larache. Les troupes espagnoles, sous la conduite d'un brillant officier en la personne de Franco, parviennent cependant à contenir les Rifains.

Abd el-Krim commet la lourde erreur d'attaquer des positions françaises au Maroc, ce qui entraîne aussitôt une alliance militaire franco-espagnole. Sous la conduite du maréchal Lyautey, les troupes françaises écrasent les guerriers rifains lors d'une offensive vers Fès, durant l'hiver et le printemps 1924. Le général Pétain poursuit avec efficacité les opérations en 1925, en conjuguant les troupes au sol avec l'usage intensif de l'aviation. Un débarquement franco-espagnol dans la baie d'Alhucemas, en septembre 1925, contraint Abd el-Krim à la reddition, à Targuist, le 30 mai 1926, après une guérilla particulièrement féroce. Envoyé en exil à l'île de la Réunion la même année, il s'en évade 20 ans plus tard pour se réfugier en Égypte, où il meurt en 1963.

La guerre du Rif (1921-1926) se solde par de lourdes pertes, avec 15 400 guerriers rifains tués ou blessés, 19 000 soldats espagnols et 12 000 soldats français.

La guerre du Djebel druze au Levant (1925-1926)

Après la Première Guerre mondiale et le démembrement de l'empire ottoman, la France obtient en 1920 un mandat sur la Syrie et le Liban. La région est découpée en cinq états confédérés, avec Damas, Alep, État Alaouite, Djebel druze et Liban.

En Syrie, l'armée française doit faire face à plusieurs révoltes nationalistes, connu sous le nom de guerre du Djebel druze de 1925 à 1926. Au début, il s'agit d'une agitation de chefs de clans contre l'autoritarisme du gouverneur français, le capitaine Carbillet. Puis, la révolte s'amplifie et, en juillet 1925, des rebelles nationalistes assiègent la citadelle de Soueïda, capitale du Djebel druze. Après l'échec de la colonne conduite par le général Michaud pour délivrer les assiégés, le général Maurice Gamelin est nommé commandant des troupes françaises du Levant (Syrie et Liban) le 2 septembre 1925. Il forme rapidement une colonne de 7000 soldats, appuyés par 17 avions, qui parvient à libérer la garnison de Soueïda le 24 septembre. La ville est cependant réinvestie par les Druzes dès le 26 septembre.

À compter du mois d'octobre 1925, trois nouveaux foyers insurrectionnels émergent : Damas, Hama et le Sud Liban. Le général Gamelin fait bombarder Damas le 10 octobre. L'armée française, constamment harcelés par les rebelles, lance une contre-offensive en avril 1926 : le général français Andréa dirige une colonne de 10 000 soldats vers Soueïda, qui est reprise le 25 avril. Au Djebel druze, au Sud Liban, dans la région de Nebeck et à Damas, la puissance des troupes françaises (40 000 soldats) a finalement raison des insurgés. La prise de Salkhad, le 4 juin 1926, marque la fin victorieuse des opérations militaires. Durant toute cette campagne, l'aviation française joue un rôle important, remplissant des missions d'observation, de bombardement et de ravitaillement. Quarante aviateurs sont tués lors de ces opérations.

VII

NARVIK
1940

Redoutant que les Alliés interviennent en Norvège pour lui couper sa source d'approvisionnement en fer, Hitler décide de les prendre de vitesse en attaquant la Norvège dès le 9 avril 1940. Les troupes allemandes s'emparent d'Oslo, Namsos et Narvik. Dès le lendemain, la flotte britannique engage une bataille navale. Le corps expéditionnaire français en Scandinavie (CEFS), destiné à intervenir en Norvège et placé sous les ordres des général Audet, comprend la 1ère division légère de chasseurs alpins du général Béthouart (5e demi-brigade et 27e demi-brigade de chasseurs alpins), la 13e demi-brigade de marche de la Légion étrangère (DBMLE) du lieutenant-colonel Magrin-Vernerey et la brigade autonome polonaise de chasseurs de Podhale du général Bohusz-Szusko. Cette dernière unité est formée en février 1940 au sein de l'armée polonaise reconstituée en France, en vertu des accords de septembre 1939 et janvier 1940.

Le 23 avril 1940, une partie du CEFS quitte la Bretagne à bord de nombreux paquebots réquisitionnés. Le 3 mai 1940, le convoi franchit le cercle polaire. Ce même jour, le général Béthouart résume en quelques mots la situation opérationnelle du corps expéditionnaire français en Scandinavie (CEFS) :

« Depuis le 9 avril, les Allemands occupent la presque totalité des points stratégiques de la côte norvégienne, de Trondheim au sud jusqu'à Narvik, point le plus septentrional de leur avance. Vous n'ignorez pas que notre premier débarquement à Namsos, le 14 avril, s'est soldé par un échec. Nous avons dû rembarquer une demi-brigade de chasseurs. Nous allons donc rééditer la manœuvre, ici, à Narvik. »[9]

L'évolution des opérations militaires en Norvège semble prendre un tour défavorable pour les Alliés, sauf en ce qui concerne le port de Narvik, qui demeure un objectif prioritaire pour Hitler. Si la ville est bien occupée par les Allemands dès le 9 avril, deux batailles navales, opposant la Kriegsmarine (marine de guerre allemande) à la Royal Navy (marine de guerre britannique), se sont terminées par une défaite retentissante pour la flotte allemande. Les chasseurs allemands de montagne de la 3e division alpine du général Éduard Dietl sont désormais totalement isolés. Chez ces derniers, de même que chez les marins allemands rescapés du carnage naval, un certain flottement commence à sa faire sentir, malgré les ordres du Führer de défendre Narvik jusqu'à la mort. Au sein des unités, la discipline bat de l'aile et des rumeurs évoquent un éventuel repli en direction de la Suède, toute proche. Pour mettre fin à ces errements, le général Dietl réagit avec promptitude, menaçant de traduire en cour martiale tout déserteur. La population locale ne cachant pas son enthousiasme à l'annonce de l'arrivée prochaine des troupes françaises, le commandement allemand, inquiet, adopte des mesures préventives en dressant une liste d'otages norvégiens, appelés à être fusillés en cas d'agression contre l'occupant.

« Malgré la situation dans laquelle se trouve ses troupes, écrit

---

[9] *Archives militaires françaises*, Vincennes.

Philippe Sadot, Dietl ne perd aucun temps et met à profit les hésitations des adversaires pour consolider ses positions. La ville de Narvik, qui s'étend sur un terrain d'altitude moyenne situé à l'extrémité d'une péninsule de 9 kilomètres de long sur 4 kilomètres de large, encadrée au nord et au sud par deux fjords, est particulièrement vulnérable. La voie ferrée qui la relie à la Suède part vers l'est, suivant la rive du fjord méridional le long d'une étroite corniche, avant de bifurquer vers l'intérieur des terres, empruntant des tunnels creusés dans la montagne. La cité elle-même est cernée de collines, de dépressions et de plateaux aux formes tourmentées. Les conditions climatiques amplifient ces contraintes car l'hiver, encore présent, entraîne la formation de congères aussi bien dans la ville que dans les vallées. Bientôt, la pluie froide du printemps viendra s'ajouter aux conditions difficiles des belligérants. »[10]

Les 5600 chasseurs de montagne et fusiliers marins allemands sont bientôt renforcés par 528 chasseurs parachutistes du 1er régiment aéroporté, accompagnés par deux compagnies (120 hommes chacune) de chasseurs de montagnes hâtivement formés au saut ; soit un effectif total de 6368 combattants allemands, soutenus par une Luftwaffe (aviation allemande) très présente, assurant notamment le ravitaillement de la garnison allemande, non sans subir des lourdes pertes causées par la Royal Air Force (aviation britannique), qui parvient à descendre une trentaine d'appareils ennemis durant la bataille de Narvik. De son côté, le corps expéditionnaire français de Scandinavie (CEFS), avec la 1ère division légère de chasseurs alpins, la 13e demi-brigade de marche de la

---

[10] Philippe Sadot, *La Légion libère Narvik, la 13e demi-brigade de marche de la Légion étrangère dans le Grand Nord*, Ligne de Front n°22, mars-avril 2010.

Légion étrangère et la brigade polonaise de chasseurs de Podhale, aligne 20 000 hommes. Les Allemands défendant Narvik peuvent compter sur les 80 000 autres soldats de la Wehrmacht qui occupent le reste de la Norvège, même si leur intervention dans un bref délai apparaît aléatoire du fait de l'étendue du territoire. La flotte britannique apporte une contribution majeure dans le soutien du débarquement des troupes françaises.

Le 9 mai 1940, le commandement français, dont le capitaine Koenig fait partie au sein de l'état-major, dresse le plan suivant pour s'emparer de Narvik :

« Nous procéderons en deux temps. D'abord nous nous assurerons de la presqu'île d'Oijord qui borde le fjord où se trouve Narvik, terminus de la voie de chemin de fer de Suède. Dans une deuxième temps, bondissant au-dessus de Rombaksfjord, nous prendrons la défense allemande de flanc. Nous allons donc débarquer dans un premier temps à Balangen, sur l'île de Harstad, qui sera notre base de départ pour notre débarquement sur le continent.

« La 13e DBMLE, dans le cadre de cette opération, sera embarquée sur un cuirassé et deux croiseurs de la Royal Navy, puis mis à terre à l'aide de péniche. Le premier échelon comprendra cinq chalands blindés avec une trentaine d'hommes chacun. Si toute se déroule bien, 5 des 15 chars Hotchkiss H39 de la 342e compagnie autonome de chars de combat (CACC) seront mis à terre, sur des transports non blindés qui feront la navette avec la rive et amèneront à terre d'autres légionnaires. »[11]

---

[11] *Archives militaires françaises*, Vincennes.

Le commandement français prévoit d'attaquer en deux endroits : à Bjerkvik avec le 1er bataillon (commandant Boyer-Resses) de la 13e DBMLE, soutenus par 3 chars H39, et à Meby avec le 2e bataillon (commandant Gueninchaut) de la 13e DBMLE et 2 tanks H39. Les Allemands vont se trouver entre le marteau légionnaire venu de la mer et l'enclume des chasseurs alpins français, établis dans les montagnes, avec des unités norvégiennes. De leurs côtés, les chasseurs polonais doivent progresser le long de la côte.

L'opération débute difficilement, puisqu'un char H39 s'abîme par quatre mètres de fond avec la barge qui le transportait. Il sera cependant renfloué. L'heure H est repoussée de 48 heures. Ce retard imprévu se révèle néanmoins une aubaine, dans la mesure où, le 12 mai, une tempête de neige balaye le secteur d'Ofoten, empêchant toute sortie de l'aviation allemande.

À minuit, l'escadre britannique, transportant les troupes françaises, se positionne face à Bjerkvik. Transportés sur Chalands, 120 légionnaires du 1er bataillon forment la première vague d'assaut, 300 autres suivant dans les chaloupes. « Malgré l'heure, écrit Philippe Sadot, il fait grand jour et le temps est glacial. L'amiral Cork and Orrery qui commande la flotte anglaise, offre au général Béthouart de commander lui-même l'ouverture du feu. Une heure durant, les puissants obus de marine pilonnent les défenses allemandes, et c'est dans un décor apocalyptique que les légionnaires mettent pied à terre sous le feu des armes automatiques adverses, le 13 mai. Jugeant la situation trop critique, le chef de bataillon Boyer-Resses décide de reporter le point de débarquement vers une petite crique distante de 500 mètres de l'objectif initial. Une fois sur la rive, les hommes du 1er bataillon s'élancent à l'assaut et enlèvent la plage après d'âpres combats. »[12]

La progression dans la localité de Bjerkvik embrassée se fait sous la protection de trois chars Hotchkiss. La déclivité du relief contraint les légionnaires à fournir un effort supplémentaire qui s'ajoute à celui des combats. Au terme d'une bataille d'assaut de deux heures, où les légionnaires luttent comme des lions à la grenade, au fusil, à l'arme automatique et à la baïonnette, la localité tombe aux mains du 1er bataillon de la 13e DBMLE : la tête de pont se trouve consolidée.

« La prise de Bjerkvik, écrit Koenig, n'est qu'une étape. Elle représente le point de convergence de toutes nos unités avant la conquête de l'objectif final que représente Narvik. Durant la nuit du 13 au 14 mai 1940, la liaison est réalisée avec les chasseurs polonais venant de l'ouest et nos chasseurs alpins, ainsi que les soldats norvégiens, descendus des montagnes du nord.

« À 5 heures du matin, le 2e bataillon de la 13e DBMLE débarque et se porte sur Meby. Contrairement à leurs camarades du 1er bataillon, les légionnaires du 2e bataillon embarquent sur des chaloupes qui n'offrent aucune protection. Conduits vers une anse abritée des tirs de l'ennemi, soutenus par deux chars H39, les légionnaires engagent aussitôt le combat et réduisent les premières positions de résistance. Ils poursuivent leur progression en direction du camp d'Elvegaard qui est conquis après un terrible corps à corps. À leur grande surprise, les légionnaires y découvrent une centaine de mitrailleuses, ainsi que le courrier personnel du général allemand Dietl !

« Elvegaard aux mains de notre 2e bataillon de la Légion,

---

[12] Philippe Sadot, op.cit.

l'objectif suivant est la cote 220 qui surplombe la localité et dont la prise est confiée à la 5e compagnie du capitaine Puchois. Les légionnaires découvrent rapidement que cette hauteur est défendue par trois mitrailleuses qui empêchent toute progression. Un char Hotchkiss H39 parvient en peu de temps à détruire deux d'entre-elles, mais la troisième mitrailleuse, abritée sous les rochers, reste insensible aux obus de 37 mm du blindé. C'est alors que trois légionnaires, anciens républicains espagnols de la guerre civile, se lancent héroïquement à l'assaut, dans la plus pure tradition de la Légion, contre la mitrailleuse qui bloque l'avance de leurs camarades. Deux d'entre eux sont tués par les tirs allemands, mais le troisième légionnaire, poursuivant sa progression sous les balles, parvient à s'approcher de l'arme automatique, qu'il détruit à l'aide de grenades. Décelant un quatrième emplacement d'une mitrailleuse, plus en retrait, il renouvelle son exploit quelques minutes plus tard. Cet acte héroïque vaut au légionnaire Gayoso la décoration de la Médaille militaire. La cote enfin dégagée, le 2e bataillon poursuit son avance et s'empare de Meby. En fin de journée, notre offensive est un succès militaire complet. »[13]

De son côté, le lieutenant-colonel Magrin-Vernerey, ne cache pas son immense satisfaction :

« À moins de deux kilomètres, nous avons aperçu le port de Narvik. Les Allemands étaient en pleine confusion : le port brûlait et les défenses nous ont paru neutralisés par la Royal Air Force (RAF). Le 13 mai au soir, la 13e DBMLE a conquis tous ses objectifs. Le 1er bataillon a repoussé les Allemands hors de Bjerkvik et s'est établi face au sud et

---

[13] *Archives militaires françaises*, Vincennes.

au nord, prêt à donner la main aux chasseurs qui arrivent de Harstad. Le 2e bataillon a dépassé Meby et s'est installé en défensive sur la ligne des crêtes : 98, 492, 548. De là, mes 6e et 7e compagnies tiennent sous leurs feux le lac de Hartvigvand. L'ennemi est partout repoussé. Attaqués de flanc, les chasseurs allemands de montagne du général Dietl ont été contraints d'abandonner tout le nord de la presqu'île, relâchant leur pression sur les soldats norvégiens bloqués dans la montagne. »[14]

Cependant l'évolution militaire en France et en Belgique ne tarde pas à remettre en cause l'offensive alliée en Norvège, pourtant sur le point de se conclure par une victoire à Narvik. Malgré les appels du lieutenant-colonel Magrin-Vernerey, du général Béthouart et du capitaine Koenig, à foncer sur Narvik, la 13e DBMLE est contrainte de rester dans l'expectative autour d'Oijord et de Seines, en Norvège. Bombardés quotidiennement par l'aviation allemande, les légionnaires et les chasseurs alpins n'ont d'autre solution que de s'enterrer.

Le général Béthouart, prenant le commandement de l'ensemble des troupes terrestres engagées, fixe l'assaut sur Narvik le 28 mai. La 13e DBMLE doit débarquer l'ensemble de ses troupes à proximité d'Orneset, appuyée par la marine britannique. La Royal Navy engagera à cette occasion 2 croiseurs et 5 destroyers, ainsi que deux escadrilles d'avions de l'aéronavale, tandis que trois batteries d'artillerie, installées à Oijord, renforceront l'ensemble.

À l'aube du 28 mai, 300 soldats français embarquent à Seines sur des chalands. Après avoir atteint Rombaksfjord, ils foncent sur Orneset. Soutenues par une puissante artillerie, 2 compagnies du 1e bataillon de la

---

[14] *Archives militaires françaises*, Vincennes.

13e DBMLE accostent sans rencontrer de résistance et établissent une solide tête de pont, permettant la mise en place d'une rotation des troupes avec Oijord. Les canons allemands entrent en action par un pilonnage systématique de la zone d'embarquement, causant des pertes sévères, dont celle du capitaine Guillemin. Ces tirs bien ajustés contraignent le commandement français à reporter le dispositif offensif plus au nord, à Seines, ce qui occasionne une retard de 2 heures dans le déroulement de l'opération.

Malgré ce contretemps, le 1er bataillon de la Légion prend enfin pied à Orneset, atteignant prestement la voie ferrée. Pris sous les tirs d'un canon allemand, les légionnaires ont vite fait de le détruire à l'aide d'un canon de 25 mm et poursuivent leur avance. Sous la conduite du lieutenant Vadot, 300 mètres de voie ferrée sont dégagées à 16 heures et un bataillon de soldats norvégiens, qui a pu débarquer, gravit les pentes dominant le fjord. Deux chars français H39 sont mis à terre mais s'enlisent rapidement sur un terrain rendu marécageux par le dégel. Seul l'un des deux blindés peut être dégagé le lendemain.

La 13e DBMLE doit s'emparer de la voie de chemin de fer et des diverses positions qui dominent la ville de Narvik. Les combats sont terribles, du fait de la résistance acharnée des troupes allemandes. Le 2e bataillon de la Légion, qui a pris du retard, tarde. Aux premières heures du jour, une puissante contre-attaque allemande chasse les soldats norvégiens de la cote 295. Le capitaine de Guittaut réagit immédiatement en lançant sa compagnie. Cette action héroïque lui coûte la vie et cause la perte d'un tiers des effectifs français engagés. Les Allemands s'accrochent sur cette position clé qu'est la cote 295. Finalement, la 2e compagnie du lieutenant Vadot renverse la situation, en reprenant le contrôle de ce point stratégique. Lorsque le 2e bataillon survient enfin en renfort, force est de constater que les pertes ont été lourdes avant qu'il n'arrive. Les premiers échelons de la seconde vague ne sont débarqués qu'à compter de 5 heures et ce n'est qu'en fin de matinée que la 13e DBMLE se trouve au complet.

Soutenu par l'aviation britannique, le 2e bataillon de la Légion s'empare brillamment à 18 heures de la cote 457, proche de Narvik. Les troupes françaises et norvégiennes pénètrent finalement dans la ville. Les légionnaires du 2e bataillon contournent Narvik par l'ouest. Tandis que le 1er bataillon poursuit son avance vers l'est en longeant la voie ferrée qui borde le Fjord. Précédé par le peloton motos du lieutenant Lefort, le lieutenant-colonel Magrin-Vernerey progresse vers le sud-est, à travers la presqu'île. Il atteint Beisfjord et établit sa jonction avec les chasseurs alpins et les chasseurs polonais. Le 29 mai 1940, à 4 heures du matin, tandis que le 2e bataillon est entièrement maître de Narvik, la victoire française contre les Allemands est acquise sur cette partie du front de Norvège. Le général allemand Dietl, vaincu, est contraint de se replier en direction de la frontière suédoise, avec une faible partie de ses hommes encore valides. »

Cette victoire française de Narvik est cependant sans lendemain. En effet, la situation sur le front français semble terriblement compromise pour les Alliés. Le général Béthouart reçoit l'ordre de rapatrier de toute urgence le corps expéditionnaire français, afin de venir renforcer l'armée française, terriblement affaiblie, qui lutte avec rage sur la Somme et l'Aisne depuis le 5 juin 1940, contre une armée allemande en surnombre qui vient de passer de nouveau à l'offensive.

À Narvik, la victoire française est incontestable : 530 soldats français tués contre 5296 soldats allemands hors de combat (1317 tués, 1604 blessés et 2375 prisonniers ou disparus). La 13e DBMLE déplore à elle seule 7 officiers, 5 sous-officiers et 55 caporaux ou soldats tués. Les combats sont acharnés jusqu'au 2 juin. Puis, le 7 juin, à 22 heures, les derniers éléments du corps expéditionnaire français de Scandinavie embarquent à bord de navires britanniques et français, non sans avoir saboté les installations portuaires de Narvik, détruit 300 mètres de voie ferrée et rendu inutilisable l'un des tunnels de la route de fer.

VIII

HANNUT-GEMBLOUX
1940

À Hannut, en Belgique, du 12 au 13 mai 1940, le corps de cavalerie mécanisée du général français Prioux (2 et 3ᵉ divisions légères mécaniques), fort de 380 chars, affronte sans soutien aérien, le 16ᵉ panzerkorps du général Hoepner, totalisant 664 chars, appuyés par la Luftwaffe. C'est la première grande bataille de chars de la Seconde Guerre mondiale.

Les unités françaises ont quitté leurs cantonnements de la région de Valenciennes et de Maubeuge aux premières heures du jour le 10 mai. Elles ont 150 kilomètres à parcourir en territoire belge pour atteindre la région d'Hannut, au centre du triangle Louvain, Namur et Liège. Prioux doit y contenir l'offensive de deux panzerdivisions, afin de permettre ensuite aux autres divisions françaises et britanniques de s'établir sur la position Dyle-Gembloux, conformément au plan du général Gamelin.

La 3ᵉ division légère mécanique (DLM) du général Langlois va être directement au prise avec les deux panzerdivisions du général Hoepner. L'autre DLM sera moins soumise aux assauts de l'adversaire. Ce sont donc 664 chars allemands (dont 150 Panzer III et IV) qui vont assaillir les positions de la 3ᵉ DLM, qui dispose de 80 chars Somua S35 et 140 chars Hotchkiss, soit un total de 220 chars.

Un premier accrochage à lieu des 6 heures du matin, le 12 mai, lorsque des chars Hotchkiss H39 détruisent cinq panzers à Crehen. Les blindés français se mettent à l'abri des nombreuses haies, derrière les maisons, dans les jardins. Ils luttent avec courage. Plus-tard, on retrouvera l'adjudant-chef Geneste mort, les mains encastrées dans le volant de pointage de son arme, la tête reposée sur le canon muet. Les mitrailleuses du peloton Gilbert détruisent deux automitrailleuses allemandes.

Les unités motorisées françaises d'infanterie (dragons portés), qui subissent le premier choc, s'accrochent au terrain malgré de lourdes pertes. Les canons automatiques des Panzer II font des ravages dans les rangs des dragons portés. Puis les Somua contre-attaquent et parviennent à stopper la progression de l'ennemi.

L'inaptitude du canon court de 37 mm des Hotchkiss en combat char contre char est démontrée : les obus ricochent sur le blindage des Panzer III et IV. Seuls les Somua en imposent à leurs adversaires les plus puissants. Au soir du 12 mai, les Français ont infligé des pertes suffisamment importantes aux Allemands pour que le général Hoepner réalise que ses Panzer I et II, formant plus de la moitié de ses deux panzerdivisions, ne viendront jamais à bout des redoutables Somua, qui détruisent les blindés allemands en grande quantité. Certains Somua portent les traces d'une trentaine d'impacts d'obus de 20 ou 37 mm sur leur épais blindage.

Le lendemain, le 13 mai, un détachement de Somua, prenant de flanc la masse blindée de la 4e panzerdivision, fait une hécatombe de chars allemands : une cinquantaine de panzers sont détruits en quelques minutes ! Le véhicule de commandement du colonel allemand Eberach est en feu. Le général allemand Hoepner est tellement impressionné par la puissance de feu des Somua S35 comparé à celle des Hotchkiss H39, qu'il fait passer la consigne à tous ses équipages de panzers de s'engager à fond contre les H39, mais d'éviter le combat contre les S35, sauf à très courte portée ou avec les Panzer IV, armés d'un canon de 75 mm. Jusqu'à 1000 mètres, le canon de 47 mm des Somua surclasse presque tous les blindés allemands. En outre, le blindage du Somua le rend pratiquement invulnérable aux canons de 20 et 37 mm allemands et même le canon de 75 mm du Panzer IV rencontre de grandes difficultés à le percer aux distances habituelles de combat de l'époque.

Une section de Somua change de position et passe au travers des lignes allemandes avant de se heurter à un groupe de chars en cours de ravitaillement. Le combat qui s'en suit ne cause aucune perte du côté français mais coûte quatre panzers et une vingtaine de camions aux Allemands. Les Somua poursuivent leur route jusqu'à Thisnes où ils surprennent et neutralisent une batterie allemande.

La tactique allemande d'infiltration et de débordement se heurte à une farouche résistance des unités françaises formées le plus souvent en hérisson. Aux attaques allemandes, les Français répondent par d'habiles contre-attaques. La Luftwaffe, qui intervient à plusieurs reprises, soumet les DLM à des bombardements intensifs.

Quatorze Somua, gardés en réserve derrière le village Jandrenouille, mènent une contre-attaque afin de freiner la progression allemande. Un combat frontal les oppose, en rase campagne, à deux régiments de panzers. Les Somua prennent l'avantage en détruisant une cinquantaine de chars ennemis. Aucun Somua n'est détruit malgré la supériorité numérique de l'adversaire et l'intervention des Stukas.

Dans le village de Marilles une dizaine de Somua affrontent une quarantaine de panzers. Une vingtaine de chars allemands sont mis hors de combat, pour la perte minime de deux Somua. À Jandrain, les

Hotchkiss détruisent une dizaine de blindés allemands.

« L'admirable ténacité des Français qui, malgré les pertes subies, ne cédèrent pas un pouce de terrain, fit que le combat resta indécis et que le général Hoepner continua d'ignorer où se trouvait le gros des forces blindées ennemies », écrit le colonel allemand Neumann.[15]

Durant deux jours, la 3ᵉ DLM parvient à contenir les assauts enragés des deux panzerdivisions. Succès tactique incontestable pour le général Prioux : 164 chars allemands sont hors de combat contre 105 chars français.

L'historien militaire allemand Karl-Heinz Frieser reconnaît implicitement la victoire française : « D'un point de vue tactique, le succès a été total pour le général Prioux. Sa seule mission avait été de fournir une résistance d'une durée limitée et de laisser du temps à la 1ᵉʳᵉ armée française, afin qu'elle s'installe dans la position de Gembloux. Les chars français avaient pu infliger des pertes sévères à ceux de l'ennemi. Les Allemands durent accepter des dégâts énormes non seulement à Hannut, mais aussi à Gembloux. Ce fut une bien mauvaise surprise pour les équipages des chars allemands de Panzer III, de s'apercevoir que les obus de leurs canons de 37 mm ricochaient, complètement inefficaces, sur les cuirasses des Somua. Les Français avaient un autre avantage : engagés dans des combats de retardement, ils pouvaient en permanence livrer bataille depuis des abris, qu'ils soient villages ou en pleine campagne. Pour les équipages des chars allemands légers, la situation s'avérait déplorable ; en témoigne l'action désespérée du commandant d'un char Panzer I (armé uniquement de deux mitrailleuses) à Jauche.

---

[15] *Archives militaires allemandes*, Fribourg-en-Brisgau.

« Armé » d'un marteau, il bondit sur le char Hotchkiss du lieutenant Le Bel, voulant apparemment en fracasser l'optique, mais il tomba du char en marche et fut écrasé par celui-ci.

« Dans cette bataille, l'équipement radio à grande portée offrit ses avantages aux Allemands. Grâce à lui, les commandement allemands avaient constamment la possibilité de déplacer par surprise leur axe d'effort. Comme, par ailleurs, les chars français disposant d'un appareil de radio en état de marche étaient bien rares, des officiers eurent parfois à quitter leur véhicule et à courir d'un char à l'autre pour transmettre leurs ordres – et ils se firent surprendre par une attaque allemande alors qu'ils étaient à l'extérieur de leur véhicule de combat. C'est justement lors de ce premier affrontement des deux armes cuirassées qu'émergea une autre différence entre les modèles français : il s'agissait d'une caractéristique de la construction des chars, la conception des tourelles. Dans les chars français de combat, elles étaient conçues pour un seul homme. Ce qui signifiait que le commandant, à qui revenait en fait la conduite tactique, devait en même temps faire fonction de chargeur et de tireur. Les commandants de chars allemands, en revanche, pouvaient se concentrer sur leur fonction de direction.

« Ce qui s'est produit à Hannut, c'est la première et, en même temps, la plus grande bataille de chars de la campagne de l'Ouest, mais pas seulement : ce fut aussi une formidable « bataille chars contre avions ». Sous les ordres du général de brigade von Richtofen, le 8e corps aérien, qui, en tant que « corps aérien de combat rapproché », était spécialisé dans l'appui de l'armée de terre, intervint massivement dans les combats au sol. Les Stukas, surtout, ouvrant la voie aux chars allemands, mirent hors de combat un bon nombre de chars français. »[16]

Ainsi, malgré sa supériorité numérique en chars, le puissant soutien de l'aviation d'assaut, l'avantage de l'équipement radio, le panzerkorps du général Hoepner a été tenu en échec par le corps de cavalerie mécanisée du général Prioux, totalement dépourvu de l'appui de l'armée de l'air. Des 105 chars français perdus, la moitié est à mettre à l'actif des bombardiers en piqué de la Luftwaffe. Ce qui veut dire que lors de l'affrontement chars contre chars, les blindés français, principalement les Somua, ont démontré leur redoutable efficacité en mettant hors de combat la plus grande partie des 164 chars ennemis perdus.

Le général Prioux reconnaîtra également le rôle prépondérant joué par l'artillerie dans l'arrêt de l'action allemande. En effet, les tirs de barrage du 76e régiment d'artillerie de la 3e DLM vont se révéler d'une grande efficacité. Les principaux officiers allemands, engagés dans cette bataille, ont souligné l'exceptionnelle qualité tactique de l'artillerie française.

L'adjudant Georges Hillion, tankiste au sein de la 3e DLM, raconte l'incroyable combat qu'il a livré le 12 mai 1940, à Tishnes, près d'Hannut :

« Vers 20 heures 05 j'entends sur ma droite quelques rafales de mitrailleuses ; j'oriente ma tourelle, les armes prêtes, mais ne distingue rien encore. Pendant environ cinq minutes, je fouille le terrain, en vain, et pourtant le bruit s'est amplifié… Il est environ 20 heures 10 quand j'ai

---

[16] Karl-Heinz Frieser, *Le Mythe de la guerre éclair, la campagne de l'Ouest de 1940*, éditions Belin 2003.

la joie de voir déboucher deux chars ennemis progressant lentement sur ma position. Ils ne semblent pas m'avoir vu. Je prends mon temps, ne voulant pas rater un si bel objectif, mon premier ! Je tire et je touche au but. Le char s'arrête. J'aperçois une vive lueur et une fumée épaisse sort du véhicule. Je ne m'en soucie plus. Je pointe le deuxième, le premier coup semble ricocher sur la tourelle. Je tire une deuxième fois en pointant légèrement plus bas ; le coup porte sous la tourelle à la partie avant. Le char reste sur place.

« À travers l'épiscope de gauche j'aperçois quelques fantassins et quatre autres chars débouchant à droite des deux que je viens de stopper. Je me tourne vers eux mais les branches de l'arbre derrière lequel je me trouve m'empêchent de faire une visée précise. Je donne donc ordre à mon conducteur, le brigadier Phiz, de se porter sur le petit chemin en bordure duquel nous nous trouvons. Nous traversons la haie de clôture et je prends à partie à la mitrailleuse les fantassins aperçus quelques instants plus tôt. Je vide en une seule rafale la moitié de mon chargeur. Les Allemands sont touchés ou se couchent, en tous cas je ne les revois plus.

« À peine arrivé sur le chemin, la riposte ennemie se fait durement sentir. Je reçois un premier obus à l'arrière du char dont le moteur s'arrête. Phiz tente de le remettre en marche mais le démarreur n'accroche plus. Nous sommes cloués au sol à 300 mètres environ de l'ennemi pour qui nous formons une cible parfaite. Un obus traverse la tourelle. Des éclats me blessent à la tête et au bras gauche. J'ai le visage inondé de sang et je ne vois plus que de l'œil droit. Je pointe mon arme, visant l'ennemi qui progresse rapidement à moins de 200 mètres. Au moment où je vais presser la détente, un autre choc violent se produit derrière moi. Je ressens une douleur très vive dans le dos et une sensation de brûlure sur tout le côté gauche du visage. Une épaisse fumée envahit le char. Je tire mais je ne peux dire avoir atteint mon but...

« Je suffoque et je pense alors à prendre mon écharpe pour me l'enrouler autour de la tête et de la bouche. Je quitte donc mon épaulière mais, à peine mon épaule a-t-elle perdu le contact, qu'un choc violent frappe la tourelle. Le canon pivote violemment sur la gauche... Je me redresse et par la culasse ouverte je constate que l'extrémité de mon tube est déchiquetée. La lunette de visée est détruite mais la mitrailleuse semble intacte. Je décide de continuer la lutte à terre. Je demande à Phiz de se porter avec des chargeurs derrière l'arbre où nous nous trouvions précédemment tandis que je sortirai avec la mitrailleuse.

« Deux nouveaux coups ébranlent encore le char. L'atmosphère est devenue irrespirable, on étouffe. Je sens mes forces diminuer. Je sors péniblement par la tourelle, tenant la mitrailleuse, quand un éclat d'obus m'arrache littéralement mon casque de la tête et je tombe lourdement sur le sol. Je rassemble le peu de force qui me restent et je parviens à gagner l'arbre en rampant ; je perds connaissance.

« Combien de temps mon évanouissement a-t-il duré, je ne peux le dire. Je ressens tout à coup une douleur épouvantable aux jambes, j'ouvre les yeux et j'aperçois un char allemand qui me passe sur les deux jambes. Craignant un coup de grâce, je m'efforce de ne pas crier sous la douleur... Le char continue sa route en se collant à la haie. Après son passage, des obus tombent sur le terrain et les gerbes de terre me recouvrent partiellement. Deux éclats me frappent à la main gauche... Je suis à bout et je sombre de nouveau dans le néant.

« Quand je reviens à moi, il fait nuit noire. J'appelle Phiz à plusieurs reprises mais je n'obtiens aucune réponse. Ma jambe gauche ne réagit plus et me paraît broyée, la droite est douloureuse mais semble fonctionner encore. Je réussis à me mettre sur le ventre et je me traîne tant bien que mal sur le chemin qui conduit au village. J'ai parcouru cinquante mètres environ quand deux Allemands armés de mitraillettes surgissent de derrière la haie et me demandent : êtes-vous Français ou Anglais ? Ils m'examinent, parlent entre eux et veulent me porter. En raison de l'état de ma jambe je leur demande de me traîner, ce qu'ils acceptent de faire. »[17]

Un peloton de chars Somua, aux ordres du sous-lieutenant Lotsisky, opère un raid meurtrier dans les lignes adverses, à Crehen, en détruisant une dizaine de camions, une batterie d'artillerie et quatre panzers.

Comme le souligne justement l'historien Erik Barbanson, l'apparition du char français Somua S35 sur le champ de bataille a été ressentie comme un rude choc par les Allemands. Ce char, considéré comme le meilleur blindé de ce début de conflit mondial, est un parfait compromis entre puissance de tir, vitesse, autonomie et protection. Il surpasse ses adversaires allemands en de nombreux points. Son blindage le met à l'abri de la majorité des chars allemands de l'époque. Seul le canon de 75 mm des Panzer IV et le canon de 88 mm parviennent à le percer, alors que les obus de 20 et 37 mm, équipant respectivement les Panzer II et III, ricochent sur les Somua équipés d'un puissant canon de 47 mm capable de percer tous les chars allemands de l'époque. Par contre, le Somua souffre, comme la quasi totalité des chars français, de sa tourelle monoplace comme le rappelle le sous-lieutenant Baillou : « Exiger d'un homme unique qu'il assume le service des armes, qu'il observe autour de lui, qu'il dirige son pilote, qu'il approvisionne ses

---

[17] *Archives militaires françaises*, Vincennes.

armes, et qu'en plus, s'il est chef de peloton, qu'il commande à sa petite unité est tout simplement une gageure. Debout dans son habitacle et ayant découvert un objectif, il ne peut atteindre de sa place aucune des commandes de manœuvre de tourelle permettant d'aligner ses armes dans la direction convenable. Il lui faut alors s'asseoir sur sa sangle, perdre de vue l'objectif repéré, essayer de le retrouver dans le champ étroit de sa lunette de tir sans y parvenir une fois sur deux surtout si l'objectif est mobile. Enfin ayant tiré, il lui faut aller rechercher un nouvel obus dans l'obscurité de son habitacle de combat. Durant ce temps personne n'observe ou tire. »[18]

Côté allemand, l'équipage des Panzer III ou IV, composé de cinq hommes, offre une excellente répartition des tâches. Le tireur est aidé par un coéquipier ce qui permet au char allemand de tirer plus vite, tandis que le chef de section peut diriger la manœuvre d'ensemble de ses chars grâce aux moyens radios dont il dispose.

« À la 3ᵉ DLM, écrit Erik Barbanson, l'immobilisme des chars légers Hotchkiss placés en soutien des dragons a tourné au massacre, mais le principe des contre-attaques, lancées principalement à base de chars Somua, a été bon, même si le manque de coordination entre les actions, faute de transmission, n'a pas permis aux chars de faire pleinement usage de leur puissance et de leur nombre (…). Le fait qu'une seule DLM est pu tenir la dragée haute à deux panzerdivisions est en soit un exploit exceptionnel. »[19]

---

[18] *Archives militaires françaises*, Vincennes.

[19] Erik Barbanson, *Somua contre Panzer, Hannut, la première bataille de chars de l'histoire*, Histoires de Guerre n°68, avril 2006.

En retardant aussi longtemps que possible le 16ᵉ panzerkorps avec son corps de cavalerie mécanisée à Hannut, le général Prioux permet à la 1ʳᵉ division marocaine (DM) du général Mellier et à la 15ᵉ division d'infanterie motorisée (DIM) du général Juin de prendre position à Gembloux, sur un front de douze kilomètres de long.

La 15ᵉ DIM occupe le secteur vital allant de Beuzet au sud de Gembloux. Ses 2500 véhicules lui permettent de gagner ses positions suffisamment à temps pour y installer ses plans de feux et y poser des mines antichars. Bien équipée en artillerie de campagnes et en pièces antichars, la 15ᵉ DIM est une des meilleures divisions de l'armée française. Quant à la 1ʳᵉ division marocaine (DM), elle prend en charge la zone s'étendant du nord de Gembloux jusqu'à Ernage, où le 16ᵉ panzerkoprs allemand du général Hoepner va exercer ses efforts principaux. L'essentiel de la 1ʳᵉ DM est composé de Marocains, engagés pour quatre ans, originaires des régions de Meknès et de Marraketch, qui ont été renforcés par des réservistes de Bordeaux.

« Aux yeux du commandement, écrit Claude Paillat, les soldats marocains forment une troupe impressionnable et nerveuse, apte à l'attaque surtout, grâce à ses éléments berbères, plus qu'à la défense. Si, dans les coups durs, les Marocains suivent les chefs qu'ils connaissent et ont su s'imposer à eux, ils sont aussi susceptibles de les abandonner et de se débander dans le cas contraire. Or, la 1ʳᵉ DM bénéficie d'un encadrement de valeur. Malgré les protestations du général Mellier, la 1ʳᵉ DM ne possède que 27 canons antichars de 25 mm au lieu des 48 prévus dans la dotation théorique. Le matériel auto est hétéroclite et incomplet ; le déficit en motocyclette est considérable. Il manque aussi 400 chevaux. Considérée comme une division de premier plan, envoyée dans un secteur démuni de défenses naturelles de valeur, chargée d'une mission redoutable, la 1ère DM n'échappe pourtant pas aux carences d'armement et aux pénuries de matériel. En gros, cette division d'infanterie du type « Grande Guerre » aura donc à affronter deux grandes unités blindées allemandes modernes et disposant d'appui aérien. »[20]

La 1ère division marocaine a parcouru 130 kilomètres à pied en trois étapes pour atteindre ses positions. Avec 34 000 hommes au total, la 1ère DM et la 15e DIM doivent barrer la route à 500 panzers et 40 000 soldats allemands, appuyés par le 8e corps aérien de la Luftwaffe.

La région de Gembloux est une plaine parsemée de nombreux villages assez étendus, de grosses fermes et quelques boqueteaux. Au centre se trouve Gembloux, petite ville industrielle de cinq mille habitants, nœud de communication important où se croisent deux grandes routes et deux voies ferrées, dont l'une, reliant Bruxelles à Namur, va jouer un rôle important dans les combats, car perpendiculaire à la direction d'attaque, elle offre un obstacle inégal mais utilisable qui sera choisi comme ligne principale de résistance par les Français. Le terrain se prête admirablement à une attaque de blindés, un « véritable charodrome » ainsi que le baptisera le général Mellier.

Le ciel est libre pour les escadrilles de Stukas qui, sirènes hurlantes, vont piquer sur les défenseurs de Gembloux pour tenter de les terroriser et pour combiner leurs bombardements à ceux de l'artillerie allemande.

« Quant à la DCA, écrit le colonel Jean Delmas, c'est une des faiblesses de l'armement français. Ce n'est qu'en 1938 que le budget

---

[20] Claude Paillat, *Le Désastre de 1940, la guerre éclair, 10 mai-24 juin 1940*, éditions Robert Laffont 1985.

accorde une priorité à la fabrication de ces matériels ; c'est trop tard pour que les divisions puissent être dotées d'un matériel moderne. L'infanterie à Gembloux tirera avec ses mitrailleuses et même ses fusils mitrailleurs. Elle abattra toutefois l'avion d'observation Henschel He 126 ; il sera remplacé dans la demi-heure suivante et doublé, le 15, d'une « saucisse » qui narguera les combattants au sol. »[21]

Dès l'aube du 14 mai, aviation et artillerie allemandes commencent le pilonnage de la ligne française. Puis les chars et l'infanterie donnent l'assaut. Les armes antichars françaises, bien disposées, touchent de nombreux blindés. Louis Brindejonc, chef de pièce antichars au 2ᵉ régiment de tirailleurs marocains, se distingue particulièrement avec son canon de 25 mm, face à l'assaut de la 4ᵉ panzerdivision, en mettant hors de combat 7 chars allemands, dont celui d'un colonel. Le général Juin, qui a retardé au maximum le tir de son artillerie, afin d'éviter de détruire les derniers éléments de la 2ᵉ division légère mécanique menant le combat retardateur, applique tous ses feux sur les concentrations de tanks ennemis. En quelques minutes, six batteries du 1ᵉʳ régiment d'artillerie tirent 432 coups sur le bois des Buis, poste de commandement (PC) de la 3ᵉ panzerdivision. Le général Stever, chef de la 4ᵉ panzerdivison, est blessé par un éclat d'obus alors qu'il arrivait au PC pour prendre des ordres. Au même moment où on l'évacue vers l'arrière, le général Breith, commandant d'une des unités blindées allemandes, est blessé lorsque son char de commandement est atteint de plein fouet par un obus de 47 mm. Les tirs d'arrêt du 64ᵉ régiment

---

[21] Colonel Jean Delmas, colonel Paul Devautour, Eric Lefèvre, *Mai-juin 1940, les combattants de l'honneur*, éditions Copernic 1980.

d'artillerie obtiennent le même effet dans le secteur de la 1ère division marocaine : les unités blindées allemandes sont obligées de rompre le combat pour se mettre à l'abri de ce déluge de feu d'une précision fulgurante.

L'attaque allemande du 15 mai se heurte à une résistance aussi opiniâtre. Ce sera une très longue journée, où l'effort allemand se porte sur la 1ère division marocaine. À sa droite, la 15e division d'infanterie motorisée, plus favorisée par un terrain qui autorise moins les déboulés des tanks, empêche les approches de sa position. Et si les chars allemands se risquent dans l'après-midi à pénétrer dans le front tenu par le 4e régiment d'infanterie, vers Beuzet, ils sont détruits aux canons de 47 mm et 25 mm. Par contre, entre Gembloux et Perbais, une lutte acharnée oppose de l'aube à la nuit deux adversaires qui en sortent aussi meurtris l'un que l'autre, sans que la rupture ait pu être obtenue par les Allemands. En fin de journée, après une dernière tentative, l'attaque allemande s'essouffle. L'ennemi se retire sur sa ligne départ, refoulé par la résistance héroïque des soldats français et marocains.

Le groupe 515 de bataillons de chars, formé des 13e et 35e bataillons de chars de combat (BCC), équipés respectivement de Hotchkiss H35 et Renault R35, intervient sur la voie ferrée Gembloux-Ernage. Cette contre-attaque des bataillons de chars organiques de la 1ère armée est peu connue, mais elle n'a sans doute pas été pour rien dans l'arrêt définitif de l'attaque allemande. On assiste même à une assaut furibond à la baïonnette des 1er et 7e régiments de tirailleurs marocains (RTM) qui refoulent l'infanterie allemande.

Gabriel Cardona, chef de section au 1er bataillon du 1er RTM, raconte : « Après un assaut à la baïonnette, je fis ouvrir le feu sur des soldats allemands en fuite. Malheureusement les chars allemands débouchèrent de chaque côté du mamelon où nous étions postés et nous mitraillèrent. Je fus blessés à la jambe gauche. Lorsque le lieutenant-colonel Boca, commandant le régiment, ordonna le repli, je roulais jusqu'au bas de la butte. Je fus relevé par le sergent François Cegarra. M'appuyant sur son épaule et sautillant sur ma jambe droite, nous réussîmes à rejoindre la route de Charleroi. Ce parcours d'environ 500 mètres, peut-être plus, fut bien entendu, effectué debout. C'était donc une cible parfaite pour l'ennemi. Les balles traçantes tirées par les chars allemands soulevaient la terre autour de nous. Il y avait de nombreux morts et blessés. Cependant, Cegarra n'a pas voulu m'abandonner ; pourtant il aurait pu se replier par bons successifs avec beaucoup de risque. Je pense souvent à cet acte de bravoure et d'abnégation. »[22]

Durant ces deux jours, la Luftwaffe tente, sans y parvenir, de neutraliser l'artillerie française. Les généraux Mellier et Juin n'hésitent pas à se porter à la pointe des combats pour soutenir le moral des troupes. Les tirailleurs marocains font preuve d'un courage extraordinaire.

Lorsque le calme revient sur le champs de bataille, les deux adversaires peuvent compter leurs pertes. Elles sont terribles de part et d'autre. En deux jours, 62 chars et 250 autres véhicules allemands ont été mis hors de combat, ainsi que 2432 soldats allemands (tués, blessés et disparus). Le 1er bataillon allemand du 12e régiment de chasseurs, fort au début de 900 hommes, est réduit à 35 survivants ! Dix avions allemands ont été abattus par les armes automatiques françaises. Les pertes militaires française se montent 2250 soldats hors de combat (tués, blessés et disparus). Chaque bataillon des régiments de tirailleurs marocains

---

[22] *Archives militaires françaises*, Vincennes.

(RTM) aligne en moyenne 700 hommes : à la fin de cette bataille, le 1er bataillon du 2e RTM ne compte plus que 74 soldats valides, 80 au 2e bataillon du 2e RTM et 150 au 2e bataillon du 7e RTM !

L'artillerie française a été d'une grande efficacité en détruisant une grande partie des véhicules et blindés ennemis.

En quatre jours de combat, à Hannut et Gembloux du 12 au 15 mai, le 16e panzerkorps, fort au début de 664 chars, déplore la perte de 226 panzers. En outre, 500 autres véhicules de ce panzerkorps ont été détruits. Le général Hoepner estime que ses unités, décimées, ne sont pas en mesure de reprendre le combat le lendemain. Le 15 mai au soir, la 4e panzerdivision, forte à l'origine de 323 chars, ne compte plus que 137 chars opérationnels !

« La bataille de Gembloux, écrit l'historien militaire Yves Buffetaut, est donc un incontestable succès français. L'assaut de deux divisions blindées a été arrêté sur une ligne de défense à peine ébauchée, par des unités d'infanterie seules, soutenues seulement en fin de journée par deux bataillons de chars. Nulle part la ligne d'arrêt n'a été franchie par les Allemands, dont les pertes ont été terribles. »[23]

Le caporal-chef allemand Matthias, rattaché au 12e régiment de chasseurs de la 4e panzerdivision, offre un récit précis de la violence des combats à Gembloux, qui met en évidence l'héroïque résistance des troupes franco-marocaines :

« Tout est prêt pour le lancement de l'attaque. Brusquement l'artillerie déclenche un tir hurlant sur Gembloux. Sous sa protection,

---

[23] Yves Buffetaut, *Blitzkrieg à l'Ouest, Belgique et Nord 1940*, collection hors-série Militaria n°8, éditions Histoire et Collections 1993.

nous nous mettons en marche. Nous atteignons bientôt la ligne de crête et nous sommes immédiatement reçus par les tirs de mitrailleuses. Sur la droite, une batterie française de lourd calibre démolit un pâté de maisons.

« Devant nous, le terrain descend en pente douce en direction de Gembloux, puis remonte en pente plus raide jusqu'aux lisières de la localité. Ce terrain n'offre guère de protection ; l'ennemi peu sans doute observer tous nos mouvements et réagir en conséquence. Plus nous approchons, plus les tirs gagnent en intensité. À notre hauteur, des pièces antichars et des canons d'infanterie sont pointés, les chars quant à eux restent embossés à l'arrière.

« Vu le terrain, il faut nécessairement que notre bataillon prenne la formation au milieu de la zone d'attaque et l'ennemi l'a sans doute prévu, car il nous assène un tir d'artillerie qui d'après les anciens de 14-18 peut se comparer aux barrages roulants de la Grande Guerre. Le feu de l'artillerie française est particulièrement nourri sur notre droite qui bloque notre infanterie. Pour nous, l'aile gauche, il s'agit de tirer parti de notre position moins désavantageuse pour foncer. Les panzers sont poussés vers l'avant et, sous leur protection, nous parvenons à progresser jusqu'à 300 mètres des lisières. Mais là, les obstacles antichars, garnis de nombreux nids de mitrailleuses et de fantassins, se multiplient. Les Français ouvrent sur nous un tir bien ajusté et, malheureusement, très efficace. Les Français sont si bien camouflés qu'on ne peut les distinguer.

« Nos panzers tirent rageusement, mais les Français, drôlement gonflés, ripostent toujours. Le feu devient si intense que nous sommes bloqués sur un terrain fraîchement labouré, sans aucun couvert. Tout mouvement de notre part est ponctué d'une rafale de mitrailleuse française. Nous nous enterrons comme des poules dans la poussière.

« Voilà plus de dix heures que nous sommes sous cette grêle de feu et nous n'avons progressé que de 50 mètres dans les positions ennemies. Le chef de notre groupe radio a été tué, un sous-officier et un agent de liaison sont grièvement blessés. J'ai mis les quatre mitrailleuses en position, mais il n'est pas question de tirer, le terrain dénudé n'offre aucune protection efficace.

« Des éléments de notre compagnie, notre lieutenant à leur tête, ont réussi à progresser sous la protection des chars : cela déclenche un violent tir de la 15e division française d'infanterie motorisée qui tire depuis Corroy, au profit de la 1ère division marocaine. On avait l'impression d'avoir réussi une percée, mais ce n'était qu'une illusion, car les panzers, concentrés sur un petit espace, offrent une cible facile à la défense antichar française, installée sur un petit tertre à 600 mètres de là et elle fait mouche à de nombreuses reprises. La tentative de percée a bien été repérée et maintenant tout le secteur est soumis à un feu meurtrier. Au demeurant, il était impossible à nos chars de passer à cet endroit ! Ils doivent se replier, ainsi que nos camarades.

« Nous voilà maintenant entre les premières maisons, collés aux murs et sous une grêle de tuiles et de pierres. La fumée des incendies nous brûle les yeux. Les fils téléphoniques pendent en perruque aux poteaux descellés.

« Il faut attendre. Ce ne sont pas les abris qui manquent : les trous d'obus se touchent les uns les autres et il s'en ajoute d'autres à chaque instant. Les Français concentrent leurs tirs de tous calibres sur notre coin. Nos pertes se multiplient. L'avalanche a une violence insoupçonnée. Nous mettons nos armes en batterie. Chaque mètre de terrain qu'il faut céder maintenant a été si chèrement conquis. Nos pertes sont lourdes et nous voudrions venger nos camarades sur le champs. Je creuse un trou à la pelle à côté du chef de section. Il faut que je m'y reprenne à plusieurs reprises : à chaque fois les obus arrivant me détruisent le travail commencé.

« Soudain, un hurlement de douleur là à droite, je saute de mon trou et j'aide le caporal infirmier à panser le blessé ; il faut même que je donne mon paquet de pansements. Nous ne pouvons nous expliquer qu'en criant tant les sifflements et les explosions emplissent l'air. Puis nous évacuons le camarade, grièvement blessé à la cuisse. La terre jaillit à côté de nous, derrières nous, mais nous passons.

« D'instinct je regagne ensuite mon trou. Il ne peut y avoir de feu d'artillerie plus dense et il nous paraît affreux de devoir rester là. Deux fois, trois fois, le nuage noir de l'éclatement est juste devant moi. Un obus tombe à mes pieds et n'explose pas. Cette fois cela aurait pu être mon tour. Je m'étonne moi-même. La violence de cet interminable bombardement m'a complètement assommé. Je rampe vers mon trou, l'ayant à nouveau identifié et j'en retire deux poignées d'éclats brûlants.

« Le lieutenant vient d'être appelé près du capitaine. Reprise de l'attaque ! Cet éternel grondement met les nerfs à vif. Au coup de sifflet la compagnie repart à l'assaut, mais plus d'un reste au sol : la mort a encore fait son abominable moisson. Nous atteignons l'usine et sa rampe de chargement. L'artillerie française tambourine sur l'usine cette fois ; des pierres, des éclats de verre, de bouts de ferraille tourbillonnent de toutes parts. Il y a de nombreux morts et blessés, mais il faut passer : c'est maintenant ou jamais. Nous sommes de la rage. Notre chef de bataillon, le major Popp, a été tué. Nous mettons une mitrailleuse MG 34 en batterie dans le hall de l'usine et, d'un bond, nous sautons sur le ballast en tirant à la mitraillette et au fusil pour neutraliser le versant d'en face.

« Des éléments de tête d'autres unités ont rejoint notre compagnie. Des éclats de rails et de traverses fauchent en miaulant. Il y a beaucoup de morts et de blessés : c'est inévitable dans un assaut frontal, sans couverture et sous un tel déluge de feu. Pas moyen d'aller plus loin devant la résistance féroce des Français. Notre lieutenant a reçu son compte : balle dans la poitrine en haut à gauche. Il se mord les lèvres, sa vie est brisée, déjà les yeux deviennent vitreux. Sur la gauche, les tirailleurs marocains passent à l'assaut à la baïonnette et bousculent nos avants gardes. Des chars français, bien camouflés, sont en position sur la hauteur et tirent avec une grande efficacité. Jamais nous ne pourrons percer.

« Je rampe jusqu'à un chemin creux qui croise la voie ferrée en direction de l'ennemi. Le haut remblai offre une bonne protection, mais impossible de lever la tête. Les positions françaises sont au plus à 100 mètres. Voilà que l'artillerie française transfère son tir sur nous. Le premier obus de la seconde salve tombe en plein sur le rebord du remblai. Fumée, terre, poussière, éclats ! on n'ose pas regarder devant soi : sept camardes sont tués et deux autres blessés en quelques secondes.

« C'est alors que nous arrive la nouvelle à la tombée de la nuit : repli sur toute la ligne d'attaque, vers nos bases. Les batteries françaises se sont tues. Seules quelques rafales de mitrailleuses passent encore au-dessus de nos têtes. On recense armes et outils et on se les repartit, car il faut tout emporter. En une heure, c'est fait. Nous nous replions en silence avec armes et bagages pour nous mettre en position plus loin à droite, toujours sur la voie ferrée. Nous sommes à bout : les meilleurs d'entre nous sont tombés à Gembloux. Les Français et les Marocains avec une bravoure extraordinaire. »[24]

---

[24] *Archives militaires allemandes*, Fribourg-en-Brisgau.

IX

STONE 1940

Le général allemand Heinz Guderian, commandant du 19e corps d'armée, souhaite sécuriser et agrandir à tout prix la tête de pont de Sedan, afin que la progression des panzerdivisions vers l'Ouest ne soit pas entravée par une vaste contre-offensive français, partant de Stonne. Aux première heures du 15 mai 1940, il ordonne aux 1ère et 2e panzerdivisions de commencer leur progression vers l'Ouest, tandis que la 10e panzerdivision, soutenue par le régiment motorisé Grossdeutschland et le 43e bataillon de pionniers sont chargés d'occuper le village de Stonne, au sud du dispositif allemand.

Depuis des siècles, l'intérêt stratégique de Stonne est connu. Ce village se situe au sommet d'une chaîne de collines de 300 mètres de hauteur, véritable observatoire naturel des alentours, au sud de Sedan. Pour les Français, la position de Stonne offre un excellent débouché pour une contre-offensive, afin de couper les moyens de ravitaillement de l'offensive allemande à l'Ouest, en direction de la mer du Nord. Stonne se double d'un intérêt défensif de première importance, car l'ensemble du massif représente une ligne de défense naturelle, empêchant l'accès à une attaque allemande destinée à prendre à revers la ligne Maginot. Le village devient un objectif capital pour les deux armées.

Les soldats français de la 3e divisions d'infanterie motorisées

(DIM) du général Bertin-Boussu établissent rapidement une ligne de défense cohérente. Les chars de la 3e division cuirassée (DCR) se mettent en position légèrement en retrait de la position atteinte par la 3e DIM.

Créée seulement il y a deux mois, la 3e DCR n'a pas encore terminé sa mise sur pied et son instruction reste incomplète. Les bataillons de chars ont subi un prélèvement pour renforcer d'autres unités, si bien que la 3e DCR aligne 130 chars au lieu des 160 prévus. Les moyens radio, de dépannage et de ravitaillement en essence sont très insuffisants. Il manque une batterie antichars, une compagnie du génie et une escadrille de reconnaissance. L'infanterie de soutien ne possède que 50% de ses véhicules de combat tous terrains. Il n'y a pas de peloton d'automitrailleuses, ni de peloton d'éclaireurs motocyclistes. Le 319e régiment d'artillerie est en voie de constitution. Les munitions sont transportées dans des camionnettes. Cette artillerie « tout terrain » est donc, en réalité, liée à la route. Il manque 28 voitures de liaison ordinaire, 69 tracteurs ravitailleurs et 15 tracteurs de dépannage font défaut. Il faudra donc quatre heures pour faire le plein des réservoirs de toute une section de chars, au lieu des vingt minutes réglementaires.

La 3e DIM est une solide unité d'active, bien entraînée et correctement équipée, à trois régiments d'infanterie (51e, 67e et 91e RI), composés en grande partie de Picards solides et pugnaces. Elle est complétée à la mobilisation par des soldats de Normandie, d'Artois, des Flandres, des Ardennes et d'Ile de France. Outre ses trois régiments d'infanterie, la 3e DIM dispose également des 42e et 242e régiments d'artillerie.

Aux premières heures du 15 mai, le général Guderian ordonne à divers éléments de la 10e panzerdivision, de la 2e division d'infanterie motorisée et du régiment motorisé Grossdeutschland de percer les positions françaises à Stonne. Les soldats français opposent une résistance acharnée, contraignant les assaillants à se replier. Ces derniers laissent sur place de nombreux tués et blessés. Les officiers allemands demandent une trêve de trois heures, par l'intermédiaire d'un aumônier, afin de ramasser leurs soldats hors de combat. Les Français donnent leur accord.

Après une courte préparation d'artillerie, une nouvelle attaque allemande débute vers 5 heures du matin, toujours le 15 mai. Dix chars allemands progressent en colonne par l'unique voie d'accès possible pour les véhicule, à savoir la route passant à l'entrée est de Stonne. Le détachement allemand comprend cinq puissants Panzer IV suivis par cinq Panzer II. Les blindés progressent lentement du fait de la forte dénivelée marquant la route à cet endroit. Le régiment Grossdeutschland accompagne en partie les panzers. La résistance française est efficace : quatre chars allemands sont détruits en quelques minutes. Les panzers parviennent à contourner les positions françaises, forçant ainsi les défenseurs à se replier.

À 5 heures 45, 13 chars français Hotchkiss H39 du 46e BCC de la 3e DCR se lancent à l'assaut afin de reconquérir Stonne. L'action n'est précédée d'aucune préparation d'artillerie et n'est soutenue par aucune infanterie. Quatre H39 sont touchés par les pièces antichars et les blindés adverses, mais courageusement le lieutenant Chambert poursuit sa progression à bord de son tank, qui est pris à partie par des canons de 37 mm de la 14e compagnie antichar du régiment Grossdeutschland. Le blindage de 40 mm du H39 résiste bien aux obus de 37 mm. Équipé d'un rare d'un canon long de 37 mm modèle 1938, le H39 du lieutenant Chambert peut affronter les panzers les plus puissants. Il parvient ainsi à détruire deux Panzer IV. L'infanterie allemande, enterrée dans des trous de combat, encercle bientôt le char. Mais ce dernier fait face en mitraillant et canonnant les positions adverses. Pris de paniques, les soldats allemands survivants s'enfuient, poursuivis par le H39 crachant de toutes ses armes. Constatant qu'il n'est appuyé par aucune infanterie, le lieutenant Chambert quitte Stonne et rejoint le reste de son unité qui vient de se replier. Les Allemands en profitent alors pour occuper Stonne à Nouveau.

À 7 heure 30, toujours le 15 mai, dix chars lourds B1 bis du 49e BCC de la 3e DCR passent à l'action en vue de s'emparer de Stonne. L'attaque française, conduite par le lieutenant Caraveo, se développe une fois de plus sans infanterie d'accompagnement, car aucun ordre n'a été donné dans ce sens, malgré la présence d'unités disponibles de la 3e DIM. Le 42e régiment d'artillerie est cependant en place et tire pas moins de 4000 obus de 75 mm sur le triangle Maisoncelle, Chémery et Artaise. Les chars français brisent toute résistance allemande. À 9 heures 30 Stonne est complètement dégagé. Stonne change à nouveau de mains.

Le régiment Grossdeutschland réagit avec promptitude à la première surprise causée par les chars lourds français. Profitant de l'absence d'infanterie française d'accompagnement dans Stonne, il déploie des armes antichars de part et d'autre de cette localité, en prenant soin de placer ses canons de 37 mm hors de vue des redoutables B1 bis. La section de l'adjudant Hindelang installe ses trois pièces près du château d'eau. De leur côté, les tankistes français ne peuvent espérer occuper longtemps Stonne sans infanterie. Ordre est finalement donné de décrocher. Alors que les B1 bis s'éloignent du village, une mitrailleuse allemande se dévoile en ouvrant le feu. Le lieutenant Caraveo décide de revenir en arrière pour passer de nouveau à l'assaut. Les Allemands, vaincus, doivent de nouveau se replier, mais après un nouveau départ des chars français, le régiment Grossdeutschland réinvestit Stonne. Il est 10 heures 30, le village change de mains de nouveau.

La nouvelle occupation de Stonne par les Allemands entraîne un nouvel assaut des troupes françaises, reposant sur un millier d'hommes et une quinzaine de chars. Un combat au corps à corps dans le village même. L'artillerie française, d'une grande précision, décime les arrières de la Wehrmacht.

Le colonel allemand von Schwerin, commandant du régiment Grossdeutschland, rend hommage à l'efficacité de l'artillerie française :

« Il y avait le 69ᵉ régiment de chasseurs qui s'installait et défendait âprement la localité. Un violent combat a commencé. L'artillerie française a ouvert le feu avec beaucoup de précision. Elle avait établi ses positions, ce qu'elle n'avait pas pu faire les jours précédents vu la rapidité de l'avance allemande. Il y avait de nombreuses batteries et nos soldats ont fait la connaissance avec cette artillerie que je connaissais de la Première Guerre mondiale. Nous avons subi de lourdes pertes. »[25]

Dans Stonne la lutte fait rage et tourne rapidement à l'avantage des Français, qui nettoient une à une les maisons à la grenade et à la baïonnette. Les Allemands se replient en catastrophe, poursuivis par les tirs des armes françaises. Le village est jonché de nombreux cadavres. Le régiment Grossdeutschland vient de subir un terrible revers. « Il vient de perdre sa première bataille depuis le début de la guerre, écrit Eric Denis, en laissant ses morts, une partie de ses blessés et beaucoup de matériel sur le terrain. »[26] En parlant de ce combat, le colonel Buisson, nouveau

---

[25] *Archives militaires allemandes*, Fribourg-en-Brisgau.

[26] Éric Denis, *La Bataille de Stonne, campagne de France 1940, thématique n°2*

commandant de la 3ᵉ DCR, déclare « qu'on s'y tue à la grenade, on s'y égorge à la baïonnette, au couteau ».[27]

Lors de ce dernier combat, une réunion se déroule au carrefour situé à quelques centaines de mètres au nord-ouest de Stonne. Elle regroupe trois officiers allemands de tout premier plan : le général Schall (commandant de la 10ᵉ panzerdivision), le général von Wietersheim (commandant du 14ᵉ corps d'armée), ainsi que le général Guderian (commandant du 19ᵉ corps d'armée). C'est alors qu'une section française du 51ᵉ RI manque de peu de mettre fin à cette réunion au sommet. Les soldats français arrivent sans le savoir jusqu'au virage en épingle où se trouvent les trois généraux allemands. Un fusil mitrailleur française commence à se mettre en position, lorsque les trois généraux allemands, apercevant la présence des soldats français, courent se mettre à l'abri. De longues rafales d'armes automatiques s'abattent sur les véhicules allemands qui refluent de Stonne. Plusieurs d'entre eux, criblés de balles, se renversent dans les fossés.

Sous l'effet de l'assaut furibond des troupes françaises, le régiment Grossdeutschland reçoit vers 11 heures l'ordre de se replier sur ses positions de départ, près des Huttes d'Ogny, où se situe le PC régimentaire, et autour d'Artaise le Vivier. Les éléments présents de la 10ᵉ panzerdivision se regroupent au bois de Raucourt.

Environ 300 soldats allemands de diverses unités ont été tués ou blessés par les tirs de l'artillerie française ou lors des combats contre les chars et l'infanterie, sans oublier une vingtaine de panzers détruits. Les

---

l'histoire militaire du XXe siècle, éditions Histoire et Collections 2008.

[27] *Archives militaires françaises*, Vincennes.

pertes françaises se limitent à une dizaine de tanks hors de combat, dont certains provisoirement endommagés, sans oublier une centaine de soldats tués ou blessés.

À 11 heures, le 15 mai, Stonne est perdu une nouvelle fois par les Allemands. Signe de la dureté des combats, le régiment Grossdeutschland a épuisé toutes ses munitions et se voit contraint d'en demander d'urgence en renforts.

Les chars français rejoignent leurs positions de départ pour s'y réapprovisionner, ainsi que les éléments du 51e RI. Les B1 bis, immobilisés lors des combats, sont remorqués vers l'arrière. Un bataillon du 67e RI reste sur place pour assurer la défense de Stonne. Bientôt arrivent trois vagues successives de Stukas qui font tomber des tapis de bombes. L'artillerie allemande se déchaîne à son tour, causant ainsi de nouvelles pertes dans les rangs français. À 12 heures 30, devant l'intensité du pilonnage, les soldats français décrochent légèrement en retrait de Stonne, réduit en ruines. La régiment Grossdeutschland et la 10e panzerdivision sont trop affaiblis pour réoccuper le village. Si bien que vers 15 heures 30, quelques chars B1 bis et le 1er bataillon du 67e RI réinvestissent la localité, en y chassant les quelques soldats allemands isolés qui s'y trouvent.

À 18 heures, après une solide préparation d'artillerie, le 69e régiment allemand de chasseurs s'élancent à l'assaut de Stonne, défendu par un unique bataillon français du 67e RI : 3000 soldats allemands contre 1000 soldats français. Malgré l'écrasante supériorité numérique de l'assaillant, les défenseurs opposent une résistance particulièrement acharnée. Dans les deux camps les pertes s'accumulent et les combats au corps à corps se multiplient. La lutte se poursuit jusqu'à 21 heures. Submergés par le poids du nombre, les Français se replient à 400 mètres des limites sud de Stonne et arrêtent définitivement l'attaque ennemie. Stonne vient de changer de mains une nouvelle fois. La nuit tombe.

La lutte pour Stonne se poursuit le 16 mai 1940 avec le même acharnement. Les 84 pièces françaises d'artillerie des 42e, 242e et 319e RA des 3e DIM et 3e DCR ouvrent un feu d'enfer sur Stonne, dès 5 heures 05. Le village disparaît sous les explosions d'obus durant 45 minutes.

Peu après ce déluge de feu, le 3e bataillon du 51e RI (commandant Daudre), deux compagnies du 41e BCC (commandant Malaguti) et une compagnie du 45e BCC (lieutenant Arthaud) contre-attaquent. L'ensemble représente 15 chars lourds B1 bis, 13 chars légers Hotchkiss H39 et un millier d'hommes. Cette opération malmène sérieusement le régiment Grossdeutschland et la 10e panzerdivision. Le général Billote raconte dans son livre *Le Temps des armes*, comment le jeune capitaine qu'il était alors, à la tête d'une compagnie du 41e BCC, a accompli un des plus étonnants faits d'armes de la campagne de 1940. Le capitaine Billotte, piaffant d'impatience, en tête de sa compagnie de chars lourds, débouche à 7 heures d'ouest en est dans la rue principale de Stonne, où se sont imprudemment engagés en file indienne 13 chars du 8e régiment de la 10e panzerdivision. Combinant les tirs des canons de 47 mm et de 75 mm de son char B1 bis « l'Eure », Billotte foudroie le char de tête et celui de queue de la colonne adverse, puis détruit les onze autres chars, ainsi que par la suite deux canons antichars de 37 :

« Je pénètre dans Stonne sans opposition ; je fonce vers la place du village ; à peine suis-je arrivé à son entrée qu'une colonne de chars allemands apparaît à la sortie à moins de cinquante mètres. J'ai l'œil à ma lunette de tir, tous les épiscopes ayant été détruits auparavant. Un obus perforant dans le canon de 47, je n'ai qu'à tirer, sans même avoir à pointer sur le char de tête, un Panzer IV. Les chars qui sont derrière lui et s'échelonnent dans une montée de deux cents mètres environ sont très gênés par ceux qui les précèdent et qui me les masquent en partie. Par contre, mon char est beaucoup plus haut que les leurs et je peux les tirer de haut en bas. Canonnade intense : nous compterons 140 impacts dans la cuirasse de mon char B1 bis. Nous pourrons bénir l'alliage d'acier au chrome-molybdène-cadmium. En une dizaine de minutes, les chars de la colonne ennemie se taisent à tour de rôle… J'avance encore et me trouve nez à nez avec deux armes antichars que mon pilote exécute à dix pas avec le canon de 75. »[28]

De son côté le commandant Malaguti, à bord du char B1 bis « Vienne », tombe face à un Panzer III, qui ouvre le feu immédiatement et sans effet sur l'épais blindage du tank français. La riposte de Malaguti est expéditive, le Panzer III est détruit en deux coups de canon de 47 mm. Malaguti mitraille ensuite une vingtaine de fantassins allemands. Les autres B1 bis prennent à partie des canons de 37 mm, qu'ils détruisent rapidement.

Pénétrant à son tour dans Stonne, le commandant Malaguti débouche dans la rue principale et découvre la colonne de 13 panzers détruit par le capitaine Billotte :

« J'entrais à mon tour dans Stonne et subitement, après le premier virage, je me trouvais nez à nez à 30 mètres avec une colonne de chars allemands. Je tirais aussitôt le plus vite possible, sans comprendre ce qui se passait, mon pilote fit de même. Notre char avançait toujours en tirant, les Allemands ne réagissaient plus. J'en aperçus qui s'enfuyaient des appareils de queue, et je vis qu'il y avait 13 tanks, dont les premiers

---

[28] Paul Billotte, *Le Temps des armes*, éditions Plon 1972.

étaient des Panzer IV, les autres m'ont semblé être des Panzer III. Billotte, passant en vitesse bord à bord avec eux, les avait déjà sérieusement sonnés, et les Allemands étaient gênés, car ils étaient en colonne, serrés sans aucune distance entre les chars. »[29]

De son côté, la 3e compagnie du 45e BCC mitraille et canonne les défenses allemandes du Pain de Sucre. Les rares survivants allemands s'enfuient. Malgré le passage des B1 bis, Stonne grouille encore de soldats allemands, retranchés dans les maisons. Soutenu efficacement par les chars Hotchkiss H39, le 3e bataillon du 51e RI s'empare de Stonne, après une lutte acharnée. L'infanterie française poursuit son avance jusqu'aux limites nord du bois de la Grande Côte. La victoire française est complète, Stonne est totalement repris.

Chez les Français, les pertes sont légères, ce qui n'est pas le cas chez les Allemands. Le régiment Grossdeutchland a perdu 39 officiers et 533 soldats. La 10e panzerdivision déplore la perte d'une cinquantaine de blindés. Le coup est rude pour ces deux unités d'élite, ainsi qu'en témoigne le colonel allemand von Schwerin, commandant du régiment Grossdeutchland :

« Stonne nous arrête, bien que ce fut imprévisible. Pour la première fois, nous sommes stoppés et cependant l'attaque a été conduite avec tous les moyens. C'est ainsi que l'on peut dire qu'à Stonne tombera la plus grosse partie des pertes du régiment Grossdeutschland. Le régiment n'est d'ailleurs plus en état de combattre, et va être relevé quelques heures plus tard. Il a amplement mérité une période de repos et en profitera pour se réorganiser dans la région de Bulson. La 10e

---

[29] *Archives militaires françaises*, Vincennes.

panzerdivision, fortement éprouvée avec de lourdes pertes, est également retirée du front de Stonne.

« Après deux jours de combat, on s'est demandé comment faire pour prendre le village. On a alors donné l'ordre de se retirer et de faire intervenir les Stukas. On espérait bien que cela allait permettre de prendre Stonne. Le bombardement a eu lieu, mais la suite n'a pas été aussi facile que prévue. C'est à ce moment que le régiment a été relevé par la 16e division d'infanterie. Nous nous sommes donc mis au repos à l'arrière du front. À Stonne, nous nous sommes heurtés à deux régiments de la 3e division d'infanterie motorisée : les 67e et 51e. Pendant ce temps, nos divisions blindées ont commencé leur marche vers l'Ouest et les côtes de la manche. Notre mission consistait à protéger le flanc de ce mouvement. Nous y sommes parvenus, mais au prix de lourdes pertes. La bataille de Stonne et du Mont Dieu a été l'une des plus sérieuses de cette guerre pour notre régiment. Le 67e RI français a assuré la défense de Stonne d'une manière parfaite. »[30]

À l'exception de deux B1 bis restés en couverture, les blindés français se retirent et regagnent leurs position de départ pour refaire un plein de carburant et de munitions. Les fantassins français du 51e RI tiennent solidement Stonne. De nombreux soldats allemands se rendent.

Vers 8 heures 50, le 1er bataillon allemand d'infanterie du 79e RI de la 29e DI attaque le village de Stonne à travers le bois de la Grande Côte. La défense acharnées des soldats français, soutenus par les chars B1 bis encore présents, repousse l'assaut ennemi. Vers 10 heures, les Stukas accomplissent une demi-heure de bombardement, suivis ensuite

---

[30] *Archives militaires allemandes*, Fribourg-en-Brisgau.

par un pilonnage d'artillerie, obligeant les fantassins français à se terrer dans leurs trous de combat jusqu'à midi. Puis une seconde attaque allemande est lancée par divers éléments de la 2ᵉ division d'infanterie motorisée, envoyés en renfort. De nouveau, les soldats français se battent comme des lions : les assaillants, repoussés, laissent de nombreux tués et blessés sur le terrain. Une action allemande est enrayée par un bataillon du 67ᵉ RI dans le bois de l'Étang Fourchu.

En raison de l'intensité du bombardement allemand, le capitaine français Martel, commandant la 10ᵉ compagnie du 51ᵉ RI, installe ses soldats aux lisières sud-est de Stonne en prévision d'une contre-attaque possible, tandis que la 9ᵉ compagnie prend position aux limites sud du village et la 11ᵉ compagnie face au bois de la Grande Côte. Stonne se trouve donc inoccupé, car il est désormais impossible de s'y maintenir, comme le signale le général Bertin-Boussu :

« Stonne, soumis depuis deux jours aux feux de l'artillerie, des blindés et de l'infanterie des deux camps ainsi qu'aux bombardements de l'aviation allemande, est devenu un nid à bombes dont la conservation s'avère extrêmement meurtrière pour l'un et l'autre des adversaires. »[31]

Des renforts français sont dirigés sur le secteur de Stonne. Il s'agit du 3ᵉ bataillons du 5ᵉ régiment d'infanterie coloniale mixte sénégalais (RICMS) de la 6ᵉ division d'infanterie (DIC) du général Carles. Dans le camp allemand, le régiment Grossdeutschland, la 2ᵉ division d'infanterie motorisée et la 10ᵉ panzerdivision sont intégralement relevées par le 6ᵉ corps d'armée du général Förster, composé des 16ᵉ et 24ᵉ divisions d'infanterie, commandées

---

[31] *Archives militaires françaises*, Vincennes.

respectivement par les généraux Hube et von Tettenau. Les 16ᵉ et 24ᵉ DI sont jugées par le haut commandement allemand comme étant des unités excellentes. La 24ᵉ DI a combattu en Pologne en 1939.

À 18 heures, le 16 mai, la 16ᵉ DI attaque Stonne pour tâter les positions françaises. Les assaillants sont de nouveau repoussés par le 51ᵉ RI, soutenu par la 8ᵉ batterie du 42ᵉ RA, qui tire plusieurs centaines d'obus.

« Cette capacité de résistance, écrit Eric Denis, est à l'honneur des hommes de la 3ᵉ DIM, puisqu'ils sont au front depuis le début de la bataille et ne peuvent être relevés, faute de troupes disponibles. »[32]

Le colonel allemand Wagner, commandant le 79ᵉ RI de la 16ᵉ DI, signale la solide capacité de résistance des soldats français à Stonne :

« La position ennemie était très bien camouflée et difficilement repérable. Les Français faisaient feu sans arrêt avec des mitrailleuses et de l'artillerie, ce qui compliquait la mise en place de nos armes lourdes. Au début de la matinée, il y eut les premières victimes. Les soldats français apparurent très actifs et vifs dans leurs observations. »[33]

Lors de l'unique journée du 16 mai, un seul groupe d'artillerie du 42ᵉ RA aura tiré 9000 obus sur les positions allemandes. Désormais seule en première ligne, la 3ᵉ DIM, qui a déjà subi de lourdes pertes, va devoir affronter les 16ᵉ et 24ᵉ DI allemandes, soutenues par une puissante artillerie et une Luftwaffe omniprésente. La 3ᵉ DIM peut cependant compter sur le soutien éventuel d'une partie des chars de la 3ᵉ DCR.

Le 17 mai 1940, vers 9 heures, six compagnies allemandes du 67ᵉ

---

[32] Éric Denis, op.cit.

[33] *Archives militaires allemandes*, Fribourg-en-Brisgau.

RI de la 16ᵉ DI s'élancent à l'assaut et se heurtent rapidement à une résistance acharnée d'un bataillon du 51ᵉ RI et un autre du 67 RI. L'artillerie française se déchaîne, si bien que l'assaillant allemand doit une fois de plus reculer, tout en laissant de nombreux tués, blessés et prisonniers sur le terrain. Suite à cet échec, le commandement allemand décide de lancer les 16ᵉ et 24ᵉ DI à l'assaut des positions françaises, défendues par la 3ᵉ DIM et le 5ᵉ RICMS : 36 000 soldats allemands contre 16 000 soldats français.

Les soldats français ripostent de toutes leurs armes, dont des grenades lancées en nombre. Pris de panique devant la résistance féroce des Français, les Allemands refluent vers leur ligne de départ. Plus à l'Ouest, au Mont Damion, l'attaque allemande du 79ᵉ RI est également repoussée par les soldats français des 10ᵉ et 11ᵉ compagnie du 67ᵉ RI, soutenus par des éléments du 5ᵉ RICMS. Les Français contre-attaquent même à la baïonnette. Les Allemands subissent de très lourdes pertes.

Le colonel allemand Wagner raconte l'échec de l'assaut de son régiment :

« À 14 heures 20, heure allemande, le régiment attaque. Les bataillons de premières lignes avancent en criant vers les positions françaises. Les Français, parfaitement installés, les reçoivent avec un feu nourri d'armes lourdes et de mitrailleuses. Puis leur artillerie entre en action et des pertes sensibles en hommes comme en matériel sont rapidement à déplorer dans nos rangs. Le PC de l'état-major régimentaire est lui aussi soumis à un bombardement d'artillerie, rendant difficile l'exercice du commandement. Toutes les communications sont coupées avec notre artillerie située à l'est de la Besace.

« Le 2ᵉ bataillon du 79ᵉ RI a atteint et encerclé la ferme des Cendrières après de très rudes combats parfois livrés au corps à corps.

Ensuite le bataillon progresse jusqu'au Mont Damion par le Nord avant d'être stoppé par la puissance des tirs de l'infanterie française. Nos pertes s'aggravent. Les Français, installés dans la forêt touffue, sont invisibles. Leur artillerie, parfaitement renseignée sur nos mouvements, provoque une véritable hécatombe. Malgré cela, les hommes du 2e bataillon tiennent les positions acquises pendant une heure. Puis, le commandant de l'unité est blessé et transporté à l'arrière, son successeur ordonne vers 16 heures l'évacuation du Mont Damion. Le mouvement provoque d'autres pertes et oblige les hommes à abandonner une partie de leur matériel. Ils reculent jusqu'à la ferme des Cendrières et se regroupent. Puis les Français contre-attaquent et nous repoussent jusqu'au sud de la Besace, mais nous parvenons à les arrêter, vers 17 heures 30, à l'aide du 1er bataillon arrivé en renfort.

« Ainsi le 79e RI n'eut aucun succès malgré sa bravoure. Son premier combat fut sanglant. L'idée d'une seconde attaque dans la journée fut abandonnée devant l'ampleur des pertes et la résistance héroïque des soldats français. Toutes les unités avaient rejoint leurs lignes de départ, à l'exception du 3e bataillon qui gagna un point avancé à l'ouest de la ferme des Cendrières de sa propre initiative.

« Les raisons de l'échec de notre attaque sont multiples : le soldat français était parfaitement installé en défense et était expert en combat de forêt. Certains de ses tireurs étaient dissimulés dans les arbres. L'artillerie française était supérieure à la nôtre en précision et en observation. Nos pièces n'étaient pas prêtes au début de l'attaque. La préparation des bataillons en première ligne et les armes lourdes étaient insuffisamment préparées. »[34]

Toujours présentes dans Stonne, les troupes allemandes du 64ᵉ RI ne sont pas au bout de leurs peines. Une contre-attaque française s'organise autour d'une section de trois chars lourds B1 bis du 49ᵉ BCC, en soutien du 51ᵉ RI.

Lors de cet assaut, le char B1 bis « Ricquewihr » du lieutenant Domecq sème la terreur dans les rangs de la Wehrmacht. Ce char reçoit des fantassins ennemis le surnom de « boucher de Stonne ». Parti à l'attaque vers 17 heures en direction du village, le B1 bis « Ricquewihr » tombe sur une importante colonne de fantassins allemands cherchant à se couvrir dans un bout de fossé, le long du chemin. Les Allemands ayant inconsidérément ouvert le feu avec leurs armes légères, le « Ricquewirh » écrase toute la colonne sous ses chenilles. Puis, tirant sauvagement autour de lui, le char pénètre dans Stonne que défendent des soldats du 64ᵉ RI. Lorsque ceux-ci découvrent le monstre d'acier « crachant du feu », ses chenilles couvertes de sang, ils sont pris de panique et s'enfuient, en abandonnant le village. Il est 17 heures 30, les Allemands ont été une fois de plus chassés de Stonne.

Une autre section de chars B1 bis refoule l'infanterie allemande près du bois du Mont Dieu. L'arrivée des monstres d'acier de 32 tonnes provoque une nouvelle panique dans les rangs ennemis, où l'on assiste à des replis massifs d'unités allemandes. Près de la côte 299, des dizaines de canons antichars allemands sont détruits ou abandonnés, tandis que 200 soldats de la Wehrmacht sont tués ou blessés et 200 autres capturés.

La journée du 17 mai se termine victorieusement pour la 3ᵉ DIM,

---

[34] *Archives militaires allemandes*, Fribourg-en-Brisgau.

qui est parvenue à contenir quasiment seule, mise à part le soutien du 5ᵉ RICMS et de quelques chars de la 3ᵉ DCR, les attaques de deux divisions allemandes d'infanterie (16ᵉ et 24ᵉ DI).

Le colonel allemand Wagner rend hommage à la bravoure des soldats français sur le front de Stonne :

« La défense acharnée de l'infanterie française est à signalée. Elle fut surtout remarquable le 17 mai, au Pain de Sucre, à la ferme des Cendrières et au Mont Damion. Cette défense était agressive et s'accompagnait de contre-attaques. Les positions françaises étaient camouflées, établies en profondeur et très difficiles à déceler. La troupe française avait l'expérience des combats en forêt. L'artillerie française se signala par son feu rapide et bien réglé. Grâce à d'excellents observatoires, l'artillerie française prenait sous son feu tous nos mouvements de troupes. Les avantages des armes furent utilisés au maximum. Enfin, la liaison entre l'infanterie et l'artillerie fut impeccable. La volonté de combattre de la troupe française était très forte, comparable à celle de Verdun en 1916. »[35]

Le 18 mai 1940, dans la matinée, la 24ᵉ DI allemande lance une nouvelle attaque pour conquérir le bois du Mont Dieu et les limites ouest de Stonne. Stoppés par la résistance acharnée de la 3ᵉ DIM, les soldats allemands sont repoussés sur leur base de départ. Les 61ᵉ et 51ᵉ RI contre-attaquent et nettoient de toute présence allemande le bois de l'Étang Fourchu, tout en renforçant les liaisons entre les diverses unités.

À 14 heures, une section de chars lourds B1 bis et une autre de

---

[35] Éric Denis, *La Bataille de Stonne, campagne de France 1940, thématique n°2 l'histoire militaire du XXe siècle*, éditions Histoire et Collections 2008.

chars légers H39 viennent soutenir l'assaut du 51ᵉ RI. L'artillerie allemande déclenche un puissant tir de barrage, afin d'enrayer l'attaque française. La 11ᵉ compagnie du 51ᵉ RI parvient cependant à s'installer dans Stonne, après une lutte féroce. Sous un véritable déluge de feu et d'acier, les soldats français ne peuvent s'y maintenir longtemps. Les munitions épuisés, les chars B1 bis doivent se retirer vers 18 heures, tandis que les fantassins et les tanks H39 font de même vers 19 heures 20. L'infanterie regagne sa position de départ sous la protection des chars Hotchkiss H39. À 20 heures, Stonne est vide de soldats français et allemands.

Les officiers et soldats allemands combattant dans ce secteur surnomment Stonne le « Verdun de 1940 ».

Le 23 mai 1940, après une courte période d'accalmie, les 16ᵉ, 24ᵉ et 26ᵉ DI allemandes lancent une puissante offensive sur le front de Stonne, afin d'encercler la 3ᵉ DIM française. L'offensive va bénéficier de l'appui de la Luftwaffe et de 36 batteries d'artillerie de tous calibres. L'ensemble du dispositif offensif allemand repose sur 54 000 soldats, 144 pièces d'artillerie, 30 blindés divers et une centaine d'avions.

Durant cette offensive, la 3ᵉ DIM est renforcée par le 5ᵉ régiment d'infanterie coloniale mixte sénégalais (RICMS), la 1ʳᵉ brigade de spahis, le 1ᵉʳ régiment de hussards, le 16ᵉ bataillon de chasseurs portés, les 6ᵉ et 93ᵉ GRDI, le 14ᵉ groupement de reconnaissance de corps d'armée (GRCA), ainsi qu'une poignée de chars de la 3ᵉ DCR. L'ensemble des forces françaises représente environ 32 000 soldats, 84 pièces d'artillerie et une vingtaine de chars.

Les Français, prévenus de l'offensive allemande, ripostent par une contre-préparation d'artillerie à 2 heures 14, le 23 mai 1940. Toute l'artillerie française ouvre ainsi le feu sur les concentrations allemandes durant trois quarts d'heure. Puis les 144 pièces allemandes d'artillerie commencent à déverser les 30 000 obus prévus pour l'unique journée du 23 mai. C'est un véritable déluge de feu et d'acier qui s'abat sur les positions françaises. Les soldats français se terrent dans leurs abris.

Après le pilonnage des canons allemands, l'artillerie française reprend ses tirs. Elle va jouer un rôle important dans l'échec de la tentative d'encerclement de la 3e DIM. Les régiments allemands d'infanterie sont rapidement taillés en pièces par l'artillerie française.

La 3e DIM reçoit en renforts la 1ère brigade de spahis (colonel Jouffrault), composée du 6e régiment de spahis algériens et du 4e régiment de spahis marocains. Ces Nord-africains sont de redoutables guerriers, bien encadrés et entraînés. Les spahis parviennent à enrayer l'offensive allemande en plusieurs endroits, ainsi que les tirailleurs sénégalais du 5e RICMS. Vers 18 heures, l'offensive allemande est définitivement brisée par une contre-attaque de deux compagnies de chars H39 du 42e BCC, commandées par le capitaine de La Hitte et le lieutenant Lannefranque.

Le 23 mai 1940, l'offensive allemande se déclenche également sur le canal des Ardennes, à l'ouest de Stonne. Le 16e BCP et le 1er régiment de hussards opposent une admirable résistance. Puis le 24 mai, les Français contre-attaquent avec des éléments des 6e, 93e GRDI et du 14e GRCA, appuyés par des chars du 49e BCC. Ils causent de lourdes pertes aux Allemands et les chassent jusqu'à la nationale reliant Tannay au bois du Mont Dieu. La tête de pont allemande, au-delà du canal des Ardennes, ne forme plus qu'un saillant dont la profondeur ne dépasse pas 2500 mètres et la largeur 1500 mètres.

Ainsi l'offensive allemande visant à encercler la 3e DIM a échoué. Les assaillants ont été partout repoussés. Les pertes des deux camps sont considérables. En deux jours de combats acharnés (23 et 24 mai 1940), on compte 2200 soldats français hors de combat (tués et blessés) et 4500 soldats allemands.

La résistance acharnée de la 3e DIM permet à l'armée française de constituer une solide position au sud de Stonne, qui va être en mesure d'opposer une résistance efficace à la Wehrmacht.

Du 14 au 24 mai 1940, la bataille de Stonne et ses environs cause de lourdes pertes dans les deux camps : 7500 soldats français hors de combat (tués, disparus et blessés) sur un total de 32 000 soldats engagés ; 26 500 soldats allemands hors de combat (tués, disparus et blessés) sur 90 000 soldats engagés. L'unique 3e DIM française compte à elle seule 3210 soldats hors de combat du 15 au 24 mai, tandis la 24e DI allemande déplore la perte de 1490 soldats (tués, disparus, blessés) du 17 au 24 mai. Le 6e bataillon français de chasseurs portés (BCP) perd 600 hommes sur un effectif de 850 soldats. Le 1er bataillon allemand du 64e RI ne compte plus que 48 soldats valides sur 1000 hommes. On pourrait multiplier les exemples.

X

ABBEVILLE
1940

La 4ᵉ division cuirassée de réserve (DCR) du général de Gaulle prend en charge le secteur d'Abbeville à partir du 28 mai. Suite à ses attaques courageuses sur Montcornet et Crécy-sur-Serre, Charles de Gaulle, âgé de 49 ans, a en effet été nommé général de brigade à titre temporaire, le 23 mai. Son unité blindée, qui vient de subir de lourdes pertes sur l'Aisne, est loin de présenter la force imposante que certains ont annoncé avec légèreté. La 4ᵉ DCR dispose en vérité de forces blindées réduites le 28 mai : deux bataillons de chars lourds (46ᵉ et 47ᵉ BCC) avec seulement 32 B1 bis au lieu des 70 théoriques ; 65 chars légers Renault R35 répartis en trois bataillons (2ᵉ, 24ᵉ et 44ᵉ BCC) au lieu des 135 prévus ; le 10 régiment de cuirassiers qui ne compte plus que 14 automitrailleuses Panhard ; le 3ᵉ régiment de cuirassiers alignant 20 chars Somua S35 et 20 Hotchkiss H39. La 4ᵉ DCR a donc 137 chars et 14 automitrailleuses et non 332 blindés comme c'est annoncé par certains. Seuls les chars B1 bis sont équipés de postes radios. L'infanterie, limitée au début au 4ᵉ bataillons de chasseurs portés, a été considérablement renforcée avec l'arrivée du 7ᵉ régiment de dragons portés, fort de deux bataillons, sans oublier le 22ᵉ régiment d'infanterie coloniale. L'artillerie repose sur 72 canons de campagne (48 de 105 mm et 25 de 75 mm), et 49 pièces antichars (37 de

47 mm et 12 de 25 mm).

La tête de pont d'Abbeville représente un dispositif triangulaire de 30 kilomètres de périmètre, adossé au mont de Caubert (82 mètres) et à la Somme, défendu par trois bataillons d'infanterie du 217e régiment d'infanterie bavarois de la 57e DI, disposant d'une grande puissance de feu, comparable à trois ou quatre divisions françaises d'infanterie sur la Meuse : 139 mitrailleuses légères, 70 mitrailleuses lourdes, 45 mortiers de 45 mm, 30 mortiers de 81 mm, 20 obusiers de 105 mm, 16 canons mitrailleurs de 20 mm, 16 canons de 88 mm et enfin 48 pièces antichars de 37 mm. Le 217e RI vient de remplacer le 25e RI de la 2e division motorisée. Si l'infériorité allemande en effectif est criante, elle l'est moins avec l'artillerie. Pour atteindre le mont de Caubert, clé de la défense, les chars français doivent franchir un glacis de 1500 à 2000 mètres, défendu par les redoutables pièces de 88 mm, efficaces contre tous les blindés à plus de 2000 mètres. La 57e division allemande d'infanterie (DI) est une unité aguerrie, qui a combattu en Pologne et a bénéficié d'un excellent entraînement durant la « drôle de guerre ». Forte de 491 officiers, 2273 sous-officiers et 12 411 soldats, la 57e DI du général Blümm comporte trois régiments d'infanterie, dont le 199e tient la Somme d'Argœuves à Pont-Rémy, le 217e se trouve à Abbeville et le 179e à Saint-Valéry. L'expérience est un atout non négligeable face à une division française, dont une partie des unités n'a pas combattu et souffre d'un manque réel d'instruction.

L'absence presque totale de transmission prive la 4e DCR de souplesse, de réflexe et même de réaction. Le général de Gaulle doit faire circuler des estafettes motocyclistes pour correspondre avec les diverses unités de sa division. Lui-même engage dans cette bataille sa volonté profonde. Consacrant toutes ses ressources physiques et morales, il se déplace sans cesse, concevant tout, vérifiant tout. Il encourage les hommes jusque sous les balles et les obus. Mais il ne peut être partout à la fois. Cassant, distant, colérique et injuste avec certains officiers, il se montre compréhensif et amical avec d'autres.

Louis François, qui fut capitaine à l'état-major de la 4ᵉ DCR, se souvient de son chef, le général de Gaulle :

« Quoique intellectuel de gauche et fort peu militariste, j'ai été impressionné par ce haut personnage marmoréen. Il parlait peu, ne se livrait jamais. Toujours lointain, parce que distant, c'est-à-dire maintenant la distance entre lui – le Général -, et nous – les officiers de l'état-major -, nous ne l'aimions pas mais nous le respections. Nous avions confiance en lui. Très courageux, il se portait tout aussitôt en première ligne dans les secteurs dangereux. Toujours calme, même dans les circonstances les plus difficiles, il nous a appris que la principale qualité d'un homme consiste à garder la maîtrise de soi au milieu des périls ou sous le coup d'une forte déception.

« Déjà le général de Gaulle était un personnage que l'on admirait, que l'on suivait, que l'on servait avec un dévouement total. Ce fut une des grandes chances de ma vie que de le connaître en ces moments dramatiques. Je n'hésite pas à avouer que je fus un gaulliste de « l'avant-première heure ».

« La 4ᵉ DCR s'est bien battue parce qu'elle fut bien commandée, d'abord par le général de Gaulle puis, après le 7 juin, par le général de La Font, tous deux spécialistes de l'arme blindée.

« Oui la 4ᵉ DCR s'est bien battue ! d'abord à Montcornet sur la Serre, puis à Abbeville. Le 29 mai nous avions fait plusieurs centaines de prisonniers, nous dînions sur des nappes rouges qui étaient des oriflammes nazies, nous connaissions le bonheur grisant, qui fut trop bref hélas, de la victoire. Dans la suite la 4ᵉ DCR a retraité toujours en ordre, échelon après échelon, prête à recevoir ou à donner des coups. »[36]

L'intention du général de Gaulle est de s'emparer, en premier lieu, de la crête à l'ouest d'Huchenville (cote 104), du bois de Hêtroyer et de celui de Fréchencourt. En second lieu, il envisage de pousser jusqu'à la crête du mont de Caubert en se couvrant à gauche sur la croupe de Bienfay, à la droite des marais de la Somme. L'attaque sera menée par tous les chars de la division et les divers unités d'infanterie. L'artillerie, qui ne peut fournir un barrage roulant, se bornera à une préparation de seize minutes sur le village de Huppy, la crête de l'ancien moulin de Limeux et les deux bois proches. L'artillerie concentrera ensuite ses tirs durant une heure sur les arrières des positions allemandes. De Gaulle ne cherche pas à obtenir la décision par une attaque en tenailles, mais préfère concentrer toutes ses forces au même endroit du front. C'est le meilleur moyen d'obtenir la rupture de la première ligne ennemie. Mais cela permet à l'ennemi de rassembler ses troupes et son artillerie sur la position menacée. Le choix d'attaque de la face sud est lié au relief, dont la végétation offre la possibilité de se soustraire à la vue de l'artillerie allemande.

Le 28 mai, à 16 h 45, l'artillerie française pilonne les positions ennemies. Le 305ᵉ RA tire à lui seul plus de 6000 obus de 105 mm sur le village de Huppy et ses environs. Les chars lourds B1 bis passent ensuite à l'assaut, tirant sur les haies au hasard, sans se soucier des canons antichars de 37 mm. Car si, hier, l'obus de 37 mm perçait un char anglais du premier coup, le 28, c'est bien différent. Un seul B1 bis pèse autant

---

[36] *Archives militaires françaises*, Vincennes.

que six tanks Vicker. Comme le souligne Henri de Wailly, les obus ricochent sur le blindage français comme un caillou sur un étang, y prélevant une simple cuillerée de métal.

« Huppy cache des armes antichars nombreuses qui ouvrent le feu dès qu'elles nous voient, raconte le chef de char Schmidt du B1 bis « Du Guesclin ». C'est une faute grave : à 800 mètres les canons allemandes de 37 mm ne peuvent nous causer aucun mal mais nous, nous les repérons aussitôt. L'antichar qui se dévoile est mis hors de combat dès le deuxième coup de 75. Soulié, le tireur, vise bien. Très vite, un autre canon est détruit. Le « Du Guesclin » n'a pas été touché. J'applique une tactique qui va s'avérer excellente : le char se présente de front, face à l'antichar le plus proche qu'il attaque au 75. Les adversaires plus éloignés sont pris à partie avec les armes de tourelle. Notre silhouette est ainsi la plus réduite possible et le 75 tire plus vite. Le principe absolu est de rester en face de l'objectif en louvoyant au minimum. J'observe trop, autour de moi, d'autres chars qui se présentent de flanc et sans armes braquées. L'ennemi peut ajuster plus calmement ses tirs sur une cible beaucoup plus large et beaucoup moins blindée. Tout ceci exige naturellement une parfaite entente de l'équipage, l'objectif devant être instantanément signalé. Mais Soulié et moi nous entendons parfaitement. Soulié a toujours un obus dans son tube : dès que l'ennemi fait feu, il répond par un obus explosif. Le « Du Guesclin » tire énormément... Je peux constater l'efficacité du 75 : la position allemande a été bouleversée. Nous nettoyons tous les taillis, tous les couverts. »[37]

Certains B1 bis écrasent sous leurs chenilles les mitrailleuses et

---

[37] *Archives militaires françaises*, Vincennes.

les canons ennemis avec leurs servants. Les défenses sont bousculées par ces montres d'acier qui mitraillent tout en faisant pivoter les tourelles. La résistance allemande s'effondre. « D'un coup, poursuit Schmidt, on a l'impression que toute résistance est cassée. Impression très curieuse. On a tiré pendant des heures, et soudain, c'est le vide. On demeure les maîtres absolus. L'objectif est atteint : c'est très différent des impressions de manœuvres. Nous sortons noirs de poudre des chars avec une impression de force, de puissance et de tranquillité essentiellement sympathique ! Quel est notre étonnement de voir venir à nous deux officiers anglais accompagnés d'un interprète français. Ils viennent nous féliciter : depuis le bois voisin, ils ont assisté au combat. L'un des officiers britanniques nous explique que les tanks anglais ont attaqué hier matin. Leur attaque a été un échec total : tous ont été détruits, incendiés dès le débouché. Ces Anglais racontent cela avec calme. Ils sont en admiration devant nos B1 bis. C'est autre chose que leurs « boîtes à sardines » ! Certains de nos chars ont été sévèrement touchés mais aucun projectile n'a pu les pénétrer. Après avoir ainsi tranquillement bavardé à l'endroit même où on se battait, nous remontons en char pour retourner à Warcheville. »[38]

L'essence commence à manquer et les casiers de munitions son presque vides. À 21 h 15, les chars se replient pour se ravitailler. Le 4ᵉ BCP investit Huppy à 21 h 30 et y fait un nombre important de prisonniers allemands. Les chars légers R35 passent également à l'attaque et s'emparent de Caumont, malgré la résistance acharnée des Allemands. Les Somua et les Hotchkiss atteignent la crête de Bellevue et réduisent les résistances du bois de Fréchencourt, où l'ennemi a laissé sur place des

---

[38] *Archives militaires françaises*, Vincennes.

armes et des camions. En arrivant sur les pentes du bois de Fréchencourt, les blindés français, soumis à des tirs très violents de 105 partant du nord de la Somme, doivent se replier sur Bailleul et Bellifontaine.

Lorsque la nuit tombe, le général de Gaulle ne peut se faire une idée précise de l'étendue de l'avancée française. Le succès est cependant probant : 200 prisonniers allemands sont acheminés vers l'arrière. De plus, les rapports parlent de très nombreux camions, canons antichars et mitrailleuses détruits. De Gaulle ignore que le front allemand s'est effondré devant les assauts des chars B1 bis et Renault R35. Les soldats allemands, épouvantés par les « colosses d'acier », refluent vers l'arrière. Un bataillon allemand de 750 hommes ne compte plus que 75 soldats valides ! Les survivants décrivent les chars français comme totalement indestructibles :

« Alors que la veille les blindés légers britanniques étaient détruits à 600 mètres, ces colosses français au blindage épais sont indifférents aux impacts, même à courte distance, même sous une incidence presque perpendiculaire. Malgré les coups directs – jusqu'à dix et vingt à la suite -, les obus ricochent. Ces monstres insensibles continuent d'avancer : les pièces antichars… sont laminées. »[39]

Des cadavres allemands gisent partout dans des positions d'épouvante : corps écrasés, membres sectionnés. « À Caumont, les Allemands sont partis en catastrophe, rapporte un témoin, abandonnant tout : chevaux autour des bâtiments, armement, voiture, soupe dans les roulantes... Il y avait aussi des papiers, des cartes, des blessés, des cadavres, des centaines de prisonniers ! Je vois là, devant le parc de

---

[39] *Archives militaires allemandes*, Fribourg-en-Brisgau.

Caumont, un champ de bataille typique : des cadavres dans les trous étroits, affalés sur des armes antichars démolies, des mitrailleuses écrasées, des corps avec d'affreuses blessures, mais aussi derrière le rideau d'une défense courageuse, la marque nette d'une débandade. »[40]

À Abbeville, le général allemand Blümm, commandant de la 57e DI, ignore ce qui est arrivé avec précision. Les liaisons se trouvent rompues avec les unités en ligne depuis le début des combats. Blümm apprend tout de même que Huppy et Caumont, pourtant truffés d'armes antichars, sont tombés. Le moral du 217e RI est fortement atteint. La nouvelle de ce qui est arrivé s'est vite répandue.

Durant la nuit, les unités françaises se réorganisent, car l'attaque doit reprendre, le 29 mai, dès 4 heures du matin. Terminés les bosquets et les bois, les vallons, les vergers et les chemins cachés : devant les B1 bis s'étend le long glacis battu par l'artillerie lourde allemande. Les canons allemands de 88 se dévoilent. Les B1 bis se présentent de face tout en se déplaçant. Ils offrent ainsi une cible réduite. L'échange de tirs dure deux heures et demie. Parvenu à bonne distance, le B1 bis « Général Monhoven » fait mouche : « J'arrive à détruire, raconte le tankiste Quénardel, une pièce antichars de gros calibre, et son dépôt de munitions explose. »[41] Aveuglés par les tirs des B1 bis, les 88 mm sont annihilés et les servants de replient. Ce succès tactique ouvre le chemin du mont de Caubert. Les chars lourds doivent cependant se replier pour faire leur plein de carburant et de munitions. Les bataillons de R35 et le 3e régiment de cuirassiers avancent également. Villers-Mareuil et Mareuil-Caubert

---

[40] *Archives militaires françaises*, Vincennes.

[41] *Archives militaires françaises*, Vincennes.

tombent aux mains des Français. Le 22ᵉ RIC suit la progression des blindés en faisant de nombreux prisonniers. La panique s'installe de nouveau dans les rangs allemands. Les artilleurs des pièces de 37, de la seconde vague de défense, se replient, suivis par l'infanterie. Cette débandade des troupes combattantes provoque un véritable sauve-qui-peut parmi les éléments du train et des services complémentaires. Les troupes allemandes qui se trouvent encore dans la poche se sauvent vers Abbeville par la route de Rouvroy.

« La débandade est d'importance, souligne Yves Buffetaut : troupes sans chef, camions, convois hippomobiles, canons, affluent dans les rues d'Abbeville en colportant les bruits les plus défaitistes pour justifier leur comportement... L'alerte est si chaude que le général von Manstein, commandant le 38ᵉ corps d'armée, est prévenu et se rend même sur place pour remettre les fuyards sur le bon chemin. La 2ᵉ division motorisée, qui vient d'être relevée mais stationne à proximité, à Rue, est mise en alerte et envoie des officiers sur place pour juger de la gravité de la situation. Manstein informe même le général von Kluge, commandant de la 4ᵉ armée, « qu'une crise sérieuse » se déroule à Abbeville. Celui-ci autorise un repli au nord de la Somme, en cas de nécessité absolue. »[42] Le succès de la 4ᵉ DCR présente une menace potentielle sur les arrières allemandes de Dunkerque.

L'aspirant allemand Franz Arsan du 217ᵉ RI se souvient :

« C'était affreux. Nous éprouvions des pertes énormes. Pas seulement à cause des obus, mais à cause des chars : ils massacraient nos

---

[42] Yves Buffetaut, *De Gaulle chef de guerre*, 15 mai-6 juin 1940, éditions Heimdal 1990.

camarades demeurés en ligne... On voyait les engins « danser » sur les trous pour écraser ceux qui y étaient demeurés. »[43]

Arsan se lève pour stopper la retraite de ses hommes. Il hurle dans le vacarme de la mitraille. Et puis, bientôt, il fuit, lui aussi, ces « engins d'épouvante ». Le recul est contagieux. De plus, « des ordres faux et incompris contribuent à la confusion d'une retraite sauvage, jusqu'à ce que la tête de pont soit à peu près dépouillée de toute défense », lit-on dans un ouvrage peu suspect d'être favorable aux Français, *Abbeville*, publié à Munich en 1941.[44] Deux canons de 88 mm restent cependant en position sur le sommet du mont de Caubert avec d'autres pièces. Les seuls fantassins allemands qui se battent encore sur la rive sud de la Somme sont les 500 fantassins d'un bataillon. Cet élément d'infanterie va se heurter héroïquement à l'attaque des chars. Le sergent Quénardel, pilote du char B1 bis « Monhoven », se souvient :

« J'aperçois l'infanterie qui vient en rangs serrés vers nous. On croirait que ce sont des Alliés. À cinq cents mètres, nous nous apercevons que ce sont des Allemands. Nous déclenchons alors un formidable tir à la mitrailleuse. Qu'est-ce qu'il tombe comme Fridolins ! Une vraie boucherie. Certains se réfugient derrière des meules de paille : un coup de 75 et tout saute en flammes. Nous continuons d'avancer. Beaucoup de morts et de blessés se font écraser au passage des chars. »[45]

Cet assaut suicidaire de l'infanterie allemande contre des chars

---

[43] *Archives militaires allemandes*, Fribourg-en-Brisgau.

[44] *Archives militaires allemandes*, Fribourg-en-Brisgau.

[45] *Archives militaires françaises*, Vincennes.

lourds est également relaté par l'équipage du B1 bis « Du Guesclin » :

« Là-bas devant nous, à cinq cents, quatre cents mètres peut-être, quatre cents à cinq cents hommes se dressent tout à coup hors des trous qui doivent être creusés dans le sol et, baïonnette au canon, se précipitent vers nous ! Est-ce possible ? Que peuvent cinq cents types contre une dizaine de chars lourds ? C'est de la folie ! Nos chars arrêtés, nos mitrailleuses commencent à cracher. Les pauvres fous, là-bas, en face, sont littéralement fauchés par notre tir à bout portant. Nos 75 se mettent de la partie : c'est un carnage. Les ravages des 75 à trois cents cinquante ou quatre cents mètres sont effroyables. Les pilotes choisissent les groupes les plus compacts et chaque coup les pulvérise. Là-bas les hommes continuent à courir mais, maintenant, dans tous les sens. Aucun d'eux ne se couche tant qu'il n'est pas touché. Combien de temps cela dure-t-il ? Pas longtemps : dix minutes, peut-être, mais effroyables. Et, soudain, c'est à nouveau le calme : un calme absolu. Devant nous, à terre, nous distinguons ceux qui ont été assez fous pour charger des chars… Impossible d'oublier ce spectacle : le sol est absolument jonché de cadavres allemands au teint jaune en général… Beaucoup sont en train de mourir, parfois avec d'horribles blessures. La plupart, étendus sur le dos, sont encore dans les trous qu'ils avaient creusés. Certains, la bouche ouverte, font des efforts désespérés pour respirer… Notre 75 a fait d'horribles ravages. Soulié, le pilote, a un mal terrible à passer au milieu de tous ces hommes à terre, mais grâce à son adresse le « Du Guesclin » parvient à les éviter à peu près tous en louvoyant. Ils ont assez souffert : nous ne voulant pas les écraser maintenant. »[46]

---

[46] *Archives militaires françaises*, Vincennes.

Le lieutenant-colonel allemand Wolf raconte que « les pertes des Bavarois étaient épouvantables. Presque tous leurs officiers étaient morts, des compagnies entières n'avaient plus un seul lieutenant et plus de la moitié de leurs sous-officiers manquaient ».[47]

Ce vent de panique se propage assez loin sur les arrières de la Wehrmacht. Les Allemands rembarquent à Saint-Riquier, Plessiel et Neuilly-l'Hôpital. Des centaines et des centaines d'Allemands s'enfuient vers Abbeville. Hantés par l'image de cette vague de chars qui va les massacrer, ils courent aussi vite qu'ils peuvent. Ils se sauvent, en désordre, sur plusieurs kilomètres. Ce n'est plus l'orgueilleuse armée du Reich, mais une foule cherchant à préserver sa peau dans un sauve-qui-peut général.

Le général de Gaulle, qui ne dispose pas de liaisons radio, ne peut se rendre compte de la situation. Il ignore que le front allemand est enfoncé. Pour exploiter la situation, 1400 dragons du 7e RDP attendent d'attaquer. Mais l'ordre ne vient pas. Par manques de liaisons, le commandement français ne se rend pas réellement compte de l'étendue du désastre chez l'ennemi. La 4e DCR, qui ne possède aucun système de transmission, ni radio, ni téléphonie ne va pas porter l'estocade. De Gaulle a parfaitement mesuré cette faiblesse mortelle. En janvier 1940, il écrivait : « Il faut trouver les transmissions nécessaires à l'échelon des bataillons, sinon… nos chars seront couillonnés. »[48] Ce n'est pas le manque de char qui handicape l'armée française en 1940, c'est l'absence

---

[47] *Archives militaires allemandes*, Fribourg-en-Brisgau.

[48] Yves Buffetaut, *De Gaulle chef de guerre*, 15 mai-6 juin 1940, éditions Heimdal 1990.

de transmissions. Pour pallier cette insuffisance très grave, le général de Gaulle se déplace énormément, près du feu, donnant l'élan. Mais un général, aussi brave soit-il, ne peut remplacer un outil aussi indispensable à la guerre moderne.

Au début de l'après-midi du 29 mai, les Allemands parviennent à maintenir, sur le mont de Caubert et ses environs, plusieurs batteries de canons de 105 et 88 mm. Le lieutenant-colonel Wolf, commandant des batteries de 88 mm, sait utiliser à merveille ses puissantes pièces comme antichars. En essayant de s'approcher de cette dernière position, les chars français se font décimer. Le 30 mai, la 4e DCR va tenter un nouvel effort, après une matinée de réorganisation. Il s'agit encore d'assauts frontaux contre une artillerie lourde dont on peut mesurer l'efficacité. Durant la courte nuit du 29 au 30, le général Blümm, qui a pu reprendre en main son infanterie traumatisée, étoffe ses défenses. À 2500 mètres, les batteries allemandes sont hors de portée des canons des chars français. La dernière position allemande ne peut être enlevée, malgré un soutien aérien non négligeable. Pour la première fois, des bombardiers britanniques, escortés par des chasseurs français, interviennent à sept reprises de 17 heures à 21 h 10. Les avions parviennent à interrompre le ravitaillement en munitions de l'artillerie allemande. Deux canons de 88 mm sont détruits. Mais cet effort de l'aviation arrive trop tard pour la 4e DCR, à bout de forces et de ressources. La journée du 30 mai se termine sur un statu quo : les assauts allemands de la matinée sont tous repoussés, ceux des Français se brisent devant les batteries ennemies. Abbeville est une victoire inachevée pour le général de Gaulle et sa division, même si la tête de pont allemande se trouve réduite des trois quarts.

En trois jours de combat, la 4e DCR a perdu 92 chars sur les 137 engagés, dont 28 B1 bis, 37 Renault R35, 27 Somua S35 ou Hotchkiss

H39. Il faut ajouter 5 automitrailleuses Panhard détruites. L'infanterie de la DCR, forte de 4522 hommes, compte 800 hommes hors de combat. À Abbeville, les pertes de la 57ᵉ division bavaroise, avec son artillerie de soutien, sont parmi les plus élevées des unités de la Wehrmacht en 1940 : 2300 soldats hors de combat (tués, blessés, disparus ou prisonniers). Le 217ᵉ régiment a été décimé. Le 179ᵉ régiment sera appelé en renfort. La division bavaroise a également perdu 36 canons antichars de 37 mm, 6 canons de 20 mm, 5 canons de 88 mm, 180 mitrailleuses, 30 mortiers de 45 mm et 25 de 81 mm, sans oublier une centaine de véhicules divers (camions, voitures, motos, blindés de transport de troupe…). Il convient de rappeler que la tête de pont d'Abbeville, véritable forteresse, était défendue, en comptant les renforts, par deux cents mitrailleuses, une centaine de mortiers, une cinquantaine de canons antichars, une vingtaine d'obusiers de 105 mm, une quarantaine de pièces antiaériennes dont une vingtaine de canons de 88 mm qui firent la différence contre les chars.

Le nouveau commandant en chef des armées françaises, le général Weygand, qui a remplacé le général Gamelin depuis le 19 mai 1940, fait citer le général de Gaulle à l'ordre de l'armée :

« Chef admirable de cran et d'énergie. A attaqué avec sa division la tête de pont d'Abbeville très solidement tenue par l'ennemi. À rompu la ligne de résistance allemande et progressé de 14 kilomètres à travers les lignes ennemies, faisant des centaines de prisonniers et capturant un matériel considérable. »[49]

Le 4 juin 1940, la 2ᵉ DCR du colonel Perré passe à son tour à l'action, afin de réduire dans sa totalité la tête de pont d'Abbeville.

---

[49] *Archives militaires françaises*, Vincennes.

Partiellement reconstituée, cette unité ne peut engager qu'une centaine de chars disponibles, dont seulement une vingtaine de B1 bis. Elle est appuyée par plusieurs bataillons de la 51ᵉ division d'infanterie écossaise du général Fortune et un régiment de la 31ᵉ division française d'infanterie. L'attaque se heurte aux mines, aux mitrailleuses, aux canons antichars de tous calibres, dont les terribles pièces de 88 mm, sans oublier l'artillerie de campagne et les Stukas qui interviennent dans la bataille. Malgré la solidité de la défense allemande, deux chars lourds B1 bis atteignent le sommet du mont de Caubert, dont le « Crécy-au-Mont ». Le témoignage du sergent Job, pilote du « Crécy-au-Mont » nous permet de suivre le combat et les dernières minutes de son char :

« Vers minuit courte halte, puis nous repartons. 3 heures. Nous arrivons en bordure d'un bois mais il fait encore sombre et je distingue peu de choses des environs. Le lieutenant est allé aux renseignements. « À vos postes. » Calmement nous gagnons nos places. Le lieutenant, marchant devant le char, me guide à travers champs. « Halte ! ». Le lieutenant s'engouffre dans le char, tire les verrous et ferme la porte de la tourelle. Nous sommes à l'abri d'un petit talus qu'il nous faudra franchir tout à l'heure en ordre de bataille. Je distingue à peine les chars qui sont devant moi… Nous attendons, scrutant le visage du radio. L'ordre de départ arrive enfin et c'est le moment que choisit ma troisième pour ne pas vouloir passer. Nous montons donc lentement. Il fait à peine jour et ce mauvais départ me fait perdre un terrain que je m'efforce de rattraper.

« Il y a une brume qui rend la visibilité mauvaise. Enfin, peu à peu, le jour devient meilleur. Une grosse meule de paille se dresse dans le champ que je traverse. Belle occasion d'essayer un coup au but de 75 mm à 300 mètres. Peu après, une violente secousse ébranle le char. Nous avons certainement touché une mine. Le moteur est presque arrêté mais répond rapidement à mon coup d'accélérateur. J'éprouve cependant de la difficulté à reprendre ma pleine vitesse. Le lieutenant arrose à la mitrailleuse la lisière d'un bois. Je repère une flamme en même temps que le lieutenant me signale l'arme qui nous tire dessus. Nous enregistrons des chocs. Rapidement nous pointons nos armes sur la flamme du canon antichar. Le lieutenant tire au 47 mm et j'envoie deux coups de 75 mm à environ 600 mètres. Nos coups portent…

« J'utilise le 75 contre des boqueteaux où il me semble apercevoir des groupes ennemis. Un second antichar est neutralisé, puis le char qui avance toujours bascule dans des trous cachés par les hautes herbes. À l'intérieur, tout s'éteint à chaque bascule. Nous sortons d'un trou pour tomber dans un autre et je me demande comment nous nous en sommes sortis. Je réussis enfin à trouver un terrain moins accidenté, presque un sous-bois. Le feu se déclare soudain dans la chambre des machines ; de grandes flammes… Calmement, le lieutenant commande à Juteau d'actionner l'extincteur. Il s'approche de moi : « Il fait chaud dans le coin ! ». Nous roulons lentement. Le tableau de bord indique de hautes températures pour l'eau. Juteau envoie un SOS car nous ne sommes pas sûrs de ce qui va arriver. Enfin le feu est arrêté.

« Nous arrivons au sommet d'une colline que je commence à descendre. Le lieutenant descend et me signale un groupe que nous n'identifions pas tout d'abord. Remonté dans la tourelle, la mitrailleuse puis le 47 mm ne tardent pas à entrer en action… J'ai compris… À la corne d'un bois j'aperçois un canon abandonné, les obus rangés autour. Le lieutenant continue à faire feu sur les lisières. Mon idée est de foncer sur ce canon, de le démolir… Rapidement nous avançons mais, arrivés à quelques mètres du canon, un coup au but nous immobilise. Le moteur s'arrête. Le feu est à l'intérieur et cette fois tous les réservoirs flambent.

Au moins 150 litres d'essence !

« Je coupe le contact et je me retourne juste à temps pour apercevoir un gros éclatement dans la chambre d'équipage. Ce coup nous a pris de plein fouet. Tout flambe ! L'air est irrespirable. Je ne crois pas que le premier obus ait blessé l'un de nous mais le second nous a été fatal. Je crois être touché à la poitrine, étant complètement asphyxié et dans l'impossibilité de respirer. Je m'évanouis. À mon réveil, quelques secondes plus tard, j'ouvre mon volet et respire l'air frais du dehors. Je cherche à distinguer à l'intérieur, mais je suis aveuglé par la fumée et le feu derrière moi. Où sont mes camarades ? Il me semble les voir dehors… puis à l'intérieur… Il ne reste rien à détruire, tout brûle. Avant que je n'ai pu réaliser, deux Allemands m'ont saisi et me traînent sur le terrain. Des hommes sortent des trous, lèvent le poing à mon passage. Juteau est amené vers moi, encadré. Il me serre la main et comme moi, hélas, il pense à nos deux camarades. Le deuxième obus a dû les tuer sur le coup… »[50]

L'infanterie franco-britannique, séparée des chars par des nids de mitrailleuses allemandes, ne peut déboucher. L'opération doit être finalement interrompue. Le colonel Perré, qui a perdu 38 chars dans cette affaire, estime « qu'il est impossible d'attaquer directement le mont de Caubert, qui est truffé de canons antichars et de champs de mines. En outre, le ravin de l'ouest est de parcours assez difficile. D'ailleurs reprendre l'attaque avec des moyens diminués dans la forme où on l'a tentée ne peut aboutir qu'à un nouvel échec ».[51]

---

[50] *Archives militaires françaises*, Vincennes.

[51] *Archives militaires françaises*, Vincennes.

Le bilan de l'action du général de Gaulle, au sein de la 4ᵉ DCR en mai 1940, n'est pas négligeable. Il est absurde de prétendre qu'il s'est montré incapable. L'auteur de *Vers l'armée de métier* n'a jamais préconisé l'emploi d'une division blindée incomplète, sans liaison radio, équipée de chars difficiles à ravitailler en essence. Dans ces conditions, Charles de Gaulle a livré bataille comme il a pu. Comme l'écrit Yves Buffetaut, « il a plutôt mieux réussi que les autres commandants de DCR ».[52]

Du 17 au 30 mai 1940, la 4ᵉ DCR a perdu 165 chars et un millier d'hommes (infanterie comprise). Elle revendique, durant la même période, la destruction de 700 blindés, canons, mitrailleuses lourdes ou véhicules divers, sans oublier la mise hors de combat d'environ 5000 soldats allemands. Comme on peut le constater, c'est un bilan largement favorable à la division du général de Gaulle.

---

[52] Yves Buffetaut, op.cit.

XI

DUNKERQUE 1940

L'armée française, devant défendre le périmètre défensif de Dunkerque de 40 kilomètres, est réduite à quelques unités, qui vont pourtant se battre avec une opiniâtreté inouïe, en parvenant à contenir durant plusieurs jours des forces allemandes disposant d'une écrasante supériorité numérique et matérielle.

La défense de la poche de Dunkerque est assurée par la 12e division d'infanterie motorisée française (DIM) du général Janssen, réduite à 8000 hommes, les troupes de la 68e DI française du général Beaufrère, divers éléments des 21e et 32e DI françaises, plusieurs groupes de reconnaissance, le groupement blindé Marchal, constitué de 21 chars Somua S35 et 18 chars Hotchkiss H 39 des 1ère et 2e DLM, diverses unités du secteur fortifié des Flandres (SFF) du général Barthélémy et de la 60e DI, ainsi que divers éléments de la Marine nationale en artillerie et infanterie. La totalité des troupes françaises défendant l'ensemble du secteur de Dunkerque ne dépasse pas 30 000 hommes et 39 chars, commandés par le général Falgade et l'amiral Abrial. Sur ces 40 kilomètres de front, des unités britanniques des 1ère, 42e et 46e DI couvrent un secteur de 4 kilomètres, soit entre 2500 et 6000 hommes, suivant les rembarquements. Les dernières unités combattantes britanniques partent dans la nuit du 1er au 2 juin 1940.

Pour réduire la poche de Dunkerque, la Wehrmacht engage 8 divisions d'infanterie (61e, 18e, 254e, 14e, 216e, 56e, 208e, 256e DI), la 9e panzerdivision et des éléments de la 2e division d'infanterie motorisée. L'appui aérien massif est assuré par les 2e et 3e armées aériennes de la Luftwaffe (800 à 1000 avions). L'ensemble des forces terrestres allemandes engagées représente 160 000 hommes et une centaine de chars, soit une supériorité numérique et matérielle écrasante. Les généraux allemands von Rundstedt, von Kleist, von Küchler, Kesserling et Sperrle assurent le commandement des opérations terrestres et aériennes.

Le tracé de la poche de Dunkerque à l'Ouest suit l'ancien canal de Mardryck, simple fossé de 3 et 4 kilomètres de longueur, courant perpendiculairement à la côte, du canal de Bourbourg au Sud, à la ligne des dunes au Nord, où il se perd dans une sorte de cul-de-sac. À Pont-à-Rousseaux, où il coupe la nationale 40, on peut lire sur une borne : Dunkerque 9 kilomètres.

Au sud du canal de Bourbourg, il n'y a plus de coupure jusqu'au canal de la Colme. Les uniques points d'appui reposent sur les fermes et le village de Spycker. Les lignes suivent ensuite jusqu'à Bergues le cours du canal de la Haute-Colme. Ce secteur de 18 kilomètres, s'entendant de la mer à Bergues, est confié à la 68e DI française. La défense comprend 8 bataillons des 225e et 341e RI, avec les groupes de reconnaissance de la division et du 16e corps d'armée. L'artillerie consiste en deux groupes de canons de 155 mm, six pièces de 75 mm provenant de Dunkerque et deux autres de 155 mm de la Marine. Divers éléments du 224e RI sont regroupés le 25 mai 1940 en deux compagnies de fusiliers voltigeurs pour assurer l'ordre dans Dunkerque, puis ensuite maintenus devant Petite-Synthe et le long du canal de Saint-Pol.

Le 225e RI se trouve en position de part et d'autre de la Nationale 40, le 341e RI sur le canal de la Haute-Colme. Le 59e groupe de reconnaissance divisionnaire d'infanterie (GRDI), déjà engagé sur l'Aa le 24 mai, lutte très courageusement devant le village de Fort-Mardyck, puis au carrefour du Moulin de Spycker, au pont de Petite-Synthe et au pont Saint-Georges sur la route de Bergues. À l'issue du siège on dénombre 44 tués, 23 blessés et 15 disparus.

La mise en place du dispositif de défense est contrariée par le bombardement allemand du 27 mai, qui surprend une grande partie des troupes dans les encombrements de Dunkerque. Cependant, les unités ont la possibilité, la nuit tombée, de s'installer en ligne. Les assauts allemands des 28 et 29 mai sont partout repoussés.

Les batteries de marine de Mardyck et de l'ouvrage ouest représentent pour les défenseurs de ce nouveau front un soutien important. Le capitaine de corvette Dupin de Saint-Cyr organise le mieux possible le sous-secteur de Mardyck, qui comprend deux batteries de côtes, le terrain d'aviation défendu par des compagnies de l'armée de l'air, le 417e bataillon de pionniers, chargé de barrer la plage et les dunes, trois batteries de DCA, dont deux françaises de 75 et une britannique de 102, sans oublier quelques éléments du personnel canonnier de réserve, auxquels on a adjoint un détachement de 150 hommes, échappés de Boulogne.

« La DCA, écrit Jacques Mordal, fut utilisée à la fois comme artillerie d'appui direct sur la route de Mardyck à Dunkerque, et comme antichars sur la route de Loon Plage. L'artillerie principale des ouvrages tirait à la demande de l'état-major du général Fagalde sur les différents points du front et notamment en barrage au-delà de Mardyck, en contre batterie dans la région Spycker-Armbouts Cappedl, sur une batterie allemande installée au Clipon depuis le 29 mai, et même à la lisière sud de Coudekerque Branche au cours de la dernière journée, le 3 juin.

« Quant aux Britanniques, ils reçurent l'ordre d'embarquer le 27, et disparurent dans la nuit après avoir fait sauter leurs pièces. »[53]

Après une pause de quelques heures, les troupes allemandes reprennent l'offensive en deux temps, à compter du 30 mai. Ce jour-là, le 14e corps d'armée allemand attaque violemment le secteur défendu par le 225e RI entre le canal de la Haute-Colme et la route de Calais. Il est partout repoussé, malgré son écrasante supériorité numérique. Les deux jours suivants ne sont guère plus profitables aux Allemands, qui subissent de lourdes pertes, sans pouvoir enfoncer les défenses françaises.

L'attaque allemande reprend en force le 2 juin, après une puissante préparation d'artillerie, toujours contre le 225e RI, en direction de Spycker. L'héroïque 225e RI lutte à un contre dix. Après toute une journée de combats particulièrement violents, l'assaillant allemand s'empare de Spycker. Sur le front sud, il parvient à contourner Bergues par l'est, jusqu'à la hauteur de Notre-Dame-des-Neiges, ce qui contraint le commandant de la 68e DI à couvrir son aile gauche le long du canal de Bergues à Dunkerque. En outre, il devient nécessaire de mettre à la disposition du secteur fortifié des Flandres un bataillon du 225e RI qui est engagé dans une contre-attaque, en direction de Teteghem, et ne reparaît plus à l'ouest du camp retranché.

L'offensive allemande est finalement contenue la nuit, mais

---

[53] Jacques Mordal, *Dunkerque*, éditions France Empire 1968.

reprend le 3 juin avec le jour. Le 341ᵉ bataillon français de pionniers, tenant la rive ouest du canal de Bergues, se trouve bientôt encerclé, tandis que les soldats allemands débouchent en front entre le canal de Bourbourg et le canal de la Haute-Colme. Toutes les réserves de la 68ᵉ DI française sont lancées en hâte dans la mêlée pour reformer un front sur le canal de Bourbourg. À 14 heures, la 61ᵉ DI allemande se lance sur cette nouvelle ligne. La lutte est acharnée jusqu'à la nuit. À 18 heures, des éléments allemands parviennent à franchir le canal, mais ils ne peuvent progresser sérieusement avant la nuit.

La 68ᵉ DI française du général Beaufrère tient donc encore sensiblement sa ligne de résistance lorsque lui parvient l'ordre de décrocher en direction de la mer. Tout le matériel est alors détruit, les munitions noyées, et les hommes se regroupent en ordre vers l'Embecquetage où les derniers parviennent à 3 heures du matin, le 4 juin 1940.

Or il est tard pour embarquer ! Les derniers navires s'en vont et plus aucun ne va revenir. Le général Beaufrère fait disperser ses soldats dans les dunes et part pour Dunkerque, à la recherche de l'amiral Abrial. Lors de cette périlleuse expédition, Beaufrère est capturé par les premières patrouilles allemandes entre 7 et 8 heures du matin. De sa division, 800 hommes seulement parviennent à s'échapper de l'étreinte allemande, tandis que les autres sont presque tous capturés. Quelques-uns tentent de rejoindre Calais, qu'ils pensent toujours aux mains des Alliés : les Allemands les repoussent à coups de mitrailleuses. La mer monte, refoulant vers les dunes ces soldats épuisés, sans armes, qui seront finalement faits prisonniers.

Les marins des batteries d'artillerie ont plus de chance. Ceux de la 2ᵉ batterie de 155 mobiles ont perdu leurs pièces, détruites l'une après l'autre par l'ennemi le 24 mai. Le 1er juin, une troisième est démolie sur la route entre Grande-Synthe et Petite-Synthe par un tir de contre batterie allemande. Le lieutenant de vaisseau Brenot, qui a pris le 30 mai le commandement de cette batterie, ne dispose plus le 2 juin que d'une seule pièce lors de la dernière attaque ennemie. C'est avec cette unique pièce qu'il se retourne à l'aube pour exécuter un tir à toute portée aux limites est du camp retranché, sur un pont du canal de Furnes, à trois kilomètres de la frontière belge. Deux autres canons de 155 mm sont en position dans le secteur, détachés par la 31e batterie du lieutenant de vaisseau Jabet, engagé sur le front sud. Les trois pièces tirent sur les panzers qui se concentrent autour de la filature de Spycker, à 3000 mètres de là, puis sur des emplacements de mortiers signalés par des guetteurs de l'armée. Les munitions épuisées, les canons sont détruits, tandis que les artilleurs parviennent à rejoindre les points d'embarquement à temps, quai Félix Faure.

Le général Teisseire, commandant de la 60e DI française, se débat au milieu d'ordres contradictoires. Après avoir tenu fermement diverses positions, des Pays-Bas à la Belgique, la 60e DI reçoit finalement l'ordre, le 28 mai, de se replier sur Dunkerque, alors qu'elle est positionnée dans la région de Nieuport. La journée du 29 est très dure. Une première infiltration allemande par le pont de Nieuport est repoussée, mais la 60e DI ne peut stopper une puissante attaque menée par deux divisions allemandes dans le secteur de Schobre et de la boucle de Tervaete. Trois bataillons du 270e RI de la 60e DI sont encerclés. Cette fois, le choix est réduit à une retraite immédiate ou bien la capture. Encore faut-il trouver un passage, car les avant-gardes allemandes ont très rapidement atteint Sleenkerke à quelques kilomètres au sud-est de Furnes. Une contre-attaque de chars de la 2e DLM du général Bougrain parvient à les refouler et à assurer le passage.

La situation est terriblement compliquée dans le secteur où se trouve déjà le 2e corps d'armée britannique, qui remonte le canal de Bergues à Furnes et la 2e DLM française, chargée de couvrir la retraite britannique.

Comme toutes les autres unités de la 1ère armée française, la 2e DLM éprouve les plus grandes difficultés à passer les barrages britanniques du canal de Loo. Les sapeurs britanniques font sauter prématurément plusieurs ponts, qui coupent ainsi la retraite de la 2e DLM, malgré les promesses formelles du général anglais Alanbrooke, commandant du 2e corps d'armée britannique, d'assurer un passage pour permettre ensuite l'embarquement des soldats français de cette division. Un colonel anglais fait braquer les mitrailleuses sur un détachement français. Le colonel français a le dernier mot en amenant deux chars Somua pour forcer le passage, que les Britanniques veulent interdire à leurs alliés français. Les survivants de la 2e DLM prennent finalement à pied la route de Malo à Dunkerque pour être évacués par voie maritime.

Prévenu de cette situation, le général Teisseire décide de passer coûte que coûte, en faisant couper les colonnes britanniques par de petits paquets d'hommes à pied de sa division :

« Le colonel Guhard partit reconnaître les ponts, raconte le général Teisseire. À Bulscamp, passage strictement interdit à tout véhicule. Plus au sud, à Houthem, les Anglais consentent tout d'abord à les laisser passer, puis au dernier moment se ravisent. Il faudra terminer la retraite à pied, en abandonnant tout le matériel.

« Dans la nuit du 29 au 30 mai, un millier d'hommes épuisés parvenaient aux abords du fort des Dunes... Quelques éléments du 241e RI rejoignirent un peu plus tard. D'autres aboutirent directement à La

Panne, et, seuls de toute la 60ᵉ DI, purent embarquer pour l'Angleterre.

« Après recensement, on estima que 4000 hommes au total avaient pu rentrer de Belgique. Encore étaient-ils complètement désorganisés. Je fis reconstituer un bataillon par régiment. L'un d'eux fut envoyé à Bray-Dunes le 1ᵉʳ juin, en soutien du 8ᵉ régiment de zouaves fortement pressé par l'ennemi. »[54]

Les officiers de la 12ᵉ division d'infanterie motorisée, revenant de la région de Lille avec le 3ᵉ corps d'armée, ont consenti à abandonner le matériel de leurs unités dans les marais des Moëres, à la demande explicite du commandement britannique, afin d'entrer le 29 mai à l'intérieur de la poche de Dunkerque. Ces mêmes officiers de la 12ᵉ DIM, ainsi que leurs soldats, sont alors persuadés d'être embarqués le jour même ou le lendemain au plus tard. Le 8ᵉ régiment de zouaves installe son PC à Bray-Dunes, le 150ᵉ RI à Ghyvelde, et l'artillerie à Uxem. Le général Janssen, commandant de la 12ᵉ DIM, reçoit finalement l'ordre de s'établir défensivement sur un front partant perpendiculairement à la mer, à hauteur de Bray-Dunes, puis courant parallèlement au canal de la Basse-Colme.

Janssen objecte la fatigue extrême de ses hommes et leur complet dénuement matériel. Le général Falgade et l'amiral Abrial en sont convaincus, mais aucune troupe fraîche n'est disponible. La 60ᵉ DI, sur laquelle on comptait, se retire comme on l'a vu dans une telle confusion qu'elle se trouve hors de cause. Pour défendre le secteur Est du camp retranché, seules les 12ᵉ DIM et 32ᵉ DI sont encore bien encadrées. La 12ᵉ DIM se trouve directement engagée au secteur Est, tandis que la 32ᵉ

---

[54] *Archives militaires françaises*, Vincennes.

DI est placée en réserve à l'Ouest pour assurer la défense aux limites de la ville.

La mission du général Janssen est de résister le temps nécessaire, afin de permettre la prolongation des embarquements britanniques puis français. Le tour de la 12e DIM ne viendra qu'ensuite.

Le secteur de La Panne est subitement évacué le 31 mai par les Anglais, si bien que le front de la 12e DIM se fixe sur la route de Bray-Dunes à Hondschoote, où doit avoir lieu la liaison avec les unités du secteur fortifié des Flandres (SFF). Janssen refuse de se battre avec les zones inondées dans le dos, préférant voir les marais de Moëres entre lui et l'ennemi. Il en avise son voisin, le général Barthélémy, ainsi que le général Falgade. Finalement, du nord au sud, de son secteur, sont installés le 8e régiment de zouaves sur le goulet de Bray-Dunes, le 150e RI de part et d'autre de Ghyvelde, et son 92e GRDI en surveillance le long du canal des Chats, en direction d'Uxem, à la limite nord des inondations. La jonction avec le secteur fortifié des Flandres est reportée au village de Teteghem, où vient de prendre position un bataillon du 137e RI, déjà très éprouvé par les combats du 29 mai sur le front ouest de la poche de Dunkerque.

L'unique artillerie lourde du secteur repose sur les canons de marine de 194 mm des batteries de Zuydcoote et de 164 mm de Bray-Dunes, sur lesquelles les artilleurs tentent d'orienter le mieux possible les canons en direction de l'ennemi. Ces batteries parviennent à tirer d'une façon satisfaisante sur les divers objectifs signalés. Pour le reste, on compte sur le matériel qui a pu être récupéré dans le camp retranché. Le 8e régiment de zouaves rencontre les pires difficultés à se réarmer convenablement.

« Dans la journée du 31 mai, raconte le journal de guerre de la

12ᵉ DIM, le dispositif est approximativement en place. Le général Falgade vient inspecter les positions et ne peut dissimuler son admiration devant la bravoure manifeste de notre division. Des éléments britanniques à l'est de la 12ᵉ DIM décrochent subitement dans la soirée sans prévenir, et traversent nos lignes. Les derniers Anglais passent à 7 heures le 1ᵉʳ juin. Depuis 5 heures, l'ennemi est au contact.

« Dans l'après-midi, Janssen installe son PC au fort des Dunes que le général Blanchard a quitté à 14 heures. Une tentative allemande d'infiltration par la plage est stoppée par le 8ᵉ régiment de zouaves, qui continue également toute la nuit à mettre en place des obstacles antichars, tandis que les artilleurs français tirent sans arrêt sur les concentrations ennemies en avant de la position.

« Le 2 juin, au jour, le contact est très serré sur toute la tête de pont. La position du 92ᵉ GRDI devient très critique. La protection des inondations est très relative, car presque partout les chaussées émergent. On doit lui expédier quelques renforts pour lui permettre de tenir, jusqu'au déclenchement d'une contre-attaque qui doit être lancée le 3 juin au matin, en direction de Bergues et du canal de la Basse Colme par la 32ᵉ DI, étayée d'éléments du 137ᵉ RI et du 224ᵉ RI, sans oublier quelques chars du groupement blindé Marchal.

« Dans l'après-midi, de ce même 2 juin, le général Janssen vient en personne inspecter le secteur. Il précise aux chefs de corps que l'embarquement est fixé dans la nuit du 3 au 4 juin. Deux heures plus tard, Janssen trouve la mort au fort des Dunes sur lequel les Stukas n'ont cessé de se concentrer au cours de l'après-midi par de terribles bombardements. Le général Fagalde fait transmettre au colonel Blanchon, successeur de Janssen, à la fois son souvenir ému pour le chef exceptionnel qui vient de tomber à son poste, et l'expression de sa certitude que la 12ᵉ DIM sera accomplir sa mission jusqu'au bout. »⁵⁵

Tous les assauts allemands sont en effet repoussés. La 12ᵉ DIM, épaulée en avant par le 27ᵉ GRDI, lutte pied à pied contre les 216ᵉ, 56ᵉ, 208ᵉ et 256ᵉ DI allemandes : soit un total de 8000 soldats français contre 72 000 soldats allemands.

Le 3 juin 1940, au matin, la pression allemande se concentre sur Teteghem et sur le canal de Bourbourg. Les contre-attaques françaises dans le secteur de Notre Dame des Neiges sont stoppées par les bombardiers allemands. Le 137ᵉ RI résiste vaillamment dans les ruines du village, et plus à l'est, le 92ᵉ GRDI fait de même. On demande pour lui des renforts, mais Fagalde, contraint de parer au plus urgent, ne peut lui donner que des encouragements, tandis qu'on dirige en hâte sur Teteghem un détachement de gardes mobiles.

Chez les combattants français, le moral reste ferme. Un soldat écrit :

« L'aviation ennemie s'acharne sur nous. Mais nous n'en tenons pas moins pour permettre l'embarquement des troupes alliées. Nous espérons pouvoir tenir jusqu'au bout sachant fort bien que nous serons les derniers à être repliés.

« Nous ne désespérons pas de nous tirer de ce guêpier. Il s'agit d'y laisser le moins de plumes possible.

« Hitler s'use et son effort est considérable. Peut-être que notre heure n'est pas loin de sonner, je veux parler de l'heure de notre succès. Nous sommes habitués aux revirements brutaux et c'est lorsque tout est désespéré que tel un éclair la lumière jaillit.

---

⁵⁵ *Archives militaires françaises*, Vincennes.

« Mais en attendant Dunkerque n'est plus qu'un brasier. Nous avons encore de la boustifaille en petite quantité, mais suffisante. Par contre pas une goutte d'eau si ce n'est celle de la mer. On est très sale, barbu et puant, mais tout aura une fin.

« Le spectacle de Dunkerque est hallucinant : tout est en flammes, toutes les maisons de la place brûlent, les tuiles claquent. Je me souviendrais toute ma vie de ce bruit des tuiles claquant dans les incendies, de ces rues où tout brûle. »[56]

Du côté allemand, le porte-parole de la 56e DI rapporte que :

« Les combats dans les dunes, dans un sable profond, sous une chaleur terrible, est un énorme effort. Les troupes françaises occupent des dunes élevées d'où ils peuvent régler leurs tirs d'artillerie. Les soldats français luttent avec un héroïsme inouïe.

« Notre infanterie fatiguée n'avance plus, bien que 33 batteries d'artillerie soutiennent l'attaque du 171e RI. L'assaut n'avance que très lentement. Sable, chaleur insupportable, manque d'eau. Combattants et états-majors sont très fatigués et à midi, le colonel commandant le 171e RI annonce qu'il doit renoncer à poursuivre l'attaque, devant la résistance acharnée des valeureux soldats français.

« L'attaque de la 216e DI est également repoussée par les Français. »[57]

Le commandement allemand accuse le coup : « À 9 heures, le 9e corps d'armée signale qu'il a devant lui un ennemi qui se défend farouchement et qui est soutenu par de nombreuses inondations qui

---

[56] *Archives militaires françaises*, Vincennes.

[57] *Archives militaires allemandes*, Fribourg-en-Brisgau.

gênent beaucoup la progression. »⁵⁸

Le rédacteur du journal de marche de la 18ᵉ armée allemande note :

« Une nouvelle attaque est prévue au 9ᵉ corps d'armée parce que la division engagée a été arrêtée par l'héroïque résistance des troupes françaises. Notre 56ᵉ DI a de lourdes pertes, particulièrement en officier, si bien que l'attaque n'a pas eu l'élan nécessaire pour réussir contre la résistance désespérée et efficace des Français. C'est pourquoi on fait appel une fois de plus aux bombardiers et à une forte préparation d'artillerie.

« Peu après ce déluge de feu et d'acier, les régiments commandés respectivement par les colonels Recknagel et Bohnstedt s'ébranlent. Malgré tous leur courage, ils ne peuvent mordre dans la défense française. Un de nos commandant est tué lors de l'assaut. L'attaque est reprise avec l'appui de la division de gauche, mais le régiment Recknagel ne progresse pas.

« La division demande alors l'intervention des Stukas. Un nouvel assaut est ensuite lancé, mais sans succès : les soldats français résistent avec un courage surhumain, ils semblent invincibles à nos bombes, nos obus, nos mitrailleuses. J'ai l'impression de revivre les moments les plus épiques de la bataille de Verdun en 1916. Rien ne semble pouvoir vaincre les héroïques soldats français qui s'accrochent au terrain avec un acharnement extraordinaire ! »⁵⁹

À 17 heures 30, ce même 3 juin 1940, l'aviation allemande

---

[58] *Archives militaires allemandes*, Fribourg-en-Brisgau.

[59] *Archives militaires allemandes*, Fribourg-en-Brisgau.

revient en masse sur le fort des Dunes avec des bombes de très gros calibres. Une centaine de défenseurs français sont ensevelis sous les voûtes du fort. Le colonel Blanchon doit évacuer son PC sur l'école de Leffrinckoucke.

Le journée s'achève sans que le front de la 12ᵉ DIM ne soit entamée. Mais au centre, l'ennemi a poussé jusqu'aux limites de Coudekerque-Branche, et à l'ouest du canal de Bergues, jusqu'au fort de Petite-Synthe. Il doit cependant suspendre son action du fait de ses très lourdes pertes.

Le décrochage se prépare. On laisse pour quelques heures une section par bataillon, afin de couvrir la retraite vers les points d'embarquement. Dans cette perspective, la 12ᵉ DIM est attendue au môle Est. Mais le cheminement s'avère extrêmement difficile en raison de l'incroyable encombrement. Il faut six heures pour accomplir un trajet de quatre kilomètres.

Le génie achève à 2 heures 10 la destruction des derniers ponts. À 3 heures, la tête de la colonne se présente en bon ordre à la jetée Est, après avoir été doublée en cours de route par les artilleurs marins. Le lieutenant de vaisseau Chaney, commandant la batterie de Bray-Dunes, a fait sauter ses canons à 22 heures, puis ses hommes se sont glissés sur la plage, s'infiltrant entre les colonnes de fantassins, pour faire leur jonction avec les canonniers de la batterie de Zuydcoote, avec lesquels ils parviennent sans encombre à la jetée, malgré les tirs allemands d'interdiction. À 3 heures, ils embarquent sur le torpilleur britannique Welcome ; mais les zouaves et leurs camarades du 150ᵉ RI de la 12ᵉ DIM n'ont pas la même chance. Des centaines d'hommes leur bouchent encore le passage lorsque le jour se lève et que les derniers navires ont déjà quitté les lieux. Le colonel Planchon se joint à 5 heures au général Teissere : le bastion 32 est vide. À 7 heures 45, les premiers détachements motocyclistes allemands entrent dans Dunkerque, le 4 juin 1940.

Le groupement du général Barthélémy, désigné sous le nom de secteur fortifié des Flandres (SFF), s'est occupé des travaux de fortification sur la ligne Lille-Dunkerque, et plus spécialement du secteur compris entre les Monts des Flandres et la mer, avant l'offensive allemande du 10 mai 1940. Le SFF ne participe pas à l'avance des troupes alliées en Belgique. Cette formation est ensuite incorporée à la défense de la poche de Dunkerque.

À la date du 22 mai 1940, le SFF se compose d'éléments du 110e RI (régiment stationné à Dunkerque avant la guerre), du 124e RI et du 16e régiment régional. L'ensemble s'installe sur une ligne orientée Ouest-Est, allant du cours de l'Aa à celui de l'Ey-Becque, par la forêt de Clairmarais à l'ouest de Saint-Omer, Cassel et Steeworde, et barrant les itinéraires qui remontent à Bergues et à Dunkerque par Steenworde et Ostcappell, Bailleul et Cassel, Saint-Omer et Zeggerscappell.

Le 16e régiment régional n'est en réalité qu'un groupement de travailleurs mobilisés, les 110e et 124e RI n'alignent chacun que deux bataillons au lieu des trois prévus. L'armement se limite à quatre mitrailleuses par bataillon et deux batteries antichars.

Le général Barthélémy installe son PC à Rexpoede et prend contact avec l'amiral Abrial qui lui confie, le 25 mai, la double mission d'assurer, face au Sud, la défense de la poche de Dunkerque, ainsi que d'organiser la zone des arrières. Barthélémy devient ainsi commandant de la Zone des Étapes, avec autorité sur toute l'étendue du camp retranché, la ville et le port de Dunkerque exceptés. Il déplace son PC à Bergues.

L'offensive allemande se développe à l'ouest et au sud-ouest de Dunkerque. L'aile droite du SFF se raccorde au dispositif de la rive droite de l'Aa et participe à la défense de Watten avec le 110ᵉ RI. Une violente attaque allemande est contenue le 27, tandis qu'une efficace contre-attaque permet même de reprendre du terrain dans la région entre Watten et Bourbourg, grâce au concours providentiel de deux chars Somua S35, venus se mettre aux ordres du SFF.

Toutefois, devant l'écrasante supériorité numérique et matérielle de l'adversaire, la ligne Steenwordre-Cassel-Clairmarais est progressivement refoulée, si bien que le SFF se rétablit le 29 mai sur le canal de la Basse Colme, avec en renforts des éléments du 137ᵉ RI, repliés à Gravelines, sans oublier une partie de l'artillerie de la 21ᵉ DI.

Le canal est encore gardé par les Britanniques. Comme partout ailleurs, les soldats anglais, postés au pont de Brentis-Meulen, exécutent farouchement leurs consignes : aucun des camions du SFF ne peut franchir cet obstacle, seul le général Barthélémy parvient à conserver sa voiture ; mais ses hommes doivent à l'avenir se déplacer à pied pour prendre position, sans leurs moyens de transport, alors même qu'ils en auront le plus grand besoin.

Cette nouvelle ligne de résistance s'étend désormais de Bergues à Hondschoote. À l'Ouest, elle se soude au dispositif de la 68ᵉ DI. À l'Est, elle doit se raccorder au front de la 12ᵉ DIM. Le 30 mai, Barthélémy reçoit la visite de Janssen. Les deux hommes s'entendent pour abandonner la partie du canal de la Basse Colme, qui se trouve en avant des inondations. Finalement, le secteur du SFF s'étend de Bergues inclus à Teteghem inclus.

Lorsque les troupes allemandes de l'Ouest et de l'Est parviennent, le 30 mai, à réaliser leur jonction à la hauteur de Poperinghe, elles se trouvent en mesure de prendre l'offensive contre l'ensemble de la poche de Dunkerque. Le déroulement des attaques aux extrémités est et ouest est déjà connu : dans l'un et l'autre de ces deux secteurs, les troupes françaises maintiennent leurs positions jusqu'à la tombée de la nuit du 3 juin. La 12ᵉ DIM n'a pas reculé d'un pouce lorsqu'elle reçoit l'ordre de décrocher et, du côté de la 68ᵉ DI, malgré la poussée allemande de la fin de l'après-midi entre les canaux de Bourgourg et de la Haute-Colme, la situation n'inspire pas de vives inquiétudes pour la dernière nuit de l'évacuation. Il en va autrement au centre du front de la poche de Dunkerque.

La Nationale 16 est à l'époque l'itinéraire usuel pour Dunkerque en provenance du Sud, en passant par Cassel et Wormhoudt. À 10 kilomètres de Dunkerque, la vieille cité fortifiée de Bergues représente un obstacle sérieux pour l'assaillant. Malgré tous ses efforts et son écrasante supériorité numérique et matérielle, l'ennemi ne parvient pas à s'en emparer avant la fin de la journée du 2 juin. Les rapports britanniques signalent que « Bergues dut être évacuée le 31 mai-1ᵉʳ juin par les troupes du général Usher et que le front de la 50ᵉ DI britannique fut enfoncé en plusieurs endroits. Pour le 1ᵉʳ juin, toutes les forces anglaises en ligne auront quitté leurs positions ».[60]

Le 3 juin, les divisions allemandes exploitent ce succès, pour s'emparer de Dunkerque, par les itinéraires détournés, afin de progresser de part et d'autre du canal de Bergues. À l'Ouest, la chute de Spycker, tombé le 2 juin au soir, permet aux Allemands de se rabattre le lendemain matin entre les canaux de Bergues et de Bourbourg vers le faubourg de

---

[60] *Archives militaires britanniques*, Londres.

Saint-Georges, où le groupe de reconnaissance de la 68e DI française (59e GRDI) les arrête en livrant une résistance héroïque, pendant que les Britanniques abandonnent une fois de plus une partie du terrain. À l'Est, se présente une autre voie d'accès par une petite route qui traverse la plaine sans autre obstacle naturel, après le canal de la Basse Colme, que le petit village de Teteghem.

C'est ce chemin que les unités allemandes de reconnaissance viennent explorer le 30 mai au soir jusqu'à pont de Brentis-Meulen, et que les divisions de la Wehrmacht ne franchissent qu'après quatre jours de terribles combats. La menace est si forte que toute la dernière journée, le 3 juin, le général Barthélémy craint que son front soit enfoncé. Arrêté devant Teteghem, l'ennemi tente de rejoindre la grande route par le petit chemin transversal qui retombe aux Sept Planètes. Les canonniers marins français de la 3e batterie de 155 mm les y retiennent plus de six heures avant de se replier avec les soldats du 224e RI (sous les ordres des capitaines Sagnard et Chatillon) au passage à niveau de Coudekerque-Branche. Les Allemands sont repoussés et les embarquements des troupes alliées peuvent se poursuivre.

Deux bataillons du 137e RI (colonel Menon), fortement réduits après les combats de l'Aa, sont transportés à Coudekerque-Branche le 28 mai 1940 à 13 heures et assument la défense du village de Teteghem. Le 1er bataillon du 137e RI s'installe au sud de cette localité au carrefour de Galghouck, tandis que le 2e bataillon prend position dans le village même. Le 29 mai, les deux bataillons avancent sur le canal de la Colme, aux ponts de Brentis-Meulen et du Zyclin, déjà tenus par les Britanniques. Les Allemands sont proches. La défense des ponts est renforcée par quelques canons de 75 mm. Un point de résistance est prévu au hameau de Notre-Dame-des-Neiges.

La journée du 30 mai permet à la DCA britannique de faire preuve de son efficacité en parvenant à abattre plusieurs avions ennemis. À 18 heures 30, les premiers panzers apparaissent sur la rive opposée, cependant que sautent les ponts. Le 137e RI n'aligne qu'un seul canon antichar de 25 mm. Il n'a pas été possible de convaincre les Anglais de récupérer les autres pièces qui gisent, abandonnées, sur l'autre rive. Les officiers britanniques chargent les troupes françaises de couvrir leur retraite et leur embarquement, en prenant soin de les démunir d'armes lourdes ! Cet unique canon tient malgré tout les blindés allemands à distance en parvenant à détruire 3 panzers. Toutefois, à la faveur de la nuit, l'infanterie allemande franchit le canal sur des canots pneumatiques et déborde le 1er bataillon du 137e RI. Le 31 mai, il devient alors nécessaire de rectifier le front en s'alignant sur la ligne Brentis-Meulen-canal des Chats. Le colonel Menon installe son PC à Notre-Dame-des-Neiges.

Le 1er juin 1940, après un bombardement d'une extrême violence, les Allemands attaquent en force, s'infiltrent une fois encore et atteignent Notre-Dame-des-Neiges. Les Français se replient à hauteur du carrefour du Galghouck. Une contre-attaque française, lancée le 2 juin à 6 heures du matin, est arrêtée à Notre Dame des Neiges par l'intervention massive de cinquante bombardiers de la Luftwaffe, obligés de revenir à deux reprises, alors que l'infanterie allemande est en très mauvaise posture. Bien que luttant à un contre dix, les vaillants fantassins français parviennent à repousser leurs rivaux de la Wehrmacht.

Avec bravoure, les troupes françaises contre-attaquent à nouveau le 3 juin. On compte, en plus des troupes du 137e RI, quelques chars et quelques éléments de la 32e DI (3e bataillon du 122e RI du commandant Carbonnel, 3e bataillon du 143e RI du capitaine Arbona) aux ordres du colonel Menon. Les soldats français contiennent encore les forces allemandes dix fois supérieures en nombre. À 11 heures, cinquante bombardiers allemands doivent intervenir pour enrayer la contre-attaque française. Au 1er bataillon français du 137e RI, on ne compte plus que 50 survivants sur un effectif initial de 500 soldats. De nombreux bataillons allemands, engagés dans cette fournaise, subissent des pertes aussi lourdes.

Les Allemands, en surnombre, s'apprêtent à forcer le canal de Moëres. Le général Barthélémy ordonne au colonel Menon de « tenir coûte que coûte, même encerclé : c'est le seul moyen pour l'embarquement des troupes. Je compte sur votre régiment ».[61]

À 16 heures, l'ennemi force le passage à l'ouest de Teteghem et s'empare du village, malgré la résistance acharnée du 1er bataillon du 137e RI, réduit à cinquante hommes qui luttent jusqu'à l'épuisement total des munitions. Certains de ces braves tentent une sortie, baïonnette au canon, mais sont massacrés par les mitrailleuses allemandes. Cette résistance permet à leurs camarades du 2e bataillon du 137e RI de se reformer, sous les ordres du commandant Miquel, sur le canal de Dunkerque à Furnes, au pont du Chapeau-Rouge.

Il est 18 heures 30, l'ennemi se trouve à moins de 4 kilomètres de la jetée Est : 27 000 soldats alliés vont être pourtant sauvés grâce à l'intervention courageuse d'une poignée de combattants français. L'ordre a été donné de décrocher à 1 heures 30, le 4 juin. Mais le 2e bataillon du 137e RI du colonel Miquel décide de résister encore jusqu'à 2 heures 30, maintenant le dernier carré de la résistance de Dunkerque, afin de faciliter

---

[61] *Archives militaires françaises*, Vincennes.

les derniers embarquements. Ce bataillon parvient au môle Est à 4 heures pour constater qu'il n'y a plus espoir d'embarquer.

La 3e batterie mobile de canons de 155 mm de la Marine française est montée en Hollande, pour soutenir la 7e armée du général Giraud, au début de l'offensive allemande. Rappelée à Dunkerque le 22 mai, cette unité d'artillerie est mise à la disposition du 16e corps d'armée. Deux pièces sont placées sur la route de Gravelines et les deux autres sont montées sur la route de Bergues, de part et d'autre du fort Vallières.

Jusqu'au 1er juin 1940, ces pièces de 155 mm effectuent des tirs à longue portée, à la demande de la défense du camp retranché. À 9 heures ce jour-là, le fort Vallières est anéanti par l'attaque en piqué d'une trentaine de bombardiers Stukas. Avec un courage inouïe, le lieutenant de vaisseau Jabet parvient pourtant à faire évacuer ses deux précieux canons au carrefour des Sept Planètes, où il se trouve le 2 juin à 21 heures : un canon sur la route de Teteghem, l'autre sur celle de Bergues.

La journée du 3 juin débute par un tir de soixante obus de 155 mm sur les ponts à l'est de Bergues et sur les colonnes allemandes en mouvement. Les canonniers marins, qui n'ont plus de munitions, s'installent sur la route avec leurs mousquetons et leurs fusils mitrailleurs, derrière un barrage constitué de tracteurs et de camions. À leur côté, une compagnie française du 224e RI défend la route de Bergues.

« Le combat fut très dur, et des deux côtés les pertes étaient importantes, écrit Jacques Mordal. Jabet y trouva la mort. Un de ses enseignes fut blessé, tandis que son ingénieur mécanicien Aviengne, envoyé en liaison à Dunkerque pour y rendre compte de la situation, revenait avec l'ordre de faire sauter les pièces, de se retrancher sur le passage à niveau de Coudekerque-Branche, et s'il était besoin, s'y faire tuer sur place.

« À 18 heures, le fort Castelnau tenait encore… Chaque maison du carrefour de Coudekerque-Branche se transformait en fort Chabrol.

« Mais l'ennemi, fatigué lui aussi, renonça pour ce soir-là à donner l'assaut final, et le décrochage se fit à la nuit sans de trop grandes difficultés. »[62]

Lorsque à la tombée de la nuit du 3 juin, le général Barthélémy apprend que l'ennemi n'a nulle part atteint la ligne du canal de Furnes, sauf au Chapeau-Rouge, où le 2e bataillon du 137e RI tient le passage, il croit vraiment que la partie est gagnée, et que son rêve va se réaliser : les Allemands entrant à Dunkerque désertée par l'armée française.

Aux 8000 soldats qui restent sous ses ordres a été fixé un point de rassemblement à atteindre entre 23 heures et 24 heures. Sauf pour les deux bataillons qui tiennent les points du canal de Furnes, le décrochage débute à 22 heures 30 sans difficultés. L'armée allemande est partout repoussée. Mais le rêve du général Barthélémy ne va pas se réaliser. À mesure qu'il approche de Malo, il découvre la foule immense des soldats qui attendent également l'embarquement, provenant d'unités les plus diverses, chargées auparavant de tâches administratives. Piétinant sur place, Barthélémy attend, contemplant ces représentants du train, des groupes de transport, des services les plus divers qui par milliers passent devant lui. Le jour se fait précoce en cette saison. On voit les derniers navires accoster encore quelques barques. À 3 heures 45, le 4 juin, le torpilleur britannique Skikari accoste et embarque 600 soldats français du secteur fortifié des Flandres (SFF).

La résistance héroïque des troupes françaises de la poche de

---

[62] Jacques Mordal, op.cit.

Dunkerque est cependant un remarquable succès : au lieu des 30 000 à 45 000 soldats prévus par l'amirauté britannique et par Winston Churchill, ce sont 347 781 soldats alliés sur 400 000 présents dans la poche de Dunkerque qui ont pu s'échapper de l'étreinte allemande, dont 224 686 combattants britanniques et 123 095 militaires français ; 34 000 soldats alliés, principalement français, sont capturés par les troupes allemandes. On compte également 18 219 soldats alliés tués ou portés disparus, dont 16 000 soldats français. Les Allemands déplorent 20 000 soldats tués ou blessés durant l'unique bataille de Dunkerque, ainsi que la perte de 318 avions (détruits ou endommagés). En neuf jours, 235 navires alliés sont coulés sur 848 engagés. Les pertes civiles françaises sont évaluées à 3000 morts et 10 000 blessés.

Durant une dizaine de jours, les chefs militaires français de la poche de Dunkerque ont dû faire preuve d'un remarquable esprit d'initiative et d'un immense courage pour contrer l'offensive allemande. Sans cesse harcelés sur un secteur menacé d'effondrement puis sur un autre, obligés de retirer d'une position les troupes pour colmater une brèche ailleurs, jamais ils ne purent suivre un plan de défense organisé à l'avance. C'est ainsi que le 16e corps d'armée, affecté en principe à la défense de la poche de Dunkerque, n'a aucune de ses unités en position lorsque se produit l'offensive allemande sur l'Aa. Il faut improviser avec les troupes disponibles. Par chance, le SFF s'offre pour tenir la route du Sud, puis les 48e et 137e RI de la 21e DI française arrivent providentiellement dans le secteur, à temps pour contenir les attaques allemandes de Saint-Georges et de Ziegerscappelle, et permettre à la 68e DI française, enfin dégagée de Belgique, de venir prendre position sur le canal de Mardyck et à Spycker, avant l'assaut final de la Wehrmacht.

À l'Est, il en va de même. La 60e DI française a contribué à la défense de Dunkerque, car tout au long de sa difficile retraite de Belgique, elle a servi d'écran aux défenseurs directs du camp retranché, mais c'est la 12ᵉ DIM française qui a tenu ferme le front Est de la poche.

Les Britanniques ont pu au contraire s'organiser plus à l'aise, du fait du sacrifice des troupes françaises. Ainsi, le programme d'embarquement décidé par le commandement anglais leur permet de ne pas participer jusqu'au bout à la défense. À titre d'exemple, le 6ᵉ régiment Green Howards, engagé sur l'Aa le 24 mai, se trouve en route pour le port de Dunkerque dès le 25 mai. De même que cette batterie de DCA britannique, établie sur le terrain de Mardyck, qui décroche dans la nuit du 27 au 28 mai. Sur le canal de la Colme, des troupes britanniques restent jusqu'à la nuit du 31 mai au 1ᵉʳ juin, mais ont évacué lors de l'attaque allemande de la matinée sur Notre Dame des Neiges. Sur le canal de Loo, à l'Est, c'est la 2ᵉ DLM française qui protège le rembarquement des Britanniques jusqu'à 4 heures du matin le 30 juin. On pourrait multiplier les exemples.

« La défense ultime de Dunkerque, écrit Jacques Mordal, est l'œuvre des soldats français des 21ᵉ et 68ᵉ DI, 12ᵉ DIM, du SFF et des canonniers marins. Sans chercher à établir un classement parmi eux, on doit faire une mention spéciale à la 21ᵉ DI qu'on retrouve partout à l'honneur dans cette bataille des ports du Nord. Lanquetot à Boulogne, La Blanchardière au bastion 11 de Calais, et, devant Dunkerque, le 137ᵉ RI du colonel Menon, qui, après avoir contenu l'avance ennemie sur l'Aa, va se sacrifier à Teteghem et pourra se prévaloir d'avoir, au pont du Chapeau-Rouge, formé le dernier carré. »[63]

---

[63] Jacques Mordal, op.cit.

Officier d'état-major au sein du camp retranché de Dunkerque, Jean Beaux relate dans son journal de guerre les durs journées de cette bataille, dont voici quelques extraits :

« 2 juin 1940 : à la 12e DIM, les attaques allemandes visent particulièrement le centre et la droite du secteur, de Ghyvelde à Uxem. Les attaques et les contre-attaques se succèdent, le 8e régiment de zouaves doit céder un peu de terrain mais réussit à se rétablir. Au total, les éléments de la 12e DIM, renforcés par le groupe de reconnaissance de 2e DINA et par des chars, rétablissent partout un front solide et font même quelques prisonniers.

« Le général Janssen et une partie des officiers de son état-major trouvent la mort du fait de l'éclatement d'une bombe de gros calibre dans la cour du fort des Dunes.

« C'est une grande perte pour la défense et même, dira le général Fagalde, pour l'armée française.

« Sur le front de la 68e DI française les chars allemands de la 9e panzerdivision, qui s'étaient déjà manifestés, attaquent dès le matin avec une nombreuse infanterie, dans le couloir entre le canal de Bourbourg et celui de la Haute Colme.

« La résistance de la 68e DI est acharnée. L'artillerie de 75 tire à vue, à courte distance, sur l'infanterie et sur les chars.

« Néanmoins, l'ennemi s'empare de Spycker mais ne peut en déboucher.

« Sur la gauche du front de la 68e DI qui est en liaison avec le SFF, la chute de Bergues au début de l'après-midi entraînera un repli de la division dans la direction de Capelle-la-Grande.

« Enfin, la partie importante se joue au SFF qui a reçu dans la nuit des renforts et doit contre-attaquer à 4 heures.

« Le groupement des groupes de reconnaissance du colonel Mariot a débouché à 5 heures, il arrive par sa droite jusqu'à l'objectif prévu à Hoymille sur le canal de la Basse Colme, mais la gauche est stoppée et, finalement, non soutenus par l'infanterie du SFF qui n'a pas suivi, les cavaliers subissent en enfants perdus de lourdes pertes, surtout en officiers. En fin de journée, ils se replient sur Coudekerque, où ils auront à intervenir pour stopper l'avance ennemie.

« De son côté, le CID 21 (centre d'instruction divisionnaire de la 21e division) qui a réussi à progresser jusqu'en vue du canal de la Basse Colme est stoppé. Il est réduit maintenant à 65 hommes sur les 550 qui sont partis à la contre-attaque. À la nuit, il devait aussi se replier sur sa base de départ.

« Le commandement allemand accuse le coup : à 9 heures, le 9e corps d'armée de la Wehrmacht signale qu'il a devant lui un ennemi qui se défend farouchement et qui est soutenu par de nombreuses inondations qui gênent beaucoup la progression. »[64]

Pour se donner une idée de ce qui s'est passé sur le terrain lors de la contre-attaque française des groupes de reconnaissance, donnons la parole au lieutenant Sigogne, commandant l'escadron motos :

« Je fais camoufler le matériel dans une ferme et nous nous acheminons en silence dans l'ordre : 2e, 3e et 4e pelotons. Je marche immédiatement derrière le 2e peloton avec le lieutenant Forcade qui commande le 4e escadron qui nous suit en deuxième échelon.

« À 4 heures 50, le peloton de tête est arrêté par des Allemands revêtus d'uniformes anglais. Je pressens un guet-apens et donne l'ordre

---

[64] Jean Beaux, *Dunkerque* 1940, éditions Les Presses de la Cité 1967.

d'avancer avec prudence. Soudain, un feu violent de mitrailleuses, de mitraillettes, de canons antichars, tiré de derrière une haie à une vingtaine de mètres, abat tout notre groupe.

« Le lieutenant Forcade, l'adjudant-chef Agnès (chef du 3e peloton), le maréchal des logis Armingaud sont grièvement blessés. L'adjudant Jouet et deux cavaliers sont tués. Blessé par balle à la hanche droite, je réussis à me dégager en rampant.

« Vers 5 heures 30, en tête des éléments regroupés, je contre-attaque et avance de 300 mètres, malgré le terrain inondé, sous un déluge de balles, d'obus de tous calibres et le bombardement par avion. Nous pouvons dégager une grande partie de nos blessés, dont le lieutenant Forcade.

« Les maréchaux des logis Benezech, Poirson, le brigadier-chef Jean Victor, l'infirmier Poulhayon, et surtout le maréchal des logis Pierre Crouzet, venu de son plein gré alors qu'il n'était pas désigné pour prendre part à l'attaque, ont été admirables dans cette action. Sous-officier d'élite, de haute tenue morale et d'une bravoure indomptable ; au cours d'engagements héroïques pendant les combats qui devaient, à Gravelines, du 24 au 26 mai, interdire à l'ennemi le franchissement du canal de l'Aa, le maréchal des logis Pierre Crouzet s'était porté, seul, au-devant d'un char allemand et l'avait incendié à coups de grenade.

« Il est environ 7 heures, ce 2 juin 1940. Le terrain découvert et inondé ne permet pas de se terrer, les pertes sont sévères : tués et blessés en grand nombre, de plus, aucune liaison n'est possible avec les unités voisines qui n'ont pas suivi. Les demandes réitérées d'ambulance restent sans réponse. À 8 heures, 25 blessés sont entassés dans une cave.

« Le hameau de Notre-Dame-des-Neiges est en feu. Les points tenus sont hachés impitoyablement, nous tenons toujours malgré l'arrivée de nombreux renforts ennemis. Il ne reste que deux mitrailleuses au 4ᵉ peloton, les autres ont été détruites. L'automitrailleuse AMD Panhard 178 mise à ma disposition est transpercée par plusieurs obus antichars, et le conducteur est tué.

« Nous avons dû nous replier sur un tir des plus violents. À 8 heure 30 je suis blessé une deuxième fois, d'un éclat d'obus à la cuisse droite. À mes côtés le maréchal des logis Pierre Crouzet est grièvement blessé à la jambe et souffre sérieusement, mais il refuse de me quitter. À 9 heures 30 un obus tombe près de nous et nous blesse encore tous les deux, lui au bras droit et moi au bras gauche. Le projectile a pulvérisé mon fusil.

« À 10 heures, nous tenons encore avec une poignée d'hommes sous un bombardement très serré. L'aviation se met de la partie et déverse un déluge de bombes ; des hommes sautent et râlent. C'est infernal, encore des blessés, des plaintes, des morts.

« À 10 heures 30, épuisés, avec l'aide de Crouzet, nous rejoignons tous deux le poste de secours ; il a fallu parcourir 1500 mètres et traverser deux petits ruisseaux. »[65]

Les lieutenants Sigogne et Forcade, bien que blessés, parviennent à s'embarquer le 3 juin. Le maréchal des logis Pierre Crouzet meurt de gangrène gazeuse, faute de soins, le 6 juin à l'hôpital de Zuydcoote.

L'officier Jean Beaux raconte l'épique journée du 3 juin 1940 :

« À tous les échelons, les défenseurs sont arrivés à l'extrême limite de leur capacité de résistance. Le front est ébranlé, il n'y a plus de réserve, plus de munitions, plus de vivres depuis quelques jours déjà, plus

---

[65] *Archives militaires françaises*, Vincennes.

d'essence.

« L'ennemi se fait de plus en plus pressant sur l'ensemble du front, son activité ne cesse pas, de nuit comme de jour. Il s'exaspère de n'obtenir que des succès partiels et locaux.

« De notre côté, il semble qu'en cette journée du 3 juin une sorte de torpeur et de lassitude se soit abattue sur toute la zone de défense. Du reste, pourquoi faire des projets d'avenir ? Chacun sait bien que la résistance arrive au bout de son rouleau, il faudrait un miracle pour pouvoir maintenir suffisamment l'ennemi, décrocher et embarquer la nuit prochaine, car tenir une journée de plus n'est pas possible.

« Et ce double miracle va tout de même se produire : d'abord le front va tenir jusqu'à la nuit ; ensuite, et contrairement à tous les précédents, la nuit du 3 au 4 juin, et de beaucoup l'embarquement le plus considérable, le plus ordonné et le plus efficace depuis dix jours.

« Le point névralgique du front est toujours le secteur du SFF. Aux lisières sud de Teteghem et au nord de Coudekerque, au matin du 3 juin, l'ennemi est à 5 kilomètres des jetées, à la moitié à peine du faubourg de Dunkerque. Le général Fagalde qui a mis à la disposition du général Barthélémy toutes les réserves, tous les éléments qu'il a pu prélever ailleurs, lui a prescrit de contre-attaquer à tout prix pour récupérer une partie du terrain perdu la veille.

« Le général de Castelnau, commandant l'artillerie de la défense, a pris en main personnellement le commandement des batteries qui doivent participer à la contre-attaque et dont l'intervention doit être essentielle.

« Les renforts reçus par le SFF sont quatre bataillons, un escadron de chars Hotchkiss et deux pelotons de chars Somua. Le général Fagalde n'a gardé en ultime réserve que trois bataillons de 500 hommes chacun, formés avec les résidus de la 60ᵉ DI, et a récupéré une nouvelle fois le groupement de groupes de reconnaissance. En outre, il reste l'état-major et un petit reliquat de la 68ᵉ DI.

« Aussi, et sans attendre la contre-attaque prévue pour le 3, le 2 au soir le général Barthélémy a déjà engagé le premier bataillon reçu en renfort, pour colmater le front au sud du canal de Moeres et l'a appuyé de six chars Somua. Ce bataillon a pu progresser de 2 kilomètres environ, a subi de lourdes pertes, mais s'est accroché au terrain. Il constitue ainsi une base de départ pour les contre-attaques, mais n'est plus disponible.

« De plus, de nombreux autres chars ont été envoyés toute la nuit en patrouille pour tenir en respect les infiltrations. Beaucoup sont encore engagés et il est difficile de les récupérer. Il en résulte qu'au moment où la contre-attaque se déclenche, à 4 heures, les chars n'ont pas pu être encore rassemblés, et il n'y a plus que trois bataillons d'infanterie disponibles au lieu de quatre.

« L'artillerie, qui n'a pas été prévenue de ce contretemps, déclenche ses tirs d'appui à 4 heures mais le profit escompté ne peut pas être tiré car l'infanterie ne s'ébranle qu'avec du retard et avec l'appui de la moitié seulement des chars prévus.

« Bref, par manque de coordination de la dernière minute et de prise en main de l'ensemble par un chef unique, la contre-attaque est, dès le départ, vouée à l'insuccès.

« Deux bataillons sont lancés en premier échelon : ce sont les deux bataillons formés la veille par la 32ᵉ DI : le 3ᵉ bataillon du 143ᵉ RI à l'ouest et le 3ᵉ bataillon du 122ᵉ RI à l'est, le troisième bataillon, le 2ᵉ bataillon du 225ᵉ RI, étant en deuxième échelon à gauche du bataillon déjà employé dans la nuit.

« Dans un bel élan, le 3ᵉ bataillon du 122ᵉ RI progresse

normalement sur la gauche et s'empare successivement de Notre Dame des Neiges et de la ferme des Moeres. À 6 heures, il arrive à quelques centaines de mètres de son objectif : le pont de Benties-Meulen sur la Basse Colme. Là, il est obligé de s'arrêter, puis de se replier vers le nord, sa droite étant très menacée par la suite du retard du 3e bataillon du 143e RI.

« Sur la droite, le 3e bataillon du 143e RI a été pris dès le départ sous des feux très violents venant de sa droite, de l'agglomération de Boomkens tenue la veille par un régiment du SFF, qui a dû se replier dans la nuit. Le 3e bataillon du 143e RI fait alors agir ses chars pour essayer de neutraliser la résistance, mais les chars tombent sur un nid de défense antichar et éprouvent de lourdes pertes. Le 3e bataillon du 143e RI ne peut pas déboucher et se cramponne au terrain pendant deux heures, puis il se replie sur le canal de Teteghem, où il reçoit ordre de se maintenir à tout prix. Aussi le 3e bataillon du 122e RI à son tour doit revenir sur le canal des Moeres.

« La contre-attaque a échoué. À 9 heures, tous les éléments du SFF (y compris les renforts) sont repliés au nord du canal des Moeres.

« Résultat négatif, mais résultat tout de même, car les Allemands qui devaient probablement attaquer ont été devancés et ce n'est qu'à 9 heures 30 qu'ils passent à leur tour à l'attaque. Cela fait trois ou quatre heures de gagnées pour la défense, en ce jour où chaque heure est dramatique.

« Le général Fagalde décide d'organiser un ultime barrage en arrière du canal bordant les lisières sud de Dunkerque. Il donne cette mission au général commandant la 32e DI, qui dispose de faibles éléments qui lui restent et les renforts par une compagnie de gardes mobiles, ceux qui sont affectés à la garde du QG.

« L'attaque allemande se déclenche, avec le 10ᵉ corps d'armée, dont la 18ᵉ DI en tête. Elle est particulièrement violente le long du canal de Bergues. Dans l'après-midi l'ennemi franchit le canal de Moeres à son point de jonction avec le canal de Bergues, mais le groupement des groupes de reconnaissance du colonel Marlot, dans un magnifique élan, le cloue au sol aux lisières sud de Coudekerque-Branche.

« Les pertes sont extrêmement lourdes : le 1ᵉʳ bataillon du 137ᵉ RI, sur la brèche depuis dix jours, est réduit à 50 hommes, le CID/21, très éprouvé la veille, a complètement disparu.

« Dans la partie est du SFF, les combats sont violents et confus autour de Teteghem, défendu par plusieurs bataillons. Les artilleurs qui combattent au milieu des fantassins tirent à vue sur les assaillants. Les attaques et les contre-attaques locales se succèdent.

« Dans l'après-midi, débordé par l'ouest, les défenseurs de Teteghem se replient sur le canal de Dunkerque à Furnes, où ils sont recueillis par le dernier barrage sous le commandement du général Lucas, commandant la 32ᵉ DI. »[66]

Le capitaine Arbole, commandant du 3ᵉ bataillon du 122ᵉ RI, écrit :

« À 4 heures, le 3 juin 1940, sans avoir donné le signal, les compagnies s'ébranlent comme à la manœuvre. Malgré le terrain plat et marécageux, le premier objectif est vivement atteint. Sans arrêt, la progression continue sur le deuxième objectif.

« Mais le flanc droit du bataillon est très découvert, les Allemands s'infiltrent et tirent à la mitrailleuse sur la 11ᵉ compagnie, les

---

[66] Jean Beaux, op.cit.

blessés arrivent en masse au poste de secours, les brancardiers font preuve d'un dévouement exemplaire et courent relever leurs camarades jusqu'aux premiers échelons, ils en ramènent plus de 80, la plupart blessés au ventre. La progression continue, et le deuxième objectif est atteint à 6 heures 45. Trois chars sur quatre sont détruits, et tandis que le quatrième rentre vers le PC du bataillon, le chef de char est tué dans sa tourelle. Le capitaine de Lantivy est juché sur l'arrière du char. Arrêt rapide, le corps du chef de char est dégagé et le capitaine prend sa place et repart à l'attaque.

« 7 heures. Réaction brutale des Allemands : mitrailleuses, aviation, artillerie font rage sur les 10e et 11e compagnies qui continuent péniblement une lente progression au-delà du deuxième objectif. Le lieutenant Leriche, commandant la 11e compagnie, blessé au début de l'action, mais resté à son poste, est tué. Le lieutenant Laur est grièvement blessé, le lieutenant Nouguier, après avoir manœuvré la résistance de Notre Dame des Neiges, a disparu avec toute sa section. Le flanc droit est toujours très découvert sur un front de 400 mètres.

« Le dernier objectif, le canal de Basse Colme, est devant moi à 800 mètres à peine : on aperçoit des voitures anglaises abandonnées sur la route. Il ne pourra pas être atteint. Le 143e RI a dû se replier. Je me décide à me replier légèrement et à constituer une tête de pont sur le canal des Moeres. »[67]

De son côté, le commandant Carbonnel, qui est à sa droite, fait le récit suivant :

« Le 3 juin 1940, à 4 heures, heure fixée, le 3e bataillon du 143^e

---

[67] *Archives militaires françaises*, Vincennes.

RI débouche, sans chars. Dans un premier bond l'échelon d'attaque s'avance de 500 mètres environ. Réaction très vive de l'ennemi, tir d'armes automatiques partant des fermes en face des compagnies Lebret et Durand, dont la progression est ralentie. Tirs d'artillerie sur l'échelon réservé.

« Les sections du premier échelon font preuve d'un entrain magnifique. À la 11e compagnie, le sous-lieutenant La Portalière est tué par éclats de grenade, sous les yeux du sous-lieutenant Andrieu, blessé lui aussi. À la 10e compagnie l'aspirant Bacrot est tué, à moins de 50 mètres des résistances ennemies.

« Pertes sévères. Essai d'action débordante par le groupement Lebret avec appui de mortiers. Arrêté par feux de face et de flanc.

« 6 heures, la section de chars arrive enfin à hauteur des sections de premier échelon. À trois reprises ils essaient de réduire les résistances signalées en face des 10e et 11e compagnies. Ils sont mis hors de combat par le tir des canons antichars.

« Entre-temps, j'ai rendu compte de la situation et demandé à trois reprises un tir d'appui de l'artillerie sur les fermes à 1 kilomètre environ, où on distingue notamment un canon tirant à vue directe sur les compagnies Lebret et Charmaille.

« Vers 9 heures des infiltrations sont signalées à la droite du bataillon. Les sections de mitrailleuses des groupements Lebret et Charmaille prennent sous leur feu les éléments ennemis, qui répondent par des tirs de plus en plus nourris d'armes automatiques. Beaucoup de pertes. Les servants mis hors de combat sont aussitôt remplacés. Le capitaine Puech, commandant la compagnie d'accompagnement, prend la place d'un tireur blessé, et par son exemple encourage les hommes.

« Mais l'ennemi a de trop puissants moyens. Nos mitrailleuses sont réduites successivement au silence, et la pression s'accentue toujours de face et de flanc. Le capitaine Charmaille est tué en servant une pièce de mitrailleuse, les lieutenants Piquemal et Chambourcy sont blessés. Le groupe de fermes occupé par les débris de l'échelon d'attaque devient le réduit de la défense. Je m'y enferme avec ce qui reste du bataillon.

« À 10 heures, je reçois l'ordre de résister sur place coûte que coûte. Faute d'outils de terrassement, on s'abrite dans les fossés qui entourent les fermes. Les munitions s'épuisent, les fusils mitrailleurs ne tirent plus que coup par coup.

« À 11 heures 30, nouvel ordre : replier le bataillon au nord du canal des Moeres, par la passerelle sud de Teteghem, s'installer sur la rive nord pour en interdire le franchissement.

« À 12 heures 30 les débris du bataillon, une centaine d'hommes sur les 600 au début de l'attaque, réussissent à décrocher et à franchir le canal malgré un violent tir d'interdiction sur la passerelle. »[68]

Le lieutenant Roussel a participé au dernier barrage, sous les ordres du général commandant la 32e DI, l'après-midi du 3 juin, aux lisières de Dunkerque. Il nous rapporte ainsi l'ultime combat de ce qui reste du glorieux GRCA/18 (groupe de reconnaissance de corps d'armée) :

« Le commandant de La Chapelle, suppléant notre colonel hors de combat, met en ligne tout ce qui lui reste de disponible : l'escadron hors rang (EHR), unité administrative qui groupe les employés non combattants, capitaine Joly, qui s'établit sur la ligne de feu avec ses mécaniciens, ses cuisiniers, ses bureaucrates et ses conducteurs. Étant

---

[68] *Archives militaires françaises*, Vincennes.

officier auto, j'y ai un peloton et cela marche somme toute assez bien. Mon petit élément est établi au sud du cimetière de Coudekerque-Branche. On y voit beaucoup d'eau, des marécages, une usine, et bien entendu des Allemands sur tous les terre-pleins à des distances variables de 50 à 500 mètres.

« Vers le milieu de l'après-midi le capitaine Joly est blessé à la face, il me fait appeler, me confie l'escadron et est évacué.

« Qu'advient-il ? Notre rôle se borne à rester là, en tiraillant le plus possible et dans les fumées du pétrole qui brûle partout. Donc peu de chose, mais situation délicate, car l'ennemi pousse en avant et parvient souvent à avancer, même sous notre feu, de façon sporadique toutefois, sans vraiment y « mettre le paquet », et avec des moyens équilibrant à peu près les nôtres. Un peloton allemand gagne un terre-plein, un fossé, met en batterie ses armes automatiques, puis reflue un moment après sous le feu des nôtres.

« Les bombardements en piqué sont les seules diversions. Ensuite, je reçois vers 18 heures un message crayonné par le commandant de La Chapelle donnant ordre de rester à tout prix sur les positions jusqu'à 21 heures. »[69]

Sur le front de la 68ᵉ DI française, entre Bergues et le canal de Mardyck, les Allemands passent à l'attaque à 7 heures, après un violent bombardement. Deux divisions allemandes poussent de la région de Spycker en direction de Dunkerque, et sont difficilement contenues. Deux bataillons tiennent bon toute la matinée : un millier de soldats français contre 36 000 soldats allemands !

---

[69] *Archives militaires françaises*, Vincennes.

Au nord-ouest de Bergues, ayant perdu le contact sur leur gauche, les deux bataillons du 341ᵉ RI, quoique encerclés et dépassés, se forment en hérisson et tiennent toute la journée.

À midi, le général commandant la 68ᵉ DI donne l'ordre de repli sur le canal de Bourbourg, mais toutes les unités ne peuvent décrocher et poursuivent une résistance locale, qui ralentit considérablement l'avance des Allemands.

Dans l'après-midi, les éléments de la 68ᵉ DI ne représentent plus que deux bataillons d'infanterie sur le canal de Bourbourg, avec l'artillerie et le groupe de reconnaissance. Le général commandant la 68ᵉ DI prélève, pour renforcer ce secteur, tout ce qu'il peut du front du canal de Mardyck, où l'ennemi ne se manifeste que par des bombardements.

Là aussi, les faits d'armes les plus brillants se succèdent. Cette fois, c'est à un artilleur, en surveillance sur le canal de Bourbourg, au sud de Petite-Synthe, qu'il nous faut donner la parole, le lieutenant Mennesson :

« Il était bien curieux ce groupe d'artillerie de campagne qui allait vivre une heure aussi exceptionnelle qu'inattendue. Il appartenait organiquement au 89ᵉ régiment d'artillerie (68ᵉ DI), mais la majeure partie de ses éléments venait d'autres unités. Il était composé de restes rassemblés hâtivement pour la dernière défense de Dunkerque.

« Le seul trait commun, qui unissait les canonniers, sous-officiers et officiers, était un sentiment de devoir et le désir de servir, qu'aucun ne montrait de façon ostensible.

« La maison du passeur, tout au bord du canal, servait à la fois de PC et d'observatoire au groupe. Les emplacements de batterie étaient à un millier de mètres au nord.

« Dans le grenier où l'on accédait par une échelle de meunier, l'aspirant Seiglet, l'observateur, juché sur la charpente, avait soulevé des tuiles et voyait tout le secteur où le groupe devait intervenir.

« Vers le milieu de l'après-midi des coups de feu se firent entendre tout proche. Un fantassin français accourt pour nous annoncer l'arrivée des fantassins allemands des unités blindées, dont l'uniforme était foncé. Puis brusquement, sans autre avertissement que l'incendie d'une meule de foin tout proche, l'observatoire est entouré par des fantassins allemands poussant des cris rauques. Sur l'autre rive du canal d'autres commençaient à mettre une péniche en travers.

« Après s'être rapidement concertés, le commandant Neveu et le capitaine Lemonnier donnent au capitaine Bièche l'ordre de tirer. Ayant consulté la carte, celui-ci attrape le téléphone, sonne sa batterie et lui passe l'ordre suivant : « 8e batterie. Garde à vous ! en surveillance, à obus à balles correcteur 26 par 4... mille !... »

« À la batterie, le lieutenant Durand comprend tout de suite que les choses vont mal, avant de donner l'ordre définitif de faire feu il vérifie sur sa carte. Aucun doute possible, il va tirer sur l'observatoire. Il rappelle au téléphone son capitaine :

« Dis donc Bièche, il me semble que tu nous fais tirer sur l'observatoire...

« Espèce de c..., je le sais bien. Tire quand même !

« Le canon de 75 est certainement l'engin balistique qui fait le plus de bruit, mais ce bruit est encore plus déchirant, plus saccadé lorsque la bouche à feu est derrière vous... à 1000 mètres.

« Le crépitement des balles arrivant au sol a un effet magique. En un instant le grouillement des Allemands est remplacé par une immobilité absolue. Où était passé tout ce monde ?

« Et les pièces de Bièche aboient régulièrement.

« Visiblement, d'entrée le tir a été bien ajusté et l'observatoire reçoit sa part de mitraille comme les fantassins allemands.

« L'attaque semblant enrayée, ordre est donné à la batterie de suspendre le feu et aux officiers restant de se replier près des pièces où leur présence sera plus utile.

« Le capitaine Padieu quitte le dernier l'observatoire, retire des débris de tuiles qui le recouvrent un appareil téléphonique et appelle la batterie : « Si vous avez encore des munitions, reprenez le tir dans dix minutes, plus faible cadence, mêmes éléments, plus long de 100 mètres. Tachez de vous débrouiller pour observer, nous, nous ne pouvons plus ». »[70]

Sur huit officiers, cinq sont tués et deux grièvement blessés et, passant modestement sous silence son propre sort, le lieutenant Mennesson conclut :

« Le soir, lorsqu'il n'y aura plus d'obus dans les coffres, et qu'il sera impossible d'en trouver à l'arrière, le capitaine Fabre et le lieutenant Durand feront détruire leurs pièces. Mission terminée. »[71]

Effectivement, dès le début de l'action, l'aspirant Seiglet a été grièvement blessé. Le lieutenant Mennesson entreprend de le porter, bien que celui-ci le supplie de le laisser sur place. Alors qu'ils se défilent dans un fossé de la route, le commandant Neveu, blessé une première fois au menton, est tué d'une balle à la tempe. Le lieutenant Mennesson, à son tour grièvement blessé aux reins, s'effondre dans un état comateux. L'aspirant Seiglet fait un signe négatif de la tête… et quelques survivants

---

[70] *Archives militaires françaises*, Vincennes.

[71] *Archives militaires françaises*, Vincennes.

se replient vers les batteries : un seul officier indemne sur huit ! Laissé pour mort sur le terrain, le lieutenant Mennesson sera relevé et soigné par les Allemands.

À la 12ᵉ DIM, face à la Belgique, le 8ᵉ régiment de zouaves résiste avec succès toute la journée. Dans les Moeres, les fantassins allemands attaquent courageusement dans les inondations avec de l'eau jusqu'à la ceinture, mais les armes automatiques ne les laissent pas approcher.

Côté allemand, le général Georg von Küchler commande la 18ᵉ armée de la Wehrmacht, intégralement engagée contre la poche de Dunkerque. Dans son journal de guerre, cet officier de haut rang salue la valeureuse résistance des troupes françaises :

« Malgré notre écrasante supériorité numérique et matérielle, les troupes françaises contre-attaquent en plusieurs endroits. Je ne parviens pas à comprendre comme d'aussi valeureux soldats, luttant en divers endroits à un contre dix (parfois même un contre trente), parviennent à trouver encore suffisamment de force pour passer à l'assaut : c'est tout simplement stupéfiant ! Je retrouve chez les soldats français de Dunkerque la même fougue que celle des poilus de Verdun en 1916. Depuis plusieurs jours, des centaines de bombardiers et de canons pilonnent les défenses françaises. Or, c'est toujours la même chose : notre infanterie et nos chars ne peuvent percer, malgré quelques succès locaux éphémères. Le commandement français à très habilement installé sa troupe et son artillerie. Je crains que l'opération de Dunkerque soit un échec pour nous : la quasi totalité du corps expéditionnaire britannique et la plus grande partie de la 1ᵉʳᵉ armée française vont nous échapper, car quelques milliers de braves nous barrent l'accès à la mer. C'est consternant, mais c'est ainsi !

« Dunkerque m'apporte la preuve que le soldat français est l'un des meilleurs du monde. L'artillerie française, tant redoutée déjà en 14-18, démontre une fois de plus sa redoutable efficacité. Nos pertes sont terrifiantes : de nombreux bataillons ont perdu 60% de leurs effectifs, parfois même plus !

« En résistant une dizaine de jours à nos forces nettement supérieures en effectifs et en moyens, l'armée française a accompli, à Dunkerque, un superbe exploit qu'il convient de saluer. Elle a certainement sauvé la Grande-Bretagne de la défaite, en permettant à son armée professionnelle de rejoindre les côtes anglaises. »[72]

En mettant hors de combat 50% des chars allemands (détruits ou endommagés) du 10 au 23 mai 1940, l'armée française contraint Hitler à ne pas engager massivement ses panzerdivisions contre la poche de Dunkerque, seule la 9e panzerdivision participe à la bataille, alors que les 9 autres sont maintenues en réserve pour la seconde phase de la bataille de France ou engagées ailleurs, notamment contre la poche de résistance française de Lille. Le sort de la bataille de Dunkerque se trouve ainsi en grande partie scellé par cette décision, que le général Guderian estime être « une faute capitale aux conséquences considérables dans le déroulement de la suite de la guerre ».[73] Or Hitler n'ignore pas qu'il lui reste à affronter 60% des forces françaises encore disponibles, dont 1 200 chars. Peut-il se permettre d'entamer davantage le potentiel offensif de ses panzerdivisions (déjà fortement diminué) contre la poche de Dunkerque ? Le commandement allemand redoute une nouvelle bataille

---

[72] *Archives militaires allemandes*, Fribourg-en-Brisgau.

[73] *Archives militaires allemandes*, Fribourg-en-Brisgau.

de la Marne. Hitler se persuade que l'action conjuguée de 800 à 1000 avions de la Luftwaffe, des vedettes rapides de la Kriegsmarine, des mines magnétiques, de la 9e panzerdivision et de 8 divisions d'infanterie seront suffisants pour empêcher l'embarquement des troupes britanniques et françaises ; surtout que 3 panzerdivisions et 4 divisions d'infanterie sont engagées contre la poche de résistance française de Lille, sans parler des nombreuses divisions allemandes retenues par les troupes françaises dans d'autres partie du front, sur la Somme, le canal de l'Ailette, l'Aisne, etc.

Le poids de cette bataille sur le sort de la guerre est désormais clairement établi. L'armée française, par son héroïque sacrifice, a bel et bien sauvé la Grande-Bretagne de la défaite. C'est également une défaite tactique et stratégique pour Hitler, qui ne peut ainsi contraindre la Grande-Bretagne à négocier une paix séparée. L'historien américain Walter Lord, spécialiste incontesté de la Seconde Guerre mondiale, écrit avec justesse :

« Nombre de généraux allemands considèrent la bataille de Dunkerque comme un tournant de la guerre : si le corps expéditionnaire britannique avait été fait prisonnier, la Grande-Bretagne aurait été vaincue ; si cela était arrivé, l'Allemagne aurait pu concentrer toutes ses forces sur la Russie ; Stalingrad n'aurait pas eu lieu. »[74]

Le 26 mai 1940, lorsque débute le rembarquement des troupes britanniques à Dunkerque, Winston Churchill et l'amiral anglais Ramsay pensent sauver qu'un nombre très réduit de combattants. Situation dramatique lorsque l'on sait que la Grande-Bretagne a envoyé en France

---

[74] Walter Lord, *Le Miracle de Dunkerque*, éditions Robert Laffont 1983.

la quasi totalité de son armée de terre, composée de 250 000 soldats professionnels, dont les généraux Montgomery et Alexander, deux futurs maréchaux. La capture de cette armée d'élite par les Allemands signifierait une perte irréparable pour les Alliés, pouvant amener le gouvernement britannique à négocier une paix séparée avec Hitler.

À ce sujet, le général Brooke, chef d'état-major de l'armée britannique, replace la bataille de Dunkerque dans une vision stratégique essentielle pour la survie de la Grande-Bretagne et du monde libre :

« Si le corps expéditionnaire britannique ne retournait pas en Angleterre, il serait difficile de concevoir comment l'armée reprendrait souffle. La Grande-Bretagne pourrait remplacer le matériel perdu ; nos soldats professionnels seraient par contre irremplaçables. Durant l'été 1940, la Grande-Bretagne ne possédait que les troupes entraînées qui avaient combattu en France. Plus tard, celles-ci formeraient le noyau des grandes armées alliées qui devaient reconquérir le Continent. Leurs chefs – Alexander et Montgomery, pour ne citer ces deux-là – s'étaient faits les dents à Dunkerque. »[75]

Dunkerque représente donc l'une des batailles les plus importantes de la Seconde Guerre mondiale. Elle a scellé la suite du conflit, au même titre que la bataille aérienne d'Angleterre, les batailles de Stalingrad et de Koursk sur le front soviétique, l'entrée en guerre des Etats-Unis, le débarquement en Normandie.

On a prétendu que Hitler cherchait à ménager le corps expéditionnaire britannique pour ne pas trop humilier Churchill, afin de

---

[75] *Archives militaires britanniques*, Londres.

signer avec lui un armistice. Cette hypothèse n'est que pure fantaisie. Précisément, l'Angleterre aurait été en situation d'extrême faiblesse après la perte de son corps expéditionnaire et aurait été davantage disposée à traiter.

Fait trop souvent oublié ou ignoré, le succès du rembarquement britannique à Dunkerque a surtout reposé sur la capacité de résistance de l'armée française à couvrir cette opération.

XII

AMIENS
1940

Au sud d'Amiens, la 16ᵉ division française d'infanterie (DI) couvre un front de 14 à 20 kilomètres. Ses soldats sont en majorité Bourguignons, Morvandieux, Bressans, d'un âge compris entre 29 et 32 ans. Commandée par le général Mordant, cette unité vient d'être transférée d'Alsace sur le front de la Somme. La 16ᵉ DI relève, dans la nuit du 31 mai au 1ᵉʳ juin 1940, la 7ᵉ division d'infanterie coloniale (général Noiret) qui s'est efforcée, en vain, de réduire la tête de pont d'Amiens. Elle ne dispose que de quatre jours pour s'installer sur la position que certains Allemands baptisent pompeusement « Ligne Weygand ». Le secteur est jalonné par de nombreux villages : Vers-sur-Selles, Dury, Saint-Fruscien, Cagny, Longueau, Rumigny, Saint-Sauflieu, Grattepanche, Estrées… Les trois régiments d'infanterie (29ᵉ, 56ᵉ, 89ᵉ RI) de la division sont dispersés en divers points d'appui dans les bois et dans les villages. Il manque à la 16ᵉ DI une vingtaine de canons antichars pour avoir sa dotation normale. Ils sont remplacés par une dizaine de canons de 75. L'artillerie (six groupes de 75 et cinq batteries de 155) est répartie sur les arrières des points d'appui des régiments. Plusieurs 75 viennent renforcer les points d'appui manquant de canons de 25 ou 47 antichars. Ainsi la 16ᵉ DI a scrupuleusement appliqué les directives du général Weygand, reposant sur la défense en hérisson en profondeur.

Cette division, forte de 18 000 hommes, va subir le choc du 14e panzerkorps du général von Wietersheim, qui aligne les 9ᵉ et 10ᵉ panzerdivisions, la 13ᵉ division d'infanterie motorisée, la 9ᵉ division d'infanterie et le régiment motorisé Grossdeutschland ; soit un total de 428 chars et 68 000 soldats. Malgré l'écrasante supériorité des assaillants, la 16ᵉ DI, uniquement soutenue par deux compagnies du 12ᵉ bataillon de chars de combat (30 chars Renault R35), va opposer une résistance héroïque au 14ᵉ panzerkorps en lui causant des pertes énormes.

Il n'est pas surprenant que les Allemands aient abordé avec quelque appréhension cette « Ligne Weygand » établie en une profondeur qui dépasse souvent dix kilomètres. Du succès de l'offensive de cette position ou de son échec dépend l'issue de la guerre, d'où l'importance des effectifs allemands engagés.

Dans la nuit du 4 au 5 juin 1940, l'artillerie allemande se déchaîne sur les positions françaises. Vers 3 h 45, le tir de l'artillerie ennemie devient plus intense et prend une allure de préparation d'attaque. Les Allemands cherchent tout particulièrement à atteindre les batteries françaises.

« Nos sommes éveillés par le vacarme épouvantable des canons, raconte un fantassin du 26ᵉ RI qui se trouve à Vers-sur-Selle, on se lève dans le demi-jour, on voit les formes qui s'agitent, chacun va à son poste... »[76]

À Dury, dans le secteur du 56ᵉ RI, les obus tombent sur le village et la région avoisinante. Un combattant de la guerre précédente

---

[76] *Archives militaires françaises*, Vincennes.

remarque : « Cela ressemble à Verdun en 1916. »[77] Pilonné par les 105 et 150 allemands, Saint-Fruscien disparaît dans la fumée et Cagny à l'extrémité du secteur de la 16ᵉ DI, reçoit également un déluge de feu et d'acier.

« Les batteries allemandes, raconte Pierre Vasselle, qui sont pour la plupart en position sur la rive nord de la Somme, derrière les faubourgs d'Amiens, allongent ensuite le tir. Des centaines de projectiles s'abattent sur Sains-en-Amiénois et Rumigny, et cherchent à atteindre les batteries, autour de ces villages. Les rafales de trois batteries ennemies, au moins, balaient le terrain presque sans interruption, entre le bois Impérial et Rumigny, où le 2ᵉ groupe du 361ᵉ régiment d'artillerie est en position. Ces tirs en bonne direction sont heureusement trop courts. »[78]

Cette intense préparation d'artillerie n'occasionne que des pertes légères et de faibles dégâts matériels. Les projectiles employés sont surtout des fusants ou des percutants instantanés qui éclatent au ras du sol. Les Allemands font également usage d'obus fumigènes pour aveugler les observatoires français. Au lever du jour, à l'action de l'artillerie vient s'ajouter celle de l'aviation. Une trentaine de bombardiers allemands lâchent leurs bombes dans la zone arrière de la position, sur les points d'appui de Grattepanche, Oresmaux, Saint-Sauflieu, jusqu'aux abords de la route Conty-Ally-sur-Noye. Le général Mordant, commandant de la 16ᵉ DI, dont le PC se trouve à Essertaux, demande en vain l'intervention de la chasse alliée. Un peu après 4 heures,

---

[77] *Archives militaires françaises*, Vincennes.

[78] Pierre Vasselle, *La Bataille au sud d'Amiens, 28 mai-8 juin 1940*, imprimerie F. Paillart 1947.

le 5 juin, une courte accalmie se produit. Au fracas des canons succède le crépitement des armes automatiques. C'est l'indice de l'arrivée de l'infanterie et des chars au contact de positions françaises avancées.

Le 14e panzerkorps fait porter son effort principal sur le plateau, au nord-est de Vers-sur-Selle, devant le front tenu par le bataillon Vastra du 29e RI. Une cinquantaine de panzers s'avancent à travers d'épais nuage de fumée. Aucun indice ne leur a révélé l'existence d'un barrage de mines placé devant le dispositif du bataillon, la veille à 22 heures. Six panzers sautent et brûlent sur place, deux autres parviennent à passer entre deux bois, où ils sont détruits par un canon de 25. Un neuvième char allemand est stoppé à 30 mètres par un autre canon de 25. L'ennemi réussi cependant à ouvrir des brèches dans le barrage antichars. Une vague de blindés suivie d'infanterie attaque la position. Le capitaine Greffet, commandant la 9e compagnie, est tué alors qu'il s'efforçait de repousser l'assaut ennemi. Le lieutenant Garnung tombe également à ses côtés, le lieutenant Guillot est grièvement blessé. Les trois sections de voltigeurs et la section de mitrailleuses subissent de lourdes pertes. Cependant l'ennemi ne peut exploiter son succès. Le commandant Vastra maintient la cohésion de son bataillon, avec l'aide des lieutenants Deschaux et Larnac et de l'adjudant Taranne. Sur la droite, entre la route Beauvais-Amiens et Dury, les 25 antichars du lieutenant Maigret détruisent une dizaine de panzers. Lors de cette action Maigret trouve la mort. Le soldat Dessauge reste sur place et met encore hors de combat, avec son canon de 25, neuf chars ennemis ! Devant une résistance aussi acharnée, les Allemands renoncent à toute action dans ce secteur.

Dès 3 heures du matin, devant Dury, tenu par divers éléments du 56e RI, les chars allemand surgissent devant un point d'appui. La pièce de 47 du maréchal des logis Dock en détruit deux. D'autres panzers s'efforcent de contourner Dury par l'Est, mais se heurtent au 47 du maréchal des logis Boulley : cinq blindés sont immobilisés, un sixième saute sur une mine. L'infanterie allemande tente alors d'investir Dury. Le lieutenant Gruère et ses hommes ont eu le sang-froid de lasser approcher les assaillants et de n'ouvrir le feu qu'à trois cents mètres. Décimé par la violence des tirs français, l'ennemi reflue en laissant de nombreux morts sur le terrain. L'effort allemand porte à la sortie nord de Dury et sur le parc du château. Le choc est rude, car l'assaut est mené avec des effectifs considérables. La résistance acharnée des français bloque pour un temps l'ennemi, mais la section du lieutenant Bertrand est anéantie. Malgré leur supériorité numérique, les Allemands ne parviennent pas à entamer les positions adverses. Leurs pertes sont lourdes. Vers 11 heures, le 5 juin, ils renoncent à poursuivre leurs attaques, se replient progressivement en laissant leurs morts sur le terrain.

À l'est de Dury, dans les bois qui avoisinent le Petit Cagny, le 1er bataillon du 56e RI est également engagé dans une lutte sévère. Le sergent Viallate a retracé dans ses notes personnelles ce combat :

« Vers 6 h 45, branle-bas de combat, chaque homme prend son poste, les chars débouchent de la lisière d'en face, chars légers mais en grand nombre, capot rabattu, chefs de chars en bras de chemise assis sur les tourelles. Je fais tirer sur les chars par le fusil mitrailleur avec des balles perforantes, puis ne pouvant faire mieux, nous nous planquons au fond de nos trous pour laisser passer les chars, bien décidés à stopper l'infanterie qui sans doute va suivre. Les chars arrosent nos trous avec des obus de petit calibre et tuent une dizaine de nos hommes. À 7 h 30, les fantassins allemands quittent leur base de départ et marchent à l'attaque de nos lignes. Nous faisons feu de toutes nos armes, en tuons et en blessons pas mal, mais surtout, nous les stoppons. »[79]

Succès de courte durée… Les chars ne se sentant pas suivis par l'infanterie reviennent attaquer la position française. Deux sections sont anéanties par les panzers. Cependant deux autres sections poursuivent la lutte. La compagnie du capitaine Dastillung, tenant la partie ouest du bois Renard-Payen, détruit sept chars allemands et cloue au sol l'infanterie d'accompagnement. Au Petit-Cagny, la section du sous-lieutenant Guignard met hors de combat un panzer. Toutes les assauts allemands sont brisés.

Les Allemands attaquent le secteur de Saint-Fruscien, défendu par le 89e RI. Les points d'appui du sous-lieutenant Pradat et du sergent-chef Fabry, appuyés par un canon de 25 et un de 47, détruisent une dizaine de blindés ennemis. Puis les 75 se démasquent et tirent à vue sur les panzers qui contournent les positions. Trois d'entre eux prennent feu. Un tir de mortier de 60 mm, bien réglé par le sous-lieutenant Lechaire, achève la déroute de l'ennemi qui reflue en laissant de nombreux morts sur le terrain.

« Ainsi, écrit Pierre Vasselle, sur l'ensemble de notre position avancée, partout les Allemands sont arrêtés. C'est un succès défensif incontestable qui permettrait d'envisager le développement de la bataille avec confiance si les blindés ennemis partant en flèche devant l'infanterie n'avaient réalisé une percée profonde à la droite de notre dispositif. »[80]

En effet, des chars allemands, évitant les villages et les bois, s'infiltrent autour de Rumigny et engagent le combat contre les batteries

---

[79] *Archives militaires françaises*, Vincennes.

[80] Pierre Vasselle, op.cit.

d'artillerie. Le 2ᵉ groupe du 351ᵉ RA subit le choc des monstres d'acier. Avec un remarquable sang-froid le capitaine Varille fait faire demi-tour à ses pièces et commande un tir à volonté. Les chars, se trouvant à environ 400 mètres, reculent et s'enfuient. Quatre d'entre eux sont touchés et s'enflamment. Un cinquième est détruit par une batterie du 306ᵉ RA.

Contournant Saint-Fuscien par l'Est, les panzers progressent entre Bon-Air et Sains et détruisent deux batteries du 306ᵉ RA. Cependant, une douzaine de blindés allemands sont détruits ou endommagés. Dans le même secteur, les chars attaquent la ferme du Cambos, défendue par deux canons de 47 qui mettent onze panzers hors de combat, mais les deux pièces sont finalement détruites par l'ennemi. La 5ᵉ batterie du 306ᵉ RA touche cinq panzers. La 6ᵉ batterie perd une grande partie de ses effectifs, mitraillés par les blindés. Lors de cette action, cinq panzers sont également détruits. Mitraillant et canonnant au passage les batteries de 155 du 237ᵉ RA, les panzers passent devant le bois Camon.

Les 7ᵉ et 8ᵉ batteries du 37ᵉ RA, en position entre Rumigny et Grattepanche sont détruites par les chars allemands. Le capitaine Reichel, qui s'est porté en avant, dans un verger un peu surélevé d'où il peut suivre l'évolution des blindés ennemis, ne tarde pas à apercevoir une quarantaine de tanks progressant à 400 mètres devant Grattepanche. Sa 4ᵉ pièce, qui vient juste d'être sortie de la position pour avoir plus d'aisance de manœuvre, tire sur l'un des chars qui est touché et incendié ; les autres aussitôt foncent sur la batterie. Elle exécute un tir à 300 mètres à cadence accélérée ; plusieurs chars sont encore atteints, d'autres abordent les canons et les bousculent.

Aux lisières de Grattepanche, la situation est également critique. Un 75 antichars du 315ᵉ RA et les mortiers de 81 du lieutenant Dedieu effectuent des tirs ininterrompus sur les panzers jusqu'à l'épuisement des munitions, puis des fantassins du 56ᵉ RI s'enferment dans les maisons du village où sont livrés des combats au corps à corps. Le lieutenant Feuillet, le sergent Riebert et quelques hommes se trouvent encerclés par une unité ennemie. Le lieutenant Feuillet abat un Allemand, s'empare de sa mitraillette et met le reste du détachement en fuite.

Les chars allemands attaquent Saint-Sauflieu et Oresmaux, défendus par des éléments du 56ᵉ RI et la 2ᵉ batterie du 37ᵉ RA. Les pièces de 75 mettent en fuite les panzers et en détruisent plusieurs. Environ 150 panzers menacent à nouveau les batteries du 237ᵉ RA du Bon Air et du bois Camon. Six tanks sont immobilisés et brûlent devant les positions françaises.

À ces 400 panzers que l'ennemi vient de faire pénétrer profondément dans les lignes françaises, la 16ᵉ DI ne peut opposer que les 30 chars R35 des 2ᵉ et 3ᵉ compagnies du 12ᵉ bataillon (BCC). La 2ᵉ compagnie entre en action dès 9 h 30 et refoule plusieurs compagnies allemandes.

Dans l'après-midi, du 5 juin, les batteries du Bon Air et du bois Camon sont attaquées pour la troisième fois par les panzers. Environ 150 chars débouchent en terrain libre. Les artilleurs français tirent méthodiquement dans la masse des engins. Plusieurs obus les atteignent de plein fouet. Les autres tanks progressent malgré tout et parviennent à 200 mètres des batteries de 155 qu'ils couvrent de projectiles. Sans s'approcher davantage des canons, les panzers poursuivent le mitraillage durant une demi-heure. Les artilleurs s'abritent derrière les barrages de sacs de terre. On compte de nombreux tués ou blessés parmi eux, dont le canonnier Maillot qui, depuis le début de la journée, avait toujours été volontaire pour les missions périlleuses. Atteint mortellement, exsangue, il trouve encore la force de murmurer : « Mon lieutenant, êtes-vous content de moi, ai-je bien fait mon devoir ? »[81]

Malgré les attaques des chars sur les batteries, malgré quelques bombardements et actions locales sur les centres de résistance, l'ennemi ne fait pas de progrès notables au cours de l'après-midi du 5 juin. Les défenseurs de Dury, dont les munitions s'épuisent, repoussent tous les assauts. À 18 h 30, sur Orsemaux, une nouvelle contre-attaque d'une compagnie de chars du 12e BCC et du 9e groupement de reconnaissance d'infanterie refoule plusieurs détachements ennemis. Les chars allemands qui se sont avancés dans la plaine sont pris sous le feu de la 24e division d'infanterie (DI), établie en seconde position derrière la 16e DI. Plusieurs panzers sont atteints. Le retour des blindés allemands vers l'arrière, au soir du 5 juin, est la preuve incontestable de l'efficace résistance de la 16e DI.

Alors qu'à Gembloux et Stonne, l'infanterie française a été remarquablement soutenue par l'artillerie, au sud d'Amiens, le 5 juin, cet appui va, en partie, lui manquer à des moments critiques, parce que les artilleurs se défendent contre les blindés. La journée s'écoule en combat d'une rare violence. « Dans ces villages ruinés, les Français résistèrent jusqu'au dernier », écrit l'Allemand Karl von Stackelberg.[82]

Face aux hérissons français, les fantassins allemands sont littéralement cloués au sol. Après huit heures de lutte, ils n'ont pas réussi à entamer les lignes françaises en profondeur. Les panzers se sont enfoncés entre les points d'appui, de telle sorte qu'ils se trouvent coupés

---

[81] *Archives militaires françaises*, Vincennes.

[82] *Archives militaires allemandes*, Fribourg-en-Brisgau.

de l'infanterie, ce qui n'est pas une position enviable, comme l'écrit le commandant allemand von Jugenfeld :

« Nos chars sont accueillis par un feu vraiment infernal. En un clin d'œil, les premiers d'entre eux, pris sous des feux de flanc, sont en flammes. La situation n'a rien de réjouissant. Maintenant, ce serait à notre artillerie de s'entretenir avec les Français ; leur défense est vraiment trop forte et nous avons trop peu de munitions pour les canons de nos chars. Il est exactement midi. La journée sera encore longue et personne ne sait combien de temps les tirs d'arrêt ennemis nous sépareront encore de nos lignes de ravitaillement. Nous devons donc, de bonne heure, songer à économiser les munitions, car aujourd'hui, journée décisive, il faut compter avec tout, même une contre-attaque de chars français. »[83]

Il se trouve que les défenseurs français, isolés dans leurs points d'appui, se trouvent confrontés aux mêmes difficultés, comme le souligne le colonel de Bardies :

« Nos troupes, s'accrochent au terrain, ne lâchent pas pied. Contournant les villages et les bois, qui sont autant de bastions, les chars allemands s'infiltrent dans les intervalles, pris de flanc par l'artillerie et parfois culbutés et mis en flammes. L'infanterie allemande, stoppée par notre feu, ne suit pas. Mais nous sommes engagés ; les chars arrivent jusqu'à la deuxième position de nos armées ; la ligne français n'est bientôt plus qu'une série de petites forteresses, dont chacune se bat pour son compte. Faut-il espérer ? La ligne n'a pas bronché, mais demain, le bombardement par avions recommencera. Tout poste assiégé, et qui n'est pas dégagé, finit par être pris. Qui nous dégagera ? De nouvelles

---

[83] *Archives militaires allemandes*, Fribourg-en-Brisgau.

divisions ? Des divisions cuirassées ? Lesquelles ? »[84]

Le 6 juin, deuxième journée de l'offensive, l'ennemi se renforce sur l'axe Saint-Fruscien-Rumigny et renouvelle partout ses attaques. Le 89ᵉ RI tient toujours la ligne des hauteurs bordant la Noye, Cagny à Estrées, mais Cagny va tomber au début de la matinée. À Rumigny, au cours de la matinée, les Allemands parviennent à pénétrer dans la partie ouest du village, où ils anéantissent le dispositif antichars réalisé par les 75 de la 9ᵉ batterie du 37ᵉ RA. Cependant autour du PC du colonel Bourquin, dans la partie est de Rumigny, la résistance se poursuit. Vers midi, les panzers passent à l'assaut. Les 75 antichars du 37ᵉ RA, soutenus par des fantassins du 56ᵉ RI, font échouer cette attaque. Cependant, un peu partout, les fantassins et les panzers parviennent à progresser un peu partout. Dans l'après-midi du 6, le commandement français estime que la 16ᵉ DI a rempli sa mission. Il fait envoyer aux centres de résistance qui tiennent encore des ordres de repli. Les défenseurs de Saint-Sauflieu, comme ceux d'Hébécourt parviennent à se dégager. Dury et Rumigny, encerclés, résistent héroïquement jusqu'à l'épuisement total des munitions. L'aspirant Calvet retrace dans ses notes cette dernière phase de la résistance :

« Il est environ 16 heures… tout le monde se défend avec acharnement, nous résistons tant que nous pouvons, cependant nous n'avons plus de grenades, presque plus de cartouches de fusil et de fusil mitrailleur, plus de fusées pour les obus de mortiers. Nous n'avons plus de contact ni de liaison avec les éléments amis. Notre capitaine décide d'envoyer un coureur pour essayer de rejoindre le bataillon et lui indiquer

---

[84] *Archives militaires françaises*, Vincennes.

notre situation difficile ; il demande un volontaire ; le soldat Barbet, de la 4ᵉ section, 10ᵉ compagnie, se présente. Le capitaine lui remet le pli, lui indique l'itinéraire ; ce brave gars quitte nos positions, fait 100 mètres en bondissant de trous d'obus en trous d'obus, puis il est repéré, une pluie de balles s'abat autour de lui ; nous le voyons faire deux ou trois bonds, toujours en utilisant les mêmes abris, l'ennemi tire encore dans sa direction, nous le voyons plus sortir du trou dans lequel il vient de disparaître et qui a dû devenir sa tombe provisoire.

« De toutes nos forces, nous continuons de résister, cependant progressivement l'ennemi devient maître de la situation... Nous sommes à bout, nous n'avons vu pendant ces 48 heures, ni char, ni avion ami ; nous n'avons reçu aucun renfort, aucun ravitaillement. »[85]

À 17 h 45, le combat se poursuit avec acharnement dans les dernières maisons de Dury. Puis les derniers survivants doivent se rendre, ayant épuisé leurs dernières munitions. Le capitaine allemand menant l'assaut félicite le capitaine Canet pour sa résistance. À 17 h 30, à Rumigny, le colonel Bourquin se rend compte de l'encerclement complet du village. Cependant, à chacune de ses tentatives, l'infanterie ennemie est repoussée, mais vers 18 h 30, on entend le bruit des chenilles. Des groupes de chars ouvrent le feu sur le village. C'est un véritable enfer, cependant, malgré les pertes, le moral des défenseurs ne faiblit pas. Menant un assaut concentré, les panzers abordent la localité par les vergers et coiffent les positions tandis que l'infanterie tourne par le sud et surgit dans le dos des défenseurs. L'adjudant Darbon debout sous la mitraille, un fusil mitrailleur à la main, vide les derniers chargeurs. Toute

---

[85] *Archives militaires françaises*, Vincennes.

résistance devient impossible. Il est 19 heures, on se bat depuis la veille 5 heures du matin.

« La nuit commence à tomber, écrit Pierre Vasselle. Deux immenses brasiers éclairent le paysage. Ce sont les incendies de Dury et Rumigny, localités martyres, durement touchées dans cette grande épreuve. »[86]

La résistance française se poursuit à Estrées-sur-Noye, le 6, jusqu'à 22 heures. Le régiment Grossdeutschland, soutenu par des chars, y enregistre des pertes importantes. Oresmaux subit de son côté, en dix minutes, un déluge d'artillerie de 300 obus. Le village résiste tard dans la nuit. Plusieurs panzers sont encore détruits. Le 7 juin à 2 heures du matin, le général Mordant, commandant de la 16e DI, quitte son PC d'Essertaux pour se porter à Maisoncelles près de Breteuil. La 24e DI, établie derrière la route transversale Conty-Ailly-sur-Noye, se trouve au contact de l'ennemi. Déjà les panzers viennent battre les lisières du bois de Berny. Les débris de la 16e DI poursuivent le combat aux côtés de la 24e DI ou des unités voisines.

Le 7 juin 1940, à l'aube de cette troisième journée de combats, la 24e division d'infanterie, sous le commandement du général Voirin, a établi un système de centres de résistance en profondeur dans les villages et les bois. Les garnisons des centres de résistance ne dépassent pas une ou deux compagnies renforcées par quelques canons antichars et mitrailleuses. Dans chaque centre, il existe le plus souvent quatre points d'appui et la défense de chacun d'eux est assurée par une section de fantassins. Dans les villages des barricades ont été établies. Les routes

---

[86] Pierre Vasselle, op.cit.

sont coupées par des abatis. Le 78ᵉ RI (lieutenant-colonel Pujol) barre la direction Estrées-sur-Noye-Épagny. Le 63ᵉ RI (colonel Jaubert) occupe le secteur central Essertaux, Flers, bois de Berny. Le 50ᵉ RI (colonel Leclerc) barre la route Amiens-Beauvais, entre Tilloy-les-Conty et Croissy. L'artillerie (21ᵉ et 221ᵉ RA) disperse ses canons de 75 et 155 en divers secteurs à l'arrière. Elle a pour mission de tirer à vue sur les chars qui pénétreraient à l'intérieur des positions. Les moyens organiques de la 24ᵉ DI n'ont été que faiblement renforcés par quelques batteries de la 16ᵉ DI et par des éléments du 29ᵉ RI.

« Division de série A, signale Pierre Vasselle, composée presque exclusivement de réservistes, la 24ᵉ DI a reçu en derniers renforts, dans les régiments, des hommes des vieilles classes et des malingres ou des récupérés du service auxiliaire, sans instruction militaire. L'encadrement a souffert de nombreux prélèvements : des affectés spéciaux, des pères de famille nombreuse, des officiers rappelés pour les services du territoire, ont quitté la division. Quant au matériel, souvent il n'atteint pas les dotations réglementaires : les régiments n'ont que 9 canons de 25 au lieu de 12. »[87]

Malgré la faiblesse de ses moyens, la 24ᵉ DI oppose une résistance acharnée au 14ᵉ panzerkorps, lui-même affaibli par les combats contre la 16ᵉ DI. Dès la matinée du 7, les 63ᵉ et 78ᵉ RI repoussent les assauts allemands à Essertaux, Flers et au bois de Berny. Le régiment Grossdeutschland, soutenu par les panzers, ne peut déboucher. Une dizaine de blindés sont détruits devant les positions françaises. Les Allemands abordent le bois de Perdriamont, mais y rencontrent

---

[87] Pierre Vasselle, op.cit.

également une résistance solide. Une compagnie du 12e BCC, réduite à dix chars R35, chasse les Allemands du bois de Perdriamont. Un nouvel assaut ennemi à Flers parvient à rompre la défense mais ne peut progresser au-delà. Un canon de 47 et un de 75, placés à la sortie de Flers, détruisent de nombreux panzers. Un canon de 25 attaqué par quatre chars, en détruit un et met les autres en fuite. Cependant, l'infanterie allemande attaque avec un mordant remarquable. Des sections entières, en rangs serrés, se précipitent à l'assaut en chantant. Les armes automatiques françaises leurs causent de lourdes pertes, mais sont les unes après les autres neutralisées par le tir de chars. Vers 18 heures, à la sortie de Flers, dernier réduit de la défense, le commandant Laffont n'a plus à ses côtés que l'adjudant Laurent, le chef de groupe Lalanne, deux médecins et une soixantaine d'hommes. Encerclé de toutes parts, le commandant Laffont, dans un ultime effort, tente une percée. On le voit s'élancer dans les ruines fumantes en s'écriant : « Allez les gars, en avant pour la France ! » Mais presque aussitôt il tombe grièvement blessé et c'est la fin de la résistance de Flers. Au Bois de Quennetot, les fantassins du 50e RI ne se laissent pas entamer. Les assauts ennemis sont brisés puis rejetés par une contre-attaque de quelques chars R35.

Les 8 et 9 juin, la 24e DI poursuit le combat avec le même acharnement. Le 14e panzerkorps, décimé, ne peut enfoncer les positions, malgré quelques succès locaux. Le commandement allemand décide d'arrêter l'offensive dans ce secteur.

Le général allemand von Bock, commandant du groupe d'armées B, engagé sur la Somme, s'inquiète fortement de cette situation :

« Dures journées avec de nombreuses crises. Il me semble que nous sommes bloqués. Je me rends à nouveau au 14e panzerkorps et à la 9e panzerdivision pour avoir une image exacte. Il est remarquable de constater que les 16ᵉ et 24ᵉ divisions françaises d'infanterie, qui nous sont opposées, ont pu bloquer tout un corps blindé durant cinq jours. Je me décide, le cœur lourd, à retirer le 14ᵉ panzerkorps au sud d'Amiens et à l'engager derrière le 16ᵉ panzerkorps près de Péronne pour percer ainsi avec une pointe blindée massive en direction de Creil-Compiègne. Kleist prendra le commandement des deux panzerkorps. Ainsi une forte masse blindée entraînera l'armée vers l'avant, entre Amiens et Péronne. »[88]

C'est donc un constat d'échec pour le 14ᵉ panzerkorps, qui s'est trouvé bloqué par deux divisions d'infanterie et quelques batteries d'artillerie, bien disposées sur le terrain et décidées à se battre. Constat d'échec également avec le bilan des pertes. On a parlé de cimetières de chars allemands sur le plateau de Dury. Le général von Bock doit avouer que le 14ᵉ panzerkorps a perdu 235 chars au sud d'Amiens contre les 16ᵉ et 24ᵉ DI ! La 10ᵉ panzerdivision n'a plus que 60 chars sur 180. Le potentiel du 14ᵉ panzerkorps se trouve réduit à 45% pour les chars et à 60% pour l'infanterie (27 200 soldats tués ou blessés) !

Le général allemand von Reicheneau, commandant de la 6ᵉ armée allemande, déclare que « les troupes françaises, engagées sur la somme en juin 1940, se sont battues comme des lions ! »[89] Des lions ensanglantés quand on sait que la 16ᵉ DI a perdu 70% de ses effectifs dans cette bataille et la 24ᵉ DI environ 40%.

---

[88] *Archives militaires allemandes*, Fribourg-en-Brisgau.

[89] *Archives militaires allemandes*, Fribourg-en-Brisgau.

XIII

RETHEL-ATTIGNY
1940

Dans la journée du 15 mai 1940, la 14ᵉ division d'infanterie (DI) du général de Lattre de Tassigny est subitement jetée dans la bataille. Elle se compose des 35ᵉ et 152ᵉ RI, de la 3ᵉ demi-brigade de chasseurs à pied (2ᵉ, 21ᵉ et 31ᵉ bataillons), du 25ᵉ groupement de reconnaissance divisionnaire d'infanterie (GRDI), des 4ᵉ et 204ᵉ régiments d'artillerie. La mission de la 14ᵉ DI consiste à défendre la position Launoix-Poix-Terron contre le 19ᵉ corps d'armée du général Guderian. Les soldats française opposent une solide résistance toute la journée, en détruisant une trentaine de blindés ennemis. Le 16 mai, la 14ᵉ DI reçoit l'ordre de se positionner au sud de l'Aisne, entre Taizy et Attigny avec une tête de pont à Rethel. Trois chars lourds B1 bis du 8ᵉ BCC de la 2ᵉ DCR se mettent à la disposition de la 14ᵉ DI. La mission confiée au général de Lattre est d'une importance extrême. Il est clair que la tête de pont de Rethel doit permettre le franchissement de l'Aisne en cas d'une importante contre-attaque française. De son côté, le général Guderain ne peut se permettre de laisser une telle position entre les mains de ses adversaires. Aussi, la Wehrmacht va faire tout son possible pour chasser les Français de cette tête de pont.

Dès le 17 mai, les 3ᵉ, 21ᵉ et 23ᵉ divisions allemandes d'infanterie attaquent la 14ᵉ DI : 54 000 soldats allemands contre 18 000 soldats français ! Les fantassins français, soutenus par les trois chars B1 bis présents, repoussent tous les assauts, si bien que vers 18 heures les assaillants doivent se retirer. Le lendemain, de nouvelles tentatives allemandes se heurtent de nouveau à la farouche résistance des défenseurs. Le 19, une violente attaque allemande, appuyée par une artillerie conséquente, se déclenche une fois de plus. Un groupe de mitrailleurs du 152e RI est anéanti et les soldats allemands commencent à s'infiltrer dans les lignes françaises. Devant la tournure prise par les événements, le général de Lattre décide d'abandonner la tête de pont et ordonne le repli au sud de l'Aisne. Les trois chars B1 bis du sous-lieutenant Robert se chargent de couvrir cette délicate manœuvre.

Au même moment, les Allemands tentent de passer le fleuve de l'Aisne à l'est de Rethel, vers Biermes, mais une intrépide contre-attaque du 25e GRDI, de divers éléments du 152e RI et de la 3e demi-brigade de chasseurs permet, après une nuit de combat, de rejeter l'adversaire au nord du fleuve.

Le 20 mai, après une forte préparation d'artillerie, les Allemands attaquent à nouveau et parviennent à prendre pied sur la rive sud entre Rethel et Biermes. Deux bataillons du 152e RI, soutenus par deux chars B1 bis, forcent l'adversaire à repasser le fleuve.

Ainsi, toutes les tentatives allemandes pour forcer le passage de l'Aisne vers le sud ont échoué, grâce à la remarquable bravoure de la 14e DI, luttant à un contre trois. Les 3 chars lourds B1 bis y ont joué un rôle important, en détruisant en quatre jours 10 motos, 10 voitures, 13 camions, 9 automitrailleuses et 13 chars ! Un tableau de chasse remarquable, malgré l'écrasante supériorité numérique et matérielle de l'adversaire. Le général de Lattre déclare que « sans ces chars ma division n'aurait jamais stoppé l'Allemand sur l'Aisne. Ils ont été le marteau frappeur, le chasseur à l'affût, le cavalier cuirassé, flanquant la pagaille par des charges meurtrières. Ce jeune sous-lieutenant Robert quel chef ! Il a mieux fait que bien des colonels. Demandez à toute l'infanterie ! Maintenant, elle ne peut plus agir sans les chars ».[90] Parmi les héros de la 14e DI, à Rethel, se trouve un certain Léon Zitrone, futur journaliste de la télévision, décoré de la médaille militaire pour acte de bravoure exceptionnel.

Afin de renforcer sa position, De Lattre parvient à regrouper onze autres chars lourds B1 bis, provenant de divers bataillons, et en confit le commandement au lieutenant Gaudet. Le 22 mai, les Allemands tentent de nouveau de forcer le passage du fleuve mais sont de nouveau repoussés, avec de lourdes pertes. De Lattre dirige les opérations d'une main de maître. Il est partout, à son PC d'où il lance les ordres, sur la ligne de feu, sous la mitraille. Il voit tout, encourage, félicite, menace, fidèle à son image de chevalier et à la devise de sa division : « Ne pas subir. » Il lance ses preux dans une bataille préparée avec audace. Il contre-attaque, ordonne de garder les voies de communication et transforme chaque localité en point d'appui. C'est ainsi que non seulement il repousse brillamment tous les assauts ennemis mais capture 800 soldats allemands, pour des pertes minimes de son côté. Du 15 au 22 mai, la Wehrmacht a perdu 85 blindés et véhicules divers contre la 14e DI, qui ne compte de son côté que 2 chars lourds B1 bis détruits. Un incontestable succès pour le général de Lattre et ses preux.

La résistance acharnée des troupes françaises à Stonne a permis de constituer un front défensif cohérent de Château-Porcien, au nord de

---

[90] *Archives militaires françaises*, Vincennes.

Reims, à Stenay, au nord de Verdun, couvrant ainsi la ligne Maginot sur son flanc gauche. Pour rompre cette ligne défensive de quatre-vingts kilomètres, la Wehrmacht est contrainte d'engager d'importantes troupes et moyens matériels. Début juin, elle concentre sur cette partie du front français 19 divisions d'infanterie et 4 panzerdivisions, dont l'ensemble représente 400 000 soldats et 954 chars. L'armée française, saignée à blanc après la première phase de la campagne de l'Ouest en mai, ne peut opposer sur cette partie du front que 8 divisions d'infanterie, le groupement blindé Buisson et 5 bataillons de chars de combat, soit 152 000 soldats et 353 chars.

Le 31 mai, le commandement français renforce la défense sur l'Aisne en introduisant à gauche de la 14e DI du général de Lattre de Tassigny une nouvelle division retirée du front Lorrain, la 2e DI. La responsabilité de la défense de Rethel passe à cette division, dont le secteur s'étend jusqu'à l'ouest de Château-Porcien. La 14e DI se décale à droite pour défendre, toujours sur l'Aisne, un front d'environ quinze kilomètres de Thugny-Trugny à Attigny. Avec seulement les 18 000 hommes de sa division, le général de Lattre doit affronter trois divisions allemandes d'infanterie (73e, 86e et 82e DI) du 23e corps d'armée du général Schubert, totalisant 54 000 soldats.

Le 9 juin 1940, à 3 heures 45, une préparation d'artillerie d'une violence inouïe se déclenche sur les positions françaises. L'enfer dure 35 minutes. Un combattant allemand témoigne : « À part quelques anciens combattants de 14-18, personne n'avait encore entendu un tel ouragan de feu. L'enfer semblait déchaîné et tout allait disparaître dans ce déluge de feu. Dans notre seule division, vingt-six batteries tiraient sur un front de cinq kilomètres et arrosaient l'adversaire de leur acier meurtrier. L'impression profonde de ce moment exceptionnel ne peut se décrire par des mots. »[91]

Masquées par le brouillard et les explosions, les troupes d'assaut du 23ᵉ corps d'armée se rapprochent rapidement des berges de l'Aisne. À 4 heures 20, l'assaut est lancé. Les canons pneumatiques sont mis à l'eau sur toute la largeur du front d'attaque, les fantassins allemands tentent de prendre pied sur la rive opposée. La 86ᵉ DI du général Wittöft tente de prendre pied au sud de l'Aisne et du canal, entre Ambly-Fleury et Givry, tandis que la 73ᵉ DI du général Bieler fait de même à Seuil et Thugny-Trugny. La 82ᵉ DI est maintenue en réserve mais prête à intervenir à tout moment. Les soldats allemands sont extrêmement gênés par le brouillard épais de la région. « Certains canots pneumatiques, écrit Jean-Robert Gorce, vont même jusqu'à perdre tout sens de l'orientation et les fantassins partent à l'attaque... sur la rive nord du fleuve ! »[92]

À 6 heures, quelques éléments allemands parviennent à prendre pied sur la rive sud et commencent à s'infiltrer à Givry et Thugny-Trugny. À 11 heures, le général de Lattre déclenche sur Givry une contre-attaque du 35ᵉ RI, soutenu par trois chars R35 du 3ᵉ BCC. Les Allemands sont rejetés au nord du canal et les Français font de nombreux prisonniers. Une heure plus tard, une nouvelle contre-attaque du 35ᵉ RI et des chars R35 termine le nettoyage de la rive française et ramène d'autres prisonniers en grand nombre.

À Thugny-Trugny, en fin de matinée, le 31ᵉ bataillon de chasseurs portés (BCP) semble se trouver en difficulté sous les assauts du 170ᵉ régiment allemand d'infanterie : 850 soldats français contre 3000

---

[91] *Archives militaires allemandes*, Fribourg-en-Brisgau.

[92] Jean-Robert Gorce, *Histoire de Guerre n°5*, mai 2000.

soldats allemands. Le colonel Paraire, commandant la 3ᵉ demi-brigade de chasseurs prend la tête d'un groupement de contre-attaque, formé du 25ᵉ GRDI, du 2ᵉ BCP et de 9 chars R35 du 3ᵉ BCC. La manœuvre débute à 13 heures. Les poches de résistance allemandes sont réduites les unes après les autres et, à 17 heures, le 31ᵉ BCP est dégagé. Les Allemands sont forcés de se replier, en laissant sur place de nombreux tués, blessés et prisonniers. Au même moment, à Seuil, le 213ᵉ régiment allemand d'infanterie subit un échec complet face au 21ᵉ BCP.

Sur le secteur de la 86ᵉ DI allemande, les soldats français du 35ᵉ RI luttent également avec bravoure et efficacité. Les rares fantassins ennemis ayant forcé le passage vers Ambly-Fleury sont rapidement obligés de se replier. Un combattant allemand témoigne : « On ne peut percer vers l'avant. Chaque mouvement est exposé au tir concentré des mitrailleuses et des mortiers français. On a surtout à souffrir du tir des fusiliers ennemis perchés dans les arbres. »[93] Dans les rangs des 167ᵉ et 184ᵉ régiments allemands d'infanterie règne la plus grande confusion qui tourne rapidement à la panique. Partout les troupes allemandes sont sèchement repoussées par les preux du général de Lattre.

« En résumé, écrit Jean-Robert Gorce, au soir du 9 juin, la division de Lattre a parfaitement rempli sa mission, ses positions sont intègres sur l'ensemble de son front. »[94] Les pertes françaises sont réduites alors que celles de l'adversaire sont particulièrement lourdes, avec notamment 1800 tués et 1200 prisonniers allemands.

Malgré cet échec sanglant, le 23ᵉ corps d'armée de la Wehrmacht

---

[93] *Archives militaires allemandes*, Fribourg-en-Brisgau.

[94] Jean-Robert Gorce, op.cit.

reprend son attaque contre la 14ᵉ DI française le 10 juin. À 5 heures 20, les canons allemands pilonnent de nouveau les positions françaises et, à 6 heures, les fantassins de la 73ᵉ DI s'élancent. Le franchissement du canal est tenté face à Thugny-Trugny et à Seuil, localités défendues par les 2ᵉ et 31ᵉ BCP. Les fantassins allemands parviennent, malgré de très lourdes pertes, à prendre pied sur la rive sud de l'Aisne mais sont bloqués au nord du canal, face à Thugny-Trugny par les tirs des mitrailleuses françaises. Les soldats français contre-attaquent rapidement, repoussent les assaillants en faisant une centaine de prisonniers. Des éléments du 21ᵉ BCP, avec l'aide de 3 chars R35 du 3ᵉ BCC, terminer de nettoyer le secteur. À 10 heures 30, l'attaque allemande est brisée, toutes les unités de la Wehrmacht qui avaient passé le fleuve sont ramenées sur la rive nord. Dans la région de Givry, le 35ᵉ RI a également parfaitement défendu sa position par des contre-attaques puissantes et efficaces. La 3ᵉ compagnie du 35ᵉ RI perd seulement 10 hommes pour la mise hors de combat de 70 soldats allemands.

Durant toute la journée du 10 juin, comme la veille, la 14ᵉ DI a parfaitement rempli sa mission malgré l'écrasante supériorité numérique de l'adversaire. Le 23ᵉ corps d'armée allemand a subi un échec complet. Le général allemand Schubert, commandant du 23ᵉ corps d'armée, a rendu un bel hommage à la 14ᵉ DI du général de Lattre :

« Les unités françaises de la 14ᵉ DI laissèrent l'infanterie allemande s'approcher au maximum pour obtenir une efficacité certaine. En beaucoup de points, des tireurs postés dans les arbres continuèrent à tirer jusqu'à leur dernière cartouche, sans égard à l'avance des forces allemandes. Les ardentes contre-attaques françaises, menées d'une main de maître, ont obligé nos troupes à une retraite précipitée. La 14ᵉ DI française s'est battue les 9 et 10 juin 1940 d'une manière identique aux meilleurs unités françaises de 14-18 devant Verdun. »[95]

---

[95] *Archives militaires allemandes*, Fribourg-en-Brisgau.

XIV

VONCQ
1940

À droite de la 14ᵉ DI, la 36ᵉ division d'infanterie du général Aublet lutte avec la même fougue. C'est une unité constituée dans le Sud-Ouest, où se retrouvent Basques, Béarnais, Bordelais, Charentais et Toulousains. Depuis le 18 mai, elle a repoussé tous les assauts allemands sur le front Attigny-Voncq-Le Chesne, sur le canal des Ardennes, parallèle à l'Aisne. Le paysage, qui environne ce secteur, plonge la 36ᵉ DI en pleine verdure, dans la fraîcheur des sous-bois majestueux coupés de vastes clairières. Les villages, vides de leurs habitants, semblent encore plus isolés dans la solitude des bois. Tout comme la 14ᵉ DI, la division du général Aublet doit couvrir un front de vingt kilomètres et doit faire face à trois divisions allemandes (26ᵉ, 10ᵉ DI et division SS Polizei). Le rapport des forces est de 54 000 soldats allemands contre 18 000 soldats français ! Les trois régiments d'infanterie de la 36ᵉ DI (14ᵉ, 18ᵉ et 57ᵉ RI) ont chacun deux bataillons en ligne, le second sur la ligne d'arrêt. Chaque régiment se trouve étalé sur plus de six kilomètres, secteur théorique d'une division !

« Nous étions soutenus, rapporte le colonel Pierre Poitevin (alors jeune lieutenant au 57ᵉ RI), par une excellente artillerie comprenant des mortiers de 81 mm et des canons de 75 mm, 105 mm, 155 mm. La défense antichars reposait sur des canons de 25 mm et 47 mm. Par contre, notre

DCA était notoirement insuffisante avec trois mitrailleuses de 20 mm pour couvrir un front de vingt kilomètres !

« Le terrain, très coupé, était propice aux infiltrations. Le canal des Ardennes étant aux deux tiers vide, les Allemands pouvaient le franchir plus facilement. L'ennemi lançait de nombreuses reconnaissances et effectuait toute une série de réglages. Il répondait à nos artilleurs par des tirs de représailles sur les postes de commandement, les villages, les carrefours. Des blindés paraissaient sur les hauteurs nord du canal. L'effort ennemi semblait s'orienter de plus en plus vers Voncq, qui était copieusement arrosé journellement par l'artillerie allemande, tandis que les bataillons en ligne étaient soumis à des tirs meurtriers de mortiers. J'avais fait disperser de mon mieux ma compagnie afin de limiter les pertes lors des pilonnages d'artillerie. Nous gardions un excellent moral car nous savions que le sort de la France reposait en partie sur nous. »[96]

À la fin du mois de mai, le commandement décide d'exécuter un coup de main sur le village de Semuy, pour s'emparer de prisonniers allemands. Le corps franc, commandé par le capitaine Chounet, est désigné pour accomplir cette mission. Il se compose d'une élite d'officiers, de sous-officiers et soldats très aguerris, cent hommes au total, qui ont déjà prouvé leur qualité de « baroudeurs » dans maintes actions locales. L'artillerie divisionnaire doit épauler l'opération et, à la fin, exécuter un tir d'arrêt pour permettre le retour du groupe franc dans les lignes françaises. Dans la nuit du 29 mai 1940, des passerelles sont jetées sur le canal. À 3 heures, le tir est déclenché : 75 et 155 s'en donnent

---

[96] *Archives militaires françaises*, Vincennes.

à cœur joie. L'ennemi riposte par des barrages d'artillerie et des mortiers. C'est l'enfer ! Les sections du corps franc franchissent les passerelles sous les balles adverses et pénètrent dans Semuy. Un combat de rues s'engage, car le village est fortement tenu par deux compagnies du 78ᵉ régiment d'infanterie rhénan. Des prisonnier sont capturés, mais le capitaine Chounet, victime de son audace, tombe sous les balles de l'ennemi à un carrefour du village. La mission terminée, le corps franc rentre dans les lignes amies. Les pertes françaises sont sévères : un officier (capitaine Chounet), vingt-cinq sous-officiers et hommes de troupe hors de combat. Les Allemands ont perdu une cinquantaine d'hommes (tués, blessés ou prisonniers).

« Tout le monde, affirme le lieutenant-colonel Robert Conchou, a fait preuve de courage, de qualité dignes des anciens de 14-18. Néanmoins, à part le corps franc à citer tout en bloc, notamment l'officier Courtin, on ne peut passer sous silence les actes de bravoure et d'héroïsme accomplis par les sections de tête des 6ᵉ et 5ᵉ compagnies : le sergent Ypes, blessé aux reins, rampe pendant plus d'une heure dans un champs de luzerne, sous le feu de l'ennemi pour reprendre la position évacuée par un ordre lors des tirs d'artillerie ; soldat Cassat, mortellement blessé ; Fortabat, dix blessures ; sergent-chef Baxerre, lieutenant Borderie… L'adjudant Roussel, blessé, assurait toujours son commandement et consentit à être évacué que sur ordre et après s'être assuré que son adjoint l'avait remplacé. »[97]

Dès le 1ᵉʳ juin, les actions d'artillerie deviennent plus intenses. Un rapport allemand signale que « la situation en ligne est intenable, du

---

[97] *Archives militaires françaises*, Vincennes.

fait l'efficacité foudroyante de l'artillerie française ».[98] Le 6, un avion allemand d'observation survole les positions françaises toute la journée. Une reconnaissance au nord du canal permet de découvrir des cordages en bordure de la rivière et du canal. Aucun doute ne subsiste : l'ennemi veut forcer le passage entre Voncq et Attigny. Le 7, Voncq est pilonné par de gros calibres. La soirée du 8 est lourde de menace.

« Dès la chute du jour, remarque Poitevin, un silence impressionnant règne sur le champ de bataille. Pas un coup de feu, pas une fusée éclairante. Les unités en ligne n'ont cessé, depuis leur arrivée dans le secteur, de poser des mines, approfondir les tranchées et emplacements d'armes automatiques, poser des fils de fer barbelés. »[99]

Le dimanche du 9 juin, à 4 heures du matin, l'artillerie allemande se déchaîne : 105, 150, mortiers, obus percutants, fusants et fumigènes déversent un déluge de feu sur les positions de la 36ᵉ DI. Les liaisons par fil sont coupées. Par groupe d'une dizaine, les bombardiers ennemis lâchent leurs bombes sur les villages, les carrefours, les batteries. Une rafale d'obus de 105 mm s'abat sur le PC du 1ᵉʳ bataillon du 57ᵉ RI (5 h 45), et le commandant Roussenque est tué au moment où il franchissait le parapet pour encourager ses hommes. À 7 heures, après trois heures de bombardement intensif, les 39ᵉ et 78ᵉ régiments allemands d'infanterie, cachés par un très dense brouillard artificiel, traversent le canal, dont les biefs sont presque à sec, et attaquent les positions du 1ᵉʳ bataillon du 57ᵉ RI. Sans se soucier des pertes, l'assaillant se rue sur le bois de la Brouille et sur Voncq. Les 1ᵉʳᵉ et 2ᵉ compagnies, qui se trouvent en plein axe de

---

[98] *Archives militaires allemandes*, Fribourg-en-Brisgau.

[99] *Archives militaires françaises*, Vincennes.

l'attaque, se font hacher sur place. Le lieutenant Cordes, commandant de la 2ᵉ compagnie, est abattu à bout portant, parce qu'il refuse de se rendre. Les Français résistent partout, malgré les lourdes pertes et l'écrasante supériorité numérique de l'adversaire.

Le lieutenant Pierre Poitevin, commandant de la 1ᵉʳᵉ compagnie, quitte son PC afin de donner des ordres à ses hommes. Bien qu'il soit sonné par le déluge d'artillerie, il se comporte avec héroïsme. La citation qui lui vaudra la croix de guerre avec étoile de bronze en témoigne : « Commandant de compagnie énergique. Le 9 juin 1940, commandant un point d'appui près de Neuville-Day, a dès les premiers indices de l'attaque mis en œuvre tous les moyens pour la prévenir d'abord, l'enrayer ensuite. À lutté avec son PC jusqu'à la dernière limite et jusqu'à complet épuisement de ses munitions. »[100]

Après avoir résisté durant près de trois heures, le lieutenant Poitevin est fait prisonnier vers 9 h 30. Les trois compagnies du 1ᵉʳ bataillon (600 hommes) du 57ᵉ RI ont été submergées par 6000 soldats allemands des 39ᵉ et 78ᵉ régiments d'infanterie ! La 3ᵉ compagnie du lieutenant Faureau, tenant le point d'appui de Semuy et le bois de la Brouille, se fait massacrer sur place plutôt que de reculer. Le lieutenant Faureau prend lui-même un fusil pour lutter avec ses soldats. Le sous-lieutenant Ramade, blessé au milieu de ses hommes, refuse de se faire évacuer peu après. Le soldat Charrier, de la 3ᵉ compagnie, capture à lui seul plusieurs adversaires et, grisé par le feu de l'action, il ne ressent les douleurs d'une grave blessure qu'après avoir successivement traîné, jusqu'au PC de sa compagnie, trois camarades blessés, dont deux

---

[100] *Archives militaires françaises*, Vincennes.

mortellement (Dellas-Frantz et Yvonnet). Le sous-lieutenant Mallet est tué sur la sellette de la mitrailleuse qu'il pointait lui-même sur les assaillants.

En quelques heures, les 26ᵉ et 10ᵉ divisions allemandes d'infanterie semblent avoir créé une situation particulièrement dangereuse pour la 36ᵉ DI : un bataillon du 57ᵉ RI à peu près détruit, tête de pont sur la rive gauche de l'Aisne, pénétration de dix kilomètres et irruption dans la zone de déploiement de l'artillerie dans la région de Vandy, où les servants se battent au mousqueton, tandis que leur commandant de groupe est blessé. Et pourtant la situation va se transformer radicalement grâce à la rapidité de réaction du général Aublet. Deux compagnies du 4ᵉ bataillons de chars de combat (26 chars FCM 36) et divers éléments du 5ᵉ régiment d'infanterie coloniale mixte sénégalais (RICMS) sont successivement mises à la disposition du 57ᵉ RI. Pendant deux jours, le 57ᵉ RI, appuyé par les deux compagnies de chars (capitaine Dayras et lieutenant Ledrappier) et les tirailleurs sénégalais du 5ᵉ RICMS, va remporter un succès éclatant.

Le 9 juin au soir, la situation de la 36ᵉ DI s'est rétablie. La poche de Vandy est nettoyé, Voncq est réoccupé, le 39ᵉ régiment allemand d'infanterie, ayant franchi l'Aisne, est obligé de se recroqueviller dans une toute petite tête de pont. Le plan allemand prévoyant de faire déboucher les 6ᵉ et 8ᵉ panzerdivisions, après la percée effectuée par trois divisions d'infanterie (26ᵉ, 10ᵉ et SS-Polizei), se solde par un échec total. Le 78ᵉ régiment allemand d'infanterie, engagé contre le 57ᵉ RI, a subi des pertes considérables en deux jours : 1500 soldats tués, blessés ou disparus. L'ensemble des prisonniers allemands capturés à Voncq se monte à 700 hommes. Le 57ᵉ RI a perdu 600 soldats. Les trois divisions allemandes engagées totalisent 6000 hommes hors de combat, contre

2000 à la 36ᵉ DI.

Devant l'énergique résistance des 14ᵉ et 36ᵉ divisions d'infanterie, le général Guderian décide de transférer à l'ouest de Rethel, dans le secteur de Château-Porcien, tout son groupement blindé, hommage involontaire rendu à deux divisions françaises qui ont su ne pas plier et exécuter la mission « tenir sur place sans esprit de recul ». L'adversaire a lui-même salué l'héroïque résistance des troupes françaises à Voncq. Un article du *Deutsche Allgemine Zeitung*, du 28 février 1941, souligne que « malgré la vigueur des attaques, les défenseurs de Voncq, appuyés par un tonnerre d'artillerie, n'ont cédé le terrain que pas à pas et une contre-attaque avec des chars qui vomissaient la mort a obligé nos troupes à reculer. L'attaque de nos fantassins ayant échoué le 9 juin, l'affaire dut être confiée, le 10, à la division d'élite SS-Polizei. Malgré nos violentes attaques, nous n'avons pu enfoncer la solide division française qui s'est repliée que lorsque le front fut percé plus à l'ouest, à Château-Porcien, par plusieurs divisions blindées. »[101]

---

[101] *Archives militaires allemandes*, Fribourg-en-Brisgau.

XV

SAINT-AVOLD ET SARRALBE
1940

Le 13 juin 1940 au soir, les trois armées français (3e du général Condé, 5e du général Bourret et 8e du général Laure) défendant La Lorraine, l'Alsace et les Vosges, sont menacées d'encerclement, suite à la percée du groupe d'armées À du général von Rundstedt sur le front de l'Aisne. Le général von Witzelben, commandant de la 1ère armée allemande, en profite pour déclencher une puissante offensive (nom de code Tiger) dans le secteur fortifié de la Sarre, sur un front d'une trentaine de kilomètres, entre Saint-Avold et Sarralbe, en Moselle. Ce secteur de la ligne Maginot, moins fortifié que ceux de Faulquemont et de Rohrbach, est défendu par deux régiments de mitrailleurs coloniaux (41e et 51e) et quatre régiments d'infanterie de forteresse (69e, 82e, 174e et 133e), soit 18 000 hommes, soutenus par 114 pièces d'artillerie. L'ensemble est placé sous les ordres du général Hubert et des colonels Dagnan et Maurer.

L'offensive allemande Tiger engage six divisions d'infanterie en premier échelon (258e, 93e, 268e, 76e, 60e et 252e), représentant 155 000 hommes, appuyés par 1100 canons. La plus forte concentration d'artillerie enregistrée depuis le début de la guerre. L'appui de la Luftwaffe (300 bombardiers Stukas ou Heinkel) doit compléter l'effet des bombardements des batteries. Les canons antichars sont chargés d'aveugler les créneaux des casemates.

Si le nombre des blockhaus est plus grand qu'à Sedan, le secteur fortifié de la Sarre ne représente en rien une muraille de béton et d'acier. On compte une cinquantaine de casemates de taille moyenne, une centaine de petits blocs et une cinquantaine de tourelles. Plusieurs zones sont inondées. La région est en partie vallonnée avec des forêts.

Dès 6 heures du matin, le 14 juin, l'artillerie allemande écrase les positions françaises. « Du haut des observatoires, écrit Roger Bruge, on a l'impression qu'il ne restera pas âme qui vive derrière le rideau de fumée recouvrant l'arrière des zones inondées. Dans celles-ci les obus font naître de hauts geysers argentés qui retombent mollement dans le brouillard. Des fermes isolées, des villages brûlent, et, dans leurs abris et leurs blockhaus, les hommes du secteur fortifié de la Sarre attendent la tête dans les épaules la fin de l'ouragan. »[102]

Durant trois heures, les soldats français subissent un déluge de feu comparable à celui de Verdun en 1916. À partir de 9 heures, les divisions allemandes s'élancent à l'assaut. L'objectif principal de la Wehrmacht est d'atteindre au plus vite la ligne principale de résistance, pour tenter de percer. Les troupes d'assaut doivent auparavant réduire les organisations défensives se trouvant en avant. Dans les casemates non détruites, les servants des mitrailleuses sont fascinés par le spectacle de l'ennemi montant à l'assaut, poitrine offerte, persuadé que le terrible bombardement a neutralisé les défenses françaises. Le terrain, labouré par les obus, offre par endroits un spectacle lunaire. À 500 mètres, les

---

[102] Roger Bruge, *Faites sauter la ligne Maginot ! Non, le soldat français de 40 n'a pas démérité*, éditions Fayard 1973.

mitrailleuses des défenseurs déclenchent leur tir sur les premières vagues qui se disloquent en quelques instants, tandis que l'artillerie française cause de lourdes pertes sur les arrières.

Il suffit de lire le journal de guerre du 222ᵉ régiment allemand d'infanterie, rédigé par le colonel Hort von Wolff, pour se faire une idée de l'échec essuyé par la Wehrmacht sur le front de la Sarre le 14 juin :

« 6 h 30 : début du tir de notre artillerie et contrebatterie française immédiate.

« 9 heures : les troupes d'assaut sont bloquées sur place par la violent tir des mitrailleuses venant de la lisière nord de Puttelange, des bunkers de la zone inondée et des positions de la cote 248. Les pertes sont importantes.

« 9 h 15 : la 7ᵉ compagnie atteint la rive du Hostebach à gauche de la 6ᵉ, mais elles sont arrêtées toutes les deux par le feu de l'artillerie et le tir incessant des mitrailleuses.

« 10 heures : avance stoppée en direction de la fourche routière nord de Puttelange par le feu d'un bunker.

« 10 h 35 : tir de notre artillerie sans effet. L'avance des troupes d'assaut de réserve est arrêtée en raison du feu intense des bunkers français.

« 11 h 30 : le tir français d'artillerie sur la cote 243 devient plus violent. Ordre d'évacuer la pente sud 243 en emportant blessés, armes et matériel.

« 11 h 40 : les 6ᵉ et 7ᵉ compagnies s'enterrent sur la cote 243 et sur la pente nord. Pertes importantes.

« 13 h 45 : le tir d'artillerie et l'appui du 2ᵉ bataillon sont restés sans effet. La troupe est arrêtée et subit des pertes.

« 14 heures : attaque à gauche de la sortie ouest de Puttelange mais un violent tir de mitrailleuses l'arrête à la lisière nord de la ville.

« 15 heures : l'artillerie semble utiliser du gros calibre.

« 15 h 15 : le tir français ne faiblit pas. Les éléments antichars des compagnies avancées sont hors de combat ou réduits au silence faute de munitions, qui ne peuvent être apportées en raison de la densité du feu adverse. Tous les bunkers français situés sur le front du régiment tirent sans arrêt. Les pertes sont lourdes. L'attaque doit être finalement arrêtée. »[103]

Le brouillard, qui stagne jusqu'à 10 heures, favorise certes l'approche de l'infanterie allemande mais il empêche toute intervention de la Luftwaffe. Le soleil se décide ensuite à percer. Stukas et Heinkel, maîtres du ciel, lancent des bombes de 500 kg sur les défenses françaises. Le capitaine Bauvit, du 174e régiment d'infanterie de forteresse, prescrit à ses hommes « de se couvrir la nuque d'une écharpe, de se boucher les oreilles avec du coton et de maintenir la bouche ouverte ».[104] Cette méthode empirique ne remplace par la DCA pratiquement inexistante. Une bombe atteint la casemate G qui se lézarde, sans autre dégât. Une autre bombe éclate sur un abri en rondins qui est pulvérisé. Le sergent-chef Peltre, les soldats Lefèvre, Ninin et Bellinck y sont ensevelis.

Le lieutenant Tribisch, se trouvant dans l'ouvrage R4B, se souvient du déluge de feu : « Une première bombe tombe à quelques mètres mais s'enfonce dans le sol sans exploser. Une deuxième éclate quelques minutes plus tard et fait vaciller le blockhaus en tous sens, jetant pêle-mêle hommes, armes et munitions. On a l'impression que tout va

---

[103] *Archives militaires allemandes*, Fribourg-en-Brisgau.

[104] *Archives militaires françaises*, Vincennes.

s'effondrer. »[105]

Les avions effectuent des carrousels en piqués individuels sur les postes avancés. D'autres attaquent en vagues de plus de cinquante appareils. Certains lancent des tracts invitant « les vaillantes troupes de forteresse à cesser un combat désormais sans espoir et sans objet ». Tous les itinéraires sont mitraillés à basse altitude et les motocyclistes et véhicules de liaison particulièrement visés. Mais ni la Luftwaffe, ni la Wehrmacht ne peuvent venir à bout de la résistance des troupes françaises. Aucune unité allemande n'a pu enfoncer les positions adverses. Le général Hubert, suivant de près les opérations, ne peut s'empêcher d'ajouter au bas du rapport du 14 juin : « C'est une victoire ! »[106] Le général von Witzelben estime que « plutôt que d'en arriver à un second Verdun, il est préférable d'interrompre l'attaque ».[107]

L'offensive Tiger coûte, en un seul jour, 1200 tués et 4000 blessés aux six divisions allemandes engagées, contre 679 tués et 1800 blessés aux six régiments français défendant le secteur. Cette victoire française reste cependant sans lendemain. L'écroulement du front de l'Aisne oblige les forces françaises de Moselle, menacées d'un encerclement par l'ouest, d'évacuer leurs positions. L'ordre de repli est exécutée la nuit suivante.

---

[105] *Archives militaires françaises*, Vincennes.

[106] *Archives militaires françaises*, Vincennes.

[107] *Archives militaires allemandes*, Fribourg-en-Brisgau.

XVI

ALPES
1940

En déclarant la guerre à la France le 10 juin 1940, Mussolini frappe un pays ayant déjà les genoux à terre. Il ouvre également le front d'Europe le plus difficile. La bataille qui s'annonce va être livrée dans des conditions très éprouvantes pour les troupes engagées dans les deux camps. Le front des Alpes n'a rien de comparable avec le théâtre de guerre du nord de la France. L'armée italienne va devoir franchir une formidable barrière rocheuse où les montagnes font suite aux montagnes, couronnées de glace et séparées par des vallées qui s'ouvrent entre des murs à pic, où la bourrasque éclate souvent à l'improviste. Certains sommets dépassent 3500 mètres d'altitude et, en ce début de juin, le froid y est toujours très vif, puisque par endroits la température tombe à – 25° !

Les divisions italiennes vont devoir escalader des montagnes exposées à toutes les intempéries. Fait plus grave pour l'Italie, si la France n'a pas poursuivi sa ligne Maginot face à la frontière belge, un important système fortifiée existe dans les Alpes. Sur une longueur de 400 kilomètres, la Maginot alpine comporte de nombreux ouvrages en béton. D'abord des casemates ou des forts modernes, bien aménagés, ayant un armement mixte mitrailleuses-canons. Ensuite des blockhaus plus légers, renfermant des armes automatiques qui peuvent prendre en enfilade les vallées, les routes ou les sentiers. Enfin, quelques ouvrages plus anciens qui sont surtout utilisés comme refuges.

L'armée française des Alpes n'a cessé d'être ponctionnée depuis le début de la guerre, afin de renforcer le front du nord-est. Forte de 550 000 hommes en octobre 1939, elle n'en compte plus que 185 000 en juin 1940, dont 85 000 combattants en premier échelon. L'ensemble représente 3 divisions d'infanterie (64e, 65e et 66e DI), 86 sections d'éclaireurs-skieurs, 49 bataillons alpins de forteresse et 68 groupes d'artillerie (816 canons), sous le commandement d'un chef énergique, le général Olry. Les sections d'éclaireurs-skieurs, composées uniquement de volontaires et de sportifs, représentent l'élite des troupes alpines françaises.

Les forces italiennes sur le front des Alpes, placées sous les ordres du prince Umberto de Piémont, sont réparties en deux armées, la 4e du général Guzzoni, forte de 127 000 hommes, la 1ère armée du général Pintor comprenant 185 000 hommes, soit un total de 312 000 soldats, répartis en 42 bataillons alpins (3 divisions et 3 groupements), 23 divisions d'infanterie et 3 divisions motorisées. L'artillerie aligne 2349 tubes divers. Si les excellentes unités alpines se trouvent en premier échelon, les divisions d'infanterie sont positionnées dans les vallées italiennes les unes derrière les autres, sans espace suffisant pour leur déploiement.

Dès le début des hostilités entre les deux pays, les Italiens installent des postes d'observation en territoire français. Il en est ainsi dans la nuit du 10 au 11 juin, où une section italienne s'est positionnée au Grand Cocor à 3 200 mètres Le groupe franc de la compagnie d'éclaireurs-skieurs du 97e régiment d'infanterie alpine (RIA) est envoyé la nuit suivante pour déloger les observateurs italiens. « À 5 h 30, raconte le colonel Vergézac, une salve de fusils mitrailleurs, tirée à 1000 mètres de là, réveille les alpini (chasseurs alpins italiens) qui, complètement surpris, affolés, sortent précipitamment de leurs tentes, de leurs abris et se débandent sous la grêle de balles qui s'abat sur eux et dévalent précipitamment la pente très abrupte du côté italien poursuivis par les tirs de la base de feux, laissant sur le terrain 5 cadavres et 9 blessés. Pas de perte du côté français. »[108]

Le 16 juin, le prince Umberto de Piémont reçoit l'ordre de Mussolini de monter une offensive. Jusqu'alors, tout son dispositif était essentiellement défensif. On lui donne dix jours, le lendemain on ne lui laisse plus que six jours ! Il se rend compte que cela est impossible sur un front montagneux. Le ravitaillement ne sera pas en mesure de suivre, l'artillerie ne pourra pas se mettre en place à temps dans sa totalité.

Le 17 juin, les alpini attaquent le col de la Seigne où les éclaireurs-skieurs du 7e bataillon de chasseurs alpins (BCA) parviennent à les repousser. Trois heures plus tard, au même col, l'artillerie italienne déverse sur la section du lieutenant Bulle 400 obus de 75 ou 81 mm en une demi-heure. Heureusement, la disposition en contre-pente des emplacements de combat protège les Français : les obus tombent dans la vallée, les autres éclatent en avant et au-dessus des emplacements. Dès l'arrêt des tirs, plusieurs sections italiennes débouchent. Aussitôt, trois fusils mitrailleurs croisent leurs feux sur elles. Les Italiens s'arrêtent, mais ne se replient pas. Tout la journée, c'est un duel au fusil mitrailleur entre assaillants et défenseurs. Ceux-ci rendent comptent que les Italiens ne cessent d'envoyer des renforts, qu'ils entendent donc occuper le col,

---

[108] *Archives militaires françaises*, Vincennes.

et qu'il faut s'attendre à une attaque encore plus puissante les jours suivants.

L'armée italienne, attaquant avec une folle bravoure du 21 au 24 juin, est massacrée par les troupes françaises bien abritées, tenant les hauteurs. En Tarentaise, la division alpine Tridentina traverse la frontière sous une tempête de neige, monte à plus de 3500 mètres sur des glaciers par −18°, descend, sous le feu de l'artillerie française, dans la vallée, en direction du fort de Seloges. Le 80ᵉ bataillon alpin de forteresse (BAF) lui oppose une farouche résistance. Les alpini du bataillon Tirano s'emparent du point d'appui de Bellaval, après un assaut acrobatique, mais ne peuvent déboucher. Le lieutenant Jean Bulle, suspendu dans le vide par une corde de rappel, bloque avec un fusil mitrailleur, l'attaque italienne au col d'Enclave. Cet exploit lui vaudra une citation à l'ordre de l'armée, signée du général Weygand, ainsi que la croix de chevalier de la Légion d'honneur.

L'exploit du lieutenant Bulle nous est raconté sur le vif par le général Plan et Eric Lefèvre :

« La neige est sale, boueuse et jaunâtre. Les 75 aboient avec acharnement devant le col de l'Enclave que menace directement une compagnie italienne. Elle est repérée par le lieutenant Bulle (qui commande la section d'éclaireurs-skieurs du 80ᵉ BAF). Il suit de ses jumelles un groupe qui atteint l'angle mort de la barrière rocheuse située à 100 mètres au-dessous de l'un de ses groupes de combat. Bien qu'il ait reçu l'ordre de se replier derrière la position principale de résistance, il décide qu'il arrêtera les Italiens devant le col d'Enclave. Il donne l'ordre à sa section : « Dans dix minutes, encadrez-les avec les VB (il s'agit de grenades à fusil tirées grâce au tromblon Vivien-Bessières). Il fonce ensuite, seul avec une corde de rappel dans une main et un fusil mitrailleur dans l'autre, des chargeurs plein les poches, pour gagner l'arête rocheuse qui va vers l'est, prenant ainsi les Italiens à revers. Après 100 mètres de course, il installe son rappel et descend de 20 mètres, se bloque contre le paroi et attend les Italiens qui vont déboucher. Encadrés soudain par le feu des grenades à fusil VB qui se déclenche, ces derniers se resserrent le long de la paroi et se découvrent. Bulle leur envoie alors un chargeur entier de son fusil mitrailleur à 300 mètres, en enfilade et en plein dans la masse. Trois hommes seulement réussissent à s'échapper et Bulle regagne l'arête où il est à l'abri. Les Italiens ne comprennent pas ce qui leur arrive, c'est la débandade. Ils refluent de près de 800 mètres et n'insisteront plus… Le sergent Anxionnaz, de la section d'éclaireurs skieurs, les accompagne à coups de grenades à fusil. « En dix secondes, dit-il, la place était nette, ils laissaient de nombreux corps allongés. » Épuisé, Bulle parvient en haut de son rappel, il abandonne sa corde sur la paroi, la laissant comme témoin de ce coup d'audace qui bloque les alpini devant le col d'Enclave et arrête tout débouché du mont Tondu. Il faudra, pour sa section d'éclaireurs-skieurs, plus de huit heures pour redescendre dans la vallée, car il neige toujours et le brouillard est maître. »[109]

    Le 22 juin, une attaque est montée par la division motorisée Trieste par le col du Petit-Saint-Bernard. Les tirs des gros ouvrages, ceinturant Bourg-Saint-Maurice, dispersent l'assaut des bersaglieri (chasseurs italiens à pied) et dix chars légers Fiat-Ansaldo L3 restent sur le terrain. Le 70e bataillon alpin de forteresse (BAF) bloque les assaillants qui descendent du mont Cenis. Le fort de la Redoute-Ruinée, tenu par la

---

[109] Général Etienne Plan, Eric Lefèvre, *La Bataille des Alpes*, 10-25 juin 1940, éditions Lavauzelle 1982.

section du Lieutenant Dessertaux, résiste à tous les assauts. La garnison ne sort que le 3 juillet, alors que l'armistice franco-italien a été signé le 24 juin, une compagnie italienne lui rendant les honneurs !

Le journal des défenseurs de la Redoute-Ruinée relate le 21 juin les faits suivants :

« 10 heures, bientôt de petites colonnes italiens d'infanterie apparaissent descendant de l'arête frontière vers la Combe des Moulins, d'autres apparaissent sur le névé 2714. Ça grouille partout. Rien cependant au col du Petit-Saint-Bernard. À la levée du tir, les hommes vont occuper leurs emplacements de combat. Les colonnes ennemies descendant vers la Combe des Moulins sont de plus en plus nombreuses. Il y en a partout. Ils paraissent peu chargés. Ils sont dans la tenue suivante : casque, arme, masque et une musette. Cependant certains tirent derrière eux de gros ballots. Le feu est ouvert à la limite de portée. Il se révèle très efficace. Le tir d'arrêt est déclenché sur la Redoute Sarde au moment où elle est atteinte par les premiers éléments italiens qui refluent aussitôt. Ce tir d'arrêt se montre particulièrement efficace.

« 11 heures, nouveau tir d'artillerie italienne. L'alpin Romanet qui servait un fusil mitrailleur à l'emplacement du pont-levis est couché par le souffle d'un obus qui tombe devant la chambre du docteur (quatre mètres du mur extérieur sont enlevés). Deux obus tombent encore sur les WC et le couloir qui y conduit. La partie ouest de la Redoute est beaucoup plus touchée que la partie est.

« À 12 heures exactement, de mon poste d'observation, j'aperçois subitement des motocyclistes italiens qui débouchent du col du Petit-Saint-Bernard. Je demande aussitôt le tir de l'artillerie. Bientôt la route est couverte par une longue colonne d'engins motorisés (motos, blindés, automitrailleuses). Notre mitrailleuse et nos fusils mitrailleurs entrent en action ainsi que notre artillerie qui se déchaîne littéralement. Le but recherché est atteint. L'ennemi abandonne motos et autos sous notre tir précis et va se tapir dans les abris à proximité. La situation au col est alors la suivante : 3 motos gisent près de la gendarmerie. Une colonne d'engins blindés gît entre la gendarmerie et le tournant suivant. De l'hôtel de Lancebranlette à l'Hospice, 60 à 80 engins sont immobilisés sur la route. Au-delà, on compte également 3 colonnes de 60 à 80 véhicules immobilisés sous nos obus. Nous remarquons également une progression ennemie par les pentes de Lancebranlette vers le Roc de Belleface et la Combe.

« À 15 heures, le bombardement de la Redoute reprend. Il dure une demi-heure puis est suivi d'une attaque italienne qui est clouée instantanément au sol par le fameux tir d'arrêt, qui s'abat chaque fois sur le col de Traversette et ses abords avec une précision et une rapidité remarquable. La nuit vient, très sombre. On dort peu. »[110]

En Tarentaise, après quatre jours de combat, les troupes italiennes, forte de 52 000 hommes, ont progressé seulement de quelques kilomètres, face à 8550 soldats français. Dans ce secteur, les Français comptent 47 soldats hors de combat (tués ou blessés) contre 792 italiens ! La position principale de résistance tient toujours.

Le capitaine italien Pasini, officier au bataillon alpin Tirano, a rendu hommage à ses adversaires français :

« Magnifiques troupes. Magnifiques officiers, tous de vieux montagnards et alpins intrépides. Bataille inimaginable, menée avec un égal acharnement de part et d'autre pendant quatre jours, disputée sur des

---

[110] *Archives militaires françaises*, Vincennes.

glaciers et sur des cimes de plus de 3000 mètres de haut dans des neiges éternelles, sur des parois à pic. Sous le feu incessant des batteries françaises, dans des conditions atmosphériques atroces, un froid glacial et une tourmente qui n'a pas cessé durant toute cette bataille. »[111]

En Maurienne, 40 000 soldats italiens affrontent 13 000 français. L'attaque débute le 21 juin par des violents tirs d'artillerie. Certaines positions avancées sont enfoncées, des casemates encerclées, mais la position principale résiste. La riposte des batteries françaises ne se fait pas attendre : des bataillons entiers doivent se replier, des colonnes muletières sont anéanties, des batteries dispersées avant d'avoir pu s'installer. Le 1er régiment de chars Fiat-Ansaldo L3, mis à la disposition de la division Brenerro, débouche aux abords des ouvrages des Revets et de la Turra. Une des deux pièces de 75 du second ouvrage les prend sous son feu. Ces tanks légers, faiblement blindés (14 mm) et très mal armés (une mitrailleuse), présentent des cibles idéales. Là encore, le décalage des pertes est grand : 88 soldats français hors de combat contre 1183 italiens en quatre jours !

« Les Français constatent que leur artillerie fait merveille, écrit Henri Azeau, tandis que les pauvres fantassins italiens luttent désespérément contre le froid, la neige, la pluie et le brouillard. Les Français ont pu faire sur cette armée un certain nombre de constatations : l'alpin italien est en général un remarquable montagnard, courageux et endurant, assez bien équipé pour ce qui concerne la montagne. Le fantassin, lui, souffre d'un équipement douteux : tissu de qualité médiocre, beaucoup de soldats marchent sans chaussettes, l'armement

---

[111] *Archives militaires italiennes*, Rome.

individuel est jugé quelconque par les spécialistes et les armes ne sont pas graissées ! Une constatation général : les prisonniers se jettent sur la nourriture ; au début, cette boulimie surprend, puis on s'étonne de voir des hommes pleurer de joie devant les macaronis ou du riz. Et l'on finit par se rendre compte que la nourriture du soldat ne préoccupait pas outre mesure le commandement italien de l'époque. Il est vrai que si le Duce cherchait dans sa guerre un nombre minimum de tués italiens utiles à sa politique, le problème de l'intendance demeurait secondaire : un homme mort ne mange pas (…).

« Les assaillants italiens doivent être persuadés qu'ils ne rencontreront pas de résistance, car les premiers d'entre eux arrivent en colonne par un, l'arme à la bretelle. Cette attitude que le commandement français juge « inconscience » - entendons : inconsciente du danger – se renouvellera en de nombreux points du front (…). Le même scénario tragique se déroule ; les défenseurs laissent venir l'assaillant, et lorsqu'ils trouvent, groupés devant eux, quelques centaines d'hommes, ils les écrasent sous les obus. À cet instant, les soldats italiens à qui l'on n'a pas appris à se terrer et à rester immobiles, s'élancent dans tous les sens, y compris vers les lignes françaises et les mitrailleuses et les fusils mitrailleurs les atteignent aisément pendant leur course. Les isolés sont ensuite cueillis au fusil Lebel ou au mousqueton. »[112]

Dans le Briançonnais, 30 000 soldats italiens attaquent 8500 français qui repoussent tous les assauts. Une batterie de 280 mm réduit au silence les huit tourelles italiennes de 149 mm du fort italien de

---

[112] Henri Azeau, *La Guerre franco-italienne, juin 1940*, éditions Les Presses de la Cité 1967.

Chaberton. La division italienne Sforzesca se fait littéralement hacher par les armes automatiques du 91ᵉ bataillon de chasseurs alpins. Pour 45 Français hors de combat, on compte 714 Italiens tués, blessés, prisonniers ou disparus !

Le rapport du lieutenant Miguet raconte le duel qui opposa la batterie française de mortiers de 280 mm au fort italien de Chaberton :

« Mes mortiers de 280 se trouvent à environ 2000 mètres d'altitude et doivent atteindre un objectif, le fort italien de Chaberton, situé à 9 kilomètres de là et 1100 mètres plus haut, en lui expédiant des obus d'un poids moyen de 250 kilogrammes.

« C'est le 21 juin 1940 au matin, que, de mon observatoire situé sur les pentes de l'Infernet, je constatai l'entrée en action du Chaberton. Cette activité m'est d'ailleurs signalée par le fort Janus qui, non seulement note les départs des coups, mais reçoit des projectiles.

« Le commandement, alerté, me demande aussitôt de tirer. Malheureusement, le Chaberton est dans la brume. D'autre part, les mortiers de 280 n'ont jamais tiré. Ce matériel, très précis, mais dont on ne connaît pas la dérivation, ne peut faire que des tirs observés. Impossible de tirer dans ces conditions sans observation et sans réglage préalable. Le commandement, prévenu des difficultés, me demande, pour tirer, de profiter de la première éclaircie. Cette éclaircie se produit vers 10 heures. J'alerte aussitôt la section de Poët Morond, dont les pelotons n'attendent que le commandement « Feu » pour tirer. J'éprouve une certaine émotion au départ du premier coup. Pour beaucoup de canonniers, c'est véritablement le premier coup. Mais j'entends le bruit sourd du départ et, 60 secondes après, j'observe un superbe éclatement sur les pentes du Chaberton. Le premier coup est tombé où je l'attendais. Désormais, il ne reste plus qu'à les déplacer et à les amener au bon endroit. Le deuxième et troisième coups se rapprochent de plus en plus des tourelles. Malheureusement, la brume revient et je dois attendre 15 h 30 pour reprendre le tir. Enfin, je vois. Il n'y a plus une seconde à perdre. Les deux sections de mortiers : celle de Poët-Morand et celle de l'Eyrette entrent immédiatement en jeu, les éclatements apparaissent, un petit nombre sur le glacis, le plus grand nombre sur la plateforme supérieure du Chaberton au voisinage des tourelles. Un observatoire, auquel je suis relié, m'indique les coups longs qui, pour mon observatoire, sont visibles. D'autre part, le Janus avec lequel je suis en liaison m'indique le résultat de ses observations. Aux chiffres brutaux : « À droite, tant. Site plus bas », s'ajoutent les appréciations plus concrètes : « La cinquième tourelle en prend un bon coup. » De mon côté, je peux juger ainsi que mon observateur les résultats des premiers tirs.

« Au milieu des éclatements des 280, on aperçoit toujours la lueur des départs des 149 italiens. Les 280 seraient-ils donc impuissants ? J'améliore mes éléments déjà très approchés et je multiplie les coups. Alors, c'est un véritable duel que se livre les deux adversaires, un duel poignant et grandiose. Manifestement, le Chaberton n'a pas repéré cet adversaire qui l'inquiète, car il tire sur le fort des Têtes. Ce duel va devenir de plus en plus acharné.

« À 17 h 30, un éclatement apparaît au niveau de la troisième tourelle et provoque une immense fumée d'une hauteur démesurée qui apparaît malgré la brume et persiste une vingtaine de secondes. Il s'agit sans doute d'une explosion de munitions. Les tourelles redoublent d'activité, elles tirent à la cadence maximum. Les artilleurs ont-ils l'impression que l'heure de son agonie approche et veulent-ils profiter au maximum des derniers instants qui leur restent. Malgré les éclatements de plein fouet et dans les conditions certainement très dure, le Chaberton tire toujours. Mais à 18 heures, un nouveau coup, celui-là très dur et tangible, lui est porté. Un projectile vient de tomber sur la troisième tourelle dont les tôles volent en éclat à plusieurs centaines de mètres. Des flammes s'échappent suivies de fumée. Quand celles-ci sont dissipées, on peut constater que la troisième tourelle a disparu et que la physionomie du Chaberton a changé. Dès lors les tourelles ne tirent plus ou presque. À 18 h 15, un coup tombe près de la deuxième tourelle, provoquant vraisemblablement une deuxième explosion de munitions, car une fumée noire bien distincte de l'éclatement apparaît et reste visible pendant vingt secondes. Vers 18 h 30, un éclatement majestueux, juste au niveau de la partie supérieure du Chaberton forme un immense chapeau qui le coiffe entièrement, étrange auréole qui ressemble à celle des martyrs. À 19 heures, un coup tombe sur la cinquième et sixième tourelles, laissant apparaître entre elles un amas de pierres et de ferrailles. Quand je reçois alors le colonel commandant le secteur fortifié du Dauphiné, avec les compliments pour la 6e batterie, l'ordre de cesser le feu, j'essaie de faire le bilan de cet après-midi. Les deux sections ont tiré à elles deux 57 coups. Le tir a duré 3 h 30. Les pertes de la 6e batterie sont rigoureusement nulles. Il n'en est pas de même en face, une tourelle a disparu : la troisième ; une autre a été nettement touchée : la huitième ; une autre penche lamentablement : la cinquième. N'y a-t-il pas d'autres dégâts invisibles de nos observatoires ? C'est ce que j'espère sans l'avouer et qui d'ailleurs me sera confirmé par la suite. Sans la brume opiniâtre qui n'a cessé de se montrer pendant l'après-midi, gênant considérablement l'observation, deux heures auraient vraisemblablement suffi, non seulement à obtenir les mêmes résultats, mais probablement à mettre hors d'usage les huit tourelles. J'espère être plus favorisé par le temps les jours suivants. »[113]

Le Queyras forme un saillant frontière dont les sommets, tous enneigés et impraticables, culminent à 3000 mètres. Les Italiens engagent 12 500 hommes contre 7500 soldats français. La position d'avant-postes résiste aux assauts. Les Italiens laissent 147 hommes sur le terrain contre 15 Français. La vallée de l'Ubaye, dont certains massifs peuvent atteindre 2800 mètres, est défendue par 15 000 Français opposés à 52 000 Italiens. Les colonnes d'assaut débordent certains cols, encerclent des points d'appui, mais ne peuvent percer la position des avant-postes. L'attaque italienne, prise sous les feux violents et précis de l'artillerie et des mitrailleuses, est arrêtée avec de très grosses pertes : 2052 soldats hors de combat contre 9 Français ! Le béton des puissantes fortifications du secteur épargne la vie des défenseurs.

L'extrait d'un compte rendu italien du bataillon d'alpini Val Piave donne une idée précise de la résistance acharnée de l'armée française, des difficultés du terrain et du courage déployé par l'assaillant :

« Le 21 juin, après une marche de 16 heures, nous atteignîmes le refuge Bezzi (2284 mètres) pour, le lendemain, par le col Vaudet, descendre sur le val d'Isère. Le même jour, notre bataillon frère, le Val Cordevole, avait déjà pris position au col du Mont. En passant le val Grisenche, nous eûmes un premier aperçu de la résistance rencontrée par le Val Cordevole, en croisant ses premiers glorieux morts et blessés. J'ai dans les yeux et dans le cœur la pénible impression que suscita chez nos alpini ce spectacle. L'heure est solennelle et suggestive. Nous allons vers le sacrifice. La vue ne peut se détacher de la ligne frontière.

---

[113] *Archives militaires françaises*, Vincennes.

« Dans la nuit, un contrordre nous dirige sur le col du Mont au lieu du col Vaudet. Cette nouvelle disposition ne laisse aucun doute : nous devons suivre le bataillon frère pour l'aider à venir à bout de la résistance ennemie.

« Le 22, à 13 heures, nous traversons le col du Mont. L'anxiété, la joie de la conquête, l'atteinte du but rêvé depuis de longs mois, nous pousse à faire les derniers mètres presque à la course. Les yeux de tous les soldats reflètent les mêmes sensations. Tous sont possédés du même orgueil. Tout semble transformé en nous ; la respiration a un rythme différent ; la neige et les rochers ont une couleur et une odeur différentes ; le fond de la vallée recèle dans sa forêt l'inconnu. Mais l'œil va au-delà. Il voit la vallée de l'Isère. Il voit la Savoie… la Savoie italienne… Ce cri est suffisant par lui-même pour expliquer la joie de la conquête des alpini… Savoie italienne… Revendication sentimentale : cela est ainsi et demeurera dans les mémoires des alpini.

« La descente du vallon de La Motte s'effectue rapidement, encore que les alpini soient continuellement distraits par les vestiges de la retraite des troupes françaises, qui ont abandonné sur le chemin des armes, des munitions, des vivres et des uniformes. Nous rencontrons les glorieux morts du Val Corvedole. Subitement, au Crot, un violent barrage d'artillerie nous surprend. Nous nous coiffons du casque d'acier et prenons des dispositions provisoirement défensives. Nous ne nous attendions pas à ce salut imprévu dès notre apparition au point où le sentier conduit directement à la vallée de l'Isère. C'est l'indice que l'ennemi s'est retranché dans ses fortins et nous attend à ce passage. Mais nous apprenons que le Val Cordevole est à peu de distance devant nous. La situation se clarifie d'ici à quelques heures. La résistance ennemie, troublée dans la vallée de la Motte, s'est regroupée sur la montagne qui est devant nous et les Français réussissent à barrer la voie d'accès à la basse vallée de l'Isère par des tirs croisés d'artillerie sur les points de passage obligatoires. Nous apprenons cependant que le bataillon Val d'Orco a déjà atteint le village du Miroir et nous apercevons le bataillon Vestone descendant du col de la Louïe Blanche. Le feu des fusils mitrailleurs français révèle que les éléments ennemis sont encore aux prises avec les bataillons Val Cordevole et Vestone. La 275ᵉ compagnie bondit entre le centre de la résistance et en a rapidement raison. Trois prisonniers restent entre nos mains avec leur armement individuel dont un fusil mitrailleur et un millier de cartouches environ et plusieurs caisses de grenades à main. L'artillerie française est particulièrement active et efficace. Nous sommes impressionnés par la technique de l'artillerie française. »[114] Les bataillons italiens attaquant dans ce secteur ne vont guère plus loin, bloqués par les fortifications françaises et son artillerie.

Le bataillon d'alpini Dronero franchit la frontière au col de la Gyprière, à 2390 mètres d'altitude, est descend vers le lac des Neuf Couleurs, puis le lac Noir, puis le lac Long et enfin le lac Premier. Il arrive enfin à l'entrée du vallon de Fouillouze : l'Ubaye se trouve à moins de deux kilomètres, Saint-Paul, l'objectif principal, à quatre kilomètres. Tant de peine n'aura pas été prise en vain. Le commandant du bataillon Dronero imagine déjà la Médaille d'or de la valeur militaire que lui remettra le Duce sur le front des troupes…Mais soudain tout change : à l'entrée du vallon de Fouillouze, le bataillon Dronero débouche, non pas sur le terrain battu par les mitrailleuses des avant-postes, mais directement sur la zone des plans de feux des ouvrages puissants et

---

[114] *Archives militaires italiennes*, Rome.

modernes de la position de résistance. « Et c'est un véritable carnage qui commence, raconte Henri Azeau. Ces hommes qui arrivent là, épuisés par une longue marche montagnarde dans la neige et sur la glace, entrent littéralement en enfer. Chaque mètre carré de terrain est battu, tout ce qui s'y trouve y est écrasé. Le passage se révèle impossible. L'homme qui par hasard aurait échappé aux obus serait « cueilli » à la sortie par les balles des mitrailleuses et tireurs individuels. En fin d'après-midi, le bataillon n'a pas fait un pas de plus. Il a de nombreux morts, et beaucoup de blessés. L'évacuation de ceux-ci pose un sérieux problème au commandement. La seule arrivée des approvisionnements en vivres et en munitions réclames 8 heures de transports, qui ne peut se faire qu'à dos d'hommes. L'évacuation des blessés dans l'autre sens prend beaucoup plus de temps encore, et, pour éviter les grands froids de nuit, doit avoir lieu entre l'aube et le crépuscule. »[115] Les débris du bataillon Dronero se replient sur les positions de départ en deçà de la frontière.

Le bataillon d'alpini Val Dora fonce avec fougue au cri « d'Avanti Savoia ! » vers les positions françaises. Il est précédé d'une section d'assaut remarquablement entraînée : utilisation parfaite des accidents de terrain, progression régulière et tranquille sous le feu, par des bonds de quelques mètres, calculés exactement par le temps de rechargement des fusils mitrailleurs français, connaissance précise des défenses de l'ouvrage attaqué. Malgré quelques pertes, la section italienne d'assaut arrive sur l'ouvrage du Pas du Roc. Les alpini s'installent dans les angles morts et se mettent en devoir de faire sauter les casemates à l'explosif. Soudain, une porte s'ouvre, une douzaine de

---

[115] Henri Azeau, op.cit.

soldats français effectuent une sortie à la grenade. C'est le corps à corps. Chacun choisit son homme. Après les grenades, on se bat revolver et au couteau, puis à coups de crosses et à coups de barres de fer. La section italienne d'assaut est anéantie en quelques minutes. Le bataillon Val Dora doit se retrancher derrière une masse de rochers, la Belle Plignée, en angle mort de l'artillerie française. L'agonie du bataillon commence. Immobilisés en haute montagne, il va passer deux jours et trois nuits sur la glace, au milieu de ses blessés et de ses morts, sans secours, sans ravitaillement, sans espoir. Pour comble de malchance, la tempête se déchaîne sur les hommes transis. Beaucoup meurent de froid.

Dans les Alpes-Maritimes, les combats sont aussi acharnés. Mussolini, désirant conquérir Menton, lance 80 000 hommes contre 38 000 Français. De nombreux ouvrages défendent le secteur. Le choc est une fois de plus celui de la chair contre le béton. La division Cosseria et le 33ᵉ bataillon fasciste tentent de s'emparer de Menton. Le bilan de l'attaque italienne se solde par l'occupation de Fontan et la moitié de Menton. La position française des avant-postes est intacte, bien que parfois dépassée. Aucun ouvrage n'a été enlevé dans les combats. Les troupes italiennes ont mené avec un grand courage cette bataille. Les unités d'assaut ont été conduites par des officiers pleins d'allant, qui sont souvent tombés à la tête de leurs hommes. Mais là encore, les troupes françaises se sont montrés inébranlables, dont l'héroïque garnison de l'ouvrage du Pont-Saint-Louis. La conquête d'une partie de Menton coûte cher à Mussolini : 1141 soldats hors de combat contre 65 français !

L'armistice du 24 juin, conclu entre l'Italie et la France près de Rome, stoppe l'ensemble des opérations militaires sur le front des Alpes. Les Italiens ont conquis quelques vallées alpines, mais la solide défense française leur a causé des pertes énormes. La position principale de défense n'a jamais été enfoncée. En quatre jours de combat, les troupes de Mussolini ont perdu 6200 soldats (tués, blessés, gelés, prisonniers ou disparus) contre 254 soldats français !

Jacques Chaban-Delmas, alors jeune sous-lieutenant au 75ᵉ bataillon alpin de forteresse, à Peïra-Cava dans les Alpes-Maritimes, se souvient :

« Ce conflit de la dernière heure dura en principe du 10 au 17 juin, date de la formation par Pétain de son gouvernement, et de la demande d'armistice qu'il s'était empressé de déposer aux pieds des Allemands. Mais il se prolongea jusqu'au 24 juin, c'est-à-dire jusqu'à ce qu'intervienne l'armistice franco-italien. Entre-temps, le 21 juin, les forces italiennes de l'armée des Alpes avaient tenté une offensive surprise qui se solda par un échec majuscule… Courte guerre au total : quinze jours. Guerre d'un autre temps. On échangeait des coups de fusil. On se canonnait de temps en temps. Peu d'avions. Peu de tanks. Tout se passait à pied, dans les montagnes, avec comme principal souci d'essayer de se trouver au-dessus de l'ennemi et, si possible, un peu en arrière pour pouvoir le canarder. »[116]

Les forces françaises des Alpes ne font pas seulement face à l'armée italienne, le 16ᵉ corps motorisé allemand du général Hoepner doit les prendre à revers, en attaquant le secteur de la Drôme, défendu par le groupement du général Cartier. Pour prendre Annecy, Voreppe, Chambéry, Grenoble et Valence, les Allemands mettent en ligne les 3ᵉ et 4ᵉ panzerdivisions, la 13ᵉ division d'infanterie motorisée et la 1ᵉʳᵉ division de montagne : soit un total de 65 000 hommes, appuyés par 632 blindés,

---

[116] Entretiens de l'auteur avec Jacques Chaban-Delmas en juillet 1998, Ascain.

plus de 250 pièces d'artillerie et la Luftwaffe. Face cet imposant déploiement de force, le général Cartier aligne 30 000 hommes, une dizaine de blindés et 170 canons de divers calibres, dont l'ensemble est réparti en 24 bataillons d'infanterie, 12 groupes d'artillerie et 30 compagnies diverses.

Le 24 juin, l'ennemi lance une attaque générale, précédée d'une intense préparation d'artillerie sur Voreppe. Les batteries françaises – parfaitement installées sur les hauteurs, culminant à 682 mètres, entre Sassenage et Veurey – bénéficient d'une vue qui s'étend sur plus de vingt kilomètres. Les positions allemandes apparaissent comme sur un plan de relief. Les mouvements s'effectuent à découvert, car les officiers pensent n'avoir à effectuer qu'une simple marche et toute la 3e panzerdivision suit sur la route, en colonnes. À 12 heures, les batteries de 105 du capitaine de Vergeron ouvrent le feu. Deux colonnes allemandes sont arrêtées sur la RN 85 entre Moirans et Charnècles, automitrailleuses en tête, artillerie, chars, camions et motos en file derrière. Les 4e et 5e batteries tirent 32 obus qui éclatent au milieu de la première colonne qui s'éparpille en désordre. La route est bloquée par des dizaines de véhicules en feu. La seconde colonne, qui suit la première, ne peut faire demi-tour et, prise à partie, se disloque à son tour. Les véhicules qui les entourent, sont touchés par des rafales d'obus de 105.

« Le terrain d'aviation civile du Dauphiné se trouve à deux kilomètres de Moirans, rapporte le général Etienne Plan. Il grouille de monde : tracteurs, camions en déchargement, avions allemands qui décollent et atterrissent. Les 4e et 5e batteries le prennent maintenant sous leur feu. Les 30 obus qui atteignent le terrain provoquent une débandade de véhicules et un incendie. En bordure de la voie ferrée, au Grand-Verger, des engins blindés sont regroupés en un parc blindé. Les motos vont et viennent. La batterie de 155 GPF du capitaine de Sérigny est maintenant prête à tirer. Le feu est déclenché, suivi par celui des 5ᵉ et 6ᵉ batteries, et les coups tombent en plein sur le parc et enflamment des chars. Plus loin, un autre parc de chars essuie 54 coups de 105 et 20 coups de 155 avec le même résultat… 18 heures, on voit encore les lueurs de départ des pièces allemandes qui tirent sur Grenoble depuis le nord et le nord-est de Moirans, atteignant les faubourgs nord-ouest de la ville. Elles sont prises à partie l'une après l'autre et leurs tirs cessent. Une batterie lourde est repérée à Saint-Jean-de-Moirans et reçoit 80 obus de 105 et 20 obus de 155. Grenoble ne recevra plus de projectiles allemands. Un grand parc de véhicules en formation vers Voiron reçoit 94 obus de 105 et 20 de 155 avec une batterie en action proche. De longues flammes montent au-dessus du parc. Le capitaine Leguay fait maintenant taire les batteries de mortiers qui tirent sur Voreppe et dispersent d'importants rassemblements. Depuis le début des tirs, toute attaque allemande a été stoppée car l'ennemi n'a pu repérer l'origine des tirs et ses avions d'observation recherchent les emplacements des batteries sans les trouver, si bien que les tirs de contrebatterie ne sont pas déclenchés. Les observatoires ne sont pas repérés non plus. 18 h 30, une immense lueur éclaire tout le champ de bataille noyé dans une brume froide et pluvieuse. Les batteries ennemies ne tirent plus. »[117]

La 3ᵉ panzerdivision du général Stumpff vient de subir un terrible revers. Elle compte neuf batterie lourdes neutralisées, des batteries de campagne détruites, deux parcs de chars, des dépôts de munitions et de carburant en feu, un terrain d'aviation hors d'usage, de très nombreux

---

[117] Général Etienne Plan, Eric Lefèvre, op.cit.

morts et blessés. C'est une division blindée au potentiel diminué pour des semaines.

L'ensemble du groupement Cartier parvient à maintenir ses positions, malgré les assauts de 4 divisions allemandes. Cette résistance, pour le moins surprenante, permet à l'armée des Alpes d'accomplir sa mission, contre les deux armées italiennes, en toute sécurité. Le général Cartier « électrice les volontés par sa clarté d'esprit, son sang-froid, sa rapidité de décision, son autorité et sa flamme patriotique », souligne Henri Béraud.[118] Il en est de même du général Olry face aux Italiens. Annecy, Chambéry, Grenoble et Valence sont ainsi sauvés de l'invasion allemande et italienne.

Le général allemand Hoepner reconnaît son échec : « L'adversaire s'est bien battu, quoiqu'il se trouvât sous l'effet moral de la demande d'armistice. Une fois de plus, il a fallu constater que les régiments de troupes indigènes (sénégalais et nord-africains) étaient particulièrement sûrs. Les unités alpines, malgré leur brève instruction, ont prouvé leur valeur. Quant à l'artillerie française, elle s'est comme toujours montrée souple et rapide dans ses tirs et extraordinairement habile dans le choix de ses positions. »[119]

Du 24 au 25 juin, le groupement Cartier a perdu seulement 249 soldats (tués, blessés, disparus ou prisonniers), contre 1300 soldats allemands du 16ᵉ corps motorisé du général Hoepner. Une centaine de véhicules allemands ont été également détruits. Le Sud-Est de la France échappe provisoirement (jusqu'en novembre 1942) à l'occupation

---

[118] Henri Béraud, *Bataille des Alpes, juin 1940-1944/45*, éditions Heimdal 1987.

[119] *Archives militaires allemandes*, Fribourg-en-Brisgau.

ennemie. À l'armistice, l'armée des Alpes et le groupement Cartier restent invaincus. Ce qui permit au général Olry, dont il a été dit « qu'il fut un chef parce qu'il sut faire de grande choses avec de petits moyens », d'écrire : « Face à l'Italie, luttant à un contre trois, gardant intacte après une dure bataille sa position de défense, ainsi qu'une large bande de terrain en avant de nos avant-postes, arrêtant les Allemands dans la vallée du Rhône, l'armée des Alpes peut dire qu'elle a gagné cette bataille en accomplissant la mission qui lui avait été confiée par le Pays. »[120]

Avec seulement 215 000 hommes, 986 pièces d'artillerie et une dizaine de chars, l'armée des Alpes et le groupement Cartier ont tenu en échec 377 000 soldats germano-italiens, soutenus par 797 blindés divers, 2599 canons de campagne et l'aviation. Les Français ont perdu 503 soldats (tués, blessés, disparus ou prisonniers) contre 7329 soldats germano-italiens.

---

[120] *Archives militaires françaises*, Vincennes.

XVII

ÉRYTHRÉE

À l'automne 1940, le général de Gaulle, réfugié à Londres depuis le 17 juin pour continuer la guerre contre l'Axe, décide que les forces françaises libres (FFL) stationnées en Afrique prendront une part active aux combats menés contre les Italiens, tant en Libye qu'en Afrique Orientale.

Pour conduire la guerre en Afrique Orientale, Mussolini a choisi un homme énergique en la personne du duc d'Aoste. Cousin du roi Victor Emmanuel III, le duc Amédée d'Aoste est gouverneur d'un vaste territoire africain, avec l'Éthiopie, l'Érythrée et la Somalie. Pour le défendre, il dispose d'une armée de 191 000 hommes, dont 91 000 soldats italiens et 100 000 indigènes. Force qui semble impressionnante sur le papier. Or, la réalité est toute autre. Les troupes indigènes sont souvent armés de vieux fusils modèle 1866 à un coup et l'artillerie repose pour l'essentiel sur des antiques canons de la guerre 14-18. Il n'y a pas un seul char lourd, seulement les très vulnérables chenillettes Fiat-Ansaldo L3 et quelques tanks légers M11/39, pas de pièces antichars, peu de mines. L'aviation reste squelettique : 133 avions en état de voler sur 350, dont les surannés Fiat CR 32 et Caproni CA 133.

Au cours des premiers mois de 1940, qui précédent l'entrée en guerre de l'Italie, les effectifs britanniques, en Afrique Orientale, s'élèvent à 22 000 soldats. De juin à août 1940, les troupes italiennes envahissent toute la Somalie britannique, menacent le Kenya, en occupant la ville de Kassala, située à vingt kilomètres à l'intérieur des terres, et font la conquête de plusieurs postes frontaliers au Soudan. Le duc d'Aoste a sous ses ordres des militaires remarquables comme les généraux Carnimeo, Frusci, Nasi, De Simone, Lorenzini… tous de vieux coloniaux, habitués à se battre sur un théâtre de guerre difficile. Les soldats italiens ne peuvent espérer aucun ravitaillement ni renfort de Rome. Les Britanniques, dont les colonies encerclent presque toute l'Éthiopie, sont en mesure de se renforcer rapidement, avec un armement lourd et puissant. Dès l'automne 1940, ils peuvent aligner 170 000 hommes bien équipés avec un régiment de chars lourds Matilda, dont le blindage n'a rien à craindre des armes italiennes. Pendant plus de 17 mois, les troupes italiennes parviennent à leur opposer une résistance héroïque.

« Wolkefit, Keren, Gondar, l'Amba Aladji… sont des lieux où les Italiens, écrit le général anglais Platt, firent preuve d'un magnifique esprit combatif et d'une grande habileté tactique. »[121]

Les Britanniques n'attendent pas l'arrivée de toutes leurs unités pour commencer la conquête de l'Éthiopie. Après avoir renforcé le blocus maritime, ils lancent une triple offensive. La première, aux ordres du général Platt, commandant les forces britanniques du Soudan, vise à conquérir, de janvier à mai 1941, l'Érythrée et l'extrémité septentrionale de l'Ethiopie jusqu'à l'Amba Aladji, qui représente l'ultime refuge du duc d'Aoste avec 7000 hommes, à plus de 3000 mètres d'altitude. La garnison italienne résiste, du 5 avril au 19 mai 1941, jusqu'à l'épuisement

---

[121] *Archives militaires britanniques*, Londres.

total des munitions et des vivres, uniquement soutenue par le chasseur Fiat CR 42 du capitaine Visentini, qui abattra 16 appareils ennemis ! Les Britanniques venus du nord et du sud de l'Ethiopie y font leur jonction. Les combats de la brigade FFL Monclar (colonel Magrin-Vernerey) entrent dans le cadre de cette offensive et plus particulièrement dans celui de la bataille décisive de Keren.

La seconde offensive part du Kenya en février 1941. Elle est placée sous le commandement du général Cunningham et vise d'abord à conquérir la Somalie italienne, puis à rejoindre un corps débarqué, en mars, à Berbera, pour libérer la Somalie britannique. Elle se dirige sur Addis-Abeba où elle tend la main à une deuxième colonne venue directement du Kenya. La troisième offensive, représentée par les partisans du Négus, vient du Soudan et rejoint la colonne Cunningham aux environs de la capitale de l'Ethiopie.

Les combats les plus durs vont se dérouler en Érythrée, là où sont engagées les FFL. Les Italiens ont replié leurs troupes sur la ville de Keren, nœud de communication et véritable verrou sur la route d'Asmara, la capitale, et de Massaouah, leur principal port de guerre sur la mer Rouge. À ce titre, ils ont solidement fortifié les abords de l'agglomération.

« Celle-ci, écrit le commandant Jean-Noël Vincent, se situe sur un plateau élevé, entouré d'une couronne de montagnes dont les cols et les sommets constituent les points névralgiques de la défense… Ce terrain montagneux, dont les principaux sommets dépassent 2000 mètres, est très découpé par des nœuds profonds où se trouvent de rares sources. Sous un climat aride, le problème du ravitaillement de l'eau devient donc primordial. D'autre part, de mauvaises pistes chamelières interdisent l'emploi des véhicules et réduisent celui des animaux de bât. Ces conditions naturelles accentuent considérablement les épreuves des combattants. Ces lieux voient l'affrontement de deux forces terrestres antagonistes à peu près équivalentes s'évaluant, chacune, à trois divisions. La suprématie aérienne et maritime appartient, par contre, aux Britanniques. »[122]

Du 2 au 13 février 1941, la 4e division indienne, venant d'Agordat, attaque en force le camp retranché de Keren, défendu par la division italienne Savoia. Toutes les attaques britanniques sont repoussées avec de lourdes pertes. La 5e division indienne, envoyée en renfort, est également tenue en échec. Les six bataillons italiens de bersaglieri (tirailleurs), d'alpini (chasseurs alpins), de chemises noires et les dix bataillons d'askari érythréens combattent avec une bravoure extraordinaire. Le bataillon d'alpini Uork Amba prend la position de la Roche-Percée et repousse trois bataillons britanniques ! Durant cette première phase de la bataille de Keren, les Britanniques comptent 4000 soldats hors de combat contre 3000 chez les Italiens.

L'engagement des unités de la France libre va jouer un rôle important dans la victoire des Alliés en Afrique Orientale. Les troupes FFL rejoignent le théâtre des opérations par des voies différentes, au fur à mesure de leur constitution. La première unité française engagée en Érythrée, en décembre 1940, est le 1er escadron de spahis marocains (ESM) du capitaine Jourdier, venu de Syrie. Il sera suivi du 3e bataillon de marche, venu du Tchad par voie terrestre, précurseur de la brigade Monclar, et engagé le 15 février 1941 à Mersa Teclai. La troisième force est formée du gros de la brigade Monclar, ayant quitté l'Afrique

---

[122] *Archives militaires françaises*, Vincennes.

équatoriale et qui rejoint, par voie maritime, le front érythréen le 12 mars. Un renfort de cette brigade, la 3ᵉ compagnie du 1ᵉʳ bataillon d'infanterie de marine, venue du Levant, arrive le 26 mars à l'Engiahat. La dernière unité est le 4ᵉ bataillon de marche, envoyé de Syrie, le 31 juillet 1941, afin de participer à la fin des combats à Gondar. La totalité des FFL en Afrique Orientale représente 3000 combattants.

À la frontière du Soudan et de l'Érythrée, le 1ᵉʳ escadron de spahis marocains est employé dans des missions de reconnaissance et de harcèlement. Il pousse des patrouilles profondes en territoire érythréen, à cinquante kilomètres des avant-postes britanniques. Cette unité d'élite, rattachée à la 5ᵉ division indienne, affronte des forces italiennes souvent supérieures en nombre, généralement composées d'indigènes encadrés par des Italiens connaissant bien le pays, dans une brousse de hautes herbes et d'épineux, sous un climat torride. Certains combats vont être l'occasion de lancer les dernières charges de cavalerie française, sabre au clair. L'escadron, aux ordres du capitaine Jourdier, comprend 6 officiers, 18 sous-officiers et 99 hommes de troupe.

Le matin du 2 février 1941, l'escadron part pour reconnaître le plateau d'Embraga. Sur le chemin, au nord-est de Gedarref, un peloton d'une vingtaine de spahis découvre un important bivouac italien. Malgré la disproportion des forces, le peloton charge. Revenu de sa surprise, l'ennemi repousse les assaillants. L'un des spahis reste à la lisière du campement. Il abat au fusil deux askari, en tue un troisième au corps à corps avec sa baïonnette et rejoint à pied son peloton. Un second peloton, plus à l'ouest, oblige les Italiens à se dévoiler. Devant une menace d'encerclement de la part d'un ennemi qu'ils ont du mal à évaluer, à travers une végétation dense, les Italiens lèvent le camp. Le capitaine Jourdier décide de les poursuivre. Dans l'après-midi le contact est pris.

Un peloton fixe l'adversaire au sud, pendant que l'escadron charge à cheval les Italiens par un large mouvement de débordement. La manœuvre réussit. Après un violent corps à corps ou l'emploi des sabres se mélange à celui des grenades, l'ennemi se dérobe à la faveur des hautes herbes, en laissant neufs morts et quatre prisonniers. Les Français ne déplorent qu'un spahi tué à bout portant. Le capitaine Jourdier tire les enseignements de la journée : « Dans un terrain couvert qui rend le tir difficile et facilite le corps à corps, la cavalerie conserve toujours l'avantage de la mobilité. »[123]

Quelques jours plus tard, l'audace des Français se retourne contre eux. Le 18 janvier, les spahis effectuent une reconnaissance vers Omager. Ils tombent sur quelques askari à cheval. Poursuivis, ces derniers conduisent les Français jusqu'à une position tenue par un bataillon et deux escadrons. Encerclés, les spahis parviennent à se dégager en chargeant à plusieurs reprises. Le 31 mars 1941, le général de Gaulle passe en revue le 1er escadron de spahis à Ponte-Mussolini et lui décerne trois croix de la Libération. Cette campagne met fin aux dernières charges à cheval de l'armée française durant la Seconde Guerre mondiale.

Le 3e bataillon de marche (BM), aux ordres du commandant Garbay, constitué le 1er décembre 1940 dans la région de Fort Lamy au Tchad, se met en route vers le Soudan anglo-égyptien, le jour de Noël. Transporté par des moyens de fortune, il parcourt deux mille kilomètres sous une chaleur torride, traversant une région désertique et sauvage qu'aucun convoi n'a jamais osé parcourir auparavant. Aucune piste n'existe dans ces contrées sablonneuses et arides qu'évitent les

---

[123] *Archives militaires françaises*, Vincennes.

caravanes, où les camions s'enfoncent jusqu'aux essieux. Lorsque, quarante jours après, Karthoum est atteint, le bataillon reçoit l'ordre de rejoindre immédiatement la zone des combats, tant le commandement britannique a besoin de renforts. Sans attendre le reste de la brigade Monclar, dont l'arrivée est imminente, le 3ᵉ BM gagne Suakim, petit port abandonné sur la mer Rouge. Là, jadis, les pèlerins venus à pied de tous les coins d'Afrique s'embarquaient pour la Mecque. Un paquebot hindou, le « Ratmagiri », prend à son bord les 16 officiers, 55 sous-officiers et 696 hommes de troupe du 3ᵉ BM, et les débarquent le 15 février 1941 à Mersa Taclai.

Les Britanniques tentent alors, au nord de Keren, une manœuvre d'encerclement confiée au général Briggs, commandant de la 7ᵉ brigade indienne, que le 3ᵉ BM des FFL vient de renforcer. Ce dernier s'engage dans un défilé étroit qu'empreinte la route menant à Keren.

« Devant lui, écrit le général Saint Hillier, le 112ᵉ bataillon colonial italien, solide unité, commandée par le commandant Bersini, barre la vallée avec le soutien d'un groupe de cavalerie indigène. »[124]

Face à la progression de la 7ᵉ brigade indienne et du 3ᵉ BM, les Italiens mènent un combat retardateur, afin de conserver leurs forces pour défendre l'accès septentrional de Keren à des endroits favorables comme Cub-Cub et le col de Mescelit.

Le général italien Carnimeo, commandant de la 1ᵉʳᵉ division d'infanterie coloniale Savoia, fait retraiter vers Chelamet les troupes du secteur nord, dans la nuit du 1ᵉʳ au 2 février 1941. Par la suite, le commandement italien ne laisse à Cub-Cub et Cam Ceua que le 112ᵉ

---

[124] *Archives militaires françaises*, Vincennes.

bataillon de la 44ᵉ brigade coloniale. La ligne principale de défense passe plus au nord, par le col de Mescelit et la ligne de la crête de l'Engiahat, tenue par les 2ᵉ et 4ᵉ brigades coloniales. Le génie italien s'est employé à défendre les accès de Keren au moyen de mines et de pièges anti-véhicules, en particulier dans les agglomérations. Ces derniers consistent en tranchées profondes recouvertes de branchages et de sable. À une vingtaine de mètres de l'obstacle, des abris, protégés par des barbelés, permettent aux Italiens de lancer des bouteilles d'essence enflammées sur les véhicules qui se sont laissés prendre au piège. Ce succédané de défense antichar illustre bien l'astuce, mais aussi la pénurie d'armes modernes qui règnent chez les Italiens.

Le 18 février 1941, le lieutenant Taylor et un peloton de blindés britanniques, mis à la disposition du 3ᵉ BM pour frayer un passage, tombent dans une embuscade. L'officier anglais est tué. Le 19, le 3ᵉ BM attaque de front et, après une lutte acharnée, réussit à s'emparer du sommet qui domine à 1700 mètres le fort de Cub-Cub. En exécution des ordres du général Briggs, le commandant Garbay envoie un groupement de deux compagnies, commandé par son adjoint, le capitaine Bavière, contourner les défenses ennemies qui s'opposent à sa progression. À l'aube du 20, ayant escaladé des hauteurs de plus de 1500 mètres aux pentes abruptes, couvertes de ronces et d'épineux, le détachement Bavière surprend les Italiens en les prenant à revers. Mais ceux-ci se ressaisissent, les artilleurs retournent leurs canons, la mêlée est intense, la situation devient rapidement confuse. À la nuit tombée, les Italiens et les Français sont étroitement entremêlés, le capitaine Bavière, la poitrine traversée, se trouve dans les lignes ennemies. À la fatigue du jour s'ajoute le manque de vivres et d'eau : heureusement, le lieutenant de vaisseau Lehlé, qui sert à la compagnie d'appui, accompagné des quelques volontaires, découvre une source et réussit à ravitailler, sous les balles, les sections non encerclées. La nuit est tombée, aussi glaciale que le jour fut torride. Le matin du 21, le combat reprend, mené par les compagnies des capitaines Allegrini et d'André.

« Au troisième jour, raconte le général Saint Hillier, le 112ᵉ bataillon colonial italien se bat toujours avec la même fureur, résistant depuis trente-six heures. Le général Briggs confie alors au commandant Garbay sa dernière réserve : un peloton de blindés Bren-Carrier et l'appui d'une batterie de canons de 25 livres (86 mm). Garbay donne l'assaut avec la section de commandement du lieutenant Perron : transmetteurs, secrétaires, observateurs et cuisiniers ; non loin, la compagnie Garbit charge, les tirailleurs ont le coupe-coupe à la main. »[125]

En fin de journée, la victoire est chèrement acquise. Le 3ᵉ BM compte 22 tués, 2 disparus et 44 blessés. Les Italiens abandonnent sur le terrain 98 morts, un butin considérable dont quatre canons de 65 mm, trois drapeaux, six mortiers et 430 prisonniers. La route de Cub-Cub se trouve ainsi ouverte par l'action audacieuse et déterminante des FFL qui s'empressent de la déminer. Le bataillon français est chaleureusement félicité par le général anglais Platt : « L'opération a très bien réussi, bien que le pays fut facilement défendable. »[126] Le succès est dû essentiellement à l'énergie et à l'initiative de certains cadres et soldats européens, portés par leurs convictions de Français libres. Les troupes indigènes, inexpérimentées et peu motivées, sont souvent décevantes lorsqu'elles ne sont pas suffisamment encadrées et instruites. La victoire

---

[125] *Archives militaires françaises*, Vincennes.

[126] *Archives militaires françaises*, Vincennes.

de Cub-Cub n'en est que plus méritoire pour ses artisans, d'autant que les conditions du relief accentuaient considérablement les difficultés auxquelles ont eu à faire face les combattants.

Comme le souligne le capitaine français Allegrini dans son rapport : « L'engagement en montagne d'une troupe lourdement chargée, sans moyens de transport, dans un terrain inconnu, et sans renseignements précis sur l'ennemi, aurait pu se transformer en échec grave s'il n'y avait eu le dynamisme de certains Français de souche, et le manque d'esprit manœuvrier des défenseurs. »[127]

À l'issue de ce combat, le 3ᵉ bataillon de marche (BM) se réorganise à Cub-Cub durant les journées des 24 au 28 février, puis se rend à Chelamet pour y attendre l'arrivée de la brigade Monclar. Cette unité fait enfin son apparition sur le front érythréen au début du mois de mars 1941. Outre le 3ᵉ BM déjà engagé, elle comprend la 13ᵉ demi-brigade de la Légion étrangère (DBLE) du colonel Cazaud (trois compagnies), la 1ʳᵉ compagnie de chars du lieutenant Volvey, ainsi que différents services complémentaires (artillerie, transport, génie, transmissions, ambulances…). L'ensemble représente 99 officiers, 223 sous-officiers et 1964 hommes de troupe.

Aux côtés de la 7ᵉ brigade indienne du général Briggs, la brigade Monclar a la délicate mission d'attaquer, au nord de Keren, l'imposant massif de l'Engiahat, dont certains sommets culminent à plus de 2000 mètres d'altitude. Le secteur est défendu par les 31ᵉ et 151ᵉ bataillons coloniaux italiens. La première ligne de défense italienne s'appuie sur le Grand Willy (2030 m), sommet rattaché au massif de l'Engiahat par le

---

[127] *Archives militaires françaises*, Vincennes.

grand Peter (2100 m) et dont le col (2008 m) est l'un des rares passages vers la route d'Asmara-Keren. Le cheminement, qui emprunte un fond d'oued coupé d'éboulis et de rochers, est très escarpé.

Pour sa marche d'approche, la brigade FFL Monclar a dû abandonner ses camions, devenus inutilisables sur ce terrain. Le 13 mars, après six heures de pénibles ascensions et une violente fusillade, les légionnaires de la 13e DBLE s'emparent du Grand Willy. Le 15, la brigade Monclar attaque l'Engiahat. Elle se heurte à une forte résistance. Cloués au fond d'un ravin par des tirs de mortiers, les Français libres doivent faire face à deux contre-attaques menées par un adversaire résolu, qui a une certaine prédilection pour l'emploi des grenades. Les Italiens constituent de véritables batteries de grenadiers avec un pourvoyeur portant une hotte remplie et un lanceur qui agit au commandement. Cette organisation, adaptée au terrain et aux circonstances, s'avère très efficace et économise les munitions d'artillerie. Les contre-attaques italiennes sont cependant repoussées, ce qui permet aux légionnaires de la 13e DBLE de continuer leur progression, mais de manière très lente et aux prix de lourdes pertes : 19 tués et 69 blessés. Le colonel Cazaud, le capitaine Saint Hillier (futur général), le capitaine Morel et le lieutenant Lamoureux sont parmi les blessés.

Devant les difficultés pour ravitailler, appuyer et renforcer les unités engagées, le colonel Monclar (Magrin-Vernerey) ordonne le repli. Le problème de l'eau prend une grande acuité après un combat mené dans de telles conditions. Durant toute la journée, les tirailleurs du 3e BM effectuent à dos d'hommes, et malgré de pénibles dénivelés, le ravitaillement en eau de la Légion. Le lieutenant Messmer, après avoir regroupé la section Vergniaud, part à la recherche d'un puits. Le père Malec, aumônier de la 13e DBLE, creuse l'ouest qui borde l'Engiahat pour distribuer de l'eau aux blessés. Vers 20 heures, le capitaine de Lamaze rend compte au PC que la 3ᵉ compagnie est regroupée en sécurité. Il demande seulement un renfort de brancardiers pour évacuer ses blessés. L'adjudant-chef Branier, avec une quinzaine de volontaires, se porte à la 2ᵉ compagnie pour l'aider dans cette tâche et lui transmettre l'ordre de repli.

À la fin de la nuit du 15 au 16 mars 1941, le capitaine Morel rejoint le PC après être resté près de 24 h, blessé, à la tête de la 2ᵉ compagnie. Une partie du matériel a dû être abandonné faute de porteurs. Il sera récupéré durant la nuit. Une forte patrouille est envoyée par le colonel Monclar (Magrin-Vernerey), durant la nuit du 16 au 17, pour tâter les positions adverses. En traversant le plateau, aux vues de l'ennemi, elle déclenche un feu de barrage intense.

Le 17 mars, le 4ᵉ bataillon britannique, bien appuyé par son artillerie, essaie à son tour de s'emparer de l'Engiahat. Il échoue de la même façon que les Français. Toute la journée, les Italiens harcèlent les positions françaises au moyen de leurs mortiers, et s'avèrent particulièrement habiles dans leur utilisation.

« L'ensemble de la manœuvre alliée se solde par un échec, reconnaît le colonel Monclar (Magrin-Vernerey). Notre attaque a échoué avec des pertes qui vont nécessiter quelques jours de récupération pour rendre les unités à nouveau opérationnelles. Elle a été déclenchée trop prématurément, sans coordination avec l'attaque des britanniques, qui ne devaient intervenir que quarante-huit heures après, donc sans appuis et soutiens suffisants. Cette tâche aurait pu se justifier dans l'espoir de bénéficier de la surprise, mais il ne pouvait en être question après les accrochages qui ont accompagné l'arrivée de mes hommes. Elle n'a permis de révéler que trop tardivement la configuration générale du massif auquel les Alliés s'attaquent : une place fortifiée. D'autre part, l'adversaire a été notoirement sous-estimé en nombre et en qualité. Le système défensif de Keren est beaucoup plus étoffé au nord que le commandement britannique ne l'a imaginé d'après les renseignements insuffisants. L'Engiahat est depuis longtemps une position organisée, qui a pour mission d'interdire l'accès de l'oued Anseba, couloir naturel de Keren. »[128]

L'unique aspect positif des attaques infructueuses des Franco-Britanniques réside dans la fixation de deux excellents bataillons italiens. Du 20 au 25 mars, l'activité de la brigade FFL Monclar se limite à quelques patrouilles qui font une centaine de prisonniers et recueillent des renseignements importants, notamment une reconnaissance audacieuse sur les arrières de l'ennemi par une dizaine d'hommes, commandés par le lieutenant (futur général) Simon.

À l'ouest et au sud de Keren, les 4ᵉ et 5ᵉ divisions indiennes, appuyées par la RAF, attaquent massivement les positions italiennes le 25 mars 1941. Deux jours plus tard, la brigade Monclar, soutenue également par l'aviation anglaise, se lance de nouveau à l'assaut de l'Engiahat. L'opération, minutieusement montée, dans un style très britannique par sa progressivité, sa judicieuse utilisation du terrain et des appuis, tombe dans le vide. Les Italiens ont évacué discrètement leurs positions, dans la nuit du 26 au 27 mars, pour se retirer en direction d'Asmara. La chute prochaine de Keren rend leur action retardatrice inutile. Seuls quelques éléments ont été laissés sur place pour couvrir la retraite.

---

[128] *Archives militaires françaises*, Vincennes.

Il est 11 heures, lorsque les Français débouchent sur l'Engiahat. Keren vient de tomber, les Français aperçoivent au loin les colonnes italiennes qui se replient en désordre sur la route d'Asmara. La poursuite s'organise aussitôt. Dans la plaine, de nombreuses troupes italiennes sont encerclées et faites prisonnières avant d'avoir eu le temps de se regrouper et d'organiser une résistance sérieuse. Le 28 mars, les tirailleurs du 3e BM et les légionnaires de la 13e DBLE capturent 1027 soldats ennemis. La Légion atteint la route d'Asmara à six kilomètres à l'est de Keren. Elle y rencontre les éléments avancés de la 5e division indienne. Ces derniers viennent de traverser Keren et sont très surpris de trouver les Français sur leur chemin. Ils apprécient la performance accomplie par les « Free French ». Le 30 mars, les Français sont félicités et passés en revue, à Chelamet, par le général de Gaulle, le lieutenant-colonel Brosset et le général britannique Spears.

Keren et Asmara tombés, il ne reste plus aux Italiens qu'un seule môle de résistance en Érythrée : Massaouah, port principal de la région et base militaire moderne sur la mer Rouge.

Dans la précipitation de leur repli, les Italiens ont laissé intactes les lignes téléphoniques entre Asmara et Massaouah. Le général Platt, commandant les forces britanniques du Soudan, en profite pour établir un dialogue avec l'amiral Bonetti, commandant en chef de la marine italienne en mer Rouge et responsable de la défense du port de Massaouah. Il lui demande de se rendre et décide d'une trêve, afin de faciliter les négociations. L'une des clauses essentielles prévoit la livraison des installations portuaires. Les parlementaires sont bien reçus mais Mussolini, mis au courant, ordonne à l'amiral de résister jusqu'à la dernière extrémité, en sabotant les installations les plus importantes. Le 6 avril 1941, la trêve est rompue.

Les dernières unités italiennes rescapées de Keren, d'Asmara et de Ghinda se sont réfugiées à l'abri de la ceinture fortifiée de Massaouah. La garnison est composée de deux bataillons de chemises noires, trois brigades coloniales décimées, plusieurs groupes d'artillerie de montagne et de défense côtière, quelques chars légers et des détachements de carabiniers, de douaniers et de marins. L'ensemble de cette troupe disparate a été très éprouvée par les précédents combats.

Le port est bâti entre deux presqu'îles protégées par deux îles reliées entre elles et au continent. Les installations portuaires se prolongent au sud à Arcico, où l'on trouve d'importants dépôts de carburant qui doublent ceux de la ville. Des salines coupent l'agglomération en deux dans sa partie médiane. Un aérodrome a été construit en arrière des salines, mais il est rendu inutilisable par les bombardements de la RAF. L'arrière-pays présente une plaine côtière étroite au sud, s'élargissant au nord, formée par un confluent d'oueds orientés ouest est. La principale vallée est empruntée par la route et le chemin de fer qui mènent à Asmara et Keren.

La plaine de Massaouah est légèrement fermée au nord par un plateau de faible altitude, entaillé de nombreux oueds : le Ras Dogon. Elle est surplombée au sud et à l'ouest par la colline de Ghanfur, dernier obstacle avant la mer, qui culmine d'une centaine de mètres, et commande la dépression de Moncullo, située plus à l'ouest. Les Italiens ont construit sur cette colline une ligne de forts. Les forts Vittorio Emmanuele et Umberto Ier sont principalement armés de douze canons de 77 mm et de mitrailleuses lourdes. Cette artillerie peut être soutenue par le tir des batteries côtières de 120 mm, retournées vers l'intérieur des terres. Mais leur effet est plus psychologique que réel, car elles ne sont pourvues que d'obus perforants, destinés à percer le blindage des navires.

La dépression située à l'ouest de la colline de Ghanfur est organisée défensivement autour du fort et des villages de Moncullo et Zaga. Cette ligne de résistance est couverte par une série d'avant-postes, composée de tranchées, de barbelés et de mines.

Partie de Chelamet le 2 avril 1941, la brigade Monclar doit participer à la conquête de Massaouah. Durant sa marche d'approche vers l'objectif, elle capture 600 soldats ennemis, fortement démoralisés. La trêve est mise à profit par les Français pour regrouper leur brigade. Seul le 3e bataillon de marche (BM) manque à l'appel, faute de moyens de transport. La consommation d'essence des véhicules, accélérée par les parcours sur de mauvaises pistes, a dépassé toutes les prévisions et le dépôt d'essence britannique a été éloigné sans préavis. La 3e compagnie du bataillon d'infanterie de marine (capitaine Savey) est venue renforcer la brigade FFL.

Le plan d'attaque est mis au point par les Alliés lors d'une conférence tenue à Dogali. Les Français doivent attaquer la face ouest de Massaouah en coordination avec les assauts britanniques venus du nord-ouest et du nord. Lorsque la 10e brigade indienne aura atteint la hauteur de la cote 95, le général Heath, chef de l'opération, donnera le signal pour que la brigade Monclar s'empare de Moncullo et de la ligne des forts.

Le colonel Monclar (Magrin-Vernerey) décide d'agir en deux temps. Il veut d'abord s'assurer d'une base d'assaut favorable en s'emparant de la ligne des avant-postes italiens (objectif A), puis relancer l'attaque pour conquérir la ligne des forts (objectif B). Les Français libres se voient donc confier la mission la plus difficile pour la conquête de Massaouah.

Précédés d'une préparation d'artillerie de vingt à trente minutes, les assauts seront appuyés par des tirs d'accompagnement et de contre batteries. À cet effet, la mince artillerie de la brigade FFL (deux canons de 75 mm) est renforcée par huit obusiers britanniques de 86 mm et trois batteries de 150 mm. Une compagnie de chars se chargera d'appuyer les FFL en cas de besoin. Pour cette opération le colonel Monclar engage la 13ᵉ demi-brigade de la Légion étrangère (DBLE) et la compagnie Savey du bataillon d'infanterie de marine. À la suite d'un retard d'une demi-heure dans la transmission des ordres, le premier échelon français ne s'élance à l'attaque le 8 avril 1941 qu'à 6 heures, sans que les tirs de préparation britannique aient eu lieu.

Des actions de débordement, opérées sur un ennemi peu accrocheur, suffisent à conquérir la ligne d'avant-postes (objectif A). Ce déroulement, relativement aisé, rend inutile l'engagement de la compagnie de chars. Les unités de tête se réalignent sur la seconde base d'assaut vers 7 heures. Dès le départ de la seconde attaque, à 7 h 45, la 1ère compagnie de la Légion (capitaine de Bollardière) se heurte à un centre de résistance ennemi étalé en profondeur, au sud de la route, sur la cote 67. Vers 8 h 30, 84 soldats italiens, dont deux officiers, sont capturés. La compagnie de Bollardière poursuit sa progression vers le pont en ciment de Moncullo. Simultanément, au sud, la 2ᵉ compagnie de la Légion (capitaine Saint Hillier) est immobilisée par trois points d'appuis solidement tenus : au nord le village et le fort de Moncullo, au sud les ouvrages défensifs de Zaga. Plusieurs tentatives de débordement échouent. Les Italiens se défendent avec l'énergie du désespoir. Le lieutenant Clarence et plusieurs légionnaires sont blessés. À 10 heures, le capitaine Saint Hillier demande au capitaine Savey (3ᵉ compagnie du bataillon d'infanterie de marine) d'attaquer de flanc un fortin qui bloque son unité. Le capitaine Savey nous raconte la suite :

« Je répondis au capitaine Saint Hillier que j'avais une mission principale impérative de flanc garder l'attaque dans une direction très dangereuse, mais néanmoins, il me semblait normal de l'aider avec une section, s'il me la renvoyait aussitôt l'opération achevée. À 10 h 15, je lançai la section Bouvier vers le nord-ouest à l'attaque de l'ouvrage. Je me décidai à l'accompagner pour m'assurer que la section ne se laisserait pas entraîner dans une autre direction, une fois le fortin pris et aussi pour encourager les hommes qui allaient, pour la première fois, se trouver aux prises, de très près, avec le feu de l'infanterie ennemie. Les secrétaires de la section de commandement demandèrent à m'accompagner. Tout le monde partit d'un bel élan. Appuyé par le feu d'un de ses groupes, le lieutenant Bouvier marcha alertement jusqu'à portée d'assaut de l'objectif. Le feu de l'artillerie que je pris pour celui des mortiers ne cessant pas, je fis des signaux avec mon casque, puis un obus venant de tomber, je lançai la section en avant. Entraînés par le lieutenant Bouvier, les hommes bondirent d'un seul élan jusqu'au parapet. Un nouvel obus tomba au milieux sans éclater, par miracle. Je franchis le parapet ; l'enceinte semblait déserte, mais avisant l'entrée d'un abri souterrain, je m'y portai en criant « Fuori » (Sortez !) ; cinquante-deux marins italiens en sortirent. Je montai sur le parapet et agitai mon écharpe pour faire cesser le feu de l'artillerie et montrer que l'objectif était atteint. »[129]

Cependant, la conquête de Moncullo et de Zaga, prévue en 45 minutes, demande en fait deux heures de combat. Les chemises noires refusent de se rendre et se battent jusqu'à la mort. Devant le retard pris sur l'horaire, le général Heath fait prolonger les tirs de destructions sur les dernières résistances et la ligne des forts. Les artilleurs français et

---

[129] *Archives militaires françaises*, Vincennes.

britanniques rivalisent de précision. Le fort Umberto Ier est touché par de nombreux obus.

À 11 h 30, profitant du désarroi de l'ennemi, provoqué par la perte des premières lignes de défense et l'efficacité de l'artillerie, la brigade Monclar lance le dernier assaut. Au nord, la 1ère compagnie de la Légion dépasse le village de Moncullo et débouche sur la route de Massaouah. Au centre, les sections du bataillon d'infanterie de marine abordent le mont Umberto. Les Français viennent facilement à bout des défenses des forts Vittorio Emmanuele et Umberto. Le capitaine Savey raconte dans son rapport la chute du fort Umberto :

« À ce moment le combat reprit à ma gauche et surtout à ma droite où la section Jacquin avait progressé à l'initiative de son chef. Je fis coucher les prisonniers italiens, surveillés par deux hommes. J'envoyai quelqu'un à l'arrière avec des prisonniers pour dire à tous de venir dans ma direction, ordre qui ne fut malheureusement pas transmis ; et battant le fer pendant qu'il était chaud, je partis en avant avec le soldat Rafaël comme interprète et le soldat Le Goff, portant un fusil-mitrailleur. Je gravis la pente et arrivai au PC du commandant de l'ensemble des ouvrages du mont Umberto ; un chef de bataillon se rendit sans difficulté, à la première rafale de fusil-mitrailleur, avec quelques dizaines d'hommes. Je confiai tout ce monde au soldat Rafaël, avec ordre de lui faire rejoindre les autres prisonniers. Puis je continuai d'avancer avec le soldat Le Goff. À ma gauche, je voyais les légionnaires monter vers le fort Vittorio Emmanuele. J'étais tranquille de ce côté. À ma droite, le bruit était intense et je voyais les hommes de la section Jacquin faire des bonds rapides, qui me montraient qu'ils étaient sous le feu. De fait cette section marchait à l'attaque d'un ouvrage défendu par deux armes automatiques et une vingtaine de fusils. J'eus plaisir à voir la résolution de tous. L'ouvrage céda avant que je pusse intervenir avec le fusil-mitrailleur, en prenant de flanc la résistance. Un seul homme avait été blessé, le soldat Kidouche qui reçut une balle de mitrailleuse au bras. Je criai à la section Jacquin de monter et elle fit se rendre un autre groupe d'Italiens qui tenaient le point culminant de la crête. J'interrogeais l'officier commandant les autres résistances. Il me dit avoir téléphoné aux points d'appuis dépendant de lui de capituler ; il ne pouvait répondre de ceux qui étaient plus au sud. À ce moment, voyant la mer à moins de deux kilomètres devant moi, tranquille sur la gauche où la Légion avançait, je pensai qu'il fallait exploiter la démoralisation de l'ennemi, prendre à revers les organisations du fort Umberto, foncer en direction des tanks à pétrole et de la route quittant Massaouah vers le sud. Je demandais au lieutenant Jacquin de diriger un groupe vers le fort Umberto au sud et de me suivre vers l'est avec les hommes restants. »[130]

Arrivé dans la plaine, le capitaine Savey s'empare des réservoirs de carburant et s'assure le contrôle de la sortie méridionale de Massaouah. Il fait parquer dans un hangar les Italiens qui se rendent en grand nombre. Quelques voitures de soldats britanniques, venant du nord, arrivent par la route, ce qui fait croire au capitaine Savey que le port est occupé. Il monte dans une camionnette, en compagnie du soldat Le Goff, armé d'un fusil-mitrailleur, et part en ville pour rendre compte de sa position au colonel Monclar. En fait, ils sont les premiers Français à pénétrer dans Massaouah. En sortant de Massouah, le capitaine Savey rencontre des chars, la voiture d'un général anglais et des motocyclistes de la Légion qui arrivent sur la route d'Asmara.

---

[130] *Archives militaires françaises*, Vincennes.

Le 8 avril 1941, à partir de 12 h 30, toute résistance cesse. La brigade FFL se trouve aux portes de Massaouah avec 2643 prisonniers. Le colonel Monclar est partagé entre l'ordre de tenir ses soldats hors des murs de Massaouah et le désir de faire briller son unité et la France libre en y entrant le premier, afin d'y recevoir la reddition du commandant en chef italien. Il résout ce problème en entrant dans la ville avec une très faible escorte : deux camions chargés de légionnaires, accompagnés de motocyclistes.

L'escorte arrive à l'hôtel de la compagnie immobilière Albergen d'Afrique Orientale, où 90 officiers italiens attendent pour se rendre. Interrogés, ceux-ci déclarent que les généraux sont déjà partis. Mais un sous-officier arrive impromptu et demande l'autorisation de rejoindre son général, dont il garde les bagages. C'est ainsi que le colonel Monclar découvre la présence du général Bergonzi, commandant les troupes italiennes d'Érythrée, et de trente officiers d'état-major qui sont immédiatement confiés à la surveillance du lieutenant Merlin. Avec aplomb, le colonel Monclar ordonne qu'on le conduise à l'amiral Bonetti, commandant en chef de la marine italienne en Afrique Orientale. Un officier italien s'exécute. Le colonel Monclar, une fois arrivée à l'amirauté, fait prisonnier l'amiral Bonetti, ainsi que les généraux Tessitore et Carnimeo. La scène donne lieu à un échange de réparties homériques.

Les officiers italiens donnent leur parole de ne pas chercher à s'enfuir et d'arrêter les destructions. Ils ajoutent d'ailleurs que tout est déjà détruit, ce qui n'est pas tout à fait exact. Dans le port, une vingtaine de bateaux marchands ont été coulés récemment. Des mines à retardement explosent, mais de nombreux dépôts de carburant sont intacts. Avant sa reddition, l'amiral Bonetti a jeté son sabre par la fenêtre pour ne pas avoir à le remettre. Mais son geste a été vu par un légionnaire qui attend patiemment la marée basse pour récupérer le trophée et le remettre fièrement au colonel Monclar. Ce dernier l'offrira, avec courtoisie, au général anglais Platt.

Le général britannique Heath arrive à 16 heures. Fair-play, il félicite les Français pour la capture massive d'officiers italiens de qualité, et s'étonne, non sans humour, que le colonel Monclar se soit aventuré dans la ville sans ses troupes alors que le commandement anglais avait prescrit aux français de rester hors des murs.

Au total, deux brigades alliées, dont une française, appuyées par six batteries d'artillerie ont attaqué un terrain accidenté, parsemé de mines, défendu par de nombreux ouvrages fortifiés. Cependant, en une matinée, l'objectif a été atteint : 11 500 officiers et soldats italiens se sont rendus, dont 3000 à l'actif de la brigade Monclar. La garnison italienne compte également 3000 tués, principalement victimes de la RAF et de l'artillerie. Parmi les prisonniers italiens, il y a 5000 blessés. Ce succès est dû à l'élan des Français libres et à l'efficacité de l'artillerie britannique. L'adversaire, acculé à la mer après plusieurs défaites, s'est en partie démobilisé. Les Italiens ont prétendu avoir été gênés dans leur tir par la présence, parmi les combattants ennemis, de nombreux prisonniers que les Alliés ne pouvaient évacuer vers l'arrière, faute d'effectifs.

Ainsi se termine la campagne d'Érythrée qui a coûté aux FFL, de janvier à avril 1941, 250 soldats hors de combat (tués ou blessés). Les 3000 FFL engagés ont capturé un important matériel et 14 000 soldats italiens. Pour la première fois depuis sa création, la France libre a pu envoyer contre l'Axe une formation de taille appréciable, ayant joué un rôle important dans la défaite italienne en Afrique Orientale. Le 7 avril

1941, le général britannique Platt passait en revue la brigade Monclar et la félicitait pour les efforts accomplis et les résultats obtenus.

XVIII

BIR-HAKEIM
1942

Mai 1942, l'Axe lance la gigantesque offensive qui doit lui donner la victoire. Hitler trace lui-même le plan qui prévoit la prise de Moscou et l'entrée à Bakou, tandis qu'en Afrique du Nord son objectif est la mainmise sur le canal de Suez. Vainqueurs du Caucase et soldats de l'Afrikakorps ont rendez-vous au Proche-Orient. Le Führer prescrit au maréchal von Bock et au général Rommel de rechercher surtout la destruction des forces adverses. Si une défense élastique permet aux soldats soviétiques de se rétablir sur la Volga et de briser le rêve allemand à Stalingrad, en revanche, la défense rigide de la 8e armée britannique en Libye fait le jeu de Rommel. « Il fallut, écrit le général Saint Hillier, qu'un grain de sable enrayât l'avance italo-allemande, qui n'atteignit El Alamein qu'après l'arrivée des divisions britanniques fraîches : le grain de sable s'appelait Bir-Hakeim. »[131]

Depuis deux ans, le nord de la Libye est le théâtre d'opérations de guerre menées sous leur forme la plus moderne : unités blindées et motorisées s'y affrontent. La valeur des chefs, celle des combattants,

---

[131] *Archives militaires françaises*, Vincennes.

autant que la supériorité matérielle, interviennent dans l'affrontement d'armées d'égale importance. Cela entraîne une alternance de progression et de replis le long du littoral méditerranéen. Le terrain désertique, plat et caillouteux est favorable à la manœuvre des chars.

Le général Rommel, qui aligne 560 chars germano-italiens contre 991 tanks britanniques, doit ruser pour vaincre son adversaire. Il cherche à attirer les divisions blindées britanniques dans la région d'Acroma par l'esquisse d'une attaque frontale dirigée sur El Gazala, alors qu'il débordera la ligne fortifiée au sud de Bir-Hakeim pour les détruire par une attaque à revers, devant les couper de leurs arrières, ainsi que les unités statiques de la position fortifiée. L'essentiel du corps de bataille allié éliminé, il doit s'emparer au plus vite de Tobrouk, puis foncer sur l'Égypte jusqu'au canal de Suez. À l'aile droite de son dispositif, il a placé ses cinq meilleurs divisions : 15e et 21e panzerdivisions, la 90e division motorisée allemande, la division blindée italienne Ariete et la division motorisée italienne Trieste. À l'aile gauche, dans le secteur de Gazala, se trouve son ami le général Cruewell, avec ses 10e et 21e corps italiens : divisions Sabratha, Trento, Brescia et Pavia, sans oublier la 15e brigade allemande d'infanterie. Du côté adverse, convaincu que l'Axe attaquera sur Tobrouk, le général Ritchie, qui commande la 8e armée britannique, a déployé le gros de ses forces en face de Cruewell, à savoir quatre divisions et deux brigades sur son aile droite, et au sud, le secteur directement menacé par Rommel, seulement deux divisions et trois brigades, dont les 3703 Français de la 1ère brigade française libre du général Koenig, positionnée dans le secteur désertique de Bir-Hakeim. L'offensive de Rommel, déclenchée le 26 mai 1942, surprend le général Ritchie.

« Simple croisement de piste dans un désert aride, caillouteux et nu que balaient les vents de sable, raconte le général Saint Hillier, Bir-Hakeim est vu de partout. Le champ de bataille se caractérise en effet par une absence totale de couverts et d'obstacles naturels. La position englobe une légère ondulation sud-nord que jalonnent l'ancien poste méhariste, sans valeur défensive, et, près d'un point coté 186, les deux "mamelles", qui sont les déblais de deux anciennes citernes de Bir-el-Harmat. À l'est de l'ondulation, une grande cuvette inclinée vers le nord. »[132]

Bir-Hakeim couvre le flanc sud de la 8e armée britannique et doit servir de pivot de manœuvre aux éléments blindés agissant au sud. La mission principale de la 1ère brigade française libre consiste à occuper, organiser et défendre le point fort de Bir-Hakeim, même après encerclement. Des patrouilles peuvent agir autour du camp retranché dans un rayon de trente-deux kilomètres de jour et de huit kilomètres de nuit.

Pour tenir Bir-Hakeim, la brigade française dispose de nombreux moyens antichars mais manque d'artillerie lourde et de blindés. Son infanterie repose sur la 13e demi-brigade de la Légion étrangère (DBLE) du lieutenant-colonel Amilakvari (2e et 3e bataillons de la Légion étrangère), la 2e demi-brigade de marche du lieutenant-colonel de Roux (2e bataillon de marche de l'Oubangui et le bataillon du Pacifique). À la veille de la bataille, la troupe est renforcée par le 1er bataillon d'infanterie de marine du commandant Savey, des éléments de DCA du 1er bataillon de fusiliers marins du commandant Amyot d'Inville, la 22e compagnie nord-africaine du capitaine Lesquene et la 1ère compagnie de sapeurs-

---

[132] *Archives militaires françaises*, Vincennes.

mineurs du capitaine Desmaisons. Comme artillerie, le général Koenig dispose du 1er régiment d'artillerie du lieutenant-colonel Laurent-Champrosay. L'ensemble représente 3703 hommes, 24 canons de 75 mm utilisés comme artillerie de campagne, 2 obusiers britanniques de 86 mm (récupérés par la suite), 30 pièces antichars de 75 mm, 7 pièces françaises de 47 mm, 7 italiennes de 47 mm, 18 canons antichars de 25 mm, 46 fusils antichars de 12,7 mm, 18 canons antiaériens de 40 mm, 4 mitrailleuses bitubes DCA de 13,2 mm, 96 fusils mitrailleurs de DCA, 20 mortiers de 81 mm, 24 mortiers de 60 mm, 210 fusils mitrailleurs d'infanterie, 72 mitrailleuses Hotchkiss de 8 mm, 63 blindés légers d'infanterie (chenillettes) Bren-Carrier.

Le camp retranché de Bir-Hakeim se présente sous la forme d'un triangle presque équilatéral de près de 17 kilomètres de périmètre. Un champ de mines en matérialise le contour sur le terrain. Chacun des angles est formé par un point d'appui fermé qui bat les lisières du dispositif et défend les ouvertures situées au débouché des trois pistes principales. « Pour donner de la profondeur à ce système défensif relativement linéaire, écrit le commandant Vincent, un marais de mines, c'est-à-dire une surface très grande faiblement minée, précède la position. Les branches nord et nord-est de ce marais s'étendent jusqu'aux centres de résistance voisins. À hauteur du Trigh el Abd, elles sont reliées par une bande minée. Le triangle ainsi déterminée sur le terrain qui est baptisé "zone du V" est surveillé par des patrouilles motorisées de la brigade FFL. »[133]

Dès leurs installations à Bir-Hakeim, les Français libres

---

[133] *Archives militaires françaises*, Vincennes.

poursuivent les travaux défensifs commencés par les Britanniques, à savoir l'achèvement du champ de mines qui forme l'obstacle antichar principal ; la création des marais de mines, gênant les repérages de ces derniers et rendant hasardeuse la circulation des véhicules sur de grands espaces ; la création de faux champs de mines dans la zone V ; l'achèvement d'emplacements de combat enterrés pour l'infanterie et l'artillerie, d'observatoires et d'abris pour le personnel. Le 25 mai 1942, le général Koenig décide de donner de la profondeur à la défense des faces ouest et sud et d'organiser la défense intérieure de la position. Dans ce but, il organise cinq points d'appui fermés sur la côte en fer à cheval entourant la cuvette centrale. Lorsque l'offensive germano-italienne se déclenche, le camp de Bir-Hakeim présente peu de défenses repérables au-dessus de la surface du sol. Les emplacements individuels et collectifs, les postes de commandement sont enterrés, dispersés, entourés par une large ceinture minée. Des telles positions protègent admirablement les défenseurs contre les bombardements d'aviation ou d'artillerie. Pour les neutraliser, l'ennemi doit faire usage d'une importante consommation de munitions.

Les lignes de défenses sont couvertes au moyen d'avant-postes légers, qui sont reliés par radio à des colonnes mobiles capables de résister aux réactions de l'ennemi sans se laisser accrocher. « Ces réseaux de forces, écrit le général Koenig, pratiquaient à proprement parler la guerre sur mer et se conformaient à ses règles... Les automitrailleuses constituaient en quelque sorte la ligne de surveillance des bâtiments légers indispensables pour éclairer et fournir le renseignement mais incapables de résister aux formations plus lourdes des croiseurs légers, encore moins aux escadres de chars. Les "Jocks colonnes" interviennent alors pour arrêter l'escadre adverse ou les croiseurs briseurs de blocus. »[134]

Pierre Koenig, qui voit le jour en 1898, fait ses études au collège Sainte-Marie et les termine au lycée Malherbe à Caen. Entre temps, la guerre est déclarée. Il part à 18 ans et arrive au front comme aspirant au 36e RI où il est cité et décoré de la médaille militaire pour faits de guerre. Nommé sous-lieutenant le 3 septembre 1918, il reste dans l'armée pour laquelle il a toujours marqué sa préférence. Avec le 15e BCA, il se trouve en Silésie de 1919 à 1922, et dans les Alpes de 1922 à 1923. Après un court temps au 5e RI à Paris, il est envoyé au Maroc au 4e régiment étranger et à l'état-major de la division de Marrakech. Il prend part aux opérations qui, de 1931 à 1934, parachèvent la pacification du Maroc. Durant la drôle de guerre, il fait partie de l'expédition de Norvège, avec la 13e DBLE. Arrivé ensuite en Angleterre, il se met aux ordres du général de Gaulle. Le 31 août 1940, il part pour l'Afrique où en novembre, il joue un rôle important dans le ralliement du Gabon. Commandant militaire du Cameroun en décembre, il est au Soudan puis en Palestine, début 1941. Promu colonel, il est général de brigade le 12 juillet 1941.

Pour réduire le camp retranché de Bir-Hakeim, le général Rommel va devoir engager, successivement du 27 mai au 11 juin 1942, la majorité de ses meilleurs unités : la division blindée Ariete, la division motorisée Trieste, la 90e division motorisée, la 15e panzerdivision, des éléments de la division d'infanterie Pavia, la colonne spéciale du colonel Ecker... soit un total de 37 000 hommes, appuyés par 250 blindés divers, 210 pièces d'artillerie de 75 à 210 mm, sans oublier la 2e armée aérienne,

---

[134] *Archives militaires françaises*, Vincennes.

dont la concentration de bombardiers fut plus forte qu'à Stalingrad ! La Luftwaffe et la Regia Aeronautica effectuent 1400 sorties contre Bir-Hakeim en 16 jours !

Dès le 27 mai 1942, les Français libres infligent un premier échec au plan initial du général Rommel. À 9 heures, la division blindée italienne Ariete, venant du sud-est, attaque le camp retranché de Bir-Hakeim. Cette division d'élite s'est couverte gloire lors de la bataille de Bir-el-Gobi, en novembre-décembre 1941, en repoussant deux divisions et deux brigades britanniques. Lors des combats de Bir-el-Gobi, l'Ariete, soutenue par le régiment Giovanni Fascisti, a détruit une centaine de blindés britanniques pour la perte de 34 chars de son côté. Formée du 132e régiment de chars M13/40, du 8e régiment de bersaglieri et du 132e régiment d'artillerie, la division Ariete du général de Stefanis s'avance à toute vitesse dans un panache de poussière sur Bir-Hakeim.

« On distingue deux vagues, raconte le général Saint Hillier (jeune capitaine à l'époque), respectivement de cinquante et vingt chars, à mille cinq cents mètres. À mille deux cents mètres, les premiers blindés italiens ouvrent le feu au moment où leur gauche atteint le marais de mines. La riposte est violente, brutale et immédiate : onze canons antichars crachent leurs obus en une seule bordée. Derrière, à deux mille mètres, notre artillerie tire au fusant sur des camions d'où l'infanterie débarque. Le tir d'efficacité des 75 persuade rapidement l'adversaire qu'il lui faut rembarquer et disparaître. C'est ainsi qu'après avoir laissé quelques plumes, le 8e régiment de bersaglieri s'est désolidarisé du 132e régiment de chars qui fonce sur nous.

« La bataille est courte mais intense, elle dure de 9h30 à 10h15. Au tir des chars répondent les antichars et l'artillerie. La première vague d'attaque est rompue, ses chars tourbillonnent un instant, puis se reforment et se joignent à la deuxième vague. Celle-ci est brisée à son tour. Trente-deux chars italiens sont détruits, dix-huit carcasses gisent dans les marais et les champs de mines, six sont à l'intérieur de la position : un de ces derniers incline dangereusement son tube sur l'alvéole d'un 75 antichars qu'il a touché d'un obus avant d'être lui-même mis hors de combat... Les Français ne comptent qu'un canon et un camion détruits. À la compagnie Morel, l'alerte a été chaude. Les légionnaires ont gardé leur sang-froid face à la masse blindée qui les chargeait et les cinq canons du point d'appui avaient cassé six chars sous les yeux du lieutenant Pernet qui observait le tir. Au prix de deux blessés chez nous, quatre-vingt-onze prisonniers restent entre nos mains : les rafales de fusil-mitrailleur des légionnaires ont persuadé les survivants des équipages de chars qu'il valait mieux se rendre. Le lieutenant-colonel italien Prestissimone, commandant du 132e régiment de chars, est capturé blessé. Il est parvenu à l'intérieur de nos lignes après avoir eu trois chars détruits sous lui. Le combat est fini, la division Ariete (Bélier), réduite à trente-trois chars, disparaît en tirant. »[135]

Le capitaine de Sairigné note dans son journal : « Cela tiraille sec, les chars sans aucun appui autre que leur deuxième ligne, abordent la position en écharpe, à hauteur de la droite de Morel. Six réussissent à pénétrer dans le champ de mines et se promènent à l'intérieur du poste avancé (PA) de la 5e compagnie. J'observe de mon PC et ne suis guère rassuré. J'ai l'impression à certains moments qu'aucune de nos pièces ne tire plus. Les chars italiens tournoient à l'intérieur du PA en crachant le feu de toutes leurs armes de bord. À la 5e compagnie, la situation apparaît

---

[135] *Archives militaires françaises*, Vincennes.

tellement désespérée que son chef, le capitaine Morel, brûle, à la hâte, ses fanions, cartes et documents au fond de son PC. Finalement les chars remontent encore vers le nord-est et se heurtent à la branche du V miné : deux sautent, les autres se rassemblent et très groupés repartent vers le sud-est. Un seul continue et sera stoppé par le 2e bataillon de marche (BM2). La 5e compagnie du BM2 intervient sur ces chars qui tentent de contourner la résistance opposée par les légionnaires en les débordant par le nord. L'un deux est immobilisé par un coup heureux de 47. Les Italiens se sont fort bien conduits. Nous avons tous été sensibles à leur courage, mais leur attaque a manqué d'appuis et de soutien pour être efficace. Ils ont été surpris de trouver un champs de mines et des défenses aussi denses au revers du camp retranché qu'ils pensaient pouvoir enlever dans la foulée sans artillerie ni infanterie. Certains canons de 75 employés en antichars ont tiré à moins de quatre cents mètres, parfois à deux cents mètres. »[136]

Le commandant français Amiel à l'occasion d'approcher vers 10h30, le lieutenant-colonel italien Prestissimone « debout au milieu d'un groupe de l'état-major de la brigade FFL, il répond avec courtoisie aux questions. Encore jeune d'apparence, taille élancée, tête nue, un peu pâle, ses yeux attirent plutôt la sympathie. De notre part, connaisseur en courage, il mérite notre estime : en cours d'attaque, il a dû changer trois fois de char, il a percé nos lignes, les légionnaires l'ont stoppé de justesse. Ces derniers l'ont retiré, blessé et brûlé, de son dernier char à côté du capitaine Morel. »[137]

---

[136] *Archives militaires françaises*, Vincennes.

[137] *Archives militaires françaises*, Vincennes.

Dans Bir-Hakeim, immédiatement, des patrouilles sortent. Les chenillettes Bren-Carrier cueillent des prisonniers allemands après avoir détruit leurs camions. Au nord, le détachement du capitaine de Lamaze démolit encore deux chars italiens. Ce qui porte à trente-quatre chars ennemis détruits pour l'unique journée du 27 mai. Cette journée s'achève dans l'euphorie sans qu'on ait conscience d'avoir infligé un échec sérieux au plan de Rommel, en conservant ce qui devait servir de pivot à sa manœuvre. Les forces de l'Axe, victorieuses des Britanniques, buttent sur la position de Bir-Hakeim, héroïquement défendue par les Français libres.

La RAF, mal informée, mitraille puis bombarde la lisière sud, les 28 et 29 mai. Les Français comprennent que les chars italiens détruits, le 27, attirent les avions britanniques. La plupart d'entre eux, uniquement déchenillés ou percés, semblent intacts. Les légionnaires sont donc chargés de les incendier et de les faire sauter. Le 28 mai, le détachement motorisée du capitaine de Lamaze s'éloigne d'une dizaine de kilomètres et se heurte à des éléments avancés de la division Trieste. Avec ses trois canons antichars de 75, il parvient à détruire sept automitrailleuses Fiat-Ansaldo. Le 29 mai, le détachement du capitaine de Sairignié quitte le camp retranché et démolit au canon de 75 trois chars allemands.

« Dans notre point d'appui, note Saint Hillier, aucun renseignement ne parvient sur la situation générale, nous savons seulement que la 3e brigade indienne fut écrasée le 27 mai et que les 4e brigades blindée et 7e brigade motorisée britanniques se sont repliées sur Bir-el-Gobi et El-Adem. Nous sommes en grande partie isolée du reste de l'armée britannique... Pour compliquer le problème, un détachement de six cent vingt Hindous se présentent devant nos lignes. Faits prisonniers lors de l'attaque du 27 au matin, ils ont été abandonnés par leurs gardiens. Ils sont épuisés et n'ont pas bu depuis deux jours. Leur nourriture pose un nouveau problème : pour certains, leur religion leur interdit de consommer en effet du corned-beef ; on leur donne bien ce dont nous disposons et même beaucoup d'eau, mais ils s'égaillent dans le camp, raflant tout ce qu'ils peuvent trouver et buvant l'eau des radiateurs d'auto. Les Allemands enfin leur ont coupé la barbe et le chignon, ce qui les rend honteux mais les laisse voraces. »[138]

Le 31 mai, le capitaine Dulau, avec cinquante camions de sa 101e compagnie auto, se présente, vers 7 heures, à l'une des entrée du camp retranché. Pendant que l'on décharge les véhicules sur lesquelles règne le capitaine Alessandri, trois détachements vont nettoyer les alentours. Celui du capitaine Messmer attaque quinze panzers à trois mille mètres avec ses 75. Il obtient de bons résultats sur une concentration de véhicules. Le détachement du colonel de Roux agit en liaison avec Messmer. Le troisième détachement, du capitaine de Sairignié, détruit cinq chars ennemis, ainsi qu'un atelier allemand de réparation de blindés. Le même jour, le général de Larminat, commandant des forces françaises engagées en Libye, inspecte la position. Il amène miss Travers, conductrice anglaise du général Koenig et Mr Benar, alors journaliste, en quête d'informations prises sur le vif. Au PC, le général de Larminat analyse la situation avec le général Koenig. Il quitte Bir-Hakeim le 1er juin au soir avec le convoi de blessés, les Hindous et deux cent quarante-trois prisonniers germano-italiens. En quatre jours de combat, du 27 au 31 mai, la brigade FFL, qui ne compte que deux tués et quatre blessés, revendique 41 chars ennemis détruits, ainsi que sept automitrailleuses et

---

[138] *Archives militaires françaises*, Vincennes.

un canon porté, sans oublier quatre-vingt-dix-huit prisonniers allemands et cent quarante-cinq italiens.

Le général Rommel, qui a porté des coups sévères aux forces britanniques, doit se résoudre à stopper son avance, afin de réduire le camp de Bir-Hakeim. Il décide d'y engager la division Trieste et la 90e division motorisée allemande, renforcées de trois régiments blindés de reconnaissance et d'un bataillon d'infanterie de la division Pavia. Durant la journée du 1er juin, la Luftwaffe attaque à plusieurs reprises les positions françaises. Le 2 juin, deux parlementaires italiens, envoyés par Rommel, se présentent devant les lignes françaises. Amenés au PC du général Koenig, les deux officiers italiens adressent une sommation de se rendre. Le discours prononcé en italien ne nécessite pas de traduction : "exterminare... capitulare". Koenig leur affirme qu'il n'est pas question de se rendre. Les visiteurs saluent et s'en vont.

Le duel d'artillerie s'engage par une chaleur insupportable. Bir-Hakeim va encaisser du 2 au 10 juin plus de quarante mille obus de gros calibres, allant du 105 au 220, et les bombes de mille quatre cents sorties aériennes. En riposte, quarante-deux mille coups de 75 tomberont sur les fantassins ennemis car les canons lourds sont hors de portée.

Le général Rommel écrit à ce sujet : « Une invitation à se rendre, portée aux assiégés par nos parlementaires ayant été repoussée, l'attaque fut lancée vers midi, menée du nord-ouest par la division motorisée Trieste, et du sud-est par la 90e division motorisée allemande, contre les fortifications, les positions et les champs de mines établis par les troupes françaises. La bataille de juin commença par une préparation d'artillerie ; elle devait se poursuivre dix jours durant avec une violence peu commune. Pendant cette période, j'assumais moi-même, à plusieurs reprises, le commandement des troupes assaillantes. Sur le théâtre d'opération africain, j'ai rarement vu combat plus acharné. »[139] De son côté, le général allemand von Mellenthin déclarera, plus tard, « n'avoir jamais affronté, au cours de toute la guerre du désert, une défense aussi acharnée et héroïque ».[140]

Le 3 juin 1942, un message, écrit de la main du général Rommel, est apporté par deux chauffeurs au général Koenig : « Aux troupes de Bir-Hakeim. Toute résistance prolongée signifie une effusion de sang inutile. Vous subirez le même sort que les deux brigades anglaises de Got-el-Oualeb qui ont été détruites avant-hier. Nous cessons le combat si vous hissez des drapeaux blancs et si vous vous dirigez vers nous, sans armes. »[141]

Les canons du 1er RA portent la réponse de la brigade FFL en une salve qui casse quelques camions chez l'adversaire. Pendant deux longues journées (3 et 4 juin 1942), toutes les tentatives d'attaques ennemies sont arrêtées. Précédées par des tirs de 105 fusants, dont le coup d'assommoir semble soulever le sol sous une gerbe d'éclats, des centaines d'avions matraquent le réduit français. Des tirs percutants de 155 tombent également. Plusieurs bataillons germano-italiens arrivent à moins de mille mètres des positions. Les Français libres subissent sans faiblir les assauts répétés, malgré les tirs des canons portés de 50, terriblement précis, qui s'acharnent sur les armes automatiques. Le 1er RA réplique de tous ses tubes et les fusiliers marins d'Amyot d'Inville

---

[139] *Archives militaires allemandes*, Fribourg-en-Brisgau.

[140] *Archives militaires allemandes*, Fribourg-en-Brisgau.

[141] *Archives militaires françaises*, Vincennes.

réussissent à abattre plusieurs avions ennemis.

Voici le récit de ces journées par Lutz Koch, témoin allemand oculaire, correspondant du *Berliner Ilustrierte Zeitung* :

« C'est ainsi que commence l'attaque dans le sud mais bientôt, il s'avère que, malgré nos succès du début, les positions de défense sont établies en profondeur et occupées par un adversaire qui se défend farouchement. Sous les ordres du général Kleemann, chevalier de la croix de fer, venant du front russe, les pionniers réussissent, après un travail sans prix, à ouvrir une brèche dans la première ceinture de mines. La vigueur avec laquelle toutes les armes de la défense sont concentrées sur cette brèche est si forte que l'attaque est repoussée. De nouveau on essaie un jour plus tard au sud et, de nouveau, on approche assez près des lignes intérieures, mais là, la grêle des projectiles devient si forte que ce serait de la folie de faire un seul pas en avant dans cette contrée qui n'offre aucun abri naturel...

« Un abri est, ce jour-là une possession très précieuse. Mais c'est bien plus terrible pour les défenseurs de Bir-Hakeim qui, jusqu'au matin du 8 juin où commence le deuxième acte de l'attaque sur la forteresse du désert, ont subi vingt-trois vagues de Stukas. Sans interruption, les lourdes et plus lourdes bombes allemandes tombent dans leurs positions et sur leur artillerie, des avions italiens viennent aussi, toujours et toujours, au-dessus du point d'appui, répandre la mort. "Je n'aimerais pas être dans cet enfer", me dit un camarade qui se trouve à côté de moi dans l'abri, tandis que nous voyons à la jumelle toujours de nouvelles colonnes de fumée et de flammes qui forment une ceinture autour du point central de la position. »[142]

Le général Rommel, pourtant avare de compliments, ne cache pas son admiration devant l'héroïque résistance des troupes françaises :

« Les Français disposaient de position remarquablement aménagées ; ils utilisaient des trous individuels, des blockhaus, des emplacements de mitrailleuses et de canons antichars ; tous étaient entourés d'une large ceinture de mines. Les retranchements de cette sorte protègent admirablement contre le bombardement par obus et les attaques aériennes : un coup au but risque tout au plus de détruire un trou individuel. Aussi, pour infliger des pertes notables à un adversaire disposant de pareilles positions, est-il indispensable de ne pas lésiner sur les munitions. La principale difficulté consistait à ouvrir des brèches dans les champs de mines, sous le feu des troupes françaises... Appuyés par les attaques continues de l'aviation, les groupes d'assaut, composés de troupes appartenant à diverses armes et prélevés sur différentes unités, engagèrent l'action au nord et au sud. Mais, chaque fois, l'assaut était stoppé dans les fortifications remarquablement établies par les Français. Chose curieuse, le gros des troupes anglaises s'abstint d'intervenir pendant les premiers jours de l'offensive lancée contre Bir-Hakeim. Seule la division Ariete fut attaquée le 2 juin, mais elle opposa à l'assaillant une résistance opiniâtre...

« Nous n'avions plus à craindre de voir les Britanniques lancer d'importantes attaques de diversion contre nos forces qui investissaient Bir-Hakeim et nous espérions poursuivre notre assaut contre la forteresse sans risquer d'être dérangés... Le 6 juin, à 11 heures, la 90e division

---

[142] *Archives militaires allemandes*, Fribourg-en-Brisgau.

motorisée partit de nouveau à l'assaut des troupes françaises commandées par le général Koenig. Les pointes avancées parvinrent à huit cents mètres du fort, puis l'offensive s'arrêta. Le terrain, caillouteux, n'offrait aucune possibilité de camouflage et le feu violent des Français ouvrait des brèches dans nos rangs. Dans la soirée, l'assaut fut interrompu pendant que l'encerclement se resserrait autour du point d'appui. De faibles attaques de dégagement, lancées par la 7e brigade motorisée britannique contre la 90e division motorisée, furent repoussées. Au cours de la nuit du 6 au 7 juin, dans le secteur occupé par cette dernière unité, nous réussîmes à ouvrir des couloirs dans les champs de mines et, à la faveur de l'obscurité, les groupes d'assaut parvinrent à distance d'attaque. L'ouvrage fut soumis à un sévère bombardement par l'artillerie et l'aviation et, le 7 juin au matin, l'infanterie repartit à l'assaut.

« Malgré son mordant, cet assaut fut stoppé par le feu de toutes les armes dont disposaient les encerclés. Ce n'est qu'au nord de Bir-Hakeim que les groupes de combat réussirent quelques pénétrations dans le dispositif ennemi. C'était un admirable exploit de la part des défenseurs français qui, entre temps, s'étaient trouvés totalement isolés. Le 8 juin, l'attaque se poursuivit. Pendant toute la nuit, nous n'avions cessé de lâcher des fusées et de battre les positions de défense avec nos mitrailleuses pour empêcher les Français de prendre du repos. Et pourtant, le lendemain, lorsque mes troupes repartirent, elles furent accueillies par un feu violent, dont l'intensité n'avait pas diminué depuis la veille. L'adversaire se terrait dans ses trous individuels, et restait invisible. Il me fallait Bir-Hakeim, le sort de mon armée en dépendait. »[143]

Rommel ne peut se permettre de laisser sur ses arrières une brigade ennemie disposant encore de nombreux véhicules, qui peuvent couper ses lignes de ravitaillement à tout moment par des embuscades.

Le 7 juin, un convoi escorté d'automitrailleuses anglaises apporte de l'eau et des munitions, ce sera le dernier. Il arrive dans la nuit du 7 au 8, guidé par l'aspirant Bellec, qui s'est porté jusqu'à lui à travers les lignes allemandes. Le capitaine Messmer, avec son détachement, assure la protection du convoi dans les derniers kilomètres. Rommel a fait venir ses meilleures troupes et les canons prévus pour le siège de Tobrouk. Il a les célèbres pionniers et unités d'assaut du colonel Hacker, un peloton de cinq chars lourds et les canons de 88 qui vont tirer à vue directe sur le camp français. Le brouillard épais qui aveugle les défenseurs en ce matin du 8 juin cache la mise en place des troupes d'élite, et vingt-deux avions tournent au-dessus du camp, attendant que la brume se lève.

« À 7h26, très précisément, raconte le général Saint Hillier, l'enfer se déchaîne. Bombes, avions, grosse artillerie pilonnent. Tout le monde tire, d'ailleurs : les chars, les 88, les 50 qui protègent les pionniers d'assaut progressant mètre par mètre, dans le champ de mines. Leurs efforts sont un instant ralentis par la RAF qui les mitraille en rase-mottes, mais, vers 11 heures, la canonnade croît encore en intensité ; les groupes d'assaut allemands passent à l'attaque sans succès. Vers midi, la RAF intervient de nouveau et d'une manière très efficace : l'attaque est enfin enrayée. Plusieurs positions sont littéralement labourées par les obus. Sans même nous laisser le temps de souffler, le bombardement d'artillerie

---

[143] *Archives militaires allemandes*, Fribourg-en-Brisgau.

reprend, soixante bombardiers joignent l'éclatement de leurs bombes à ce concert. Nos détachements sur Bren-Carrier contre-attaquent. Le 1er RA tire sans arrêt. Partout des véhicules flambent. Un soleil bêtement indifférent dispense sa chaleur accablante sur ce tas de poussière dans lequel Français et Germano-italiens s'affrontent. Dans le courant de l'après-midi, la RAF, répondant à notre appel, intervient quatre fois, volant à ras du sol et mitraillant le colonel Hacker et ses soldats. Rommel lui-même entre dans le passage de mines ; il emmène ses batteries derrière lui et roule le long de la brèche, sans se soucier de sa personne, en criant Vorwärts ! pour les Allemands et Avanti ! pour les Italiens. Au sud et à l'est, une autre attaque démarre soutenue par des chars et des canons d'appui. Un bombardements de 35 avions prélude à l'affaire et l'artillerie lourde s'en mêle. Des véhicules flambent sur la position et un dépôt de munitions saute. L'attaque ennemie n'est heureusement pas menée à fond et doit s'arrêter.

« Le brouillard se lève le 9 juin au matin pour nous montrer un dispositif ennemi renforcé dans le nord : six canons de 50, cinq groupes de mitrailleuses de 20 ; quatre canons de 88 tirent rasant. À 7h30, les mortiers d'infanterie et les canons lourds ouvrent le feu et, dans le ciel, des bombardiers tournent, attendent d'y voir clair pour nous décharger leur ferraille ; à 8h30, ces soixante avions trouvent l'occasion favorable. L'équipe de pièce d'un canon de 75 est volatilisée par un coup de 88 frappant son alvéole ; le légionnaire survivant, la main arrachée, charge son 75 en s'aidant de son moignon, pointe son canon et touche le 88.

« En début d'après-midi, quarante-deux Stukas bombardent la face nord et le groupe sanitaire. Les Germano-Italiens montent à l'assaut en formation serrée. Ils avancent sous un feu intense mais ne réussissent à pénétrer dans la position que dans la partie nord. Une charge de trois sections de Bren-Carrier les forces à s'arrêter, puis les oblige à décrocher. Un observateur signale que devant le bataillon du Pacifique l'ennemi laisse deux cent cinquante cadavres sur le terrain pour cette unique journée. Notre groupe sanitaire est définitivement détruit et dix-sept blessés couchés sont tués à 20 heures par le dernier bombardement d'aviation, le plus fort que nous ayons subi depuis le début du siège. »[144]

Le général Koenig adresse le message suivant à ses hommes : « Nous remplissons notre mission depuis quatorze nuits et quatorze jours. Je demande que ni les cadres ni la troupe ne se laissent aller à la fatigue. Plus les jours passeront, plus ce sera dur : cela n'est pas pour faire peur à la 1ère brigade française libre. Que chacun bande ses énergies. L'essentiel est de détruire l'ennemi chaque fois qu'il se présente à portée de tir. »[145]

Le général Koenig n'ignore pas que le 10 juin sera le dernier jour où il faudra tenir, le commandement britannique lui a fait savoir que "la résistance n'est plus essentielle pour le développement général de la bataille". Le 1er RA n'a plus qu'une centaine d'obus, alors qu'il lui en faudrait le triple, les antichars et les mortiers n'ont plus que cinquante coups par pièces. Les réserves d'eau sont épuisées : un ravitaillement par air procure cent soixante-dix litres qui sont distribués aux blessés. Les vivres sont limités. Le brouillard prolonge la nuit jusqu'à 9 heures et son humidité est appréciée des soldats. Les équipes téléphonistes du capitaine Renard réparent encore les lignes comme ils l'ont fait sous les pires bombardements. Le général Rommel, qui veut en finir au plus vite, a décidé d'engager la 15e panzerdivision. L'étau s'est resserré autour des

---

[144] *Archives militaires françaises*, Vincennes.

[145] *Archives militaires françaises*, Vincennes.

Français libres. Des combats se déroulent aux mortiers et aux fusils mitrailleurs. Au nord-ouest de la position, le lieutenant Bourgoin et ses hommes se battent à la grenade contre un bataillon du 66e régiment italien de la division Trieste. Et toujours l'artillerie de l'Axe qui pilonne le camp retranché.

À 13 heures, cent trente avions bombardent la face nord et, peu après, l'attaque débouche derrière un barrage violent d'artillerie : des chars de la 15e panzerdivision appuient l'infanterie. La situation devient critique, la 9e compagnie du capitaine Messmer est enfoncée, la section de l'aspirant Morvan, qui en formait le centre, est anéantie. Une charge héroïque de Bren-Carrier rétablit la situation de justesse. L'assaillant est une fois de plus repoussé. Le tir d'artillerie dure jusqu'à 19 heures, une centaine d'avions arrosent de nouveau les positions, donnant le signal d'un nouvel assaut sur la face nord. L'artillerie française tire ses derniers obus et l'attaque germano-italienne est encore enrayée après deux heures de combat acharné. Bir-Hakeim présente un aspect apocalyptique, la fumée des véhicules qui brûlent monte jusqu'au ciel. Mais la journée n'est pas finie, et elle promet d'être rude si les hommes en jugent par la vue de leurs officiers, qui se rasent avec leur dernier quart d'eau : ils doivent être présentables pour mourir.

« La garnison va sortir de vive force, raconte le général Saint Hillier, emmenant ses blessés et toutes les armes lourdes que les véhicules encore en état de marche pourront rembarquer. Un passage dans le champ de mines, à la porte sud-ouest, est pratiqué de nuit ; l'infanterie à pied ouvrira un passage et les véhicules se lanceront dans ce couloir. Tout ce qui ne peut être emporté est détruit. Deux compagnies restent sur place, elle tenteront ensuite de sortir, si elles le peuvent... Le 2e bataillon de la Légion a déjà franchi le champ de mines ; une des dernières, la section de l'aspirant Germain, vient de passer en ordre derrière la 7e compagnie. Dans la nuit noire, où les repères manquent car tout a été bouleversé, les colonnes motorisées se mettent en place vers 22h30. Le bruit alerte l'ennemi qui lance des fusées éclairantes. Les armes automatiques ennemies crachent leurs rafales lumineuses, surprenant le bataillon du Pacifique qui commence son mouvement à pied, derrière le 3e bataillon de la Légion où l'en entend l'aspirant Bourdis trouver encore un côté humoristique à la situation. Le silence est rompu, les Breda, les mitrailleuses de 20, les canons de 50 tirent, des obus éclatent, des véhiculent sautent sur les mines. Les camions flambent et le feu ennemi se concentre sur ces torches. Le lieutenant français Dewey, avec ses Bren-Carrier, charge les armes automatiques et détruit trois nids de mitrailleuses. Il chargera ainsi jusqu'à la mort, son Bren-Carrier éventré achevant sa dernière course sur le canon de 50 qui l'a frappé... Cet antichar, placé dans l'axe de la sortie, avait fait bien du mal. Le capitaine Gufflet, du 1er RA, est tué dans sa voiture observatoire au moment où il dit : "Toutes les balles ne tuent pas..." Le capitaine Bricogne part, avec un fusil et deux grenades, attaquer une mitrailleuse allemande... On ne le reverra jamais. Des groupes se forment ; c'est la course en avant d'hommes décidés à se frayer un passage en combattant. Des Bren-Carrier ouvrent la route aux ambulances du médecin-capitaine Guillon...

« Près du couloir gît le capitaine Mallet, tué par l'explosion d'une mine. Il a reconnu le passage dont l'axe ne correspondait pas à la direction prise par les véhicules et a permis aux autres de passer... Les hommes s'avancent... Le capitaine Lalande et le capitaine Messmer portent un fusilier marin blessé, tout en discutant de l'utilité de savoir la langue allemande... Deux heures du matin : un canon Bofors tracté bouche le passage, la barbe du père Lacointe (aumônier-militaire) s'agite, une dernière poussé "à bâbord" et le tracteur arrache la pièce et fonce, emmenant ses soldats coiffés du béret à pompon rouge. La colonne motorisée s'écoule par groupes de dix ou quinze véhicules entraînés par des officiers. Le lieutenant-colonel Laurent-Champrosay, le lieutenant de vaisseau Ihele, les enseignes Colmay et Bauche arrachent ainsi successivement leurs petits convois à l'enlisement de la peur. »[146]

le capitaine Saint Hillier (futur général) guide les détachements vers le couloir étroit dégagé de mines. Il confie son ordonnance Hardeveld au capitaine de Lamaze, à qui il donne l'axe de marche. Lamaze sera touché un peu plus loin par une balle de mitrailleuse lourde : "Dites à mes parents et faite savoir à mes légionnaires que je suis mort en soldat et en chrétien", seront ses dernières paroles. Les Bren-Carrier du sous-lieutenant Mantel approchent, surchargés de blessés, le sien en transportant sept. Il est plus de 3h30, les sections de tête ont réussi leur décrochage malgré la proximité de l'ennemi. La nuit devient plus claire et on sent déjà l'aube qui va poindre amenant le brouillard comme ce fut le cas ces derniers jours. Les Français libres traversent trois lignes de feu d'où partent sans cesse des rafales, puis les positions de batteries ennemies. La percée des positions germano-italiennes est cependant un succès ! Les lignes britanniques sont atteintes. Les premiers arrivés ont mis quatre heures pour arriver au salut. À 7h30, les éléments de recueil ramènent plus de deux mille cinq cents hommes vers la liberté et une partie du matériel dont quelques canons. Et pourtant Bir-Hakeim n'est pas encore pris. En effet, l'ennemi n'a pas compris ce qui s'était passé durant la nuit. Rommel a fait venir la 15e panzerdivision pour donner le

---

[146] *Archives militaires françaises*, Vincennes.

coup de grâce aux Français. Au matin du 11 juin, un nouveau bombardement aérien massif remue la position abandonnée, les canons tonnent et l'infanterie d'assaut se lance mais ne trouve plus devant elle que quelques isolés la plupart blessés, qui épuisent leurs dernières munitions.

La Luftwaffe ne peut intervenir sur les colonnes alliées en retraite car ses réserves d'essence sont épuisées, du fait des mille quatre cents sorties effectuées à Bir-Hakeim. Pendant ce temps, à El Alamein sont parvenues plusieurs divisions britanniques fraîches. Des chars modernes, des antichars, de l'artillerie de campagne sont débarqués au même moment en Égypte.

« Le 11 juin 1942, écrit le général Rommel, la garnison française devait recevoir le coup de grâce. Malheureusement pour nous, les Français n'attendirent pas. En dépit des mesures de sécurité que nous avions prises, ils réussirent à quitter la forteresse, commandés par leur chef, le général Koenig, et à sauver une partie importante de leurs effectifs. À la faveur de l'obscurité, ils s'échappèrent vers l'ouest et rejoignirent la 7e brigade anglaise. Plus tard, on constata qu'à l'endroit où s'était opérée cette sortie, l'encerclement n'avait pas été réalisé conformément aux ordres reçus. Une fois de plus, la preuve était fait qu'un chef français décidé à ne pas jeter le fusil après la mire à la première occasion peut réaliser des miracles, même si la situation est apparemment désespérée... Dans la matinée, je visitai la forteresse, théâtre de furieux combats ; nous avions attendu sa chute avec impatience. Les travaux de fortification autour de Bir-Hakeim comprenaient, entre autres, mille deux cents emplacements de combat, tant pour l'infanterie que pour les armes lourdes. »[147]

Les pertes infligées aux Germano-Italiens s'élèvent à 64 blindés détruits dont 51 chars et 13 auto-mitrailleuses, sans oublier une centaine de véhicules divers. Sept avions sont à mettre à l'actif de la DCA des Français libres. Lors d'une seule sortie, la RAF, très active, a descendu 42 Stukas. Cent cinquante-quatre Italiens dont neuf officiers et cent vingt-trois Allemands dont un officier ont été capturés. Les tués, disparus ou blessés germano-italiens sont évalués, d'après les archives militaires allemandes et italiennes, à 3300 hommes.

Du côté français, sur 3703 combattants dénombrés sur la position, 99 sont tués et 79 blessés au cours du siège. Lors de la sortie, 2619 hommes parviennent à percer l'encerclement ; 980 sont perdus dont 814 prisonniers ou disparus, 125 blessés et 41 tués. Le bilan des pertes en matériel se montent à 40 canons de 75, 8 canons de 40 Bofors, 5 canons de 47 et 250 véhicules détruits.

Le général britannique Playfair, historien officiel de la guerre du désert, estime que « la défense prolongée de la garnison française a joué un rôle déterminant dans le rétablissement des troupes britanniques en Égypte. Les Français libres ont dès l'origine gravement perturbé l'offensive de Rommel. L'acheminement du ravitaillement de l'Afrikakorps en a été fortement troublé. La concentration de plus en plus importante des forces de l'Axe pour percer cet abcès, a sauvé la 8e armée britannique d'un désastre. Les retards qu'apportent la résistance résolue des Français augmentent les chances des Britanniques de se ressaisir et facilitent la préparation d'une contre-attaque. À plus long terme, le

---

[147] *Archives militaires allemandes*, Fribourg-en-Brisgau.

ralentissement de la manœuvre de Rommel permet aux forces britanniques d'échapper à l'anéantissement prévu par l'Axe. C'est par là que l'on peut dire, sans exagération, que Bir-Hakeim a facilité le succès défensif d'El Alamein ».[148]

Winston Churchill tient le même raisonnement : « En retardant de quinze jours l'offensive de Rommel, les Français libres de Bir-Hakeim ont largement contribué à sauvegarder le sort de l'Égypte et du canal de Suez. »[149]

Les places fortes de Tobrouk et de Mersa Matruh, qui tombent très rapidement (un ou deux jours), ne retardent que faiblement la progression de Rommel, alors que Bir-Hakeim résiste durant plus de deux semaines, avec des effectifs nettement moins importants. En effet, le 20 juin 1942, les forces italo-allemandes se trouvent de nouveau aux portes de Tobrouk. Sans avoir attendu des renforts, Rommel décide d'investir la forteresse, alors défendue par 35 000 soldats britanniques, appartenant à la 2e division d'infanterie sud-africaine, à la 29e brigade hindoue, à la 201e brigade de la garde et à la 32e brigade blindée. Rommel a confié le déroulement de l'opération à un brillant et distingué général italien, Navarrini. La division blindée italienne Littorio, nouvelle venue en Afrique, les divisions Ariete et Trieste, la 15e panzerdivision – soit 30 000 soldats, dont 20 000 Italiens – s'élancent à l'assaut, à l'aube du 20, contre les positions fortifiées de Tobrouk. Malgré l'équilibre des forces en présence, la résistance britannique s'effondre en quelques heures. Le lendemain même, à 9 h 40, le général britannique Klopper se rend avec

---

[148] *Archives militaires britanniques*, Londres.

[149] *Archives militaires britanniques*, Londres.

l'ensemble de la garnison. Les vainqueurs capturent 33 000 soldats alliés, 2000 véhicules en état de marche, plus de 2000 tonnes d'essence, ainsi que 5000 tonnes de vivres.

« Vers 5 heures, le 21 juin, raconte Rommel, j'entrai dans la ville de Tobrouk. Elle offrait un spectacle lugubre. Presque toutes les habitations étaient rasées ou ne formaient plus qu'un monceau de gravats. La plupart des destructions remontaient au siège de l'année précédente. Par la via Balbia, je me dirigeai à l'ouest. Toute la 32e brigade blindée déposa les armes, et 30 chars en état de marche nous furent remis. Des deux côtés de la via Balbia, de nombreux véhicules continuaient à se consumer et, partout, ce n'étaient que des scènes de destruction. À 6 km à l'ouest de Tobrouk, je rencontrai ensuite le général Klopper qui m'annonça la capitulation de la forteresse de Tobrouk. Il n'avait pu enrayer la défaite. »[150]

Le jour même, Rommel dresse un ordre du jour de victoire : « Soldats ! La grande bataille de Marmarique a eu pour couronnement votre conquête de la forteresse de Tobrouk. Nous avons fait plus de 45 000 prisonniers et détruit ou capturé 1000 véhicules blindés et environ 400 canons depuis le début de notre offensive du 26 mai. Au cours de l'âpre lutte des dernières semaines, votre vaillance et votre endurance nous ont alors permis de porter de terribles coups aux forces alliées. Grâce à vous, l'adversaire a perdu le noyau de son armée, qui s'apprêtait à passer à l'offensive, et, surtout, ses forces blindées ont été détruites. Au cours des prochains jours, je vous demanderai le grand effort final. »[151]

---

[150] *Archives militaires allemandes*, Fribourg-en-Brisgau.

[151] *Archives militaires allemandes*, Fribourg-en-Brisgau.

Dans la soirée du 21, Hitler téléphone à Rommel pour l'informer qu'il va recevoir son bâton de maréchal du Reich. Mais cette nouvelle ne l'enthousiasme guère, et il déclare à ses officiers : « Ce serait bien mieux de m'envoyer une division blindée. »[152] Ses forces ont en effet subi des pertes importantes, certaines divisions n'ont plus qu'une poignée de chars. Il redoute que les Britanniques puissent se renforcer en Égypte et soient ainsi en mesure de résister, grâce à la résistance prolongée de Bir-Hakeim qui a fixé durant plus de deux semaines 37 000 soldats italo-allemands sur 90 000. Rommel ne cesse de réclamer des chars et des avions à Hitler, mais ce dernier concentre ses moyens militaires sur le front russe. Rommel peste d'avoir perdu tant de temps à réduire la forteresse de Bir-Hakeim, en laissant en plus échapper la plus grande partie de la garnison française.

Mussolini saisit l'occasion pour demander à Hitler de mettre à exécution le projet d'invasion de l'île de Malte, afin de couper la route des convois alliés en Égypte : « Je pense, et vous pensez certainement comme moi, qu'il faut consolider et accroître au plus vite les résultats acquis. Au cœur de notre action stratégique, il y a la question de Malte, pour laquelle nous avons pris en leur temps des décisions que vous savez. Aujourd'hui, afin de conserver nos avantages en Libye et de pourvoir à nos besoins futurs, il est indispensable d'assurer en toute sécurité les transports maritimes qui nous sont nécessaires. L'occupation de Malte, non seulement résoudra le problème de la circulation en Méditerranée, mais rendra disponibles toutes nos forces aériennes. »[153]

---

[152] *Archives militaires allemandes*, Fribourg-en-Brisgau.

[153] *Archives militaires italiennes*, Rome.

Mussolini propose à son allié un projet que le commandement italien étudie depuis longtemps et dont il prépare également l'exécution. C'est le plan d'opération C3, qui a pour promoteur le général Cavallero, chef d'état-major italien, et le maréchal allemand Kesserling. Les deux hommes se sont rendus compte de l'importante de Malte dans le déroulement du conflit en Méditerranée et sur les opérations de Rommel en Afrique.

Le plan a été étudié dans les moindres détails. Les soldats italiens du corps de débarquement ont suivi une instruction méticuleuse sur la côte rocheuse de Calafuria, au sud de Livourne, qui ressemble à celle de Malte, puis ont été transférés en Sicile au mois d'avril 1942, pour y attendre l'ordre de départ. Mais Rommel a demandé la priorité et obtenu d'Hitler l'autorisation d'attaquer Tobrouk. Les Italiens se sont contentés de son engagement formel de s'arrêter après la conquête de Tobrouk, pour permettre ensuite l'invasion de Malte. Submergé par son enthousiasme, il est persuadé d'avoir éliminé le gros des forces britanniques. Plus tacticien que stratège, il ne se rend pas compte de l'importance de Malte. Il semble pour lui plus important de marcher sur Alexandrie, sans perdre de temps.

Pour trancher la question, Rommel s'adresse directement à Hitler et lui fait miroiter une incroyable progression sur Suez et l'occupation des puits de pétrole du golfe Persique. Très sensible au charme de son général préféré, et surtout enthousiasmé par les projets grandioses du plan qu'il lui propose, Hitler finit par faire sienne l'opinion de Rommel. Toutefois, il lui reste à persuader son allié italien, qui vient de lui demander expressément d'intervenir sur Malte.

Hitler écrit alors à Mussolini : « Le destin, Duce, nous offre une occasion unique qui ne se représentera plus dans le cadre de cette guerre.

La 8ᵉ armée britannique est pour ainsi dire détruite, mais les installations portuaires de l'Égypte sont, elles, presque intactes. Si nous ne poursuivons pas tout de suite sans relâche les restes de la 8ᵉ armée, il risque de nous arriver ce qui est arrivé aux Anglais lorsqu'ils s'arrêtèrent en vue des portes de Tripoli pour envoyer des renforts en Grèce, en février 1941. Nous pouvons enfin, sous certaines conditions, arracher l'Égypte à l'Angleterre. Mon conseil est le suivant : ordonnez la poursuite des opérations jusqu'à l'anéantissement total des troupes britanniques. La chance au combat ne sourit qu'une fois aux condottieri : celui qui ne la saisit pas la perd pour toujours. »[154]

La lettre d'Hitler remplit d'orgueil Mussolini, qui décide dans le sens voulu par Rommel : il repousse l'opération C3 et ordonne en outre de mettre à la disposition de l'Afrikakorps tous les moyens et les hommes du corps de débarquement. Ainsi, la division d'élite italienne Folgore, unité parachutiste, est envoyée dans les sables d'Afrique. Au grand quartier général italien, c'est la consternation, alors que Mussolini se voit déjà entrer triomphalement au Caire, sur un magnifique cheval blanc, l'épée de l'Islam à la main.

Le grand rêve africain du Duce semble se réaliser : le 29 juin 1942, le 7ᵉ régiment de bersaglieri enfonce les défenses de Marsa Matruh et capture 6000 soldats britanniques. Les Italo-Allemands ont pénétré de plus de 150 km en territoires égyptien. Le même jour, Mussolini s'envole pour la Cyrénaïque aux commandes de son avion personnel. Rommel est tout aussi euphorique. Il ne tient pas compte des recommandations de son adjoint italien, le général Bastico, qui lui demande de ralentir son avance.

---

[154] *Archives militaires italiennes*, Rome.

Or ses forces, après plusieurs mois de campagne, se trouvent réduites au minimum.

La division Ariete ne compte plus que 15 chars, 15 pièces d'artillerie et 600 bersaglieri. La division Trieste aligne 1500 hommes et 4 chars ; la Littorio 1000 bersaglieri et 30 chars ; la Brescia est réduite à 2 bataillons et la Pavia à un. Le groupe de soutien du général Navarrini dispose d'un bataillon de grenadiers, de 4 bataillons de la division Trento et de 8 groupes d'artillerie. Les forces allemandes sont également très affaiblies. Les 15e, 21e panzerdivisions et à la 90e motorisée totalisent 58 chars.

Churchill est consterné par l'échec de ses troupes : « Nos forces étaient supérieures à celles de l'Axe. Nous avions plus de 100 000 hommes, eux environ 90 000. Notre artillerie était plus forte dans une proportion de trois contre un, de même que pour les chars, et nous avions en ligne de nouveaux obusiers. Malgré cela, Tobrouk est tombé au bout d'une petite journée de combat. C'est un désastre. Nous nous sommes ensuite repliés jusqu'à Marsa-Matruh, mettant 190 km de désert entre notre 8e armée et les forces ennemies. À peine cinq jours plus tard, les Germano-Italiens arrivaient devant notre nouvelle position, et il nous faut décrocher, pénétrer toujours plus en Égypte, reculer encore. El Alamein devra être tenu jusqu'à la mort. »[155]

Du 26 mai au 3 juillet 1942, les Italo-Allemands ont fait plus de 60 000 prisonniers et détruit ou capturé 2000 blindés divers. Rommel se trouve à moins de 160 km d'Alexandrie. Il lui reste à enfoncer les défenses d'El Alamein, dernier rempart avant la victoire finale.

---

[155] *Archives militaires britanniques*, Londres.

Tactiquement, la nouvelle ligne de résistance d'El Alamein, partant de la Méditerranée, arrive à la dépression de Kattara, dont les marécages sont infranchissables aux chars. Les Britanniques ont leur aile gauche solidement appuyée, et l'ennemi se trouve acculé à tous les inconvénient d'une attaque purement frontale, opération toujours risquée en raison du puissant armement antichars britannique. Du point de vue stratégique, la solution du général Auchinleck donne au maréchal Rommel la lourde servitude du ravitaillement de plusieurs divisions dont quatre blindées, avec 400 km de désert dans le dos.

Dès le 4 juillet 1942, les Britanniques ont pu établir une solide position sur le front d'El Alamein. Les renforts se sont multipliés, notamment en chars lourds Grant et Sherman, alors que Rommel doit attaquer avec des forces limitées, certaines divisions se trouvant réduites à une dizaine de chars. La 8e armée britannique se voit considérablement renforcée par la 9e division australienne et la 2e division néo-zélandaise venues du Proche-Orient, la 51e division métropolitaine et la 8e division blindée qui ont quitté la Grande-Bretagne, entre le 15 mai et le 15 juin, et la 4e division hindoue qui arrive de Chypre. La résistance de plus de deux semaines de la 1ère brigade française libre, à Bir-Hakeim, permet à ses nombreux renforts d'être acheminés à temps pour résister à Rommel avec efficacité.

Dans un rapport du haut commandement anglais du 12 juin 1942, on peut lire : « En tenant compte des combats ininterrompus et sévères que la 1ère brigade française libre dut alors mener pendant seize jours, les pertes françaises ont été légères. Les plans de Rommel ont été déjoués grâce à la splendide résistance opposée par la garnison française, qui a toujours repoussé l'ennemi en lui causant des pertes sévères. »[156]

Le général Koenig écrit de son côté : « Du 27 mai au 5 juin 1942, notre résistance inattendue et l'activité de nos patrouilles avaient bouleversé le plan ennemi. Du 6 au 11 juin, Rommel s'était retourné contre nous et avait perdu un temps précieux dont la 8e armée britannique avait profité pour entamer largement l'évacuation de ses services et de ses moyens. »[157]

De juillet et à octobre 1942, la bataille d'El Alamein est marquée par de nombreuses offensives et contre-offensives, menées dans les deux camps, où Rommel est finalement tenu en échec. Fin octobre et début novembre 1942, le général britannique Montgomery, fort d'une supériorité numérique écrasante dans tous les domaines (1600 chars britanniques contre 200 chars allemands et 300 italiens), enfonce les positions de l'Axe, forçant Rommel et ses troupes à abandonner l'Égypte, puis la Libye et à se réfugier en Tunisie, où l'Axe capitule finalement en mai 1943.

Lorsque le jeune journaliste allemand Lutz Koch, de retour à Berlin, raconte en détail les très durs combats de Bir-Hakeim à Hitler, la vieille haine de la France se rallume dans le cœur du chef du IIIe Reich : « Vous entendez, Messieurs, ce que raconte Koch, dit aussitôt le Führer. C'est bien une nouvelle preuve de la thèse que j'ai toujours soutenue, à savoir que les Français sont, après nous, les meilleurs soldats de toute l'Europe. La France sera toujours en situation, même avec son taux de natalité actuel, de mettre sur pied une centaine de divisions. Il nous faudra

---

[156] *Archives militaires britanniques*, Londres.

[157] *Archives militaires françaises*, Vincennes.

absolument, après cette guerre, nouer une coalition capable de contenir militairement un pays capable d'accomplir des prouesses sur le plan militaire qui étonnent le monde comme à Bir-Hakeim. »[158]

Bir-Hakeim a un retentissement mondial. Toute la presse en parle longuement. Depuis juin 1940, une grande unité française, isolée, résiste efficacement aux assauts de plus en plus puissants de l'Axe.

Le journal britannique *Daily Mail* titre que « les hommes de la France libre rendent le nom de Bir-Hakeim immortel ». Le même journal écrit que « la défense de Bir-Hakeim est l'un des plus splendides exploits de la guerre ». Le *Times* s'étend longuement sur la bataille de Bir-Hakeim : « La bataille fantastique et sanglante a atteint un nouveau sommet lorsque les forces axistes lancèrent une nouvelle avalanche de fer contre les Français de Bir-Hakeim. On pense que l'ennemi est en train de regrouper de nouvelles forces importantes avant une attaque plus formidables encore. Les Français gardent un bon moral et repoussent héroïquement tous les assauts de l'ennemi. Les forces axistes à Bir-Hakeim s'attaquent à plus qu'une forte position défensive, elles s'attaquent à quelque chose qu'elles ne peuvent briser : ces hommes sont la France, et la France est dans leurs yeux lorsqu'ils combattent. »[159]

Les généraux britanniques multiplient les éloges en faveur de la bravoure des troupes françaises à Bir-Hakeim. Le général Frank Messervy, commandant de la 7e division britannique, écrit, fin juin 1942, la lettre suivante au général Koenig :

« Mon cher général Koenig, je veux vous écrire un mot pour vous

---

[158] *Archives militaires allemandes*, Fribourg-en-Brisgau.

[159] *Archives militaires britanniques*, Londres.

exprimer mon admiration et celle de tous les cadres et troupes de la 7ᵉ division britannique pour le magnifique combat mené par vous et les vaillantes troupes de la 1ᵉʳᵉ brigade française libre, dans la défense de Bir-Hakeim. Pendant ces deux semaines d'attaques incessantes de l'aviation, de bombardements d'artillerie intenses et d'attaques ennemies déterminées, votre moral n'a jamais fléchi, vous avez tenu fermement et êtes restés indomptables. Par votre défense farouche, vous avez joué un rôle des plus importants dans cette grande bataille du désert afin de déjouer les plans offensifs de l'ennemi. »[160]

Le général Willoughby Norrie, commandant le 30ᵉ corps d'armée britannique écrit, le 16 juin 1942, le message suivant au général de Larminat :

« Félicitez, s'il vous plaît, le général Koenig et ses vaillantes troupes pour leurs combats épiques de Bir-Hakeim. Cette magnifique résistance de seize jours contre les attaques continuelles a largement soutenu notre cause et déconfit l'ennemi lorsque l'ordre de repli fut donné par la plus haute autorité. Vos troupes n'ont jamais été forcées par l'action ennemie. Je suis fier d'avoir été associé à la 1ᵉʳᵉ brigade française libre. Bonne chance. Vive la France ! »[161]

Le général de Gaulle adresse au général Koenig, lors du dernier jour du siège, le message suivant : « Sachez et dites à vos troupes que toute la France vous regarde et que vous êtes son orgueil. » En apprenant la réussite de l'évacuation de Bir-Hakeim, le général de Gaulle ferme la porte derrière le messager et écrit : « Je suis seul - oh ! cœur battant

---

[160] *Archives militaires britanniques*, Londres.

[161] *Archives militaires britanniques*, Londres.

d'émotion, sanglots d'orgueil, larmes de joie. »[162]

Le lieutenant-colonel français Rémy Porte, directeur de la recherche au service historique de la défense, écrit que « les conséquences militaires de cette victoire défensive française, en immobilisant pendant deux semaines des forces ennemies considérables, et en lui infligeant dans un rapport de force de 1 contre 10 des pertes sensibles, ne sont pas négligeables : elle bouleverse la planification opérationnelle allemande et donne au commandement supérieur allié le temps de rameuter d'autres troupes et de s'organiser (…). La 1ère brigade française libre rempli sa mission au-delà de toutes attentes du haut commandement britannique. Elle est ensuite réorganisée et rééquipée dans la région de Daba, mise au repos dans la région d'Alexandrie avant de remonter en ligne. Rommel a perdu deux précieuses semaines. Accourue d'Irak à marches forcées, des troupes britannique parviennent à El Alamein quelques heures seulement avant les éléments de pointe de l'Afrikakorps (…). La ferme résistance française permet aux Britanniques de mettre en relief l'action de l'allié français et surtout au général de Gaulle de conforter la place de la France libre dans la lutte mondiale qui se développe.

« En tenant leur position au-delà de ce qui était demandé par le commandement allié, les soldats français imposent à Rommel de retarder l'ensemble de ses opérations offensives et permettent aux Britanniques de préparer le choc suivant. On peut d'ailleurs se demander aujourd'hui, mais cela est si facile après les événements et lorsqu'on connaît la fin de l'histoire, si le général allemand avait vraiment besoin de perdre autant

---

[162] *Archives militaires françaises*, Vincennes.

de temps à réduire la position tenue par les Français. Vouloir à tout prix obtenir un succès tactique local l'a sans doute conduit, comme d'autres généraux en d'autres circonstances, à se priver d'une victoire stratégique. Peut-être que s'acharner sur une place encerclée fut sa première faute majeure ».[163]

Bir-Hakeim a bien été une bataille décisive de la guerre en Afrique du Nord, en sauvant l'armée britannique d'un désastre complet.

---

[163] *Archives militaires françaises*, Vincennes.

XIX

TUNISIE ET CORSE
1942-1943

Connu sous le nom d'opération "Torch", le débarquement des Alliés en Afrique du Nord française présente à la fois un aspect militaire et politique. Sur le premier plan, la décision n'a pas été facile à prendre. Quand Roosevelt, président des Etats-Unis, et Churchill, chef du gouvernement britannique, en parlent pour la première fois à Washington, en juin 1942, la situation sur les différents fronts n'est pas brillante. En Afrique, Rommel marche sur Suez. En Russie, les Allemands menacent la Géorgie et la Caspienne. Les sous-marins de l'Axe infligent des pertes catastrophiques à la flotte britannique. Staline insiste pour l'ouverture d'un second front eu Europe : mais ni Churchill, ni Roosevelt ne peuvent sérieusement envisager de lui donner satisfaction. Churchill songe à une action de diversion visant à conquérir une base en Méditerranée : de là, on pourrait ensuite ouvrir dans les Balkans le second front désiré par Staline. Par ailleurs, un débarquement en Afrique du Nord aurait l'intérêt de prendre entre deux feux les forces italo-allemandes de Rommel, tout en menaçant directement l'Italie de Mussolini.

Malgré l'opposition de nombre de ses collaborateurs, Roosevelt finit par se rallier aux vues de Churchill : une victoire sur le front occidental, même partielle et limitée, rendrait confiance à l'opinion américaine, ébranlée par les défaites dans le Pacifique. L'accord définitif est conclu le 25 juillet 1942. Staline l'approuve avec enthousiasme. Les états-majors anglais et américains élaborent en détail les modalités de l'opération "Torch". L'organisation militaire de l'entreprise ne laisse rien au hasard. Les troupes américaines sont entraînées à la guerre du désert.

Sur le plan politique, l'affaire semble plus compliquée. Le général de Gaulle incarne la Résistance française, engagée dans la lutte contre l'Axe. Depuis plus de deux ans, les forces françaises libres se sont distinguées sur divers théâtres de guerre. Mais les Américains n'ont pas encore reconnu officiellement le Comité français de libération nationale (CFLN), l'organe politique et militaire du général de Gaulle. L'armée française d'Afrique du Nord est bien tenue en mains par Vichy, où les Etats-Unis conservent leur ambassade.

Le premier souci des Alliés est de faciliter au maximum les opérations de débarquement. Roosevelt charge son représentant personnel, Robert Murphy, de chercher une personnalité susceptible de rallier les autorités françaises d'Afrique du Nord. Après bien des hésitations, le choix se porte sur le général Giraud, évadé le 17 avril 1942 de la forteresse de Königstein, réfugié en France, en zone libre. En même temps, Murphy prend contact avec des activistes algérois acquis à la cause des Alliés : ceux-ci doivent prendre la ville en mains jusqu'à l'arrivée des troupes américaines.

Le 16 septembre 1942, Roosevelt adopte définitivement la "solution Giraud", décidant par ailleurs de tenir le général de Gaulle et les Français libres en dehors de l'opération. Les troupes de débarquement seront exclusivement américaines. Les Alliés craignent les réactions hostiles que pourraient susciter des forces gaullistes ou même britanniques au sein de l'armée française d'Afrique du Nord, fidèle au maréchal Pétain.

Le 23 octobre 1942, amené clandestinement à Cherchell par le sous-marin Seraph, le général Clark, adjoint d'Eisenhower, rencontre le général Mast, représentant des officiers français favorables aux Alliés. Mast assure à Clark et au consul américain Robert Murphy que les détachements français, sous les ordres du général Giraud, sont prêts à appuyer l'action des Alliés. Le 2 novembre, un accord de principe est conclu avec Giraud. Le 7, Eisenhower retrouve à Gibraltar le général Giraud, que le réseau Alliance a fait venir de France.

Trois événements imprévus surviennent alors. D'abord, Giraud, déçu de n'avoir pas reçu le commandement suprême de l'opération, n'arrive à Alger que le 9 novembre, au lieu du 8, date du débarquement des Alliés sur les côtes africaines françaises. Ensuite, les Américains étant en retard sur l'horaire indiqué, les activistes algérois, fidèles aux Alliés, perdent le contrôle de la situation quand ils débarquent. Enfin, l'amiral Darlan, commandant en chef des forces de Vichy, se trouve curieusement à Alger lors du débarquement. Il s'ensuit, durant quelques jours, une situation d'une extrême confusion.

Dans la nuit du 7 au 8 novembre, le corps expéditionnaire allié, parti d'Angleterre et des Etats-Unis, arrive devant Alger, Oran et Casablanca : l'opération Torch, décidée le 25 juillet, entre dans sa phase d'exécution. Il y a là 500 navires de guerre divisés en 3 groupes : la Task force navale de l'Ouest (contre-amiral américain Hewitt), qui débarque ses troupes (commandées par le général américain Patton) au Maroc, à Casablanca ; La Task Force navale du Centre (commodore Troubridge, de la Royal Navy), qui débarque ses troupes (commandées par le général américain Fredentall), en Algérie, à Oran ; la Task Force navale de l'Est (contre-amiral Burroug, de la Royal Navy), qui débarque ses troupes (dirigées par le général américain Ryder) à Alger. La direction des forces navales est confiée à l'amiral anglais Cunningham, et c'est le général américain Eisenhower qui assure le haut commandement de l'opération. C'est à une heure du matin qu'à lieu le débarquement près d'Alger ; il y a là 2 régiments américains, 2 brigades britanniques, 2 bataillons de commandos britanniques, plus 1 régiment américain qui, à 5h30, pénètre dans le port d'Alger. À 19 heures, la ville capitule. Le groupe du Centre débarque à 1h30, près d'Oran, 1 division, 1 division blindée, 1 bataillon de rangers et 1 bataillon de parachutistes. Tout le contingent est américain. Les navires anglais Walney et Hartland sont coulés par les troupes françaises alors qu'ils tentent de prendre le port sans faire de dégâts. Le groupe de l'Ouest débarque à 5 heures, près de Casablanca, des troupes américaines, comprenant 1 division et 2 régiments d'infanterie, 3 divisions blindées et des unités commandos.

À la suite de l'opération Torch, le gouvernement de Vichy rompt ses relations diplomatiques avec Washington. Le 8 novembre, à 7 heures, on remet au maréchal Pétain, qui se trouve à Vichy, une lettre personnelle du président Roosevelt, lui annonçant la nouvelle du débarquement allié en Afrique du Nord. Pétain répond immédiatement : « J'ai toujours dit qu'en cas d'attaque nous défendrions notre Empire… Nous sommes attaqués, nous nous défendrons. Voilà l'ordre que je donne. » De fait, en exécution de ses ordres, les troupes françaises commencent à s'opposer au débarquement, notamment au Maroc. Les combats entre les forces françaises et alliées, assez confus, font de nombreuses victimes au Maroc et en Algérie : près de 3300 (tués ou blessés) dans les rangs des troupes françaises, près de 1500 chez les Alliés, principalement Américains. On imagine le cas de conscience des officiers et soldats français, fidèles au maréchal Pétain qui incarne à leurs yeux le « Vainqueur de Verdun », et la situation de la France occupée en grande partie par l'Axe. Surtout qu'à partir du 11 novembre, les troupes germano-italiennes envahissent la zone « libre » de la métropole.

Les autorités d'Afrique du Nord ne s'étant pas ralliées à Giraud, les Américains se retournent vers Darlan. Celui-ci, conformément aux ordres du maréchal Pétain, a d'abord ordonné la résistance. Puis, devant l'impossibilité de la poursuivre, il décide, le 9, une suspension d'armes. Désavoué alors par Pétain, qui le remplace par le général Noguès, résident général du Maroc (où les combats se poursuivent), Darlan se proclame prisonnier de guerre.

Les Américains menacent de mettre en place la "solution Giraud". Darlan accepte, le 10 novembre, d'étendre le cessez-le-feu à l'ensemble de l'Algérie et du Maroc. Son objectif, comme celui de Noguès, est de maintenir l'Afrique du Nord "autour du Maréchal et non au nom de la dissidence". L'occupation de la zone libre de la France par l'Axe, le 11 novembre, lui permet de se réclamer de Pétain, qu'il assure "retenu en métropole". Le 13, il conclut avec Eisenhower un accord le nommant haut-commissaire de France, l'administration existante restant en place. Le 15, Darlan proclame que tous ceux qui ont prêté serment de fidélité au Maréchal "seront fidèles au Maréchal" en exécutant ses ordres.

L'Afrique du Nord devient une Vichy d'outre-mer, sous protectorat américain. Les quelques officiers français qui ont tenté de favoriser le débarquement sont même frappés de sanctions. Les détenus politiques restent en prison. La législation antisémite demeure en vigueur. Cette situation paradoxale soulève de nombreux problèmes et des vives oppositions. Le général de Gaulle, qui se prévaut du soutien de la Résistance intérieure, dénonce avec force ces "ex-dignitaires vichystes, qui incarnent le déshonneur et la trahison". Il peut compter, à Alger, sur un groupe de gaullistes, animé par René Capitant. Bien des conjurés du 7 novembre, souvent d'obédience monarchiste, se sentent frustrés de leur victoire par ces ralliés de la dernière heure, même si Giraud accepte d'être nommé commandant des forces militaires. Dans l'opinion publique américaine, bien des voix s'élèvent pour dénoncer un pragmatisme faisant fi de la morale.

Désorienté par l'imbroglio politique que ses décisions ont entraîné à Alger, Roosevelt assure, le 17 novembre, que "la solution Darlan" n'est qu'un "expédient provisoire". L'expédient provisoire prend fin, le 24 décembre, lorsqu'un des conjurés "du 7 novembre", un jeune monarchiste de vingt ans, Fernand Bonnier de La Chapelle, tue l'amiral Darlan à coups de revolver sur les marches du Palais d'Été. Deux jours plus tard, le meurtrier, jugé d'une façon expéditive, est exécuté. Le général Giraud, nommé le 27 décembre haut-commissaire civil et militaire en Afrique du Nord, a refusé sa grâce.

Churchill et Roosevelt tentent de réconcilier Giraud et de Gaulle, lors de la célèbre rencontre à Anfa (Casablanca), le 24 janvier 1943. Depuis la fin novembre 1942, les troupes françaises d'Afrique du Nord ont reçu l'ordre d'ouvrir le feu sur les troupes de l'Axe, occupant déjà une partie de la Tunisie.

Lors de la campagne de Tunisie, l'armée française engage des effectifs importants avec 75 000 soldats, tandis que les Américains en alignent 95 000 et les Britanniques 130 000. Les forces de l'Axe disposent de 80 000 combattants allemands et 110 000 italiens.

Les combats se déroulent dans des conditions difficiles, bien souvent sous le froid et la pluie et parfois la neige, en zone montagneuse avec des sommets pouvant atteindre mille cinq cents mètres ou des plateaux steppiques et rocailleux.

Le général Giraud charge en principe les généraux Barré, Juin et Koeltz de diriger les opérations militaires aux côtés des Alliés. Mais en fait, le général Giraud continue à s'immiscer dans la conduite de la guerre.

Les soldats français, participant à la campagne de Tunisie, s'organisent autour de quatre divisions d'infanterie (divisions de marche d'Alger, de Constantine, du Maroc, d'Oran), de la brigade légère mécanisée du colonel du Vigier, du corps franc d'Afrique du général de Monsabert, du détachement saharien du général Delaye. La brigade légère motorisée FFL (Force L) du général Leclerc a rejoint la 8e armée britannique du général Montgomery en Libye. L'armement lourd et léger date pour l'essentiel de la campagne de 1940, voire de la guerre 14-18. Le matériel britannique et américain, plus moderne, équipe peu à peu certaines unités. La campagne de Tunisie va être cependant conduite avec un matériel français désuet et à bout de souffle.

Un correspondant de guerre anglais, dépeint ainsi les Français : « Habillés de loques, armés d'antiques fusils Lebel de 14-18 et de quelques canons de 75, dépourvus de tout transport... Leur vaillance était stupéfiante, car ils n'avaient aucune chance devant l'équipement moderne des Allemands. »[164]

Le général anglais Anderson, commandant de la 1ère armée britannique, confiera à John d'Arcy-Dawson « qu'il ne pourra jamais chanter assez les louanges des Français pour avoir tenue ferme la Grande Dorsale (chaîne montagneuse tunisienne) au début de la campagne. Les Français brûlaient de sa battre, leur courage et leur enthousiasme étaient

---

[164] *Archives militaires britanniques*, Londres.

magnifiques. Si on leur avait confié des armes et des équipements convenables, ils auraient rendu des services bien plus appréciables encore. Tels quels, il est étonnant qu'ils aient réussi à tenir l'ennemi en échec ».[165]

Cette nouvelle armée française est composée pour moitié d'Africains (Tunisiens, Marocains, Algériens, Sénégalais...) et pour moitié de Pieds-Noirs et de Français venus de la Métropole ou des colonies. La proportion des engagés volontaires par rapport aux appelés est d'environ un tiers.

Dès le 13 novembre 1942, les mesures de mobilisation, secrètement préparées, sont déclenchées, les matériels camouflés sortis de leurs dépôts clandestins et, de tous les points de l'Afrique du Nord, les unités ainsi renforcées partent pour la Tunisie. Ces troupes, bien que légèrement armées et sommairement équipées, mais composées, en grande majorité, de cadres et d'hommes de carrière, pleins d'ardeur et du désir de revanche, forment l'armée d'Afrique, qui va bloquer l'avance germano-italienne et permettre aux contingents alliés d'effectuer peu à peu leur concentration.

Sur trois cents kilomètres de front dans le nord tunisien, les troupes françaises doivent en tenir plus de la moitié, afin de permettre le déploiement des unités de la 1ère armée britannique et du 2e corps d'armée américain. La zone montagneuse de la Grande Dorsale, défendue principalement par les unités françaises, est marquée par de violents combats contre la division d'infanterie italienne Superga, des éléments des 10e et 21e panzerdivisions, de la division motorisée von Broich, la

---

[165] *Archives militaires britanniques*, Londres.

brigade Weber et la 50e brigade spéciale italienne Imperiali. De novembre 1942 à mai 1943, attaques et contre-attaques se succèdent de part et d'autre pour la conquête de pitons rocheux et de collines. Le 28 décembre 1942, le groupement français Carpentier parvient presque à rompre le dispositif ennemi, mais les Stuka (avions d'assaut) interviennent en même temps qu'une contre-attaque italo-allemande.

Le 18 janvier 1943, la brigade allemande Weber et des éléments de la division italienne Superga attaquent les positions avancées de la division de marche du Maroc, dont l'armement antichar (canons de 25, 37 et 47 mm) et l'artillerie de campagne (pièces de 75 mm modèle 1897) sont dérisoires face aux chars lourds Tigre I de 56 tonnes et autres Panzer III et IV de 20 et 25 tonnes. Au col du Faïd, les artilleurs français du 67e régiment d'artillerie se font massacrer sur place pour ralentir l'avance des blindés ennemis. Le lieutenant Louis Gouzi, commandant la 1ère batterie de 75 mm, se souvient :

« Les chars ennemis, poursuivant leur progression, concentrent leurs obus sur la pièce. Infiltrés dans les champs de cactus, les blindés sont à moins de deux mille mètres bien camouflés. La pièce est mise en antichar. Un blindé allemand sort du champ de cactus. La 1ère pièce tire à obus de rupture. Les coups sont en direction mais ricochent. Cependant, l'emplacement de la pièce est copieusement arrosé en obus explosifs, les balles des mitrailleuses sifflent. Autour de nous, un nuage de fumée et de poussière rend pratiquement impossible l'observation du tir sur les chars. Je donne l'ordre à la pièce de cesser le feu. De leur côté, les chars ne tirent plus mais poursuivent lentement leur progression, gênés par les mines que les soldats allemands accompagnés d'indigènes du lieu et munis de détecteurs cherchent à localiser et à neutraliser. Six cents mètres... feu ! Un premier char est atteint, un deuxième aussi, cela va être le tour du troisième... mais la riposte est immédiate et de nouveau la pièce se trouve submergée par les coups ennemis (les tireurs de chars doivent s'en donner à cœur joie)... Un obus fracasse l'appareil de pointage... Devant nous quinze, vingt chars... Sur notre droite venant de l'ouest, une quinzaine de chars en ligne de bataille... des Américains peut-être pense-t-on (depuis qu'on les attend !) mais ils se joignent aux autres. La pièce continue de tirer... pour l'honneur sans doute, car la visibilité est redevenue difficile. À notre droite une pièce de 37 mm des tirailleurs tire aussi. Derrière nous on entend les mitrailleuses de 13,2 mm (...). Le tir continue. À l'appareil de pointage défaillant, est substituée la ligne de mire naturelle du canon. Les chars qui ont été atteints l'ont été sans grands dommages semble-t-il, sauf pour ceux qui ont été déchenillés. Nous sommes toujours soumis à un feu violent. Un fracas de tonnerre... la roue droite vient d'être frappée par un obus ; le canon s'est couché sur le flanc droit. Tout le monde est debout, hébété sauf le canonnier Bernard étendu sur le sol, immobile, sans vie. Le maréchal des logis Mancini, le canonnier Cavalier et moi-même perdons du sang, seul le canonnier Mollet semble indemne. Nous sommes environnés de fumée et de flammes. L'emplacement de la pièce est évacué. »[166]

    Malgré la disproportion des moyens, la résistance française se poursuit durant trois jours. Les véhicules légers et les canons français sont écrasés sans vergogne par les blindés allemands, plus puissants. Le 21 janvier, une contre-attaque de la 1ère division blindée (DB) américaine permet de stopper la progression ennemie sur la plaine d'Ousseltia.

    Les forces de l'Axe passent à nouveau à l'attaque le 30 janvier à

---

[166] *Archives militaires françaises*, Vincennes.

l'aube. Une fois encore l'offensive tombe sur les troupes françaises. La lutte entre tirailleurs français et grenadiers allemands est acharnée. Plus de 900 hommes sont tués ou portés disparus en trente-six heures de combat. Le jour même, les Américains de la 1ère DB contre-attaquent d'abord sur Faïd, puis sur Maknassy et parviennent à contenir la progression ennemie, non sans des pertes importantes en hommes et en matériel.

Le rapport de l'état-major allemand de la 21e panzerdivision, daté du 4 février 1943, rend hommage à la bravoure de troupes franco-africaines :

« La relève des unités françaises par des américaines, annoncée par les unités d'éclairage, s'est avérée fausse. Les passes du Faïd et du Rebaou étaient tenues par des Français qui avaient mission d'y résister. Ils ont défendu la passe du Rebaou avec acharnement, mais ont dû céder devant l'attaque enveloppante du groupe de combat Kunh (...). Le combat principal pour le passage principal à l'Est du Faïd a été dur et ne s'est pas déroulé comme prévu ; les défenseurs français étaient solidement installés dans les pentes rocheuses des deux côtés de la passe et sur une crête transversale en avant de la passe. Par de violents tirs de mitrailleuses et de mortiers, ils ont empêché la progression des grenadiers du groupe de combat Pfeiffer (...). Le 2e bataillon du 2e régiment de tirailleurs algériens qui tenait la passe se défendit avec ténacité et tirait encore, alors même que nos grenadiers se trouvaient à quelques mètres d'eux (...). Des prisonniers français se dégage une excellente impression militaire ; il en est de même des indigènes. Tous sont d'accord pour dire que leur ravitaillement est très critique. »[167]

Le 14 février 1943, après une semaine de neige, les 10e et 21e panzerdivisions attaquent les forces franco-américaines à Sidi bou Zid. La 1ère DB américaine perd une centaine de chars en deux jours, mais le front n'est pas rompu. Le 18 février à l'aube, les unités alliées peuvent se rétablir sur la Grande Dorsale. Les 19 et 20 février, les Germano-Italiens passent encore à l'offensive ; la passe de Kasserine est prise ouvrant la route de Tébessa et de Thala. Les chars américains contre-attaquent, tandis que toutes les réserves françaises sont acheminées vers les points menacés. Brusquement, les troupes allemandes et italiennes commencent à décrocher. Le maréchal Rommel, découragé par la résistance des troupes alliées, juge ses forces insuffisantes pour continuer. D'autre part, les avant-gardes de la 8e armée britannique du général Montgomery commencent à atteindre Medenine, laissant présager un assaut général de la ligne Mareth, défendue par la 1ère armée italienne du général Messe, au sud de la Tunisie, en avant de Gabès. Le 25 février, Kasserine est réoccupé par les Alliés.

C'est alors que le général von Arnim lance son attaque au nord, dans les secteurs de Medjerda et Sedjenane, le 26 février 1943, avec d'importants moyens : division motorisée Manteuffel, brigade motorisée Weber, 10e régiment de bersaglieri (chasseurs motorisés italiens) et division Superga. L'offensive italo-allemande se développe contre le 5e corps d'armée britannique, fort de 3 divisions d'infanterie, et un groupement français, composé de 3 régiments d'infanterie. La lutte est d'une violence inouïe. À titre d'exemple, le 3e régiment de tirailleurs

---

[167] *Archives militaires allemandes*, Fribourg-en-Brisgau.

algériens (RTA) perd près de 900 hommes en deux jours. Les Alliés reculent de quelques kilomètres, mais l'agressivité de l'infanterie et les tirs précis de l'artillerie triomphent des assauts enragés de l'Axe. Le corps franc d'Afrique du général de Monsabert, fort de 3000 hommes, culbute le 10e régiment de bersaglieri et lui capture près de 400 soldats. Les pertes alliées sont cependant lourdes avec 2500 prisonniers et près de deux 200 blindés détruits.

Au sud de la Tunisie, le groupement de reconnaissance Luck et une compagnie de la 15e panzerdivision tentent de déloger la brigade motorisée (force L) du général Leclerc, portée à Ksar Rhilane, en flanc-garde de la 8e armée britannique. Le 9 mars 1943, Montgomery propose à Leclerc d'abandonner la position. Mais ce dernier répond qu'il pourra tenir Ksar Rhilane, à condition de bénéficier d'un soutien aérien. Soigneusement camouflés, les postes tenus par le commandant Vézinet aperçoivent au lever du soleil, le 10, les chars de von Arnim et, les laissant venir, les accueillent par un tir meurtrier. Comme prévu, l'aviation complète le tableau de chasse. Deux fois dans la journée encore, les Allemands tentent de percer. Avec exactement le même résultat. Montgomery, qui le croyait déjà mort, reçoit à 18 heures le message de victoire de Leclerc. Celui-ci se distingue de nouveau, le 19 mars, au djebel Outid, d'où les Germano-Italiens peuvent interdire aux Britanniques de contourner la ligne Mareth. La rapidité et la brutalité de la manœuvre, précédée des tirs d'artillerie, contraignent les soldats de l'Axe à décrocher avant midi.

À la mi-mars 1943, les troupes françaises commencent à recevoir un armement moderne. Trois escadrons de chars britanniques Valentine renforcent les chars Somua S35 ou les D1. Un millier de pistolet-mitrailleurs, deux cent cinquante canons antichars tractés et quatre cents camions ou camionnettes sont également livrés. La supériorité matérielle des Alliés est alors écrasante : sept contre un pour les véhicules blindés, vingt contre un pour les chars et trois contre un pour l'artillerie. Malgré cette disproportion des forces, les troupes de l'Axe et particulièrement les troupes italiennes se battent avec énergie. Le général, futur maréchal, anglais Alexander, commandant des troupes alliées en Tunisie, écrira :

« En Tunisie, l'ennemi contre-attaque continuellement et réussit à arrêter notre avance au prix de pertes très lourdes. Nous remarquons que les Italiens se battent particulièrement bien, même mieux que les Allemands qui sont en ligne avec eux. Malgré de sévères pertes infligées par nos barrages d'artillerie, l'ennemi persiste dans ses contre-attaques, et il devient évident qu'une avance dans ce massif inextricable sera coûteuse. »[168]

Le 7 avril 1943, les unités germano-italiennes se replient sur la ligne d'Enfidaville, deux cent quinze kilomètres de front, couvrant Bizerte, Tunis et Hammamet. Les combats de l'Ousselat (8 au 12 avril), où participe la division de marche de Constantine, témoignent de la solide résistance des troupes de l'Axe : 550 cadavres ennemis sont dénombrés, parmi lesquels 310 Italiens dont 150 Chemises noires, et 560 prisonniers, dont deux tiers d'Italiens. Ces chiffres, et la proportion des tués par rapport aux prisonniers, mettent en relief l'acharnement des combats et la volonté de résistance des forces italiennes du djebel Ousselat.

Le 22 avril, la grande offensive alliée sur Tunis est déclenchée. Dans le secteur du djebel Garci, les soldats du général italien Messe arrivent à contenir les attaques de la 8e armée britannique, après dix jours

---

[168] *Archives militaires britanniques*, Londres.

de combats acharnés. Parallèlement, la 1ère armée anglaise, commandée par le général Anderson, lance une série d'assauts sur les hauteurs sud-ouest de Tunis. Le 2e corps américain attaque en direction de Mateur, alors que le 19e corps français s'élance en direction de Pont-du-Fahs.

Le corps franc d'Afrique, les 4e et 6e groupements de tabors marocains (unités de montagne), venus renforcer le 2e corps américain, participent activement à la libération de Bizerte. Ils ont face à eux des troupes d'élite avec le 10e régiment de bersaglieri et le 756e régiment de gebirgsjägers (chasseurs allemands de montagne).

Le 6 mai 1943, quatre cents canons anglais de la 1ère armée Anderson ouvrent le feu sur un front de moins de trois kilomètres. La division allemande Hermann Goering est enfoncée, découvrant la 1ère armée italienne dans toute sa profondeur. Le 9, la 6e division blindée britannique parvient au golfe d'Hammamet, et le 19e corps français pousse en direction du massif de Zaghouan, à près de mille trois cents mètres d'altitude. En revanche, sur le front sud de la poche ainsi formée, le 20e corps italien repousse encore toutes les attaques de la 8e armée de Montgomery. Dans la soirée du 11 mai, la division italienne Superga, faute de munitions, est contrainte de se rendre à la division française d'Oran dans la région de Sainte-Marie du Zit. La fin est proche. Le 13, au carrefour de Sidi-Abdalla, le général Koetlz, commandant du 19e corps français, reçoit le général Brosset, commandant de la 1ère division de Français libres (DFL), arrivant du front de la 8e armée britannique. La 1ère DFL a livré de durs combats pour la conquête du massif de Takrouna. Le général Alexander de son côté vient de télégraphier à Winston Churchill : « J'ai l'honneur de vous rendre compte que la campagne de Tunisie est terminée. Toute résistance ennemie a cessé. Nous sommes maîtres des rivages d'Afrique du Nord. »[169]

Le 20 mai 1943, après avoir défilé à Tunis, les divisions françaises s'installent vers Gafour, Zaghouan et Sainte-Marie du Zit, avant de rejoindre leurs garnisons du Maroc et d'Algérie.

L'ennemi, irrémédiablement battu, n'a pu s'enfuir du continent africain et a laissé aux mains des armées alliées 150 000 prisonniers, avec un matériel considérable. L'armée française revendique à elle seule la capture de 40 000 soldats germano-italiens. En six mois de combat, elle enregistre des pertes importantes avec 15 000 combattants tués, blessés ou disparus. Les Américains ont perdu 12 000 hommes et les Britanniques 17 000.

La victoire des Alliés en Tunisie ouvre directement la voie de l'invasion de l'un des pays de l'Axe, l'Italie, tout en privant les Italo-Allemands d'une grande partie de leurs combattants les plus aguerris.

Cette campagne marque pour la France la réunion enfin acquise, vers le même objectif (la défaite de l'Axe), des forces françaises libres et de l'armée d'Afrique, non d'ailleurs sans heurts ni séquelles de rancune et d'incompréhension. De chaque côté, on se renvoie les combats fratricides de Dakar, du Gabon et de Syrie. Les soldats de l'armée d'Afrique de Vichy présentent les gaullistes comme des « déserteurs », des « aventuriers » et des « mercenaires ». Les FFL, qui manquent jamais de répartie, leur envoient du « planqués » ou du « collabos ». Le défilé triomphal à Tunis a illustré cette désunion. Malgré les souhaits de Giraud, les Français libres ont refusé de marcher aux côtés des troupes d'Afrique du Nord, et défilé avec la VIIIe armée britannique. Les soldats de Koenig

---

[169] *Archives militaires britanniques*, Londres.

et de Leclerc retrouvent en Afrique du Nord leur anciens camarades de promotion de Saint-Cyr, leurs amis de lycée, des compatriotes qui, en 1940, ont fait un choix différent du leur. Les retrouvailles ne suscitent par toujours de la sympathie. On assiste parfois à des échanges houleux. Le général Giraud tente de remédier à la confusion, en mettant en avant que désormais Français libres et soldats de l'armée d'Afrique du Nord luttent ensemble contre le même ennemi. Les tensions entre les deux clans vont s'estomper avec le temps, surtout que la guerre continue. Les soldats africains refusent généralement d'entrer dans cette polémique. Ils demeurent fidèles à leurs officiers, qu'ils soient gaullistes ou giraudistes.

« Du point de vue militaire, rapporte le général Beaufre, la campagne de Tunisie ne représentait pour nous qu'une transition vers la guerre moderne. Nous nous étions battus comme des chiens, mais dans un cadre désuet, sans renseignements d'aviation, sans contre-batteries, avec des armes et des procédés de combat sans doute plus proches de ceux de l'Armée d'Orient de 1918 que de ce qui nous attendait en Europe. Certes, nous avions eu les coudées franches, de l'espace et du mouvement. De plus, déjà, nous avions appris beaucoup de choses, le rôle du terrain, l'accoutumance au feu, la dure leçon des mines, le rythme nouveau du combat sans tiraillerie et scandé par crises des tirs rageurs de mitrailleuses ou des pistolets-mitrailleurs et des rafales de mortiers. Nous avions surtout vérifié que nous étions à la hauteur des circonstances. Tout le monde s'était battu avec résolution et sans défaillance... L'armée de 1940 sortait de sa triste ankylose, dont des traces subsistaient encore çà et là. L'armée de la victoire pouvait maintenant naître. »[170]

---

[170] *Archives militaires françaises*, Vincennes.

Les accords d'Anfa, conclus en janvier 1943, prévoient d'équiper l'armée française d'un armement moderne, provenant surtout des Etats-Unis, et la constitution d'une force armée de quatre cent mille hommes. L'ensemble s'articule autour de cinq divisions d'infanterie (DI) et trois divisions blindées (DB) : 1ère division motorisée d'infanterie (1ère DFL), 2e DI marocaine, 3e DI algérienne, 4e division marocaine de montagne, 9e DI coloniale, 1ère, 2e et 5e divisions blindées. À cela, il convient d'ajouter des unités spécialisées comme les parachutistes (3 régiments de chasseurs parachutistes), le bataillon de choc, le groupe de commandos d'Afrique, des groupements de tabors marocains, des commandos de fusiliers marins, ainsi que des régiments d'infanterie non endivisionnés.

« Une armée profondément originale, note Philippe Masson, comme la France n'en a jamais connu. Une armée qui compte moitié d'européens et moitié de musulmans. En Afrique du Nord, le taux de mobilisation des Européens dépasse celui de la Première Guerre mondiale et il est dix fois supérieur à celui des indigènes. Il concerne tous les hommes de dix-huit à quarante-cinq ans. »[171]

Sur un plan plus politique, la fusion entre les forces d'Afrique et les FFL pose divers problèmes. C'est dans une atmosphère tendue que le général de Gaulle arrive le 30 mai 1943 à Blida et s'installe à Alger pour entamer avec le général Giraud les négociations devant conduire à l'unification de toutes les troupes françaises. À chaque chef d'état-major giraudiste se trouve associé un adjoint gaulliste. Les dissensions entre Alger (général Giraud) et Londres (général de Gaulle) demeurent réelles

---

[171] Philippe Masson, *Histoire de l'armée française de 1914 à nos jours*, éditions Perrin 1999.

et finissent par agacer les Alliés. Ainsi, la 2e DB et la 1ère DFL restent des unités de traditions gaullistes.

Le réarmement concerne aussi dix-sept groupes aériens, représentant cinq cents avions, dont près de trois cents de chasse. Un millier d'avions français seront finalement en mesure de combattre durant l'été 1944. Sur le plan naval, la modernisation des bâtiments les plus récents se poursuit dans les chantiers américains, et concerne notamment le cuirassé Richelieu. Au printemps 1944, cette nouvelle marine atteint près de trois cent cinquante mille tonnes, la moitié du tonnage de 1939. Elle compte une centaine de navires français modernisés et cent quarante de construction alliée.

Occupée par les troupes de l'Axe en novembre 1942, la Corse organise peu à peu sa résistance. Peu d'insulaires ont remis à l'occupant les armes (fusils de chasse et revolvers) dont il entendait les dessaisir. Elles sont dissimulées, prêtes à ressortir le moment venu. Le 14 décembre, le sous-marin français Casabianca apporte une première cargaison d'armes et dépose des agents d'Alger, qui vont organiser la liaison radio clandestine avec l'Afrique du Nord. À Londres, le 9 décembre, Fred Scamaroni, officier de la France libre, demande au général de Gaulle de lui "accorder l'honneur" de se rendre en Corse, afin de rassembler les résistants dispersés dans l'île. Scamaroni arrive à Ajaccio le 9 janvier 1943. Mais la Gestapo italienne (OVRA), bien renseignée, est à ses trousses. Elle capture son opérateur radio, qui parle sous la torture. Scamaroni est arrêté le 18 mars, torturé lui aussi. Le lendemain, dans sa cellule de la citadelle, il met fin à ses jours. Sur un petit morceau de papier, il a écrit avec son sang, ces simples mots : « Vive la France, vive de Gaulle. »[172]

Le commandant Paul Colonna d'Istria est placé, en avril 1943, à la tête de la Résistance corse. Armes et munitions arrivent. En l'espace de quelques mois, on dénombre soixante-quatre parachutages et neuf débarquements par sous-marins, organisés par les services secrets d'Alger, dépendant du général Henri Giraud. Au maquis, les résistants sont maintenant des centaines et plusieurs y tombent les armes à la main. Près de cinq cents sont déportés. Le 30 août 1943, Jean Nicoli, l'un des chefs de la Résistance de l'île, qui a été arrêté, est fusillé dans le dos et décapité à Bastia. La veille de son exécution, il écrit à ses compagnons de cellule une lettre poignante : « Nous mourrons en Corses français et le procureur du roi l'entendra de ses oreilles. »[173]

Neuf jours plus tard, le 8 septembre vers 19 h 15, la radio annonce que le maréchal Badoglio, successeur de Mussolini destitué en juillet, a conclu avec les Alliés un armistice séparé.

La première démonstration de force de la nouvelle armée française a lieu en septembre 1943, lors de la libération de la Corse, au lendemain de la capitulation italienne. À la demande de la Résistance insulaire, le général Giraud monte en un temps record une opération de débarquement à Ajaccio à partir du 15 septembre. Aidé par la Résistance locale, le bataillon de choc du commandant Gambiez occupe divers passages en montagne, tend des embuscades aux troupes allemandes, permet l'arrivée des renforts, reposant sur le 1er régiment de tirailleurs marocains, le 4e régiment de spahis marocains et le 2e groupe de tabors

---

[172] *Archives du Centre national Jean Moulin*, Bordeaux.

[173] 39/45 magazine, n°133/134, juillet-août 1997, Corse 1940-1944.

marocains. L'ensemble représente près de 10 000 hommes. Le transport de la troupe s'effectue, de l'Afrique du Nord à Ajaccio, à bord des croiseurs Jeanne d'Arc et Montcalm, des contre-torpilleurs Fantasque et Terrible, des torpilleurs Alcyon, Tempête, Basque et Fortuné, des sous-marins Casabianca, Perlet et Aréthuse.

L'armée allemande en Corse repose sur 20 000 soldats d'élite de la 90e division de grenadiers motorisés et de la brigade d'assaut SS Reichsführer. Les troupes italiennes du général Magli, fortes de 80 000 hommes, refusent majoritairement de se rendre aux Allemands et participent, aux côtés des Français, à la libération de l'île. Les divisions d'infanterie Friuli et Cremona, le 10e régiment Celere et le 175e régiment d'alpini (chasseurs alpins italiens) défendent divers accès, facilitant le déploiement des troupes françaises.

Les Allemands, qui envisagent l'évacuation de la Corse par Bastia, doivent livrer de durs combats aux troupes franco-italiennes jusqu'en octobre 1943. Les opérations se déroulent principalement en zone montagneuse, où l'infanterie marocaine fait une fois de plus preuve de son étonnante mobilité. Les Allemands, mieux équipés en blindés, peuvent cependant retarder la progression des unités franco-italiennes, commandées par le général Martin. Le 29 septembre, les Allemands ne sont plus en effet que 3000 sur l'île contre 20 000 peu de temps auparavant. Le 4 octobre, quand les Français pénètrent dans Bastia, les Allemands ont terminé leur évacuation. Ce demi-succès français est dû à l'insuffisance des transports entre Alger et Ajaccio qui ne purent acheminer à temps le matériel lourd. L'infanterie française et italienne a dû faire face, avec beaucoup de courage, à des contre-attaques d'unités allemandes motorisées, appuyées par des blindés, sans parler de la maîtrise du ciel de la Luftwaffe.

À partir du 6 octobre 1943, Giraud et de Gaulle participent à Ajaccio, Sartène, Levie et Bastia aux fêtes de la libération du premier département français dans une « marée d'enthousiasme national ».[174]

En moins d'un mois de combat, les Allemands ont perdu 3000 hommes en Corse (tués, blessés, disparus ou prisonniers), cinquante avions et treize bateaux ou embarcations. Les pertes Français se limitent à moins de 400 soldats hors de combat, celles des Italiens sont plus élevées avec près d'un millier de tués ou blessés.

D'un point de vue psychologique et surtout stratégique, le général Giraud, contrairement aux pronostics du général de Gaulle, a remporté une éclatante victoire. La Corse va servir de base avancée terrestre et navale aux forces alliées, engagées dans la libération de l'Europe. Elle sera le tremplin qui permettra les opérations sur l'île d'Elbe et surtout le débarquement de Provence en août 1944.

« Le plus magnifique porte-avions à proximité des côtes de Provence était maintenant à la disposition des Alliés, écrit le général Giraud. Lorsqu'il sera aménagé, il permettra l'envol des chasseurs et des bombardiers légers dans des conditions exceptionnelles (...). Par ailleurs, les ports et les plages de Corse ne sont qu'à quelques heures de la côte française : condition essentielle pour la surprise nécessaire à tout débarquement. »[175]

À la veille du débarquement de Provence, la Corse sert de lieu de concentration pour plus de cent mille soldats français ou alliés et d'une grande quantité de matériels. Paradoxalement, la libération de la Corse

---

[174] Général de Gaulle, *Mémoires de guerre*, éditions Plon 1989.

[175] Général Giraud, *Un seul but, la victoire*, éditions Julliard 1945.

entraîne la chute du général Giraud. Avec une habileté redoutable, le général de Gaulle réussit à l'isoler, en le privant d'une grande partie de ses prérogatives. Il obtient l'élimination des proconsuls d'Afrique du Nord. Peyrouton et Boisson finissent par donner leur démission. Le général Noguès est relevé de ses fonctions. Une nouvelle équipe les remplace, fidèle au général de Gaulle. Le général Catroux devient ainsi gouverneur de l'Algérie. Puaux et Mast résident au Maroc et en Tunisie. Simultanément, le Comité français de libération nationale (CFLN), dirigé à la fois par Giraud et de Gaulle, comprend une majorité de gaullistes.

« L'affaire de Corse, rapporte Philippe Masson, donne à de Gaulle l'occasion de remporter la dernière bataille : l'incompatibilité entre les fonctions de coprésident et de commandant en chef. Giraud est accusé d'avoir déclenché l'opération à l'insu du Comité français de libération nationale. Profitant de l'extraordinaire naïveté de son adversaire, de Gaulle, par un véritable tour de passe-passe, réussit, le 9 novembre, à l'éliminer du comité. Giraud ne conserve plus que le commandement en chef des forces militaires. Pas pour longtemps. Le 4 avril 1944, il se fera attribuer par le CFLN le titre de "chef des armées" et quelques jours plus tard, par un simple décret, sont supprimées les fonctions de commandant en chef. À titre de compensation, de Gaulle offre à Giraud le titre d'inspecteur des armées, vide de toute substance et purement honorifique. Giraud refuse (...). Dénué de tout sens politique, le valeureux soldat disparaît de la scène. Il avait pourtant eu le mérite d'obtenir le réarmement des Forces françaises d'Afrique. »[176]

---

[176] Philippe Masson, op. cit.

XX

ITALIE ET ILE D'ELBE
1943-1944

Le débarquement des Alliés en Sicile en juillet 1943, suivi de ceux de l'Italie du sud en août et septembre, oblige l'Allemagne à faire face à un nouveau front en Europe, après celui de Russie. D'importantes troupes sont engagées de part et d'autre sur un théâtre de guerre montagneux dans les Abruzzes, long de près de trois cents kilomètres, entre Naples et Rome.

Constitué durant l'été 1943 en Afrique du Nord, le corps expéditionnaire français (CEF), destiné à combattre en Italie, est placé sous le commandement du général Alphonse Juin. L'ordre de bataille représente 120 000 hommes, 12 000 véhicules et 2500 animaux. L'ensemble repose sur la 2e division d'infanterie marocaine (DIM) du général Doddy, la 3e division d'infanterie algérienne (DIA) du général de Monsabert, le groupement de tabors marocains (GTM) du général Guillaume, la 4e division marocaine de montagne (DMM) du général Sevez et la 1ère division motorisée d'infanterie (DMI), également appelée 1ère division de la France libre (DFL), du général Brosset. Il convient d'y ajouter des éléments non-endivisionnés, comprenant divers régiments. Toutes ces unités arrivent progressivement sur le front italien. La 2e DIM monte en ligne en décembre 1943, la 3e DIA en janvier 1944, le GTM, la 4e DMM et la 1ère DFL en avril-mai 1944.

Le CEF se trouve intégré à la 5e armée alliée, du général américain Clark, forte de 18 bataillons britanniques, 65 américains et désormais de 45 français. La 8e armée du général Montgomery, également présente sur le front italien, aligne 21 bataillons britanniques, 12 canadiens, 12 polonais et 9 indiens. Ces chiffres permettent de mesurer l'importance de la participation française à cette campagne. L'armée française engage ainsi des effectifs qui rivalisent avec ceux des Américains et des Britanniques.

L'armée allemande du maréchal Kesserling aligne sur le front italien une vingtaine de divisions, représentant un total de 110 bataillons. Près de 700 000 soldats alliés affrontent 400 000 soldats allemands. La chaîne montagneuse des Abruzzes, dont certains sommets culminent à 2200 mètres, facilite grandement la défense. Ce relief chaotique, quasiment dépourvu de végétation en hiver, sans routes faciles, hérissé de rochers, ajoute à ses obstacles naturels une surprise de taille : « La boue, la boue liquide, l'éternelle boue glissante. »[177]

Le climat, si particulier du front italien, est une autre mauvaise surprise pour les combattants de deux camps, si l'on en juge ce qu'écrit le général Ringel, commandant de la 5e division allemande de montagne : « Il est évident que les divisions venues d'autres théâtres d'opérations furent au début incapables de supporter le froid glacial de la haute montagne auquel elles n'étaient pas habituées et l'épouvantable feu roulant de l'artillerie alliée engagée dans les grandes batailles. Bien que le froid ne fût pas aussi implacable qu'en Russie, les variations constantes

---

[177] Paul Gaujac, *L'armée de la victoire, de Naples à l'île d'Elbe 1943-1944*, éditions Lavauzelle 1985.

du climat, passant de la pluie à la neige, du gel à la tempête, perturbèrent sérieusement les hommes. Dans leurs premières lettres envoyées à leur famille, ceux-ci écrivirent qu'ils seraient volontiers retournés en Russie à quatre pattes... »[178]

Avec obstination, le général Clark cherche à rompre les positions allemandes par le mont Cassino et les vallées du Liri et du Sacco. Il se heurte à chaque fois à une résistance acharnée des Allemands, sans pouvoir obtenir un succès décisif. En revanche, le plan préconisé par le général Juin d'un vaste débordement par la montagne en direction d'Atina est repoussé, ou plutôt réduit à une manœuvre limitée. Dès son arrivée en Italie, Juin se rend assez bien compte de la situation :

« J'ai le sentiment que nous n'arriverons à faire notre trou ici qu'en usant de doigté et de discrétion. Les Américains ne sont pas des gens qu'on bouscule... Ils nous aiment bien, mais ils sont aussi pénétrés de leur toute-puissance et d'une susceptibilité qui dépasse tout ce qu'on peut imaginer... Les Français leur paraissent toujours un peu agités et il importe d'abord de gagner leur confiance, surtout avant la bataille. Je m'y efforcerai et, cette confiance acquise, notre place s'agrandira d'elle-même... Pour les mêmes raisons d'opportunité et de discrétion, j'ai pris la décision de conserver, jusqu'à nouvel ordre, l'appellation de corps expéditionnaire français (CEF) aux troupes française débarquées en Italie. J'aurais mauvaise grâce, j'en suis convaincu, de me parer dès à présent, aux yeux de Clark, du titre de commandant d'armée. La chose fera son temps, quand on nous aura approuvé et quand l'outil mis entre

---

[178] *Archives militaires allemandes*, Fribourg-en-Brisgau.

mes mains se sera révélé comme un véritable outil d'armée. »[179]

Le CEF est en effet animé d'un puissant désir d'effacer les souvenirs douloureux de la défaite de 1940, ainsi que de faire honneur à l'ancienne réputation de l'armée française. Ces sentiments s'expriment tout particulièrement parmi les Européens. Le capitaine Bernard Brézet, évadé passé par l'Espagne, écrit au moment de monter en ligne :

« Je pars avec le même sentiment du devoir qu'en 1939, je pars en pleine sérénité, parfaitement d'accord avec moi-même. Dans le drame actuel, il faut prendre parti ; c'est ce que je fais, avec tout le risque que cela comporte. Prendre ce risque, c'est mon honneur. Il y a des moments où, coûte que coûte, il faut suivre la voie où l'on se sent appelé par ses sentiments les plus profonds. C'est ce que je fais. »[180]

Un lieutenant de la 2e DIM parle des milliers de ses compatriotes qui désespèrent en Afrique du Nord de voir arriver l'ordre d'embarcation pour le front italien. Après une journée torride, il écrit dans son carnet ses notes :

« Plus que le paludisme qui ronge la troupe, l'ennui dévaste les âmes, broyées par cette interminable attente. Il se murmure même que la mésentente avec les Alliés nous privera de la lutte, but unique de toutes nos pensées, seul espoir capable de rafraîchir nos cœurs. »[181]

Les Français vont bientôt montrer, que loin d'être des fanfaronnades, de tels sentiments sont le ressort de l'efficacité au combat

---

[179] *Archives militaires françaises*, Vincennes.

[180] *Archives militaires françaises*, Vincennes.

[181] *Archives militaires françaises*, Vincennes.

dont ils ne vont pas tarder à donner la preuve. Arrivée en Italie fin novembre 1943, la 2e division d'infanterie marocaine (DIM) monte en ligne début décembre, afin de prendre position dans le secteur mont Marrone-mont Pantano, de part et d'autre de la route Colli-Atina. Elle aligne près de 17 000 hommes, articulés en trois régiments de tirailleurs marocains (4e, 5e et 8e RTM), un groupe de renforcement (4e groupe de tabors marocains), un régiment d'artillerie (63e RA) et un régiment de reconnaissance (3e régiment de spahis marocains). La 2e DIM compte 41% d'Européens. Elle relève la 34e division d'infanterie américaine qui vient de perdre 1500 hommes (tués ou blessés) lors d'un assaut infructueux, lancé contre les défenses ennemies du mont Pantano. Cette grande unité américaine se trouve au bout de souffle et les Franco-Marocains, qui se soucient peu des doutes des Alliés quant à leur valeur, ne se privent pas de critiquer vertement la situation que les Américains ont laissé se développer dans le secteur. Le sergent Ben Bella du 5e RTM note :

« La première nuit, on ne put fermer l'œil. Les Allemands rôdaient dans l'ombre autour de nous, leurs patrouilles étaient partout dans le no man's land, ils lançaient des grenades, ils nous interpellaient, ils jouaient sur nos nerfs. On comprit, à leur insultes en anglais, qu'ils croyaient encore avoir affaire aux soldats américains. Ceux-ci ne faisaient guère de patrouilles et n'avaient même pas su nous dire où se trouvait l'avant-poste ennemi. »[182]

Pour les Franco-Marocains, arrive le moment de prouver qu'ils peuvent faire mieux. À la surprise des observateurs anglo-américains, ils

---

[182] *Archives militaires françaises*, Vincennes.

s'en tirent brillamment. Le 15 décembre, le 8e RTM s'empare par un assaut acrobatique du mont San Michele (1158 mètres), malgré les nombreux blockhaus qui balaient de leurs tirs croisés les pentes rocailleuses. Le lendemain le mont Pantano (1110 mètres) est enlevé par les preux du 5e RTM. Bousculés et impressionnés par l'héroïsme et la férocité des assaillants, les Allemands s'empressent de relever la 305e division d'infanterie par la 5e division de montagne, dont ils pensent que les gebirgsjägers (chasseurs de montagne), vétérans du front russo-finlandais, se sentiront à leur aise sur ce terrain dénudé et glacé. L'opération est loin d'être un succès. Une nouvelle attaque française déloge les Allemands de San Biagio. L'attaque débute le 24 décembre 1943 pour aboutir le 28 à la conquête du massif de la Mainarde à 1478 mètres d'altitude. Le jour suivant, l'offensive se poursuit plus au sud vers le massif de Monna Casale à plus de 1200 mètres. Pour arrêter l'avance des troupes françaises et la débandade des troupes d'élite qui arborent l'edelweiss, le commandement allemand doit faire appel au 115e panzer-grenadier-régiment, une unité prussienne. Mais c'est une formidable tempête de neige qui stoppe l'étonnante progression des troupes franco-marocaines, qui en trois semaines ont perdu près d'un millier d'hommes (tués, blessés ou disparus), contre près de trois mille chez les Allemands, dont un nombre important de prisonniers.

Les soldats marocains se battent avec une bravoure extraordinaire. Le tirailleur Krim Ben Abdallah sauve la vie de son capitaine (Popineau), en abattant un Allemand qui s'était approché en rampant. Le sous-lieutenant Moustapha Ben Ahmed a donné l'exemple en tombant à la tête de ses hommes. Le Berbère Driss Ben Tahar, trapu, œil de braise et épaisses moustaches, tirailleur de choc, se spécialise dans les opérations commandos de nuit. Le tirailleur M'Bark Ben Ahmed est souvent volontaire pour les coups durs. Les goumiers, soldats des troupes marocaines de montagne, jaillissent de leurs trous et se ruent vers l'ennemi en psalmodiant la profession de foi musulmane, la Chahada : « La Allah illah Allah ! Mohammed rassoud Allah ! » (Dieu est unique ! Et Mahomet son prophète ! ». La propagande « anticolonialiste » allemande reste sans effet sur les Marocains.

L'historien britannique John Ellis, spécialiste remarqué de la guerre, écrit : « Pour cruelles qu'elles fussent, les pertes françaises n'avaient pas été vaines. La rapidité avec laquelle les Français s'étaient emparés d'un objectif qui avait si longtemps défié les Américains, la fougue dont ils avaient fait preuve, impressionnèrent grandement amis et ennemis. »[183]

Les termes du compte rendu du général Ringel, commandant de la 5e division allemande de montagne, sont éloquents :

« L'infanterie franco-marocaine se montre ardente, manœuvrière, déjà bien habituée au canon et au mortier. Elle constitue un instrument de qualité exceptionnelle entre les mains du commandement. La valeur des cadres de cette infanterie est connue depuis la campagne de Tunisie. Ils se sont comportés admirablement, comme on pouvait le craindre. Les jeunes Français du rang se sont conduits de façon admirable, donnant l'exemple et payant ardemment de leur personne. »[184]

Dans un ouvrage publié après la guerre, le même général Ringel poursuit : « Enfin Alexander et Clark se rendent à l'évidence et doivent

---

[183] John Ellis, *Cassino, une amère victoire janvier-juin 1944*, éditions Albin Michel 1987.

[184] *Archives militaires allemandes*, Fribourg-en-Brisgau.

admettre qu'au Nord du front, face à la 5e division de montagne et aux débris de la 44e division d'infanterie, se tient toujours l'homme que même le commandement allemand a reconnu comme son adversaire le plus dangereux en Italie : le général Juin avec ses Franco-Africains. »[185]

Le journal officiel des combattants allemands en Italie est aussi élogieux en faveur des soldats de Juin : « On est obligé de reconnaître aux divisions du CEF (corps expéditionnaire français) un commandement souple, une volonté de nous talonner et de bousculer nos mouvements de décrochage. Unités à l'esprit combatif, mordant et offensif. »[186]

Le maréchal Kesserling, commandant en chef des armées allemandes en Italie, ne cache pas son admiration pour les troupes françaises :

« La tactique des Américains et des Anglais a été dans l'ensemble très méthodique. Les succès locaux ont été rarement exploités. En revanche les Français ont attaqué avec un mordant extraordinaire, et exploité à fond chaque succès en y concentrant aussitôt des effectifs. On a noté la façon française de déborder largement quand c'était nécessaire, par une manœuvre d'envergure, les points d'appui allemands.

« À plusieurs reprises, des terrains montagneux réputés impraticables ont été franchis par l'ennemi qui semble s'être préparé jusque dans les plus petits détails pour cette opération et qui est équipé en conséquence. Il y a donc lieu de garder méthodiquement même les terrains considérés comme impossible. Spécialement remarquable est la grande aptitude tous terrains des troupes françaises qui franchissent

---

[185] Ringel, Hurra die Gams, Leopold Stocker s.d.

[186] *Archives militaires allemandes*, Fribourg-en-Brisgau.

rapidement les zones montagneuses, avec leurs armes lourdes chargées sur des mulets, et qui essaient toujours de déborder nos positions par des larges manœuvres, et de percer par derrière. »[187]

Début janvier 1944, la 3e division d'infanterie algérienne (DIA) du général de Monsabert vient renforcer les troupes du général Juin. Forte de près de 17 000 hommes, elle aligne deux régiments de tirailleurs algériens (3e et 7e RTA), le 4e régiment de tirailleurs tunisiens (RTT), le 3e régiment de spahis algériens (RSA) et le 67e régiment d'artillerie. On compte près de 50% d'Européens.

Le général Clark s'obstine toujours à vouloir rompre le front allemand par la vallée du Liri et le mont Cassino. Juin estime qu'il n'existe aucune chance d'enfoncer les défenses allemandes sans une percée préalable des flancs ennemis, par les montagnes plus au nord. Selon Clark, l'action principale doit être engagée par la 1ère division blindée américaine. Juin est encore loin d'être convaincu :

« Tout au long de la route, de Salerne à Naples, nous nous étions heurtés à la 7e division blindée britannique en colonne serrée, incapable de sortir de la route et de se déployer sur un terrain où la montagne tenait tout le paysage. J'en avais immédiatement conclu que la motorisation généralisée des armées anglaises et américaines n'étaient pas sans constituer un sérieux obstacle à une progression rapide dans la remontée de l'Italie péninsulaire. »[188]

À une attaque sur le Garigliano, Juin juge plus efficace une manœuvre de débordement par les ailes. Ses troupes, moins tributaires du

---

[187] *Archives militaires allemandes*, Fribourg-en-Brisgau.

[188] *Archives militaires françaises*, Vincennes.

réseau routier, avec un nombre limité de blindés, sont parfaitement équipées pour la lutte en montagne. Elles rassemblent un important parc de mulets qui leur permettent de s'affranchir des problèmes posés par les transports motorisés. Plus précieuse encore est la grande expérience de la guerre en montagne, acquise lors des opérations de pacification au Maroc et en Algérie, ainsi que durant les campagnes de Tunisie et de Corse contre l'Axe. Ainsi, la mobilité à pied, l'endurance des combattants, l'infiltration et l'autonomie des petites unités, qualités prépondérantes au CEF, vont s'avérer inestimable sur les terrains escarpés des Abruzzes.

Dans la nuit du 11 au 12 janvier 1944, Juin lance une nouvelle offensive vers la ligne allemande Gustav, entre Aquafonda et Costa San Pietro. Les deux divisions françaises doivent conquérir divers sommets, dont certains dépassent mille cinq cents mètres, puis franchir les eaux glaciales du Rapido pour attaquer la ligne fortifiée. Un rapport émanant de la 2e division marocaine attire l'attention sur les caractéristiques du champ de bataille :

« Il n'est pas possible de comprendre les opérations qui vont se dérouler si l'on n'a pas constamment présentes à l'esprit les conditions extrêmement pénibles dans lesquelles vont se battre les tirailleurs pendant tout l'hiver, dans une boue gluante, sous la pluie ou la neige. Les rochers pointent partout et les pistes se font rares, d'accès difficiles parce que constamment battues par les mortiers ennemis et constamment minées. Le fantassin devient un spécialiste de l'escalade et, lorsqu'il faut s'abriter, les rochers ne garantissent pas une protection absolue, surtout lorsque l'artillerie ennemie ajoute aux éclats des projectiles les éclats de pierre volant dans toutes les directions. »[189]

Le froid pose un problème particulier aux troupes françaises pauvrement équipées contre les rigueurs du climat. Malgré cette situation éprouvante pour la troupe, les soldats de Juin accomplissent de nouveaux miracles. Les premières positions allemandes de la 5e division de montagne sont toutes enlevées. Les tirailleurs collent si près des barrages d'artillerie que l'effet de surprise est total. Ils avancent durant la nuit. Les grenades éclatent dans les abris allemands d'où sortent des hurlements. Certains soldats du Reich courent à demi vêtus, dans la neige, vers les emplacements déjà occupés par les tirailleurs de Juin. Attaques et contre-attaques se succèdent pour la conquête de pitons rocheux. L'avance française est cependant irrésistible. Les monts Monna Casale, Molino, Pantano, Marrone, Lago, Raimo, Ferro, les cotes 1025 et 1029 tombent après des combats acharnés.

L'historien britannique John Ellis, note au sujet de la fougue des troupes françaises : « Une drogue inconnue paraissait les encourager à se précipiter vers le sacrifice suprême. Entraînés par une sorte de folie collective, sublimés par la même cause, ils étaient indestructibles. Ce fut admirable ! »[190]

Les fantassins allemands de la division de montagne et les grenadiers du 15e panzer-régiment doivent renoncer à se maintenir sur le Rapido. Pendant les jours qui suivent, les Français sont constamment sur les talons des Allemands. Le Rapido est franchi par les troupes de la division marocaine (2e DIM) qui s'emparent des cotes 1040-1129 et du

---

[189] *Archives militaires françaises*, Vincennes.

[190] John Ellis, op.cit.

col d'Arena. De son côté, la division algérienne (3e DIA) pousse le long d'un axe jalonné par les monts Passero, Vade d'Aquo, Rio Il Gallo. Après avoir pris Acquafonda, les tirailleurs algériens traversent Vallerotonda et se déploient sur une ligne allant de Valvori à Sant'Elia. Le 23 janvier 1944, une lutte terrible se déroule pour la conquête du mont San Croce (1184 mètres), qui reste finalement aux mains des Allemands. Du 11 au 24 janvier 1944, la seule division marocaine a perdu quatre mille hommes. Les Allemands ont été obligés d'engager toutes leurs réserves pour endiguer l'avance française.

Du 25 au 30 janvier 1944, la 3e DIA du général de Monsabert accomplit l'exploit de s'emparer des positions, jugées imprenables, du Belvédère, à près de mille mètres d'altitude dans les Abruzzes, en plein hiver et contre un adversaire défendant farouchement ses positions. Les Français débordent ainsi le mont Cassino par le nord. Outre la capture de 1200 prisonniers, le CEF retient 17 bataillons allemands sur son front, soit 44% des forces ennemies engagées contre la Ve armée alliée. La bataille du Belvédère a coûté la moitié de ses effectifs au seul régiment de tirailleurs tunisiens (4e RTT).

Le courage et la ténacité du CEF sont une fois de plus reconnus par les chefs alliés. Le général anglais Alexander, commandant en chef des forces alliées en Méditerranée centrale, déclare à Juin : « Vos avances sur un terrain des plus difficiles, contre un adversaire décidé et opiniâtre, furent dignes des plus beaux éloges, et la manière dont toutes ces opérations ont été menées est dans la ligne des plus belles traditions des armées françaises. »[191]

---

[191] *Archives militaires britanniques*, Londres.

L'historien allemand Böhmler, engagé sur le front italien, témoigne également en faveur des troupes françaises : « La grande surprise fut l'attitude du CEF. La campagne de 1940 avait jeté une ombre sinistre sur l'armée française. On ne pensait pas qu'elle pourrait se remettre de sa défaite écrasante. Et maintenant les divisions du général Juin se révélaient extrêmement dangereuses. La raison n'en était pas seulement l'expérience en montagnes des Marocains et des Algériens. Trois facteurs intervenaient ensemble : à côté de l'expérience en montagne des soldats des colonies françaises, il y avait l'équipement américain très moderne du corps français qui lui donnait une telle puissance. Et enfin ces troupes étaient commandées par des officiers français qui connaissaient parfaitement leur instrument. Avec ces trois éléments de base, Juin avait fait un excellent alliage. Pour la nuit, son corps se montra apte à toutes les missions, et le maréchal Kesserking a souligné en ma présence que se sont toujours les secteurs du front où il savait que se trouvait le corps de Juin qui lui ont donné le plus d'inquiétude. »[192]

Pendant toute la durée des offensives françaises de l'hiver 1944, des officiers de liaison anglo-américains ont été détachés auprès des unités de Juin. Dans les notes du colonel Robert Shaw, on peut lire, après une attaque du 7e régiment de tirailleurs algériens (RTA) : « J'ai eu l'occasion de suivre les troupes françaises. Je n'ai remarqué nul traînard, nulle perte ou abandon d'armes et de matériel. J'ai pu voir quantité de cadavres allemands. Beaucoup d'entre eux gisaient le crâne défoncé ou

---

[192] Böhmler, *Monte Cassino*, Rupert Verlag 1955.

le corps percé de coups de baïonnette. Moral excellent. »[193]

Le général Juin ne parvient pas cependant à convaincre les états-majors alliés d'abandonner des méthodes de guerre lentes et dépassés. Malgré une réelle supériorité numérique et matérielle, les 5e et 8e armées alliés, désorientées par les aspects si particuliers de la lutte en montagne, n'ont rien imaginé d'autre que des attaques frontales, menées dans les vallées, afin de faire sauter les piliers de la défense allemande sur la route de Rome. Les assauts répétés contre le mont Cassino n'ont abouti qu'à des pertes terribles. Les officiers anglo-américains voient dans cette montagne, dominée par une abbaye, une position importante de la défense allemande. Alors que le général Juin estime pouvoir tourner par l'ouest le mont Cassino, plutôt que de l'attaquer de front. Le 15 février 1944, 142 bombardiers américains ont déversé 300 tonnes de bombes explosives et incendiaires sur le monastère. Ce bombardement permet aux Allemands d'occuper habilement les ruines. D'un monastère, les bombardiers ont fait une forteresse. Le mont Cassino ne sera conquis qu'au prix de lourdes pertes.

Malgré la présence de chars et d'avions, la guerre de mouvement semble condamnée et on se croit revenu aux heures terribles de la guerre de tranchée de 1914-1918. Cependant, en avril 1944, le général Alexander prépare sa troisième tentative pour ouvrir la route de Rome. L'occasion semble favorable au général Juin pour appliquer l'idée de manœuvre qui le hante depuis quatre mois. Surtout que le CEF vient d'être renforcé par le groupement de tabors marocains du général Guillaume et la 4e division marocaine de montagne du général Sevez

---

[193] *Archives militaires britanniques*, Londres.

dont l'ensemble représente 20 500 hommes, dont 35% d'Européens, ainsi que par la 1ère division motorisée d'infanterie (1ère DFL) du général Brosset, forte de près de 18 000 hommes, dont 57% d'Européens.

Au début de mai, le CEF occupe l'étroite tête de pont du Garigliano inférieur, dominée par l'ensemble montagneux du Faito (940 mètres) et du Majo (839 mètres) et, un peu plus loin, par les monts Aurunces (plus de 1200 mètres). Dans le cadre de l'offensive générale qui se prépare, le plan de Juin, simple et audacieux, veut rompre par surprise les défenses allemandes, s'emparer des sommets qui commandent les vallées et jeter dans les monts Aurunces ses troupes de montagnes, qui pratiqueront une brèche dans la ligne Gustav, entraînant ainsi l'effondrement de toute l'aile droite allemande. Juin refuse de se laisser prendre au piège d'une progression lente et difficile, le long de la route d'Ausonia et de celle de San'Andrea, qui ne peut que se heurter au gros des troupes allemandes.

Cette conception audacieuse, qui affirme les avantages d'une exploitation en montagne et néglige les vallées, n'a pas les faveurs d'Alexander, qui attribue à la 5e armée et au CEF qu'une simple mission de diversion. Il a cependant médité sur les causes des échecs précédents, si bien que cette fois l'offensive sera générale, du mont Cassino au golf de Gaète. La 5e armée doit fixer la 94e division de grenadiers motorisés, tandis que le CEF, opposé à la 71e division d'infanterie, doit se limiter à une manœuvre de débordement par le nord, en direction d'Espéria. C'est à la 8e armée britannique, massée sur le cours du Rapido que reviendra l'honneur de franchir le fleuve, d'enlever le mont Cassino à la 1ère division allemande de parachutistes, puis de s'ouvrir la route de Rome. Soutenu par Churchill, le général Alexander compte bien faire entrer les troupes britanniques les premières dans la ville éternelle.

Nullement satisfait de ce programme, Juin remet à Clark, le 4 avril 1944, un document sur les futures opérations, précisant son idée de manœuvre de grande ampleur réservée à la 5e armée et au CEF : il s'agit non seulement de rompre le front allemand et de se lancer dans les Aurunces, mais d'atteindre Pico, de rejoindre les forces alliées de la poche d'Anzio, avant de se rabattre vers le nord sur Frosinone, afin de déborder la résistance allemande et atteindre Rome.

« Alexander, écrit Philippe Masson, ne peut se résoudre à accepter un plan qui réserve aux troupes américaines et françaises l'honneur d'entrer dans la capitale italienne. Il ne change rien à son dispositif initial mais il admet cependant que la 5e armée américaine et le CEF "protégeant le flanc de la 8e armée" s'empareront "des routes entre la 8e armée et la mer", ce qui, en somme, laisse carte blanche au général Clark, entièrement rallié aux vues de Juin ! »[194]

Les mouvements du CEF s'effectuent de nuit, dans le plus grand silence vers l'étroite tête de pont du Garigliano. Depuis que le CEF a été relevé du secteur nord de Cassino, le maréchal Kesserling a perdu sa trace. La date de l'offensive est fixée durant la nuit du 11 au 12 mai 1944. Juin prévoit notamment de lancer en zone montagneuse près de vingt-cinq mille hommes et quatre mille mulets, avec tout leur ravitaillement, ce qui représente une colonne de près de soixante kilomètres de long, à acheminer sur trois pistes ! L'offensive française doit se déclencher par surprise, sans préparation d'artillerie. Sur le reste du front, deux mille canons pilonnent les positions allemandes, si bien que la surprise se révèle incomplète. Les Allemands se défendent avec énergie. Les

---

[194] *Miroir de l'Histoire* n°318, juillet-août 1980, *La France debout* 1942-1944.

tirailleurs de Juin tombent dans les réseaux de barbelés ou dans les champs de mines. Des blockhaus et des points d'appui intacts, un tirs précis de mitrailleuses se déchaîne. Les lance-flammes établis à mi-pente se démasquent. Les mortiers battent les cheminements de toutes les crêtes. L'attaque du mont Faito se poursuit péniblement pendant toute la nuit.

« La prise de chaque blockhaus, raconte le général Louis Berteil, est une opération indépendante et minutieuse. Dans les centres de résistance, les blockhaus se couvrent les uns les autres, face à la direction probable d'attaque, mais en les attaquant à revers il est possible de les traiter isolément et successivement. Une mitrailleuse de 12,7 mm bat l'entrée et le créneau, un fusil-mitrailleur couvre l'opération. Sous cette double protection, une équipe de deux ou trois hommes s'infiltre lentement en utilisant les angles morts jusqu'à vingt ou trente mètres d'une paroi aveugle et l'attaque directement avec un lance-fusées antichars. Au deuxième ou troisième coup au but de cette arme puissante, dont la charge creuse disloque les épaisses murailles de pierre, l'ennemi montrait un chiffon blanc, puis sortait mains en l'air. L'abri évacué était nettoyé à la grenade, pour en liquider les récalcitrants. »[195]

Le sommet du Faito est finalement occupé par les tirailleurs des 8e et 6e RTM. Mais l'ennemi, qui contrôle les sommets environnants, déclenche un tir d'artillerie intense. Partout ailleurs c'est l'échec. Malgré leur vaillance, les troupes de Juin n'ont pu enfoncer les défenses allemandes. La 1ère DFL ne peut déboucher de ses positions. À

---

[195] Général Louis Berteil, *Baroud pour Rome, Italie 1944*, éditions Flammarion s.d.

Castelforte, les chars de la 3e DIA se heurtent à une farouche résistance, avec de terribles combats de rue. Sur plusieurs points la 71e division allemande contre-attaque.

C'est la déception chez les officiers français. « Nos mines s'allongent, écrit le général Beaufre, et la belle confiance de la veille fait place à une profonde déception : c'était folie que d'avoir attaqué sans préparation d'artillerie ; la première ligne n'avait pas été neutralisée et les mines avaient empêché toute surprise. Je repensais à mes dures expériences de Tunisie, qui m'avaient montré que la nuit, du fait des mines, perdait beaucoup de ses avantages. Mais quel échec, dès le départ. »[196]

Sur le reste du front les résultats ne sont pas meilleurs. La Ve armée américaine piétine devant Santa Maria Infante, les Britanniques établissent à grand-peine une tête de pont sur le Rapido, tandis qu'à Cassino c'est une fois de plus, malgré l'héroïsme du 2e corps polonais du général Anders, un échec sanglant.

Le général Juin, nullement découragé, décide de poursuivre l'offensive à l'aube du 12 mai, après une intense préparation d'artillerie. Cette fois c'est le succès. En moins de quarante-huit heures, la ligne Gustav s'effondre. Les Allemands ont jeté toutes leurs réserves dans la bataille dès le premier jour. La 2e DIM fournit l'effort décisif en s'emparant du massif du Majo le 13 mai. Avec la perte de cette observatoire en montagne, la 71e DI allemande n'est plus en mesure de s'opposer à la progression foudroyante des troupes françaises dans la vallée. La 1ère DFL nettoie la bouche du Garigliano et progresse en

---

[196] Général Beaufre, *La revanche de 1945*, éditions Plon 1966.

direction de Sant'Andrea et de San'Ambrogio. La 3e DIA parvient à faire sauter le verrou de Castelforte après un terrible pilonnage d'artillerie et de sanglants corps à corps. Plus de 1500 soldats allemands sont capturés. Le 14, la 71e division allemande, fortement éprouvée, commence à se replier en direction du nord-ouest. La 1ère DFL fonce sur Sant'Apollinare, tandis que la 3e DIA occupe Ausonia.

« Le 14 au soir, rapporte Philippe Masson, la situation du CEF est particulièrement favorable. Alors que les Américains pénètrent seulement dans les ruines de Santa Maria Infante, que les assauts polonais continuent à se briser sur Cassino et que les Britanniques ne réussissent que difficilement à élargir leur tête de pont sur le Rapido, les Français ont creusé dans la ligne Gustav une brèche de vingt-cinq kilomètres de large sur douze de profondeur. Depuis le 13 au soir, un immense drapeau tricolore, visible de Cassino à la mer, flotte sur le Majo. Toute l'aile droite du dispositif allemand est ébranlée. »[197]

La 1ère DFL et la 3e DIA se heurtent les jours suivants à de solides nids de résistance près de Sant'Apollinare et Castelnuovo. Conscient de l'épuisement de ses troupes, le maréchal Kesserling autorise le repli sur la ligne Dora.

Le général Juin a prévu qu'il ne serait pas possible de remporter une victoire décisive le long des routes encaissées, cadenassées par des défilés qui se prêtent admirablement aux actions d'arrière-garde des Allemands, passés maîtres dans la défensive. Mais le repli allemand lui offre l'occasion d'abattre sa carte maîtresse, en réalisant la partie la plus audacieuse de son plan. Lors de leur recul, la 71e DI et la 94e divisions

---

[197] *Miroir de l'Histoire* n°318, op.cit.

de grenadiers motorisés (DGM) ont laissé découvert le massif des monts Aurunces.

Dans la nuit du 15 au 16 mai 1944, le groupement de tabors marocains du général Guillaume et le 6e RTM du colonel Cherrière entreprennent l'escalade de la falaise du Fammera. Les éléments ennemis sont surpris et bousculés. « Les Allemands, souligne Philippe Masson, disposaient pourtant de remarquables troupes de montagne. Mais ils commettent, en mai 1944, la même erreur que l'état-major français quatre ans plus tôt, quand il était convaincu que les Ardennes étaient "impénétrables aux chars". Considérant le massif des Aurunces comme "infranchissable", les Allemands ont même retiré, le 13, le 8e bataillon de pionniers de montagne qui travaillait à la construction d'une piste autocyclable et d'un terrain d'aviation. »[198]

Dans ces montagnes, le commandement allemand du 14e corps blindé a jugé impossible de faire passer que de très faibles unités de troupes spécialisées, de la valeur d'un bataillon. Le général Juin y lance le groupement de tabors marocains et la 4e division marocaine de montagne (général Sevez), soit dix-huit bataillons et trois groupes d'artillerie, représentant plus de 25 000 hommes et 4000 mulets !

« Cette masse, raconte le général Berteil, largement articulée en plusieurs groupements, où les goumiers, ouvrant la marche et inondant le massif, étaient suivis et soutenus par les bataillons de réguliers plus puissants, allait, par une série de débordements de plus en plus larges vers l'ouest, réalisés en pleine montagne, faire tomber les unes après les autres, à une vitesse record, toutes les positions de repli trop tardivement

---

[198] *Miroir de l'Histoire* n°318, op.cit.

occupées et insuffisamment garnies.

« Grâce à leur extrême mobilité, leur endurance, dans des terrains affreux, sans pistes ni sentiers, sans se préoccuper d'un ravitaillement toujours à la traîne, couchant à la belle étoile, buvant quand il pleuvait, ces groupements devaient devancer sur les positions essentielles les renforts allemands arrivant du nord et les défaire en détail, sans leur laisser le temps de s'installer ni de coordonner leur résistance. »[199]

Du 16 au 18 mai 1944, le groupement de tabors marocains et la 4e DMM traversent l'imposant massif des Aurunces, à plus de mille deux cents mètres d'altitude. Cette marche victorieuse est jalonnée par les monts Petrella, Revole, Faggetta. Menacés sur leurs arrières, les éléments retardateurs de la 71e DI et de la 94e DGM doivent évacuer leurs positions de résistance. Le 17, la 3e DIA occupe le défilé d'Esperia, épaulée par la 1ère DFL qui s'empare du mont d'Oro. Le long de la côte les 85e et 88e DI américaines occupent Formia et progressent en direction d'Itri.

Le 19 mai, les troupes de montagnes des généraux Guillaume et Sevez ont atteint l'objectif stratégique essentiel, en coupant la rocade Itri-Pico, qui est l'axe de circulation du 14e corps blindé allemand. Rien n'a pu avoir raison de l'audace des troupes franco-marocaines. Le 17, deux bataillons allemands motorisés sont bien envoyés sur la route Itri-Pico. Ils sont surpris près de Revole et détruits lors d'une de ces embuscades dont les goumiers marocains ont le secret.

Un rétablissement allemand sur la ligne Dora devient impossible, d'autant qu'après la prise d'Esperia, la 1ère DFL et la 3e DIA

---

[199] Général Louis Berteil, op.cit.

exercent une dangereuse poussée en direction de Pico, au cœur même de la position fortifiée. Le 17 au soir, le maréchal Kesserling ne dissimule plus son inquiétude. Devant la percée foudroyante de CEF, il donne l'ordre à la 1ère division parachutiste d'évacuer le mont Cassino. Le 20, le général Senger und Etterlin, chef d'état-major de la 10e armée allemande, décide tardivement d'engager sa dernière réserve, la 26e panzerdivision, sans trop y croire : « Il semble que tout ce que nous faisons, nous le fassions trop tard ; nous ne sommes plus en mesure de contenir ces diables de Français. »[200]

Malgré sa valeur, la 26e panzerdivision ne parvient pas à ralentir la poussée des divisions françaises, soutenues sur leur droite par le corps canadien de la 8e armée de Montgomery, qui arrive devant Pontecorvo le 19 mai. Pendant deux jours, avec l'appui de deux bataillons de chars américains, la 3e DIA livre bataille pour la prise de Pico, par un temps pluvieux qui empêche l'intervention de l'aviation. Malgré la puissance des chars Tigre I de 56 tonnes et des Panther de 45 tonnes, supérieurs aux Sherman de 32 tonnes des Alliés, les troupes du général de Monsabert parviennent à s'emparer de Pico.

Le maréchal Kesserling est le premier à reconnaître la défaite de son 14e corps blindé : « L'avance du CEF, à la fois dans les vallées et en montagne, a rompu notre dispositif, facilité la progression des 5e et 8e armées alliées et empêché notre redressement sur la ligne Dora. Les Français ont combattu avec beaucoup de mordant et exploité, sans aucun délai, tous les succès locaux obtenus. »[201]

---

[200] *Archives militaires allemandes*, Fribourg-en-Brisgau.

[201] *Archives militaires allemandes*, Fribourg-en-Brisgau.

Le 22 mai 1944, après deux semaines de combat, Kesserling ordonne à sa 10e armée de se replier sur la ligne César, en avant de Rome. Aucune autre solution ne lui semble possible. Le corps de montagne du général Guillaume progresse déjà dans les monts Ausoni. Les Américains, après la conquête de Terracina, ne sont plus qu'à cinquante kilomètres de la tête de pont d'Anzio.

Le CEF a rempli sa mission de fer de lance, en sortant les Alliés de l'enlisement. La bataille pour la conquête de Rome est cependant loin d'être terminée. Le 23 mai, le général Clark donne l'ordre au 6e corps d'armée allié du général Truscott de briser la tête de pont d'Anzio. Le 2e corps américain et le CEF doivent en même temps rompre la ligne Hitler. Mais, durant près d'une semaine, la résistance allemande se raidit. De terribles combats se déroulent le long de la route côtière, dans les monts Lepini, où progressent les troupes françaises de montagne, et le long de la route Pico-San Giovanni. Le maréchal Kesserling lance les 11e et 26e panzerdivisions dans la bataille. C'est ainsi que la 3e DIA doit faire face à une violente contre-attaque de chars allemands. Le 3e régiment de spahis marocains et le 7e régiment de chasseurs d'Afrique, équipés de blindés plus légers que ceux des Allemands, parviennent cependant à compenser leur infériorité matérielle manifeste par la rapidité et l'habileté manœuvrière de leurs équipages. La 26e panzerdivision laisse sur le champ de bataille 31 chars et 10 canons hors de combat. Les Français accusent 27 tués, 64 blessés et 8 blindés détruits. Les deux régiments français pénètrent finalement dans les ruines de San Giovanni. Quant au corps de montagne, il se heurte à une farouche résistance dans les mont Aisoni. Le 27 mai, il réussit à s'emparer de la formidable position de Casto dei Volsci, qui commande l'accès de Frosinone.

Bien qu'en pleine retraite, les unités allemandes conservent cohésion et discipline. Elles exécutent un repli méthodique, marqué par des coups d'arrêts sur des positions naturelles, suivis de contre-attaques brutales et déterminées.

« Du côté allié, écrit Philippe Masson, la solidarité entres les armées subit une éclipse. L'attraction de Rome réveille les jalousies nationales. C'est à qui entrera le premier dans la Ville éternelle. Le corps de Truscott, après avoir rompu le périmètre défensif allemand devant Anzio, fait ainsi porter son effort en direction de Rome et non sur Valmontone, négligeant de ce fait la chance de prendre au piège le gros des forces adverses. Quant à la 8e armée, qui débouche enfin de la haute vallée du Liri, elle entend se réserver la route n°6 ; le CEF est rejeté sur des itinéraires secondaires par les monts Ausoni et Lepini. »[202]

Les premiers jours de juin 1944 sont marqués par des violents combats en pleine campagne romaine. « Le long des routes, rapporte le général René Chambe, le spectacle qui attend les armées françaises et alliées est saisissant (...) : ce ne sont que voitures incendiées, culbutées. Leurs carcasses tordues, où se devinent encore les débris calcinés du matériel qu'elles transportaient et souvent les cadavres des hommes qui les montaient, jalonnent les routes, les chemins, les pistes, tous les itinéraires menant au front. On lit partout, sur le sol, l'acharnement, la vigilance implacable avec lesquels l'aviation les a cherchées, poursuives et détruites. »[203]

Rien que sur la Via Cassia, où opèrent le CEF, on comptabilise près de sept cents véhicules allemands calcinés sur cinquante kilomètres !

---

[202] *Miroir de l'Histoire* n°318, op.cit.

[203] Général René Chambe, *Bataille du Garigliano*, éditions Flammarion s.d.

Les Britanniques, retardés par la résistance héroïque des parachutistes italiens du régiment Folgore, unité d'élite de la république fasciste de Mussolini, perdent la course pour la capitale italienne. Ce sont finalement les Américains qui abordent la ville par les routes n°6 et 7, ainsi que les Français de la 3e DIA, en tête du CEF, qui bordent la rive gauche du Tibre, en amont des lisières de Rome. La section du lieutenant Edouard Roy, rattachée à la 3e DIA, est la première unité française à entrer dans la capitale éternelle. Le lieutenant Medhi El-Glaoui du 3ᵉ spahis, fils du pacha de Marrakech, est tué dans son char aux portes de la ville.

Le 4 juin 1944, le général Clark qui entend associer le général Juin au triomphe des troupes américaines, le prend avec lui dans sa Jeep et tous deux défilent dans les rues où une foule nombreuse crie sa joie.

« Alors s'ouvre pour nous une période de folie, raconte le général Beaufre (chef d'état-major du corps de montagne). Nous sommes accueillis en vainqueurs dans des maisons intactes, à des dîners où brillent de jolies femmes, de l'argenterie et des cristaux. Pour la première fois, nous nous sentons enfin en Europe. Et puis Rome n'oublie pas qu'elle a été longtemps une garnison française... On visite cette ville admirable. On va voir le pape (...), des soldats américains, bardés d'appareils photos le saluent : "Hello ! Pope !"... Partout on festoie. Ce sont les délices, non de Capoue, mais de Rome où - paraît-il - l'armée s'est un peu attardée. »[204]

Les armées alliées reprennent ensuite leur marche en direction du nord-ouest. Le CEF progresse dans la magnifique campagne toscane, avec ses vieilles villas, ponctuée d'antiques cités comme Colle di Val

---

[204] Général Beaufre, op.cit.

d'Elsa, Poggibonsi, San Gimagnano. Progression difficile sous un soleil de plomb. Renforcé par de nouvelles divisions, le maréchal Kesserling mène d'une main de maître la retraite de son armée, tout en accélérant les travaux sur la ligne Gothique, de Pise à Rimini.

Les pertes françaises sont plus lourdes que sur le Garigliano. Les mines et les tirs d'artillerie déciment certains bataillons du général Juin. Le 8 juillet 1944, le CEF entrent cependant dans Sienne. Le sergent nord-africain Boulaya, farouche assaillant du Monna Casale en janvier, est grièvement blessé au ventre. Il demande que la médaille militaire gagnée auparavant lui soit épinglée, et explique calmement : « Je vais mourir, c'est pour la France, je suis content. » Son dernier cri : « Vive la France ! »

Pour les Français la campagne d'Italie se termine triomphalement. En mai 1944, c'est le CEF qui a joué le rôle décisif dans la rupture de la ligne Gustav. Pour être juste, il ne faut pas cependant oublier que les troupes françaises n'ont pu reprendre le combat qu'avec l'aide matérielle (chars, artillerie, aviation) des Américains, et que la bataille de mai-juin 1944 a été une œuvre collective exigeant tous les efforts des divisions alliées. Le jour de l'entrée dans Rome, un bref dialogue résume la part qui revient à chacun :

« - Sans vous, nous ne serions pas là, déclara le général Clark au général Juin.

« - Sans l'Amérique, l'armée française n'aurait pu être là ! répliqua le commandant du CEF. »[205]

« La mise en veilleuse du théâtre italien, écrit fort justement

---

[205] *Archives militaires françaises*, Vincennes.

Philippe Masson, par le retrait des meilleurs unités allait susciter dans les états-majors de la 5e et de la 8e armées et parmi les combattants une certaine amertume. Après leurs lourds sacrifices, ils eurent le sentiment d'être arrêtés en pleine victoire. Dès le 25 mai 1944, le général Juin avait proposé non pas d'affaiblir mais de renforcer, au contraire, les armées alliées en Italie et d'achever la déroute des forces allemandes, sans leur permettre de se rétablir dans le nord de la péninsule. Une exploitation en direction de l'Europe centrale, sur la trouée de Ljubljana, indépendamment de ses avantages politiques, eût permis de prendre à revers tout le système défensif allemand basé sur la ligne Siegfried et les grands fleuves orientés nord-sud.

« Malgré l'appui du général Clark et de Churchill, rigoureusement du même avis, ce point de vue ne fut pas retenu. Les stratèges américains avaient décidé, depuis 1943, que le coup décisif serait porté en France par un double débarquement en Normandie et en Provence. L'énorme complexité logistique de la guerre moderne ne permettait pas de modifier les plans. »[206]

La campagne d'Italie a causé de lourdes pertes aux troupes du général Juin. Pour un corps expéditionnaire ayant atteint 120 000 hommes, on compte 33 000 soldats hors de combat (tués, blessés ou disparus) de décembre 1943 à juillet 1944. Le détail des pertes, par unité, est encore plus significatif : la 2e DIM accuse en tout 12 000 tués et blessés, la 4e DMM 3500, les goums 2900. Au 8e régiment de chasseurs d'Afrique on dénombre 30 officiers atteints sur 37, 57 sous-officiers sur 155, et 259 chasseurs sur 756. Le 4e RTM comptabilise 493 tués, 1994

---

[206] *Miroir de l'Histoire* n°318, op.cit.

blessés et 490 disparus, soit 100% de l'effectif débarqué à Naples !

Sur les 100 000 soldats allemands mis hors de combat durant la même période, au moins 45 000 sont à mettre à l'actif du CEF, dont 10 000 prisonniers.

La libération de la Corse achevée, le commandement français est mené à considérer l'île d'Elbe comme objectif éventuel. Dès novembre 1943, la préparation de l'opération est entreprise par l'état-major du 1er corps d'armée, installé à Ajaccio, et un agent de service de renseignement est déposé dans l'île le 17 novembre. En janvier 1944, le commandement des forces alliées envisage également une opération militaire, en précisant qu'elle sera confiée à l'armée française. Il s'agit de constituer une menace permanente sur les arrières de l'armée allemande, stationnant en Italie du Nord, ainsi que d'immobiliser la valeur d'une division de réserve sur la côte ligure. « Le front allié, écrit Paul Gaujac, se situe alors à cinquante kilomètres au sud de Rome, et la tête de pont d'Anzio subit les plus violentes contre-attaques de la part des forces allemandes. »[207]

Le général de Lattre de Tassigny prend en charge l'opération, baptisée Brassard. Outre le soutien de la flotte alliée, il dispose de deux régiments de tirailleurs sénégalais (13e RTS et 4e RTS) de la 9e division d'infanterie coloniale (DIC) du général Magnan, du bataillon de Choc, d'un groupe de commandos d'Afrique, du groupe de tabors marocains n°2. L'ensemble représente 12 000 hommes, bien équipés.

La garnison germano-italienne, commandée par le général allemand Gall, repose sur 3000 soldats, une centaine de pièces d'artillerie, une cinquantaine de mortiers et deux cents mitrailleuses

---

[207] Général Gaujac, op.cit.

lourdes. L'étroitesse de l'île, trente kilomètres de long sur vingt kilomètres de large, permet à l'artillerie de côte ou de campagne de concentrer ses tirs en n'importe quel point.

Au large, les champs de mines imposent la baie de Marina di Campo comme point principal de débarquement possible. La solution pour les français est de submerger les plages du sud, dès que les batteries côtières auront été neutralisées par les commandos. Une tête de pont couvrant la plage doit s'élargir par la conquête des monts Castello, Bacile, San Martino et Tombone. L'opération préliminaire, menée par le bataillon de choc et les commandos d'Afrique débute, le 17 juin 1944 au matin, contre les batteries côtières. Le débarquement des régiments de tirailleurs sénégalais et du groupe de tirailleurs marocains suit dans la journée, ou les jours suivants, sur les plages de Marina Di Campo, Capo Di Fonza, Capo d'Enfola et devant Capoliveri. La résistance allemande, souvent acharnée, se poursuit durant trois journées entières. Deux mille soldats de l'Axe se sont rendus, tandis que 700 autres ont été tués ou portés disparus. Les pertes françaises s'élèvent à près de 900 hommes hors de combat (tués, disparus ou blessés). La conquête de l'île d'Elbe est une nouvelle victoire française.

« L'ascendant de nos troupes sur l'adversaire, raconte le général de Lattre de Tassigny, s'est révélé irrésistible, et leurs qualités manœuvrières ont été à la mesure de leur vaillance. Mettant en jeu tous les moyens modernes d'une force de débarquement pour écraser un ennemi fortifié, elles ont montré leur aptitude aux missions "amphibies" qui demain pourront leur échoir. »[208]

---

[208] Général de Lattre de Tassigny, *Histoire de la Première armée française*,

XXI

BRETAGNE 1944

À la veille du débarquement des Alliés en Normandie en juin 1944, l'ordre de bataille de l'occupant est extrêmement puissant en Bretagne : 7 divisions d'infanterie, 2 divisions parachutistes, 1 régiment de forteresse, 29 compagnies côtières, 3 groupes d'artillerie de forteresse, 2 bataillons de la Luftwaffe, une dizaine de régiments de supplétifs de l'Est (Ukrainiens, Géorgiens, Polonais, Russes...). La totalité des effectifs allemands stationnés en Bretagne représente 150 000 hommes en juin 1944. « C'était, écrit le colonel Chenaillet, une densité d'occupation considérable qui représentait un Allemand pour seize habitants bretons et six Allemands par kilomètre carré. »[209]

Face à un tel déploiement de forces, les maquis bretons s'enflent à l'approche des opérations militaires. Les cinq départements de la Bretagne (Morbihan, Finistère, Côtes-du-Nord, Ille-et-Vilaine et Loire-inférieure) totalisent près de 20 000 FFI (AS, FTP et ORA).

Durant le mois de mai 1944, les différents représentants de la Résistance se rencontrent dans le Morbihan. Le commandant Barthélémy, délégué du Comac (Comité d'action de la Résistance), Valentin Abeille,

---

éditions Plon 1950.

[209] *Archives du maquis de Saint-Marcel*, Saint-Marcel.

chef du Bureau des opérations aériennes en Bretagne (BOA), le colonel Chenaillet, chef FFI du Morbihan, le commandant Le Garrec, chef du bataillon FFI d'Auray, le colonel Donnard, chef FFI du Finistère, prévoient l'exécution du plan Vert, visant à paralyser les transports par voie ferrée pendant une quinzaine de jours, correspondant à l'établissement d'une tête de pont en Normandie.

Pour permettre la constitution d'une tête de pont en Normandie, la Résistance bretonne, dont principalement les unités FFI du Morbihan, a la délicate mission de fixer 150 000 soldats allemands stationnés dans la région. Les maquisards, faiblement armés, doivent être renforcés par des détachements de parachutistes de la France libre. Le commandement allié ne s'attend pas à ce que les FFI bretons, ne disposant que d'un armement léger, s'opposent de vive force aux mouvements d'une troupe aguerrie, lourdement armée et nettement plus nombreuse. Mais il compte sur les parachutistes gaullistes pour multiplier les sabotages et embuscades, afin de laisser croire à l'ennemi qu'un deuxième débarquement est imminent, cette fois sur les côtes de Bretagne. Le 2e régiment de chasseurs parachutistes (RCP) va être choisi pour cette opération capitale, dont plus particulièrement le 4e bataillon FFL-SAS du commandant Bourgoin.

Le camp de Saint-Marcel, à une trentaine de kilomètres de Vannes, devient le lieu de ralliement des bataillons FFI du Morbihan, des parachutages d'armes et d'une importante partie des parachutistes de la France libre du 2e RCP. Le 16 juin 1944, la superficie occupée du camp de Saint-Marcel représente cinq cents hectares. Les allées et venues des FFI, ainsi que le survol des avions alliés ne peuvent manquer d'attirer l'attention de l'occupant. Depuis le 15 juin, les projecteurs allemands de l'aérodrome voisin de Meucon éclairent les avions alliés, larguant leurs conteneurs : en outre, plusieurs pilotes, trompés par les signaux ennemis, ont effectué leur parachutage chez les Allemands qui se sont emparés des armes.

Cependant, aussi incroyable que cela puisse paraître, l'occupant ne soupçonne pas l'existence d'un centre mobilisateur de cette importance. Il pense que la Résistance bretonne va se limiter à des sabotages et à des actions dispersées de guérilla. Après le débarquement en Normandie, le commandement allemand se préoccupe surtout d'acheminer ses réserves sur la Normandie. L'envoi de ces renforts est sérieusement entravé par les parachutistes de la France libre et les FFI bretons. C'est le cas de la 275e division allemande d'infanterie cantonnée à Redon, qui a reçu l'ordre, le 6 juin, de rejoindre au plus vite Saint-Lô, se trouvant à deux cents kilomètres. Les coupures des voies ferroviaires et les embuscades ralentissent considérablement le déplacement de cette puissante unité, qui ne pourra atteindre Saint-Lô que le 11 juin : elle arrive trop tard pour jouer un rôle efficace contre la tête de pont désormais solidement établie.

Une vingtaine d'équipes de parachutistes FFL-SAS accomplissent, avec l'aide des maquis locaux, un nombre considérable de sabotages ferroviaires en Bretagne. Le réseau ainsi désorganisé, les Allemands perdent beaucoup de temps dans l'acheminement de leurs troupes vers le front de Normandie. D'ailleurs, ils y renoncent très vite du fait de l'efficacité foudroyante des "terroristes".

Le commandant Bourgoin et le colonel Chenaillet sont parfaitement conscients que le camp de Saint-Marcel va être repéré tôt ou tard. Ils attendent avec impatience l'ordre de marcher au-devant des troupes américaines pour leur servir de guides. Dans la nuit du 17 au 18 juin, le commandement allié leur envoie le message suivant : « Éviter à tout prix bataille rangée. Stop. Continuez guérilla à outrance et armement FFI. »[210]

La dispersion des unités est décidée, mais il est trop tard. Le camp de Saint-Marcel est défendu par 2260 maquisards et 140 parachutistes FFL, soit un total de 2400 combattants. On compte notamment les bataillons FFI Carro et Le Garrec, ainsi que des détachements spécifiquement FTP, comme la compagnie du Guer. Un premier accrochage avec la Feldgendarmerie de Ploërmel, le 18 juin, alerte la garnison allemande de Malestroit, à trois kilomètres du camp retranché. Un bataillon de la 275e DI de la Wehrmacht subit des lourdes pertes en attaquant les positions avancées de Saint-Marcel. Plusieurs compagnies parachutistes de la division Kreta et le 708e bataillon d'infanterie géorgienne viennent renforcer le dispositif de l'occupant. Les troupes de l'Axe, fortes de 3000 hommes, se heurtent partout à une résistance acharnées des FFI et des FFL, bénéficiant du soutien aérien de chasseurs bombardiers Thunderbolt P47. En début de soirée, le dispositif allemand s'étend, avec l'arrivée de troupes fraîches venant du camp de Coëtquidan. Désormais près de 10 000 soldats ennemis sont en ligne. Face à un tel déploiement de force, le commandant Bourgoin et le colonel Chenaillet décident la dispersion des troupes françaises. Tout semble annoncer que l'attaque ennemie reprendra le lendemain, appuyée par des chars et de l'artillerie lourde. Le camp de Saint-Marcel n'ayant pas été encerclé, il est encore possible de décrocher dans de bonnes conditions.

Le repli commence à 22 heures, par le départ du convoi automobile qui emmène l'état-major, et se prolonge durant une bonne

---

[210] *Archives du centre national Jean Moulin*, Bordeaux.

partie de la nuit. Deux compagnies du bataillon Le Garrec, durement accrochées, ne peuvent commencer leur mouvement qu'à 23 heures. Une compagnie FFI, encadrée par des parachutistes, couvre héroïquement la retraite, pendant que plus de 2000 hommes, une vingtaine de camions et quatre ambulances disparaissent dans la nuit. Les FFI regagnent leur maquis d'origine sans rencontrer d'opposition sérieuse. Le capitaine Puech-Samson, commandant la compagnie de protection, bien que blessé à la cuisse lors des combats, met lui-même le feu à la charge qui fait sauter trois tonnes de munitions reçues les nuits précédentes.

Le matin du 19 juin 1944, l'artillerie allemande pilonne le camp de Saint-Marcel vide de ses défenseurs... Se sentant ridiculisés, le général allemand Farhmbacher ordonne d'organiser une chasse sans merci "aux terroristes". Le 261e escadron de cavalerie ukrainienne et le 208e bataillon d'infanterie géorgienne sillonnent la région, terrorisent la population et massacrent les blessés qu'ils découvrent dans les environs. Le 25 juin, les châteaux de Sainte-Geneviève et des Hardys-Béhélec sont incendiés par la Wehrmacht ; puis le 27, ce qui reste des fermes et le bourg de Saint-Marcel où ne sont épargnés que l'église, le presbytère et les écoles.

La bataille de Saint-Marcel, qui a permis de fixer une dizaine de milliers de soldats ennemis (en comptant la 3e division parachutiste), représente un incontestable succès tactique pour la Résistance. Les pertes sont également à la hauteur de la victoire : 42 Français tués, dont 6 parachutistes, une soixantaine de blessés et une quinzaine de prisonniers. Les pertes allemandes sont beaucoup plus lourdes : 300 tués et un millier de blessés.

D'après un rapport de la Feldgendarmerie de Ploërmel, les Allemands constatèrent que les troupes qui les combattaient « n'étaient pas des terroristes mais une armée hiérarchisée et bien tenue ».[211]

Les Allemands ont surtout découvert avec surprise, sur les arrières du champs de bataille de Normandie, l'existence de forces bien armées, bien encadrées, qui leur ont infligé des pertes sérieuses et qu'ils n'ont pas pu anéantir. Ils ont constaté que les FFI bretons étaient en relation permanente avec l'état-major allié, puisqu'ils avaient fait intervenir l'aviation lors des combats.

« Le combat de Saint-Marcel, écrit Roger Leroux, eut un énorme retentissement dans le Morbihan occupé parce que c'était la première fois que l'occupant était tenu en échec. Les jeunes combattants FFI qui, pour la plupart, y avaient reçu le baptême de feu, s'y étaient dans l'ensemble très bien comportés, entraînés par le courage de leurs chefs et par l'expérience des parachutistes (...). Une véritable légende se forma autour des épisodes de cette journée ; les hommes du maquis savaient désormais que, le moment venu, bien armés, ils pourraient vaincre l'Allemagne. »[212]

Les parachutistes FFL-SAS sont de plus en plus nombreux en Bretagne. Outre le 4e bataillon du 2e RCP, des éléments du 3e RCP, emmenés par le commandant Château-Jobert, ont sauté au-dessus du Finistère. Mission : fixer les troupes allemandes et semer le désordre. Un commando s'empare, le 4 août, de la Kommandantur de la ville de Daoulas. Magnifique coup d'audace qui inflige trente tués chez l'ennemi, un seul chez les Français : le parachutiste Bréguet. Une importante colonne SS, provenant de Plougastel, s'approche : les parachutistes FFL lui causent de très lourdes pertes, puis s'évanouissent dans la nature. Le

---

[211] *Archives militaires allemandes*, Fribourg-en-Brisgau.

[212] *Archives du maquis de Saint-Marcel*, Saint-Marcel.

5, ils font soixante prisonniers allemands sans faire usage de leurs armes. À Ancenis, les parachutistes du commando du capitaine Philippe Ragueneau investissent les rues. L'un d'entre eux met la main sur le plan allemand de toute la Bretagne où figure le moindre emplacement des mitrailleuses et d'antichars. Document capital pour la progression des Alliés qui évitera pertes de temps et surtout pertes d'hommes. Ragueneau se charge lui-même d'apporter à l'état-major allié le plan allemand. Après bien des dangers, il parvient à rejoindre les lignes alliées et apporte le précieux document. Peu de temps après, il fait une incursion à Saint-Nazaire, en compagnie de son coéquipier américain Paul Cyr. Leur intention est simple : demander la reddition de la garnison allemande !

« - Vous avez faim, vous êtes acculés : rendez-vous !

« - Non ! Nous attendons des armes secrètes, répond un colonel allemand. D'ailleurs nous vous gardons tous les deux comme prisonniers !

« - Pas question ! s'exclament Ragueneau et Cyr qui tournent les talons et s'en retournent sans opposition. »[213]

La Résistance bretonne représente une véritable armée, dont les effectifs de trente mille hommes, fin juillet 1944, forcent l'attention du commandement allié ; leur discipline au combat étonne, leur vaillance stupéfie. Le lieutenant-colonel américain Rudder, commandant le 2e bataillons de rangers, félicite en ces termes les maquisards bretons qui ont combattu à ses côtés : « Nous désirons remercier les FFI pour le travail fait et qui a été une preuve de la renaissance de la tradition martiale

---

[213] *Archives du musée de l'ordre de la libération*, Paris.

de la France. »[214]

Les résistants bretons ne se bornent pas à des actions de sabotage ou de guérilla. Ils participent à des batailles rangées, à des opérations de siège dont parfois, même, ils assument l'entière responsabilité, sans concours des forces alliées.

Dans le seul département des Côtes-du-Nord, entre le 10 juillet et le 4 août 1944, les FFI obtiennent des résultats spectaculaires : 2500 soldats allemands hors de combat, 300 coupures de ligne téléphoniques et de lignes à haute tension, 200 sabotages de lignes de chemin de fer, 40 déraillements, 50 embuscades dirigées contre les convois, au cours desquelles 200 véhicules furent capturés.

En neuf jours, du 4 au 13 août 1944, quatre divisions allemandes stationnées en Bretagne et deux divisions venant de Normandie sont détruites ou encerclées. Le 8e corps d'armée américain et les 30 000 résistants bretons font 60 000 prisonniers. En Ille-et-Vilaine, les maquisards capturent 1400 soldats allemands et détruisent 100 véhicules.

Le général américain Eisenhower, commandant en chef des forces interalliées, a reconnu le rôle important joué par la Résistance bretonne :

« Une mention spéciale doit être faite ici de l'aide qui nous fut apportée par les FFI dans la réduction de la presqu'île bretonne. Les forces de la Résistance dans cette zone ont été portées, à partir de juin, autour d'un noyau de troupes SAS du 4e bataillon de parachutistes français, jusqu'à un effectif total d'environ trente mille hommes. Dans la nuit du 4 au 5 août, un état-major a été envoyé sur place pour prendre en

---

[214] *Archives du centre national Jean Moulin*, Bordeaux.

charge les opérations. Devant l'avance des colonnes alliées, ces forces françaises tendaient des embuscades à l'ennemi battant en retraite, attaquaient les groupes isolés et les emplacements fortifiées et protégeaient les ponts. Leur tâche était, une fois que nos blindés les avaient dépassés, de nettoyer les localités où demeuraient des poches de résistance, et de défendre les lignes de communication alliées. De plus, elles rendirent à nos troupes des services inestimables, en leur fournissant des renseignements quant aux dispositions et aux intentions de l'ennemi. Enfin, et ceci n'est pas le moins important, elles avaient par leur harcèlement incessant, entouré les Allemands d'une atmosphère intenable et de danger et de haine, qui sapait la confiance de leurs chefs et le courage de leurs soldats (...).

« En aucune autre guerre antérieure et sur aucun autre théâtre d'opérations au cours de cette guerre, les forces de Résistance n'ont été aussi étroitement intégrées à l'effort militaire principal. J'estime que la destruction des communications ferroviaires ennemies, le harcèlement du trafic automobile allemand et la pression de plus en plus forte exercée par les forces organisées de la Résistance française sur les troupes allemandes, ont joué un rôle considérable dans notre victoire. »[215]

Formant l'équivalent de 15 divisions alliées, les FFI jouent un rôle capital dans la libération de la France et le succès du débarquement en Normandie. Les sabotages et les embuscades se multiplient sur les arrières des troupes allemandes en Normandie. L'action des 30 000 FFI en Bretagne, soutenus par deux régiments parachutistes de la France libre, est particulièrement exemplaires, puisque 150 000 soldats

---

[215] *Archives du centre national Jean Moulin*, Bordeaux.

allemands, fixés dans une importante guérilla, ne peuvent venir soutenir les troupes hitlériennes engagées en Normandie en juin 1944.

À ce sujet, Churchill écrit dans ses mémoires : « Le mouvement de la Résistance française, qui comptait trente mille hommes dans la région, joua un rôle important dans le succès du débarquement de nos troupes en Normandie et la Bretagne fut rapidement dégagée. »[216] Le général américain Omar Bradley note de son côté : « Parmi les campagnes peu peuplées de Bretagne, le maquis devenait un allié de valeur. Les parachutages de nuit lui avaient assuré des armes et même une petite quantité de jeeps. Avec l'aide de détachement alliés parachutés, dont deux régiments parachutistes gaullistes, la Résistance française bloquait les routes de Bretagne et poussait les Allemands dans leur zone fortifiée. »[217] Le maréchal Montgomery souligne : « Les groupes de résistance et les parachutistes alliés avaient fait un travail excellent avant l'arrivée de nos forces. »[218]

La libération de la moitié du territoire national est l'œuvre exclusive des résistants, armés par le général Koenig. En fixant de nombreuses garnisons et unités allemandes, les maquis ont joué un rôle déterminant dans le succès des débarquements alliés en Normandie (juin 1944) et en Provence (août 1944).

Le général américain Marshall, chef d'état-major des armées américaines, a déclaré :

---

[216] Winston Churchill, *Mémoires sur la Deuxième Guerre mondiale*, éditions La Palatine 1949.

[217] *Archives du centre national Jean Moulin*, Bordeaux.

[218] *Archives du centre national Jean Moulin*, Bordeaux.

« La Résistance française a dépassé toutes nos prévisions. C'est elle qui, en retardant l'arrivée des renforts allemands et en empêchant le regroupement des divisions allemandes à l'intérieur, a assuré le succès de nos débarquements. Sans vos troupes du maquis, tout était compromis. »[219]

La lutte que les FFI engagent contre l'occupant ne se limite pas à la guérilla et aux sabotages divers. De véritables batailles vont avoir lieu : Saint-Marcel, mont Mouchet, le Vercors, mont Gargan, Picaussel, Mouleydier, Javerlhac, l'Isle-Jourdain, l'Ain, Autun, Maisey, Piquante-Pierre...

Les combats livrés par les seules forces de la Résistance, de juin à septembre 1944, permettent de fixer d'abord, puis de capturer, d'anéantir ou des contraindre à la fuite d'importantes forces allemandes, représentant un total de 150 000 soldats ennemis. Les FFI doivent également enlevé de haute lutte, sur les fronts de l'Atlantique et des Alpes, les dernières places fortes allemandes en avril et mai 1945.

---

[219] *Archives du centre national Jean Moulin*, Bordeaux.

XXII

PROVENCE
1944

En juillet 1944, général Jean de Lattre de Tassigny prend le commandement de l'armée d'Afrique, appelée par les Alliés armée B, qui doit débarquer en Provence. Faisant suite au débarquement de Normandie, celui de Provence entre dans la seconde phase de la libération de la France. La participation française y est considérable avec cinq divisions d'infanterie et deux divisions blindées, rattachées à l'armée B du général de Lattre de Tassigny : 1ère division de Français libres (général Brosset), 9e division d'infanterie coloniale (général Magnan), 3e division d'infanterie algérienne (général de Monsabert), 4e division marocaine de montagne (général Sevez), 2e division d'infanterie marocaine (général Doddy), 1ère division blindée (général Touzet du Vigier), 5e division blindée (général de Vernejoul), les commandos d'Afrique du lieutenant-colonel Bouvet. Les Américains engagent le 6e corps d'armée (général Truscott) fort de trois divisions d'infanterie et une division aéroportée, dont l'ensemble appartient à la 7e armée du général Patch. La force navale représente une armada de nombreux navires alliés de guerre, dont 34 bâtiments français (cuirassé Lorraine, trois croiseurs, huit contre-torpilleurs, une douzaine d'avisos et d'escorteurs...). Le général Eaker, commandant les forces aériennes alliées en Méditerranée, aligne cinq mille appareils (chasseurs, bombardiers, reconnaissance ou transport).

Face à cet impressionnant déploiement de forces, la défense allemande des côtés françaises de la Méditerranée, de Perpignan à Menton, repose sur la 19e armée allemande du général Wiese, regroupant sept divisions d'infanterie et une division blindée. Le Mur de la Méditerranée, nettement moins dense que celui de l'Atlantique, compte cependant six cents ouvrages bétonnés. Toulon et Marseille forment deux places fortes redoutables regroupant un total de 400 pièces d'artillerie de tous calibres, dont des canons de 340 mm de marine. Par contre, la Luftwaffe n'est plus que l'ombre d'elle-même. Elle dispose, pour le théâtre d'opérations du Midi, que de 120 chasseurs et 110 bombardiers. Quant à la Kriegsmarine, ses moyens sont réduits à une dizaine de sous-marins et une trentaine de petits bâtiments de surface.

La zone choisie pour les opérations commandos, aéroportées et les débarquements s'étend, à l'est de Toulon, de Hyères à Cannes, jalonnée par Cap Nègre, Cavalaire, Saint-Tropez, Sainte-Maxime, La Nartelle, Fréjus, Le Muy, Saint-Raphaël.

Le débarquement s'articule en trois opérations successives. D'abord dans la nuit de J-1 (14 août 1944), une opération préliminaire de couverture est confiée à des forces spéciales américaines et françaises et à la 1ère division aéroportée américano-britannique. Les premières, - comprenant la brigade d'élite du colonel Walker (forte de trois régiments américano-canadiens), le groupe de commandos d'Afrique du lieutenant-colonel Bouvet (750 hommes) et le corps franc naval d'assaut du capitaine de Frégate Sériot, - doivent débarquer sur les deux flancs du front d'attaque pour neutraliser des batteries et accomplir divers sabotages. Quant à la division aéroportée, elle va être parachutée aux alentours du Muy, afin de bloquer la vallée de l'Argens et interdire la route nationale n°7 aux renforts allemands pouvant être envoyés de la région du Luc ou celle de Draguignan.

Le jour J (15 août 1944), les trois divisions d'infanterie américaines (3e, 45e et 36e DI), appuyées par la 1ère division blindée française, sont appelées à débarquer entre Sainte-Maxime et Saint-Raphaël, afin de réduire les défenses côtières puis de progresser rapidement en éventail vers l'intérieur des terres, en créant une tête de pont s'étendant d'est en ouest jusqu'à Théoule, Les Adrets, Bagnols-en-Forêt, Trans-en-Provence, Le Cannet, Collobières et le cap de Léoube, ces différents points forment les jalons d'une ligne fictive appelée "ligne bleue".

La troisième phase du débarquement, à J+1 (16 août) porte sur le déploiement des troupes françaises de l'armée B, devant attaquer ensuite les camps retranchés de Toulon puis de Marseille. Le 6e corps d'armée américain, avec ses trois DI, s'oriente alors vers le nord-ouest et le nord pour couvrir le flanc des unités françaises.

Ce plan minutieux s'accompagne évidemment d'une action massive de l'aviation qui, durant des semaines, bombarde les positions allemandes. Rien que dans la journée du 15 août et la nuit suivante, les bombardiers alliés effectuent plus de 1600 sorties contre les voies ferrées, routes, batteries côtières, stations radar et de goniométrie, défenses des plages, troupes et postes de commandement. L'offensive aérienne sur les communications se poursuit jusqu'au 30 août, les chasseurs-bombardiers attaquent les colonnes allemandes en retraite sur les routes, en particulier dans la vallée du Rhône, entre Valence et Montélimar, où 2000 véhicules sont détruits.

L'armada navale est issue de convois partis de l'Italie du Sud, d'Afrique du Nord ou de Corse. Dans la nuit du 14 au 15 août 1944, les commandos alliés approchent de la côte provençale. Ils ont quitté le port de Popriano en Corse dans la matinée, et voguent vers les îles d'Hyères et le cap Nègre. La mer est calme, le ciel suffisamment clair pour que la terre soit visible à la jumelle.

La brigade américano-canadienne Walker se charge des îles. Le secteur du Levant est rapidement occupé après quelques escarmouches : à l'est de l'île, la batterie du Titan, dont on craignait tant les tirs sur la flotte de libération abordant Cavalaire, n'est en fait qu'une position factice parfaitement camouflée. Sur Port-Cros, les Alliés se heurtent à une résistance plus solide et il faudra attendre le 17 pour que la garnison accepte de se rendre.

Plus à l'est, le groupe français des commandos d'Afrique a la lourde charge de protéger le flanc gauche en détruisant les deux batteries lourdes (canons de 155 mm) du cap Nègre. À minuit cinq, le commandant Rigaud est le premiers soldat français a accoster, à bord d'un canot pneumatique, sur la plage du Rayol. Les commandos français escaladent les cent mètres d'à-pic du cap Nègre et, par un coup de maître, parviennent à enlever la batterie qui le surplombe. Les Français finissent par atteindre leurs objectifs en profitant de la confusion semée chez l'ennemi. Au jour, le PC installé sur les collines peut recevoir un parachutage de munitions et dans l'après-midi, du 15, la liaison est établie avec les fantassins américains débarqués à Cavalaire.

Sur le flanc est de la zone de débarquement, le corps franc Sériot (67 marins partis de Bastia) débarque entre Théoule et Le Trayas. Mais au cours de l'escalade jusqu'à la route, le corps franc tombe sur un champ de mines. En peu de temps, 26 hommes dont le chef du détachement, le capitaine de corvette Marche, sont tués ou blessés. Les survivants, la rage au cœur, sont capturés par les Allemands alertés. Mais leur captivité sera courte.

La mise à terre de la force aéroportée se déroule généralement selon le plan prévu. Dès quatre heures du matin, 535 avions de transport et 410 planeurs déposent, tout autour du Muy, à La Motte, Sainte-Rosseline, Roquebrune, près de 10 000 parachutistes, avec leurs 213 canons ou mortiers et leurs 220 Jeeps. Épaulés par les unités FFI de la région, les paras américano-britanniques s'emparent de divers objectifs, libèrent Le Muy, Draguignan, Saint-Tropez, capturent l'état-major allemand chargé de la défense du littoral de Bandol à Menton.

Le moment est presque venu pour le 6e corps d'armée américain de débarquer. Depuis l'aube, mille avions alliés ont déversé 800 tonnes de bombes sur les défenses allemandes, tandis les 400 canons lourds de la flotte tirent près de 16 000 obus. L'élan des trois divisions américaines, soutenues par la 1ère division blindée française, est irrésistible sur les plages de Cavalaire, Pampelonne, La Nartelle, La Garonnette, du Dramont, d'Anthéor... Les divisions alliées enfoncent les positions des 242e et 148e divisions allemandes, renforcées de trois bataillons d'Ost Légion. Dans la nuit du 16 au 17 août, le 6e corps occupe une tête de pont de trente kilomètres de profondeur et quarante de largeur. Plus de 130 000 hommes ont été mis à terre avec 18 000 véhicules et 7000 tonnes de ravitaillement. De nombreux prisonniers (5300) ont été faits et les pertes (1300 soldats alliés hors de combat) sont relativement faibles.

Depuis le 16 août 1944 au soir, hommes, véhicules et matériels du premier échelon français de l'armée B débarquent sans interruption sur les plages de Sainte-Maxime à Cavalaire. Le général de Lattre de Tassigny n'a pas oublié ce moment poignant :

« Toutes ces divisions, avec leurs traits propres qui confèrent à chacune une si nette individualité, communient dans une ferveur identique. La France est là... Encore quelques heures et ses fils venus pour la libérer se jetteront dans ses bras.

« Il faut pourtant patienter encore durant tout un jour. Mais le 16, à 17 heures, la minute attendue fiévreusement arrive enfin. Dans le lointain, on aperçoit la forêt des Maures qui brûle. D'un seul élan, sur tous les navires, tandis que montent les couleurs, la Marseillaise éclate, la plus poignante qu'on ait jamais entendue. Les torpilleurs de notre escorte et les croiseurs de l'amiral Jaujard qui depuis vingt-quatre heures soutiennent de tous leurs feux les premiers assauts de nos alliés, défilent, les équipages rangés à la bande, à contre-bord de mon bâtiment. Dans la splendeur lumineuse de cette soirée d'été provençale, avides, les yeux embués, le cœur étreint, tous regardent la terre qui leur apporte le premier sourire de la France retrouvée. »[220]

Un fait inattendu bouleverse le planning de l'opération. Dès le 16 août, le général Wiese, commandant des troupes allemandes du Sud-Est, reçoit l'ordre de se replier en direction de la Bourgogne et de la Franche-Comté. Deux divisions ont cependant pour mission de défendre Toulon et Marseille et de ne capituler qu'après la destruction complète des installations portuaires.

Pendant que le 6e corps d'armée américain passe à l'exploitation en direction du nord de la vallée du Rhône et la route des Alpes, le général de Lattre, sans attendre la réunion de la totalité de son armée, prend le risque d'attaquer presque simultanément Toulon et Marseille.

La garnison allemande de Toulon, protégée par trente forts, une abondante artillerie et d'innombrables casemates, comprend 18 000

---

[220] Général de Lattre de Tassigny, op.cit.

hommes, issus de la 242e DI, de la Kriegsmarine et de la Luftwaffe. L'ensemble est commandé par l'amiral Ruhfus. De Lattre dispose que de 16 000 soldats, provenant de la 3e DIA, de la 1ère DFL, de la 9e DIC, du bataillon de Choc et des commandos d'Afrique, d'une trentaine de chars et de quatre-vingts canons de moyen calibre. Malgré la disproportion des forces, il accomplit l'exploit de conquérir cette immense place forte en trois phases principales, marquant le déroulement de la bataille. D'abord la phase d'investissement (20 et 21 août) au cours de laquelle le groupement du général de Monsabert tend un filet au nord et à l'ouest de Toulon, tandis que le groupement du général de Larminat s'en rapproche à l'est, l'un est l'autre devant former un large demi-cercle autour de la place d'Hyères à Bandol. Vient ensuite la phase de démantèlement (22 et 23 août), marquée par la progression systématique et difficile de la 1ère DFL et de la 9e DIC à travers la ceinture extérieure orientale de la ville que commandos et tirailleurs de la 3e DIA taraudent de leur côté. Arrive enfin la phase de réduction définitive des défenses intérieures qui est surtout l'œuvre de la 9e DIC et qui se termine, le 27 août à 23 h 45 par la reddition sans condition de l'amiral Ruhfus et de ses dernières troupes.

Lors de cette bataille, les faits d'armes, accomplis par les forces françaises sont nombreux. Dès le 18 août, un groupe des commandos d'Afrique, fort de soixante hommes, a enlevé dans un fol assaut la batterie de Mauvannes, forte de quatre canons de 150 de marine, tué une cinquantaine de ses servants et capturé une centaine de survivants. La résistance allemande est souvent acharnée : quinze blindés du 5e régiment de chasseurs d'Afrique sont détruits lors d'un raid vers l'arsenal de Toulon. Le 23, l'enlèvement du massif du Touar coûte près de 300 hommes à la 1ère DFL. Le même jour des éléments de pointe de la 9e DIC s'emparent du château de Fontpré où sont capturés quatre canons de 105, deux de 155, trois antichars de 25 et 37 mm, et 120 prisonniers. Le fort du Coudon et la Poudrière ne sont réduits qu'après des combats allant jusqu'au corps à corps.

« L'intérieur de l'ouvrage (la Poudrière), raconte de Lattre, n'est plus qu'un immense charnier couvert de décombres, où règne une épouvantable odeur de mort et que dévorent les flammes qui font à tout instant sauter des caisses de munitions. Deux cent cinquante cadavres jonchent le sol, alors que le nombre de prisonniers ne se monte qu'à cent quatre-vingt dont plus de soixante sont grièvement blessés. C'est un spectacle dantesque qui, d'un seul coup, réveille en moi les plus tragiques souvenirs de Douaumont et de Thiaumont, en 1916. »[221]

La presqu'île de Saint-Mandrier résiste toujours. Depuis le 18, l'aviation alliée n'a cessé, en dépit d'une puissante DCA, de lancer des centaines de tonnes de bombes sur les casemates qui protègent ses pièces de 340. La flotte s'est jointe à ce déchaînement, dont le cuirassé français Lorraine. À partir du 21, le bombardement a été quasi ininterrompu. Toute la zone qui entoure le cap Cepet n'est plus qu'un immense chaos d'où émergent les squelettes calcinés des pinèdes. L'amiral Ruhfus s'y trouve à l'abri dans les galeries bétonnées. Il ne se résout à capituler qu'après plusieurs jours de bombardement intensif.

La bataille de Toulon, marquée par huit jours de luttes ininterrompues, coûte 2700 tués ou blessés aux troupes Françaises, dont une centaine d'officiers. Chez les Allemands ont compte un millier de tués, 17 000 prisonniers et un butin de 200 canons. Le plus grand port de guerre de l'Europe occidentale conquis est ouvert aux forces alliées pour

---

[221] Général de Lattre de Tassigny, op.cit.

servir de base à de nouvelles victoires.

À Marseille, le général Shaeffer, commandant de la 244e DI, dispose de 13 000 hommes, de 150 à 200 canons allant du 75 au 220 mm. La prise de cette place forte est confiée à la 3e DIA, du général de Monsabert, dont les effectifs, incomplets, ne dépassent pas 10 000 hommes, en comptant un groupement blindé d'appui de la 1ère DB. Une partie de cette division fonce en direction de Salon.

« À Marseille, écrit Paul Gaujac, poussé par Monsabert qui contrevient aux ordres de l'armée B, cuirassiers, goumiers et tirailleurs pénètrent dans la ville, dégagent les FFI en mauvaise posture et obtiennent la reddition des Allemands avec un minimum de pertes.

« Après de violents combats autour d'Aubagne, les fantassins nord-africains s'infiltrent en effet par la montagne à travers un dispositif auquel l'ennemi n'a pas eu le loisir d'apporter la même densité qu'à Toulon et dont les arrières sont menacées par le soulèvement des FFI déclenché le 21 août. Utilisant la tactique maintes fois éprouvée en Italie, les tirailleurs pénètrent par les faubourgs Est le 23 à l'aube et, traversant l'agglomération sous les ovations de la foule, parviennent au Vieux-Port, suivis bientôt des blindés (...). S'ensuivent alors des combats de rue au cours desquels les points d'appui - dont celui de Notre-Dame de la Garde - sont réduits un à un. »[222]

La reddition du général Schaeffer intervient quelques heures après celle de Ruhfus, le dernier bastion dans les îles se rendant à la flotte le 29 dans la soirée. L'avance sur le calendrier est maintenant de vingt-sept jours, au prix de 1825 tués ou blessés dans les rangs français, pour

---

[222] Paul Gaujac, *La Guerre en Provence*, éditions Pul 1998.

11 000 Allemands capturés à Marseille et ses environs.

Il n'y a que douze jours qu'ont commencé de débarquer les éléments de tête de l'armée française, et neuf jours que celle-ci est entrée dans la bataille. Quatre milles des siens ont été mis hors de combat (tués ou blessés). Face aux troupes françaises, l'ennemi compte 3000 tués et 28 000 prisonniers dont 700 officiers. Deux de ses divisions sont complètement anéanties. Et l'avance française sur l'horaire prévu est d'une telle ampleur qu'elle va se répercuter sur toute la campagne.

Par la libération de Toulon et Marseille, les Alliés disposent en Méditerranée d'une immense base qui double celle de Normandie et va contribuer à approvisionner toutes les troupes engagées sur le théâtre européen. Les deux ports du Midi assurent pendant huit mois le transit de quatorze divisions et le déchargement moyen de 18 000 tonnes de ravitaillement par jour.

Les soldats africains, noirs et nord-africains, sont accueillis en libérateurs et en héros par la population française, oublieuse de ses préjugés colonialistes.

Le général de Lattre décide alors de passer à l'exploitation et de participer à la libération du Sud-Est de la France. Il réussit à s'affranchir des instructions restrictives du général Patch (commandant la 7e armée américaine) qui semblent vouloir le cantonner dans des missions subalternes. Les troupes françaises vont prendre une part décisive à la poursuite, sur 700 kilomètres, de la 19e armée allemande. L'armée B est coupée en deux. À l'ouest, le groupement du Vigier remonte la rive droite du Rhône et explore les Cévennes et les monts du Lyonnais ; à l'est, la 3e DIA et la 2e DIM qui formeront bientôt, avec la 9e DIC, retenue par la prise de Toulon, le 1er corps de Bethouart, progressent par les Alpes avant d'amorcer la réunion de l'armée à l'Est de la Saône. Au centre de l'éventail, le 6e corps américain avance sur Lyon par la Nationale 7 et la route Napoléon. Après avoir réussi à franchir le Rhône dans la région d'Arles, le 1er corps de Monsabert libère Montpellier avant de progresser en direction de Lyon par la bordure orientale du Massif Central. La ville est libérée le 2 septembre par la 1ère DB, la 1ère DFL, les FFI et les troupes américaines. Simultanément, le 2e corps du général Bethouart relève les troupes américaines face aux Alpes, poursuit son avance le long du Jura en direction de la trouée de Belfort.

« Progression régulièrement entravée, raconte Philippe Masson, par les difficultés logistiques, manque de munitions et pénurie d'essence. Le ravitaillement est entravé par les sabotages et les bombardements des voies de communication, en particulier dans le secteur de Montélimar où la route doit être déblayée au bulldozer dans une odeur effroyable de cadavres en décomposition. »[223]

À plusieurs reprises, aux abords de Beaune, de Nuits-Saint-Georges ou de Dijon, la 11e panzerdivision, qui couvre la retraite de la 19e armée allemande, effectue d'efficaces contre-attaques qui freinent la progression alliée. De sérieux combats ont lieu dans la région d'Autun où la brigade allemande Bauer est capturée par les troupes FFI et des éléments de pointe de l'armée de Lattre.

Le plan du général de Lattre finit par se réaliser. La jonction avec les forces alliées venues de Normandie s'effectue à Nogent-sur-Seine, à l'ouest du plateau de Langre, le 12 septembre entre un groupe de reconnaissance de la 2e division blindée du général Leclerc et un autre de la 1ère DFL.

---

[223] Philippe Masson, Op.cit.

Le capitaine Simon, de la 1ère DFL, se souvient de ce moment historique, d'une intense émotion, où la division Leclerc rencontre l'armée d'Afrique :

« Je n'ai pas oublié l'immense joie de voir les premiers blindés de la division Leclerc venir à notre rencontre, nous qui venions de Provence, après de durs combats. Le bras Leclerc, venu de Normandie, tendait la main au bras De Lattre, partie d'Italie, de Corse et d'Afrique du Nord. Cette rencontre incarnait à nos yeux la victoire éclatante de l'armée françaises sur le nazisme, la fin des années sombres de l'occupation. »[224]

Dès le 8 septembre 1944, les troupes FFI venus du Sud-Ouest, dont le célèbre corps franc Pommiès, ont combattu, dans la région d'Autun, avec le groupement Demetz de l'armée de Lattre. L'armée Patch est aspirée vers les Basses Vosges et en Lorraine. Elle se trouve intégrée avec l'armée B devenue 1ère armée française dans le 6e groupe d'armées de Devers. Les deux corps de De Lattre effectuent leur jonction et prennent position en face des Hautes Vosges et le la trouée de Belfort, tout en assurant la couverture sur les Alpes du Nord.

Trois semaines d'efforts incessants et de succès ininterrompus ont conduit les troupes françaises de la Provence jusqu'au Jura et au pied des Vosges. Vingt-cinq départements français, près du tiers de notre territoire national, ont été reconquis. Si on y ajoute tout le grand Sud-Ouest, plus de la moitié de la libération du territoire national est l'œuvre exclusive des forces françaises (FFI, armée de Lattre et division Leclerc). Les 1ère et 19e armées allemandes ont laissé 100 000 prisonniers aux

---

[224] *Archives militaires françaises*, Vincennes.

mains des troupes françaises depuis le débarquement de Provence. Durant la même période, du 15 août au 19 septembre 1944, l'armée de Lattre a perdu 6000 hommes (tués ou blessés).

Toutefois, à la fin septembre, la poursuite s'essouffle, puis s'arrête. Les difficultés logistiques persistent et surtout on assiste au rétablissement de l'armée allemande qui s'appuie sur des positions solides, établies dans les montagnes et devant Belfort. Le temps se dégrade, avec des pluies diluviennes et une chute des températures, signes avant-coureurs d'un hiver rude et précoce.

XXIII

PARIS ET DOMPAIRE
1944

Formée au Maroc à Témara, entre Casablanca et Rabat en août 1943, la 2e division blindée, commandée par le général Philippe Leclerc de Hauteclocque, rejoint la Grande-Bretagne, à bord de divers navires en avril-mai 1944. Cette unité représente un amalgame étonnant de Français libres, d'évadés de France, de soldats de l'armée d'Afrique. Français de souche ou Pieds-Noirs, Libanais, Algériens, Marocains, Noirs d'Afrique équatoriale, Indiens des Comptoirs, catholiques, protestants, juifs, musulmans, libres penseurs, républicains espagnols, tous possèdent la volonté de délivrer la France.

La division comprend un régiment de reconnaissance (1er régiment de marche de spahis marocains du colonel Rémy), un régiment d'infanterie (régiment de marche du Tchad du colonel Dio), trois régiments de chars de combat (501e régiment de chars de combat du colonel Warabiot, 12e régiment de chasseurs d'Afrique du colonel de Langlade, 12e régiment de cuirassiers du colonel Noiret), un régiment de chasseurs de chars (régiment blindé de fusiliers marins du capitaine de corvette Maggiar), trois groupes d'artillerie, un bataillon du Génie, un groupe de DCA, un groupe d'escadrons de réparation, un bataillon médical... L'ensemble représente 17 000 hommes, 4000 véhicules, dont 130 blindés légers ou automitrailleuses, 153 chars de combat Sherman

M4, 44 chars Destroyer M10. La totalité du matériel lourd est américain. Leclerc organise sa division en trois ou quatre groupements tactiques (GT), avec pour ossature un régiment de chars de combat, un bataillon d'infanterie, un escadron de reconnaissance et un escadron de chasseurs de chars (GTD du colonel Dio, GTL du colonel de Langlade, GTB du colonel Billote et GTR du colonel Rémy). Cette grande souplesse d'utilisation, qui exige des qualités de commandement certaines, permet à la 2e DB de s'adapter au mieux aux différentes missions.

La division Leclerc débarque à Utah Beach, en Normandie (Cotentin), le 1er août 1944 et participe à la fin de la bataille de Normandie. Elle doit remonter vers Alençon, puis sur Argentan, et contribuer ainsi à la victoire finale en Normandie par la fermeture de la poche de Falaise avec les Américains. Par son audace, la 2e DB prend les troupes américaines de vitesse.

Depuis le 10 août, la 2e DB progresse vers la poche de Falaise sans pouvoir mener d'opérations de grand style. Mais à Alençon, Leclerc monte une brillante manœuvre qui pourrait dès le 12 août le porter dans Argentan. Il a compris qu'il faut faire vite pour empêcher l'ennemi de fuir à l'ouest. Entre Alençon et Argentan, l'épaisse forêt d'Écouves constitue un obstacle très redoutable, où se trouvent positionnées deux divisions allemandes. Aussi-a-t-il décidé de la contourner à l'ouest et à l'est. Leclerc viole délibérément les instructions du général américain Haislip, commandant du 15e corps. En effet la 2e DB opère en partie dans un secteur attribué à la 5e DB américaine et fonce sur Sées au nord-est de la forêt dont la prise lui est réservée ! La manœuvre de débordement est un succès. Le 13, Argentan se trouve à portée de fusil, mais le général Omar Bradley, commandant du 12e groupe d'armées américain, donne l'ordre de stopper l'offensive. « Une aubaine, raconte Michel Marmin, pour les Allemands : la poche reste ainsi entrouverte, alors que Haislip et Leclerc auraient parfaitement pu les y enfermer définitivement après avoir fait leur rapide jonction avec les troupes canadiennes, à Falaise. »[225] Les hésitations de Bradley facilitent ainsi le rétablissement allemand et le repli de la 7e armée en direction de la Seine. Dans la forêt d'Écouves, la 2e DB lutte avec un acharnement remarquable : 3000 prisonniers ennemis sont faits, un régiment de panzers est détruit. En dix jours de combat, la division Leclerc enregistre cependant de lourdes pertes, avec un millier de soldats hors de combat (tués, blessés ou disparus) et 75 blindés détruits.

Le 21 août 1944, le général de Gaulle est averti qu'en dépit des conseils de prudence d'Alexandre Parodi, son délégué politique, et du jeune général Jacques Chaban-Delmas, son délégué militaire, une insurrection vient de se déclencher dans la capitale à l'initiative des communistes et en particulier du colonel Rol-Tanguy, un ancien des brigades internationales et commandant en chef des FFI de l'Ile-de-France. Mais c'est également un soldat qui s'est battu avec héroïsme en 1940 contre la Wehrmacht. Il commande en chef conscient de ses devoirs et non en partisan d'une cause politique. Aux côtés de Charles Tillon, chef national des FTP, Rol-Tanguy prend de court tout le monde, et même la direction de son propre parti, en lançant ses troupes, le 10 août, dans la guérilla insurrectionnelle. Le même jour, les cheminots de la région parisienne se mettent en grève, suivis par les postiers. Le 15, c'est au tour des policiers, tandis que les combats s'étendent. le 17, le Comité national des FTP lance l'ordre de mobilisation générale, que reprend, le 18, l'état-

---

[225] Michel Marmin, *Leclerc*, éditions Chronique 1997.

major FFI de la région parisienne. Rol-Tanguy a pour adjoint un officier de carrière, le colonel de Marguerittes, chef FFI du département de la Seine.

Dans toute la région parisienne, les FFI alignent sur le papier environ 15 000 hommes résolus à se battre, mais disposant d'un armement dérisoire : 4 mitrailleuses, 83 fusils-mitrailleurs, 562 fusils, 325 revolvers et moins de 200 grenades. Les forces allemandes de Paris reposent sur 18 000 hommes, 60 canons, 75 blindés divers et 60 avions. Le général Diestrich von Choltitz, commandant du Gross-Paris, n'a rien d'un fanatique, et ne s'est jamais mêlé de politique, c'est cependant un soldat qui a la réputation d'exécuter les ordres reçus. C'est aussi un homme las, victime de crises d'angine de poitrine, convaincu que l'Allemagne a perdu la guerre. Il estime que Hitler est un fou qui conduit l'Allemagne à la ruine. À l'intérieur de la capitale, les Allemands ont organisé un nombre important de points d'appui fortement défendus d'où ils peuvent contrôler les principaux itinéraires. Paris devient le lieu d'une bataille d'embuscades, d'escarmouches, de guérilla propice aux exploits individuels. Des barricades sont dressées un peu partout et les résistants attaquent les véhicules allemands à la grenade où à la bouteille incendiaire. Des fenêtres des immeubles, ils tirent sur les patrouilles ennemies.

Une trêve est négociée dans la soirée du 19 août, grâce à l'intervention du consul général de Suède à Paris, Raoul Nordling, et malgré les nouvelles alarmantes qui parviennent à Chaban : la mairie de Neuilly a été prise, une vingtaine d'otages capturés, la préfecture de police de Paris est à bout de munitions, les chars allemands la tiennent sous leur feu. Faut-il prolonger la trêve ou la rompre ? Le lundi 21 août, dans la soirée et tard jusque dans la nuit, Chaban discute avec les principaux chefs de la Résistance parisienne dans un appartement proche de la gare Denfert-Rochereau. Il se déclare favorable au maintien de la trêve, sachant que les troupes FFI engagées dans l'insurrection armée luttent contre la montre, et est convaincu qu'il faut gagner du temps en attendant l'arrivée des Alliés, bien que la date reste inconnue. D'autres s'y opposent, notamment Villon, le représentant du Front national (tendance communiste) au conseil national de la Résistance (CNR), qui se heurte à Chaban avec violence, au point de l'insulter. Chaban reste de marbre. Villon finit par s'excuser.

« Le véritable problème, rappelle Jacques Chaban-Delmas, était de savoir ce qu'il fallait choisir : l'unité de la résistance ou le souci de préserver Paris d'une destruction assortie d'un massacre. Alexandre Parodi, représentant du gouvernement d'Alger, qui présidait les débats, opta pour l'unité de la Résistance. "Dénonçons la trêve", dit-il. Je n'avais qu'à m'incliner. »[226]

Persuadé que la trêve aurait évité aux Allemands d'utiliser leurs moyens lourds, Chaban adhère finalement à l'appel aux barricades. La trêve a surtout permis de joindre les Alliés, par l'intermédiaire de deux émissaires, le commandant Gallois et le lieutenant Petit-Leroy, et de les convaincre finalement de dévier leur progression vers Paris. Sur l'intervention directe du général de Gaulle, le général Eisenhower accepte de modifier ses plans et de marcher directement sur Paris au lieu de déborder la capitale par l'ouest et par l'est. En effet, le 22 août, Eisenhower donne enfin l'ordre au général Leclerc de foncer sur la capitale. La 2e DB s'ébranle au petit matin du 23 août, avec ses deux

---

[226] Entretiens de l'auteur avec Jacques Chaban-Delmas en juillet 1998, Ascain.

cents chars, ses quatre mille véhicules et ses seize mille hommes. Elle attaque en deux groupements. Le premier par Rambouillet-Le Petit-Clamart, Sèvres, le second en direction d'Arpajon et de la Croix de Berny par la nationale 20. La 2e DB est soutenue à l'est par la 4e DI américaine. Leclerc doit livrer de furieux combats le long de la nationale 20. Il se heurte à des batteries de DCA de canons de 88 mm, transformés en antichars. Les pertes de sa division sont sévères : plus de 300 tués, blessés ou disparus, une quarantaine de chars et une centaine de véhicules détruits.

À Paris, la situation reste confuse. La Luftwaffe a quitté le Bourget. Quant à la Wehrmacht, son moral est au plus bas. La retraite s'opère dans des conditions difficiles. Les troupes sont mitraillées par les détachements FFI. Les soldats allemands déménagent les bureaux et entassent dans des camions dossiers et archives. Hitler donne l'ordre au général von Choltitz de détruire la capitale. Dans les rues, les barricades se multiplient alors que les éléments avancés de la division Leclerc, commandés par le capitaine Drone, se rapprochent.

Dans la nuit du mercredi au jeudi 24 août, Chaban échappe de peu à la mort, alors qu'une patrouille allemande lui fonçait droit dessus. Il a eu juste le temps de se jeter dans l'obscurité d'une rue et de disparaître. Il se rend ensuite à l'hôtel Matignon où sont réunis les secrétaires généraux des ministères chargés de préparer l'arrivée du nouveau pouvoir. Chaban leur dresse un tableau partiel de la situation militaire dans Paris.

La nouvelle tant attendue arrive enfin... La division Leclerc va entrer dans la capitale. Le capitaine Drone rejoint le centre-ville, en compagnie de trois chars Sherman, d'une quinzaine de blindés, de deux camions et de cent cinquante hommes. À 20 h 45, cette solide troupe passe la porte d'Italie, franchit la Seine par le pont d'Austerlitz et longe les quais. Sur leur passage, la foule crie sa joie et sa fierté. À 21 h 22, Dronne est accueilli à l'Hôtel de Ville par la Résistance qui entonne une marseillaise étranglée de larmes. Chaban est présent dans son uniforme de général.

Le 25 août, tandis que la 4e DI américaine libère les quartiers Est de Paris, la 2e DB obtient à l'hôtel Meurice la reddition du commandant de la garnison, le général von Choltitz, suivi de la capitulation des différents points d'appui, Sénat, École militaire, quartier des Affaires étrangères... Près de la place de la Concorde, la bataille de chars a été rude. Le lendemain, le général de Gaulle effectue une descente triomphale des Champs-Élysées, sous les acclamations de la foule.

Les combats pour la libération de la capitale ont été meurtriers : les FFI ont perdu 900 des leurs, et 1500 sont blessés, la division Leclerc, 28 officiers et 600 sous-officiers et soldats, tués ou blessés. Les Allemands comptent 3200 tués et 14 500 prisonniers.

« En s'installant au ministère de la Guerre, écrit Philippe Masson, où rien ne manque, sauf l'État, de Gaulle entend bien, comme prévu, rétablir l'autorité du gouvernement. Il met fin à l'activité du CNR, élargit l'assemblée consultative par une fournée de résistants de l'intérieur et surtout il tient à exercer son contrôle sur les trop nombreux FFI qui font régner dans la capitale une atmosphère trouble, avec le cortège classique de femmes tondues, d'hommes au visage ensanglanté et d'exécutions sommaires.

« Le général de Gaulle obtient du commandement allié l'autorisation de garder la 2e DB jusqu'au 8 septembre. Il intègre les FFI dans une 10e DI dirigée vers la frontière de Nord-Est. Eisenhower accepte encore de faire défiler, le 29 août, une division américaine à travers Paris depuis l'Arc de Triomphe jusqu'à Vincennes. Démonstration de force destinée à impressionner les communistes. De Gaulle devra cependant attendre encore jusqu'au 23 octobre pour que les Américains suivis des Anglais et Soviétiques se décident à reconnaître le gouvernement provisoire. »[227]

Lorsque la 2e DB quitte la région parisienne en direction des Vosges, sa physionomie a évolué. L'excellent principe de l'amalgame autour du noyau gaulliste, qui avait si bien fonctionné au Maroc, est appliqué à nouveau après la libération de la capitale, avec l'intégration de quatre compagnies issues des FFI, formant le groupement tactique Roumiantzoff (GTR). Réintégrée comme le désirait Leclerc au 15e corps du général Haislip, la division a pour mission de couvrir le flanc sud de la 3e armée du général Patton dans sa marche vers l'est. Celle-ci se trouve coordonnée avec la remontée du sud de l'armée de Lattre. La 2e DB s'empare de Contrexeville le 11 septembre 1944 et, le 12, de Vittel où Leclerc rencontre trois mille ressortissants britanniques et américains internés là depuis 1940. Le même jour, la jonction avec l'armée B du général de Lattre se réalise sur le plateau de Langres.

Le 13 septembre, dans la vallée de la Gitte, entre Damas et Dompaire, une terrible bataille oppose des éléments de la 2e DB, dont principalement un groupe du commandant Massu et le régiment blindé de fusiliers marins (RBFM) avec ses chars Destroyer M10, à la 112e panzerbrigade, forte de 125 chars lourds Panther, envoyée par le général Hasso von Manteuffel pour bloquer la progression de Patton. Repérée dès les 12, la panzerbrigade a commis l'erreur de rester dans la vallée et de

---

[227] Philippe Masson, op.cit.

s'offrir aux coups de la 2e DB, en embuscade, et soutenue par cinq attaques au sol de chasseurs bombardiers américains P47. Cette victoire permet aux équipages des chasseurs de chars M10 du RBFM de prouver leur valeur au général Leclerc : 59 Panther ont été détruits. Le 15, la Moselle est franchie par le sous-groupement du commandant de La Horie (GTV) à Châtel où, dès le lendemain, il doit repousser une nouvelle contre-attaque de Manteuffel.

XXIV

VOSGES ET ALSACE
1944-1945

Durant l'automne 1944, la 1ère armée française se trouve en face d'un problème qui exige une solution urgente, celui de la relève de certaines de ses troupes noires, incapables de supporter les rigueurs de l'hiver continental. À la 1ère DFL, le remplacement porte sur cinq bataillons d'infanterie venus de Cameroun, de l'Afrique équatoriale et de Djibouti, ainsi que sur de nombreux éléments de l'artillerie, du train et du bataillon médical, soit au total 6000 hommes. À la 9e DIC, il est plus important encore puisque c'est 9000 Sénégalais qu'il convient de relever et d'envoyer sans retard dans le Midi. Les unités FFI et les volontaires répondent à l'appel. Des engagés volontaires de Lyon, Chalon-sur-Saône, Besançon, des Ardennes, de la Bretagne, fournissent à la 1ère DFL un nombre important de jeunes soldats. Des unités FFI comme le maquis de Chambarrand, le 2e bataillon du Charollais, le groupement Thivollet, le 4e bataillon du régiment du Morvan complètent le renforcement de la DFL. De même à la 9e DIC, des bataillons entiers de Sénégalais sont, du jour au lendemain, remplacés par des unités FFI venues du Sud-Ouest, de Provence et du Centre.

L'apport grandissant des FFI permet la création de nouvelles unités au sein de la 1ère armée, comme la brigade Alsace-Lorraine du colonel Berger (André Malraux), formée de maquisards venus du Périgord et de Toulouse. Les FFI de la région parisienne permettent la création de la 10e DI du général Billotte, qui va tenir un large secteur des Vosges, dans des conditions extrêmement difficile, en plein hiver. Le général Salan se voit confier le commandement de la 14e DI avec les FFI du Sud-Ouest, de la Bourgogne, de l'Yonne, du Charollais et d'ailleurs. Les divisions nord-africaines sont renforcées par le corps franc Pommiès (devenu par la suite 49e RI), la colonne Fabien (151e RI), le régiment de Franche-Comté et celui du Morvan (27e RI). Dans le Berry, le colonel Bertrand reforme le 1er régiment d'infanterie. Le colonel Fayard-Mortier commande la division FFI d'Auvergne. Le colonel Rol-Tanguy présente au général de Lattre la brigade Paris. Des régiment de reconnaissance se forment également avec l'apport des FFI, comme le 12e dragons de Dunoyer de Segonzac. Près de 140 000 FFI (AS, ORA, FTP) intègrent ainsi la 1ère armée, qui va compter 300 000 soldats.

Sur le front de Belfort et des Vosges, l'armée de Lattre doit tenir 120 kilomètres de positions montagneuses, dont certains sommets dépassent mille mètres d'altitude, dans des conditions climatiques extrêmes, face à la 19e armée allemande, reconstituée d'unités fanatisées. De Lattre tient cependant à s'ouvrir l'accès à la plaine d'Alsace. Une première offensive (25 septembre au 4 octobre 1944) concerne le nord des Vosges. C'est un demi-succès. Le temps est détestable. La résistance allemande acharnée et les pertes importantes. Cette manœuvre a cependant l'avantage de fixer les réserves allemandes. La 3e DIA, - renforcée par le 1er régiment de chasseurs parachutistes (1er RCP), les commandos d'Afrique et le groupement de Choc Gambiez, - progresse en direction de Gerardmer, de La Bresse et du col d'Oderen. L'adversaire du général Guillaume, commandant de la 3e DIA, est la 338e DI du général allemand l'Homme de Courbières, descendant d'une famille de la noblesse française ayant rejoint l'Allemagne protestante au XVIIe siècle. Ce chef allemand énergique et résolu a su ressouder des unités diverses que soutiennent des bataillons de mitrailleuses lourdes et qui utilisent au mieux les possibilités de défenses multiples, qu'offrent les forêts et le relief du terrain. Le 5 octobre, après avoir conquis au corps à corps les pentes sud de Longegoutte, les troupes françaises s'approchent de la crête. Mais le 6, la 338e DI allemande contre-attaque, isolant le 1er RCP et le 3e RTA. Pendant trente-six heures, les deux adversaires s'affrontent en des combats sous bois confus et violents. Le 8 octobre, les Français restent finalement maître du terrain par la conquête de la crête de Longegoutte. Les combats se poursuivent par un temps abominable. La pluie, le brouillard et la neige alternent et se conjuguent. La 1ère DB, épaulée par le corps franc Pommiès et la brigade Alsace-Lorraine, libère Servance et Fresse mais ne peut déboucher. La 1ère DFL se heurte aux même difficultés, malgré la prise de Ronchamp et Frédéric-Fontaine.

Les pertes françaises sont particulièrement lourdes : le 6e RTM a perdu 700 hommes (tués ou blessés) et le 1er RCP 750. Ces opérations ont entamé sérieusement les défenses ennemies sans toutefois trouver la fissure qui aurait permis le franchissement des crêtes et la descente en Alsace. Elles se soldent pour ces trois dernières semaines par près de 2000 prisonniers allemands et très largement le double de tués. Dans une lettre, datée du 19 octobre 1944, le général de Lattre note que « nous avons actuellement en face de nous plus de 55 000 combattants, appuyés par plus de vingt-cinq groupes d'artillerie largement approvisionnés et un nombre étonnant de canons automoteurs et de chars ».[228] Outre la 338e DI, l'ennemi aligne une division fraîches qui arrive de Norvège, la 269e DI, et la 189e DI, aguerrie par la lutte anti-maquis dans le Sud-Ouest.

Cette première opération facilite, le 14 novembre 1944, le déclenchement d'une seconde offensive à l'extrême sud par la trouée de Belfort, le long de la frontière Suisse. Le général Béthouart, commandant du 1er corps d'armée, y engage la 5e DB, la 2e DIM, la 9e DIC et le groupement Molle (composé d'unités FFI). La 338e DI allemande est enfoncée. L'offensive est marquée par des combats très durs, par des retours offensifs de l'ennemi dans le secteur de Dannemarie, fin novembre. La victoire est cependant acquise. Le Rhin a été atteint à Huningue. Belfort, Montbéliard et Mulhouse ont été libérés. L'encerclement réalisé dans le secteur de Burnhaupt a permis la destruction de la plus grande partie du 63e corps d'armée allemand du général Schalk, composé des 189e et 269e DI, de la 30e DI Waffen SS et de la brigade blindée Feldhernhalle. La 1ère DFL, qui s'empare de Giromagny le 22 novembre, favorise ce brillant succès, sans oublier l'intervention de la 1ère DB dans la région de Mulhouse.

Cette bataille de la trouée de Belfort et de la Haute-Alsace, du 14 au 28 novembre 1944, coûte 6000 tués, blessés ou disparus à l'armée de Lattre, ainsi que 1700 évacués pour gelures graves, sans oublier 130 blindés (chars et automitrailleuses) détruits. Les pertes allemandes sont considérables : 10 000 tués et 17 000 prisonniers, la capture de 120 canons et la destruction d'une centaine de blindés.

Pendant ce temps, le général Leclerc et sa 2e DB participent, au

---

[228] *Archives militaires françaises*, Vincennes.

sein de la 3e armée américaine, à une vive offensive en direction de Phalsbourg et de Saverne à la mi-novembre. Les groupements Rouvillois et Massu s'emparent de Saverne le 22. Divisée en cinq groupements tactiques, par des chemins forestiers difficiles, mal surveillés par l'ennemi, Leclerc lance la 2e DB en direction de Strasbourg où elle pénètre le 23 novembre. La capitale de l'Alsace est entièrement libérée deux jours plus tard. Dans son ordre du jour n°73, le général Leclerc déclare aux soldats de sa division : « En cinq jours vous avez traversé les Vosges malgré les défenses ennemies et libéré Strasbourg. Le serment de Koufra est tenu ! Vous avez infligé à l'ennemi des pertes très sévères, fait plus de neuf mille prisonniers, détruit un matériel innombrable et désorganisé le dispositif allemand. Enfin et surtout, vous avez chassé l'envahisseur de la capitale de l'Alsace, rendant ainsi à la France et à son armée son prestige d'hier. »[229]

La première tentative de la réduction de la poche de Colmar, en décembre 1944, se révèle infructueuse, malgré les assauts enragés du 1er RCP, de la 2e DB, de la 3e DIA, de la 4e DMM, de la 2e DIM, des 1ère et 5e DB, de deux divisions américaines (36e et 3e DI). Than, Orbey Witternheim tombent cependant aux mains des troupes françaises. Le 1er RCP compte à lui seul près de 200 hommes hors de combat sur 511 soldats engagés ! Près de 6000 soldats allemands ont été capturés.

Le 16 décembre, la contre-offensive allemande qui débute dans les Ardennes, place l'armée américaine dans une situation délicate. Eisenhower n'écarte pas la possibilité d'une évacuation de Strasbourg. Les Français s'y opposent et prennent à leur charge la défense de la ville.

---

[229] *Archives militaires françaises*, Vincennes.

Hitler et Himmler montent une vaste manœuvre en tenaille contre Strasbourg. Au nord, la 1ère armée allemande, forte de trois divisions blindées, une division parachutiste et deux d'infanterie, doit attaquer les positions américaines du 6e corps d'armée sur le front de Haguenau. Cette opération sera accompagnée d'une traversée du Rhin, au nord de Strasbourg, effectuée par la 553e division de grenadiers, front tenu par la 3e DIA et une partie la brigad Alsace-Lorraine. Au sud de Strasbourg, la 198e DI allemande et la brigad blindée Feldhernhalle, reconstituée, sont chargées d'enfoncer les positions de la 1ère DFL et d'une partie de la brigad Alsace-Lorraine.

Le 7 janvier 1945, cette double offensive, appelée Norwind, démarre. « Le choc est violent, raconte le général de Lattre. Dans l'aube glaciale, sur la plaine couverte de neige que l'éclatement des obus soupoudre de cernes noirâtres, des ombres fantomatiques avancent, ombres démesurées des chars peints en blancs, ombres innombrables des fantassins revêtus de cagoules. »[230] Attaques et contre-attaques vont se multiplier jusqu'au 25. Les Français forment des poches de résistance dans les villages et tiennent avec fermeté. Les Américains reculent sur une seconde position. Les assauts allemands finissent par s'essouffler : Strasbourg est sauvé.

La conclusion de la campagne d'Alsace est alors imminente. La poche allemande de Colmar tient toujours. Du 20 janvier au 9 février 1945, la 1ère armée française, la division Leclerc et deux DI américaine y livrent de furieux combats pour sa réduction. Les troupes allemandes de la 19e armée y concentrent quatre divisions d'infanterie, trois divisions

---

[230] Général de Lattre de Tassigny, op.cit.

de grenadiers et la 2e division de montagne, arrivant spécialement de Finlande. Le 1er corps d'armée de Béthouart (4e DMM, 2e DIM, 9e DIC) attaque au sud, tandis que la 10e DI de Billotte fixe les réserves allemandes au centre. Au nord de la poche, la 2e DB, la 1ère DFL, la 5e DB et les deux DI américaines (3e et 28e DI) menacent directement Colmar. Il fait 20° au-dessous de zéro, le vent souffle et il y a un mètre de neige. La résistance allemande est acharnée. Les Français souffrent d'une certaine faiblesse du matériel, notamment dans le domaine des blindés. Le char Sherman est dramatiquement surclassé par les Tigre, Panther et Jagdpanther. L'Alsace partage, avec la Normandie, le triste privilège de la province la plus affectée par l'acharnement des combats avec plus d'une vingtaine de villages détruits. La poche de Colmar est finalement réduite et la ville libérée le 2 février par la 5e DB française. Les Allemands se retirent de l'autre côté du Rhin par le pont de Chalampé. La conquête de la Poche coûte 13 400 tués ou blessés aux troupes françaises engagées, les Allemands ont perdu 35 000 hommes, dont 20 000 prisonniers. Lors de cette bataille, la 9e division d'infanterie coloniale (9e DIC) a payé le plus lourd tribut des unités françaises avec 400 tués. Les deux divisions américaines comptent un total de 542 tués.

S'achève ainsi une des campagnes les plus dures menées par l'armée française, qui s'est heurtée à des conditions climatiques extrêmement difficiles et à un adversaire fanatisé et valeureux. Vingt ans plus tard, le général de Langlade, un des meilleurs officiers de Leclerc, lui rendra hommage : « Enfin, l'armée allemande à l'agonie sut se battre avec furie, jusqu'à ce qu'elle tombe morte. Ceci est un hommage que l'on doit rendre à cette race productrice d'admirable guerriers. »[231] De son côté, le général américain Eisenhower, commandant en chef des forces alliées de l'Ouest, ne tarit pas d'éloges pour l'armée française : « Cette victoire, remportée en affrontant des conditions difficiles de temps et de terrain, est un exemple exceptionnel de travail d'équipe d'alliés au combat. C'est un tribut à l'habileté, au courage et à la détermination de toutes les forces engagées. Je vous prie de transmettre au général de Lattre, commandant de la 1ère armée française et à toutes les forces sous son commandement, mes félicitations pour ce haut fait. »[232]

La guerre de position dans les Vosges et en Alsace, durant l'hiver 1944-1945, n'est pas sans rappeler celle du front russe. Les rapports du capitaine Gouzy et du médecin-capitaine de Tayrac, rattachés au corps franc Pommiès (49e RI), sont révélateurs : « La neige recouvre le sol de deux mètres d'épaisseur... Il faut relever régulièrement les éléments placés au sommet. Nos soldats enlèvent mutuellement la glace qui se forme sur leurs vêtements insuffisants... 90% des armes ne peuvent fonctionner, un bloc de glace se formant à la fenêtre d'éjection... Les hommes sont à la limite de la résistance. On constate chez eux un automatisme hébété. Il règne dans la troupe la psychose de l'insécurité au repos. Ils ne peuvent pas dormir et la fatigue va en s'accentuant. D'autre part, l'état des chaussures et des chaussettes provoque une macération des pieds qui rend la plupart des soldats inaptes à la marche. La température est tombée à -20°. Les hommes relevés des emplacements de combat sont employés au ravitaillement de leurs camarades en

---

[231] *Archives militaires françaises*, Vincennes.

[232] *Archives militaires françaises*, Vincennes.

première ligne, et il faut aussi aider ceux des transmissions à maintenir les liaisons entre les divers PC. Enfin, il n'est pas rare qu'il faille épauler les brancardiers pour aller chercher les blessés des engagements nocturnes. »[233]

Les combattants doivent apprendre à vivre dans la neige, à lutter contre le froid, à maintenir les armes en état, à repérer les patrouilles ennemies, ces grands fantômes blancs qui s'infiltrent silencieusement entre les postes avancés. Les hauteurs sont couvertes d'une neige gelée. Les soldats montent à tour de rôle, section après section, groupe après groupe, occuper les postes de combat, durant trois jours, durant cinq jours, suivant les périodes. Les guetteurs, les pieds dans la neige, en pleine nuit, doivent lutter contre le sommeil. Les blocs de neige que les sapins laissent glisser au sol de temps en temps évoquent les pas des patrouilles allemandes, et il est difficile de se retenir de tirer.

Le soldat Henri Juppé, qui prend part à l'attaque du Petit Drumont (1208 mètres), dans la nuit du 28 au 29 novembre 1944, raconte : « Les conditions atmosphériques et la topographie des lieux sont déplorables. Il neige ; le vent est furieux et glacial ; les pentes abruptes sont enneigées ou glacées ; la visibilité est presque nulle, car un épais rideau de neige empêche nos hommes d'y voir à plus de 35 mètres. Voilà les souffrances physiques qu'endurent ces hommes... lorsque, tout à coup, des hurlements inarticulés, des cris, se mêlant aux tirs de FM, de mitrailleuses, de mitraillettes, s'élèvent un peu partout. C'est l'accrochage. Les Boches qui nous ont entendu progresser tirent sur les cibles qui se détachent merveilleusement sur la neige immaculée. Tout le

---

[233] *Archives militaires françaises*, Vincennes.

monde est à terre pour la riposte. Un duel serré commence à quelques mètres les uns des autres... »[234]

Certains soldats nord-africaines ressentent un certain sentiment d'abandon à l'encontre de la France. Ils apprennent les remous nationalistes en Algérie. La plupart des tirailleurs, illettrés, ne s'en montrent guère préoccupés, ou pensent que les difficultés économiques, dont ils n'ignorent rien, en sont la cause. L'encadrement français se montre plus inquiet. Il recommande un control strict de la correspondance, l'augmentation du nombre de sous-officiers européens, ainsi qu'une propagande soulignant l'effort de la France pour ravitailler l'Afrique du Nord.

Les nazis tentent de casser le moral de l'armée d'Afrique. Disséminés sur la rive droite du Rhin, des haut-parleurs s'adressent directement en arabe aux tirailleurs nord-africains : « La France coloniale vous transforme en chair à canon, venez donc rejoindre le IIIe Reich national-socialiste, qui lutte contre le colonialisme franco-britannique. » Le sergent du 1er RTA Belkacem Chaouch, fait prisonnier le 15 décembre 1944 devant Orbey, évadé du camp de Malzach et qui vient de traverser le Rhin à la nage, raconte qu'en Allemagne les Nord-Africains sont séparés des Européens. Ils seraient mieux traités, recevant des cigarettes envoyés par Himmler. Des officiers nazis leur proposent de former une légion musulmane pour libérer l'Afrique du Nord du joug impérialiste de la France, sous la conduite du Mufti de Jérusalem. Sur les 233 000 soldats nord-africains de l'armée d'Afrique, seulement 92 acceptent de s'engager dans la légion allemande musulmane. Encore s'agit-il uniquement de

---

[234] *Archives militaires françaises*, Vincennes.

prisonniers qui, d'après le sergent Chaouch, le font uniquement pour ensuite s'évader et rejoindre les lignes françaises.

En mars 1945, la France est presque entièrement libérée, mise à part les poches allemandes de l'Atlantique et celles des Alpes qui résistent toujours. La Wehrmacht a repassé le Rhin. Mais, en dépit de sa retraite précipitée, de ses énormes pertes en hommes et en matériel, elle représente encore une force cohérente. Elle cherche à s'accrocher, à gagner du temps.

Les Alliés ont résolu de l'anéantir en portant la guerre au cœur même du Reich, et d'obtenir sa capitulation sans conditions. Si la France veut être présente à cette victoire suprême, à cette revanche totale, à l'occupation du territoire ennemi et à l'élaboration de la paix, elle doit, aux côtés de ceux qui l'ont aidée à recouvrer ses frontières, participer à la campagne d'Allemagne. L'effort est dur pour un peuple épuisé par cinq années terribles et éprouvé, de surcroît, par un hiver exceptionnellement rigoureux. Il est dur aussi pour l'armée, dont certains éléments se battent depuis 1940.

XXV

ALLEMAGNE 1945

À la veille de l'offensive sur le front Ouest contre l'Allemagne, les Alliés alignent 90 divisions, dont 58 américaines, 18 britanniques, 10 françaises, 3 canadiennes et une hollandaise. Il convient d'ajouter 10 autres divisions françaises, issues de la Résistance intérieure, qui luttent sur le front des poches de l'Atlantique et le front des Alpes occidentales face à un nombre équivalent de divisions allemandes ou italiennes. Comme on peut le constater par les chiffres, la participation de l'armée française à la victoire finale est importante à l'Ouest. Bien que repoussée derrière le Rhin, l'armée allemande représente encore une force armée de 73 divisions à effectifs incomplets. La fin est cependant proche. L'absence totale de soutien aérien et la pénurie de tout matériel de guerre rendent la défaite inévitable.

Alors que 80 divisions alliées tiennent 530 kilomètres du front occidental, les seules 10 divisions françaises, de la 1ère armée, s'étalent sur 200 kilomètres, avec face à elles deux armées allemandes (19e et 24e), sans oublier le 19e corps d'armée SS : l'ensemble représente une dizaine de divisions.

Pour envahir l'Allemagne, il faut à la 1ère armée française une base de départ convenable. Or celle-ci n'existe pas en Alsace. Au-delà du Rhin se dresse en effet le double obstacle de la ligne Siegfried et de la

Forêt-Noire.

À la suite de pressantes démarches, le général de Lattre obtient, le 27 mars 1945, l'autorisation de faire pénétrer ses forces dans le Palatinat, aux côtés des armées alliées. Quelques unités du 2e corps d'armée traversent la Lauter, à Scheibenhardt, pour se placer sur leur base de départ. Étendant sa zone d'action jusqu'à Spire, le commandant de la 1ère armée dispose ainsi d'un créneau sur le Rhin, face à la région de Karlsruhe, où s'ouvre la trouée de Pforzheim qui sépare le massif de la Forêt-Noire de celui de l'Odenwald, donne accès sur les plateaux du Wurtemberg et permet de déborder la Forêt-Noire par le nord.

Le temps presse, car, au nord de l'armée De Lattre, la 7e armée américaine a déclenché son offensive et passe le Rhin le 26 mars. Ses avant-gardes progressent rapidement. Tant pour des raisons d'intérêt national que pour couvrir le flanc de l'armée américaine, les troupes françaises doivent franchir le fleuve sans plus attendre.

D'accord avec le général de Gaulle, le général de Lattre décide de brusquer les opérations. Cette décision paraît une gageure tant l'audace en est grande. Les délais sont extrêmement courts. Les unités qui doivent attaquer ne sont pas encore à pied d'œuvre, ainsi que les embarcations du génie. L'artillerie n'a pas toutes ses munitions. Beaucoup d'unités ne sont pas prêtes matériellement à franchir le Rhin à une date aussi rapprochée.

Le général de Lattre rencontre ses commandants de divisions. Il bouscule les techniciens, leurs schémas, leurs objections. Il explique, il prouve que, cette fois encore, l'armée française, comme sur le front italien, en Provence et en Alsace, doit payer d'audace. À tous, il insuffle sa conviction totale du succès.

Le 31 mars 1945, peu avant le lever du jour, avec quelques

embarcations, les forces françaises franchissent le Rhin et prennent pied sur la rive badoise. À l'est de Spire, un bataillon du 3e régiment de tirailleurs algériens (3e division d'infanterie algérienne) progresse de quatre kilomètres de l'autre côté du fleuve. Au nord-est de Germersheim, la première vague du 4e régiment de tirailleurs marocains (2e division d'infanterie motorisée) passe également par surprise. Mais l'ennemi réagit violemment. Le 151e régiment d'infanterie, bloqué sur la rive de départ, doit renouveler sa tentative au début de l'après-midi, après que l'artillerie et les chars Destroyer M10 eurent neutralisé ou détruit les casemates ennemies.

Au soir, quatre bataillons ont pris pied sur la rive Est du fleuve. Les deux petites têtes de pont sont bientôt réunies. De là partira l'offensive qui brisera les défenses ennemies barrant la trouée de Pforzheim, et qui ouvrira la voie à la manœuvre d'exploitation. Après un nouveau franchissement du Rhin à hauteur de Limersheim, les Français abordent Karlsruhe simultanément par le nord, l'est et l'ouest, et entrent dans la capitale badoise le 4 avril 1945 au matin.

L'ennemi masse devant Stuttgart quatre divisions et barre l'entrée du couloir badois avec deux autres grandes unités, fortement retranchées dans les organisations de la ligne Siegfried. Ils attendent sur les voies naturelles de pénétration. Aussi, pour le surprendre encore une fois, l'armée française va attaquer où les difficultés du terrain rendent une offensive improbable : à travers le massif de la Forêt-Noire.

Fonçant du nord au sud à travers le massif montagneux qu'elles prennent également à revers, les troupes françaises se fraient un chemin au prix d'efforts opiniâtres. En même temps, débordant et culbutant le barrage de Rastadt, elles se précipitent par la plaine badoise en direction de Kehl pour dégager Strasbourg. Le 15 avril, Kehl est pris et la capitale alsacienne mise à l'abri de toute menace, tandis que, sur le revers de la Forêt-Noire, Freudenstadt est enlevé le 17 avril.

Moment décisif : le pont rétabli à Kehl donne à l'offensive des possibilités beaucoup plus grandes ; Freudenstadt lui ouvre une large porte sur les vastes plateaux du Wurtemberg propices à la ruée des chars. Dès lors, l'exploitation va prendre toute son ampleur.

À Freudenstadt, la 1ère armée française se trouve au centre même du dispositif ennemi qu'elle sépare ainsi en deux masses, celle qui couvre Stuttgart et celle qui défend la rive est du Rhin et la Forêt-Noire.

De Freudenstadt, les Français s'élancent vers le sud et vers le nord-est pour achever de couper l'armée adverse et régler le sort des deux tronçons, stratégie audacieuse dont l'exécution va plonger les Allemands dans le plus profond désarroi. D'une part, la 4e division marocaine de montagne (DMM) et la 1ère division blindée poussent rapidement le long des pentes Est de la Forêt-Noire vers le Danube et la frontière suisse, pour interdire tout repli aux éléments ennemis chargés de la défense du Rhin et les enfermer dans le coude du fleuve. D'autre part, la 2e division d'infanterie motorisée (DIM) et la 5e DB remontent vers le nord en direction de Stuttgart, dessinant un large mouvement enveloppant par le sud et l'est de la ville allemande par le nord-ouest. Ainsi, comme à Belfort et à Colmar, l'armée française, contournant l'obstacle, vient se placer dans le dos de l'adversaire pour lui couper la retraite, l'assaillir de toutes parts et le détruire : manœuvre d'anéantissement qui va se réaliser simultanément au nord et au sud.

C'est le 19 avril que les troupes du 2e corps d'armée (général de Monsabert) s'élancent vers Stuttgart. Les chars de la 5e DB pénètrent dans la ville le 21 par le sud. Une lutte violente s'engage. L'ennemi, pour se dégager, multiplie les contre-attaques. On se bat à bout portant.

Fantassins, canonniers, artilleurs français tirent sur les colonnes allemandes qui cherchent à passer à travers les mailles du dispositif. L'un des PC de la 5e DB est encerclé et attaqué par des chars allemands. Une charge héroïque de blindés de la Légion le dégage. La volonté de vaincre des Français l'emporte sur l'énergie du désespoir de l'ennemi, dont les groupes, refoulés dans un espace toujours plus restreint, sont bientôt faits prisonniers.

Au sud est à l'ouest de Stuttgart, d'autres éléments allemands cherchent aussi à se frayer une voie et se jettent dans la forêt de Schonbuch. Pressés par les goumiers des 1er et 4e groupements de tabors marocains, ils essaient de gagner le Neckar à Tubingen. Mais, là encore, le général de Linarès, avec sa 2e DIM, contient leur poussée, les encercle et les capture. Plus de 20 000 soldats allemands et un matériel considérable restent entre les mains des Français.

Au sud de Freudenstadt, les troupes du 1er corps d'armée (général Béthouart) s'élancent, ce même 19 avril, de part et d'autre du Haut Neckar, en même temps qu'elles établissent un barrage face à l'ouest, le long de la Forêt-Noire. Elles dépassent Rottweill, atteignent le 20 avril le Danube à Donaueschingen, le franchissent en trois points, et se dirigent vers la frontière suisse et le lac de Constance.

Le 18e corps d'armée SS, avec quatre divisions et une nombreuse artillerie automotrice, se trouve encerclé dans le massif boisé de la Forêt-Noire. Va-t-il résister sur place ou capituler ? Regroupant sous le couvert des forêts leurs forces un instant désorientées, des chefs énergiques, décidés à rompre les lignes françaises, forment le dessein d'attaquer vers Villingen pour s'ouvrir une retraite.

Le 26 avril 1945, par surprise, en plusieurs colonnes, les divisions du 18e corps d'armée SS, appuyées par des blindés, débouchent brusquement de la forêt et cherchent à rompre le barrage. Deux groupes français d'artillerie, cernés un moment par le flot adverse, se battent avec acharnement et parviennent à rejeter l'ennemi en le décimant. Le 1er bataillon du 1er régiment de tirailleurs marocains se met en hérisson dans le village d'Assen, bloque le gros de la colonne ennemie, résiste à tous les assauts et contraint l'assaillant à abandonner sur place tout son matériel et à se disperser.

Entre temps, le général de Lattre dirige sur les lieux du combat de nouvelles unités prélevées sur la 5e DB, la 14e DI et la 3e DIA, qu'il met à la disposition du général Béthouart. L'aviation du 1er corps aérien français intervient également dans la lutte, apportant une aide extrêmement efficace aux troupes terrestres, par ses attaques à la bombe, à la mitrailleuse et au canon.

Bientôt, grâce à la détermination et à la coordination des efforts de tous, l'ennemi est cerné et anéanti dans la région de Villingen : le 1er corps d'armée fait 15 000 prisonniers. Le 18e corps d'armée SS n'existe plus. Seuls, subsistent encore quelques groupes ennemis qui, refoulés dans la montagne, seront capturés quelques jours plus tard lors des opérations de nettoyage.

Débouchant de Kehl, la 9e division d'infanterie coloniale (DIC) du général Valluy, précédée du groupement tactique du général Caldairou, progresse sur les pentes ouest de la Forêt-Noire, s'empare de Fribourg, poursuit une bataille de destruction et réalise le 26 avril, sur la frontière suisse, sa jonction avec la 4e division marocaine de montagne du général de Hesdin. Les prisonniers allemands se comptent par dizaines de milliers ; cinq généraux sont capturés.

Tandis que s'achève la bataille de la Forêt-Noire, l'ultime manœuvre d'anéantissement des forces ennemies se déroule. Partant du triangle stratégique Stockach-Engen-Tuttligen, la 1ère DB du général Sudre, avec le groupement tactique du colonel Gruss et celui du colonel Lehr, s'épanouit au sud du Danube en un large éventail pointant à la fois vers Ulm, sur le Danube même, Memmingen et Kempten dans la vallée de l'Iller. Le but de cette manœuvre est double : d'une part interdire à tout élément ennemi de se ressaisir sur le plateau au sud du Danube, d'autre part bloquer au nord du fleuve les forces adverses du Jura souabe devancées dans leur retraite. En deux jours, les chars français parcourent cent cinquante kilomètres, s'emparent de tous les passages sur le Danube, prennent Biberach le 23 avril.

Ainsi les forces allemandes qui occupent le Jura souabe sont prises à revers. Bientôt pressées par la 2e DIM, renforcée par le groupement tactique n°5 et les blindés de la 7e armée américaine, elles tentent de s'échapper vers le sud. Mais ce mouvement était prévu et la 1ère DB française, qui tient solidement la ligne du Danube, résiste aux attaques désespérées d'un adversaire aux abois.

Le 24 avril 1945, au soir, le groupement tactique n°5, parti en flèche de Reutlingen, au sud de Stuttgart, réalise à Sigmaringen, sur le Danube, sa liaison avec la 1ère DB. Dès lors, la poche ennemie de Jura souabe est coupée en deux. À partir du 25, des groupes désemparés errent dans la montagne, mais leur résistance est peu à peu réduite. Le 28, le nettoyage de cette région s'achève, anéantissant les derniers restes de la 19e armée allemande.

Le 28 avril, trois jours seulement après la prise de Constance, les 1ère et 5e DB, aux ordres du général Béthouart, commandant le 1e corps d'armée, franchissent la frontière autrichienne et prennent pied dans le Vorarlberg et dans les Alpes bavaroises, dont certains sommets culminent à trois mille mètres d'altitude. En trois jours, toute la région des plateaux comprise entre le lac de Constance et la vallée de l'Iller est conquise et nettoyée. Les bases allemandes de Friedrichshafen et de Lindau, sur le lac de Constance, avec leurs chantiers navals et aéronautiques, leurs ateliers de construction de fusées V2, tombent entre les mains des Français.

S'accrochant au terrain montagneux et au système d'ouvrages bétonnés implantés dans la région de Brégenz, multipliant les destructions sur tous les itinéraires, des unités SS tentent d'interdire l'accès des hautes vallées du Rhin et de l'Iller. Mais la 5e DB, après une lutte acharnée, force dès le 29 avril le verrou de Brégenz, prend Dornbirn le 1er mai, s'empare de Feldkirch le 3 mai, et atteint les frontières de la principauté du Lichtenstein. À sa gauche, la 1ère DB remonte la vallée de l'Iller, enlève, par une habile manœuvre, la localité d'Immenstadt âprement défendue et, malgré un terrain rendu plus difficile par des destructions nombreuses, parvient au cœur des Alpes bavaroises, à Oberstorf.

Suivant au plus près les deux divisions blindées, la 4e division marocaine de montagne à l'ouest et la 2e division d'infanterie motorisée à l'est nettoient le terrain conquis et dépassent les blindés, dont la progression dans la haute montagne, encore couverte de neige, se heurtent aux pires difficultés. Bousculées sans trêve, les divisions ennemies ne peuvent échapper à la capture. Le 7 mai, partant de Langen, quelques chasseurs du 1er bataillon de Choc, conduits par le lieutenant Crespin, entreprennent l'ascension de l'Arlberg pour y planter le drapeau tricolore.

Du 31 mars, jour du franchissement du Rhin, jusqu'au 7 mai 1945, l'armée française a conquis 80 000 km2 du Grand Reich hitlérien, les régions du Palatinat, du pays de Bade, du Wurtemberg, de la Bavière et de l'Autriche du sud. Elle a détruit les 19e et 24e armées allemandes, ainsi que le 18e corps d'armée SS, capturé 130 000 prisonniers. Parmi eux, le fils du maréchal Rommel, Manfred, qui s'empresse de raconter au général de Lattre comment son père a été contraint au suicide par Hitler. Les pertes françaises ne dépassent pas 6000 hommes (tués, blessés ou disparus). La 2e DIM compte 938 soldats hors de combat (tués ou blessés), la 9e DIC 662, la 3e DIA 632, la 5e DB 542. La 1ère DB compte à son actif, pour cette ultime campagne, 30 000 prisonniers allemands, dont dix généraux, soit le double de son effectif, 150 canons détruits, des trains entiers de matériels, 40 avions intacts, des centaines de véhicules, d'immenses dépôts de vivres et d'archives : aux prix de son côté de 137 tués, 436 blessés et 25 disparus.

Le 23 avril 1945, Hitler prend officiellement en main la défense de Berlin, chargeant Goebbels d'annoncer qu'il n'abandonnera pas la capitale du IIIe Reich. Les troupes soviétiques livrent de terribles combats pour s'emparer de chaque quartier. La garnison allemande compte encore 300 000 hommes. Le 25, la IIIe armée américaine poursuit son offensive vers la frontière Tchécoslovaque, atteignant au sud le Danube. Le IIe armée britannique fait son entrée à Brême. Le 30, l'armée allemande est à moitié anéantie, 1 800 000 hommes sont cependant encore en mesure de combattre, mais ils ne le font quand dans le seul but de se frayer un passage à travers les armées soviétiques, occupant toute l'Europe de l'Est, afin de se rendre aux Occidentaux. À 15h30, ce même 30 avril 1945, Hitler se suicide dans le Bunker de la Chancellerie de Berlin. Après de très durs combats durant toute la journée, à 22h50, 3 bataillons d'assaut de la 150e division soviétique investissent le Reichstag : le lieutenant Berest et deux sergents plantent le drapeau soviétique sur la statue équestre représentant l'Allemagne triomphante.

La 2e division blindée, libérée du front de la poche de Royan en Charente-Maritime, se porte à marches forcées en direction de l'Allemagne. Parties le 23 avril 1945 du Sud-Ouest de la France, ses premières colonnes atteignent le 27 le cœur de la Souabe, à la moyenne de près de trois cents kilomètres par jour. Le 2 mai, la 2e DB est entièrement regroupée.

Le même jour, un de ses groupements franchit le Lech au sud d'Augsbourg, atteint l'Isar puis l'Inn qu'il franchit le 3 au matin. L'ennemi ne semble plus réagir que par la destruction systématique des ponts. Parfois, un barrage de route : un char entouré de quelques fantassins résistent. Un engagement rapide et ces fanatiques vont grossir le troupeau de prisonniers qui reflue à pied et presque sans escorte vers les arrières françaises. La position fortifiée allemande, la fameuse Alpenstellung, est abordée sans résistance. L'affaissement est général dans toute la région. Les civils sortent des drapeaux blancs. De nombreux généraux et personnages importants du régime hitlérien se rendent à la division Leclerc. Au milieu d'un peuple vaincu, qui devient plat et servile, circulent les martyrs de cette guerre : prisonniers en uniformes appartenant à toutes les nationalités alliées ; déportés aux cheveux ras, à la silhouette squelettique, aux yeux hagards.

La 2e DB fonce à toute allure sur l'autostrade qui conduit à Berchtesgaden, là où Hitler invitait les dignitaires nazis et les personnalités étrangères. Au franchissement de la Sallach, le pont est coupé et la gorge étroite défendue par deux compagnies ennemies, appuyées par des pièces de 88 mm. L'artillerie française arrive à temps pour soutenir l'attaque et, le 4 mai au soir, le génie lance un pont.

Le 5 mai 1945, vers 15 heures, les premiers éléments de la 2e DB atteignent le village de Berchtesgaden déjà rempli de troupes de la 3e division américaine qui a roulé à toute vitesse sur une route parallèle. Dépassés par les événements, ou pris de panique, les SS ont renoncé à défendre le repaire de leur Führer. Les casernes de Berchtesgaden sont pleines de troupes régulières rassemblées pour une reddition en ordre. À l'origine, Berchtesgaden est une petite station de montagne, au creux d'un cirque où se rejoignent trois torrents. Le repaire de Hitler est bâti à 1800 mètres d'altitude, sur le sommet rocheux de l'Obersaltzberg. C'est toute une petite ville, le Platterhof, qui a été construite par le maître de l'Allemagne autour de sa propre villa, le Berghof : villas pour ses gardes et ses acolytes, caserne de SS, hôpital, hôtel pour les invités, garage. La 2e section de la 12e compagnie du régiment de marche du Tchad, conduite par le capitaine Touyeras, s'empare du "Nid d'Aigle", la villa du Führer, sans rencontrer la moindre résistance. Le Berghof a été en partie détruit par un bombardement aérien. Arrivé peu après, le général Leclerc peut enfin contempler les ruines de ce symbole d'un Reich qui s'était voulu millénaire.

Le lendemain, 6 mai, une patrouille de la 2e DB, après neuf heures de marche dans la neige et les éboulis, hisse les couleurs françaises sur le sommet du Kehlstein. C'est le cœur même de l'Allemagne, cette forteresse qui aurait dû constituer le dernier réduit de la puissance nazie, que la 2e DB atteint la première pour y planter le drapeau national et écraser ce que le monde considérait comme le symbole de la grandeur et de la puissance du régime hitlérien.

Du débarquement de Provence (15 août 1944) à la capitulation allemande (8 mai 1945), l'armée française (1ère armée et 2e DB) a capturé 300 000 soldats allemands. Elle compte de son côté 57 000 soldats tués ou blessés au combat.

Le 7 mai 1945, à 2h41 du matin, dans la salle de l'école professionnelle de Reims, où se trouve le Grand Quartier général avancé du général Eisenhower, l'Allemagne capitule sans conditions. Le document qui consacre l'effondrement du IIIe Reich est signé d'une part, par le général Jodl, chef d'état-major de la Wehrmacht, et par l'amiral Friedeburg, commandant en chef de la Kriegsmarine ; d'autre part, par le général Eisenhower, l'amiral britannique Sir Harold Burrough, chefs d'état-major de la marine alliée, le général soviétique Sousloparov, représentant de l'Armée rouge et le général français Sevez, chef d'état-major adjoint de la Défense nationale.

Staline estime que la capitulation allemande à Reims ne rend pas suffisamment hommage à l'immense sacrifice consenti par l'armée soviétique (13 600 000 soldats tués). Il désire une autre capitulation allemande, à Berlin cette fois, capitale du IIIe Reich, destinée celle-ci à entrer dans l'Histoire. Ce sera le symbole de la victoire, la récompense des souffrances des Soviétiques, l'image forte de la maîtrise de l'Armée rouge sur la moitié de l'Europe.

Le 7 mai 1945, le général de Lattre de Tassigny, commandant de la 1ère armée française, est également mécontent. Il vient d'apprendre que le général Sevez a signé pour la France l'acte de capitulation de toutes les forces du Reich, dans une école de Reims. Cet honneur ne devait-il pas lui revenir à lui, le général de Lattre qui, depuis le débarquement de Provence, a, de victoire en victoire, conduit jusqu'en Allemagne une armée française de 400 000 hommes. Mais le 8 mai 1945, à 5h35 du matin, le voilà rassuré. Un télégramme urgent lui apprend qu'ils est désigné par le général de Gaulle « pour participer à la signature officielle et définitive, acte solennel de capitulation du IIIe Reich, à Berlin ». Le général de Gaulle précise qu'il doit exiger des conditions équivalentes à celles faites au représentant britannique.

« Sans doute de Lattre n'avait-il pas besoin de ces mots pour défendre la place de la France, écrit Henri Amouroux, mais ils témoignent de la volonté du général de Gaulle –une volonté qui le guidait depuis le 18 juin 1940 – de faire que la France retrouve son « rang » parmi les grandes nations (…). Cette journée du 8 mai et cette matinée du 9 mai seront, en tout cas, pour de Lattre des journées de « combat » au cours desquelles ils devra jouer de fermeté et de séduction pour que la place de la France soit autre chose qu'un simple strapontin. »[235]

Le 8 mai, les Américains du 6ᵉ groupe d'armées alliées, dont dépend la 1ère armée française, l'informent qu'un avion Dakota le prendra à 9 heures sur le terrain allemand de Mengen, afin de le transporter à Berlin. De Lattre amène avec lui son chef d'état-major, le colonel Demetz, ainsi que le capitaine Bondoux, son chef de cabinet. D'un des hublots de l'avion survolant Berlin, de Lattre découvre avec stupéfaction que la capitale du IIIe Reich est en grande partie détruite.

Les déceptions commencent sur le terrain d'aviation de Berlin. Personne n'attend les trois officiers français et lorsqu'ils sont enfin dans la banlieue de Berlin, ils doivent aller à la recherche des chefs alliées : le maréchal Joukov, le maréchal de l'air Tedder, l'amiral Burrough, le général américain Spaatz. Les ayant enfin trouvés à la banale commune de Karlshorst, dans la banlieue est de Berlin, où le maréchal Joukov a pu installer son quartier général dans une école de sous-officiers à peu près intacte, le général de Lattre doit les convaincre, en leur montrant le

---

[235] Le Point n° 1703, 5 mai 2005.

télégramme du général de Gaulle, qu'il doit signer au nom de la France l'acte de capitulation de l'Allemagne. Joukov accepte volontiers que la France signe. Tedder donne également son accord. De Lattre, Demetz et Bondoux reconnaissent ensuite la salle où doit se dérouler la cérémonie. Stupéfaction et colère : aucun drapeau français ne se trouve dans la pièce, alors que les drapeaux américain, soviétique et britannique figurent en bonne place. Il faut en fabriquer un à la hâte, avec, pour le bleu, un morceau de serge découpé dans la combinaison d'un mécanicien, le blanc dans un drap, le rouge étant pris dans un pavillon hitlérien. Le drapeau tricolore se trouve donc présent à côté du drapeau rouge, de l'Union Jack et de la bannière étoilée.

Le général de Lattre nous raconte la suite de cet événement historique :

« Il fait froid et humide et la fatigue se fait sentir. Enfin, un jeune officier russe se présente et nous prie de nous rendre à la villa du maréchal Joukov. Quand nous y entrons, le spectacle est éblouissant. Tout est éclairé. Le maréchal a revêtu la grande tenue et mis toutes ses décorations. Il est entouré d'une foule de généraux et d'officiers. Auprès de leurs uniformes somptueux, nos battle-dress semblent bien ternes…

« Nous sortons en cortège. Devant la porte stationne une sorte de grand break automobile, découvert. Joukov monte à côté du chauffeur – un colonel – Tedder, Spaatz et moi nous nous serrons sur la banquette arrière. Sur les strapontins, face à nous, s'installent l'amiral Burrough et l'ambassadeur soviétique.

« La distance est assez courte. Sur tout le parcours, des bataillons massifs rendent les honneurs dans la nuit. Dans le bâtiment-école, les groupes électrogènes ont été mis en marche. Quand nous y pénétrons, nous sommes littéralement aveuglés par la lumière des sunlights, braqués sur la porte d'entrée. La chaleur est étouffante.

« Nous prenons place à la table du fond, Joukov au centre ayant à sa droite Tedder et Vichinski, à sa gauche Spaatz et moi. Primitivement, il avait été prévu que je prendrais place à la droite de l'Air Marshal Tedder, mais l'arrivée de M. Vinchinski avait entraîné ce décalage. Je devais par la suite me réjouir de ce changement qui allait me rendre le voisin immédiat de Keitel à l'instant où il signerait l'acte de la capitulation de l'Allemagne. Les officiers des délégations s'installent aux tables de droite et de gauche, les « Occidentaux » n'occupent que la moitié de cette dernière, le dos tourné à la porte.

« Le long du mur de droite, cinéastes, photographes, journalistes sont massés aux aguets.

« À Minuit six exactement – donc le 9 mai – le maréchal Joukov ouvre la séance solennelle par quelques mots de bienvenue adressés aux représentants alliés. Puis il donne l'ordre d'introduire la délégation ennemie.

« Minuit dix. Keitel s'avance et cille sous le feu des projecteurs. Il se redresse dans sa grande tenue à parements rouges où brillent deux croix de fer. Terriblement prussien d'allure, il claque des talons et salue, hautain, de son bâton de maréchal. Personne ne se lève. Keitel regarde d'abord droit devant lui, et le bâton toujours haut tourne les yeux de gauche à droite, lentement, jusqu'au moment où sa vue s'arrête sur le drapeau tricolore. Poursuivant son regard circulaire, il m'aperçoit : « Ach ! grommelle-t-il, il y a aussi les Français ! Il ne manquait plus que cela ! »

« Il jette alors son bâton et sa casquette sur la table et s'assied.

« À sa droite, prend place le général de la Luftwaffe Stumpf, successeur de Goering et, à sa gauche, l'amiral de la flotte von

Freudenburg, cadavérique. Six officiers allemands restent debout, au garde à vous, derrière leurs chefs assis. Je les examine attentivement : ce sont des hommes magnifiques, qui portent tous la croix de fer avec glaives et diamants (…).

« Le maréchal Joukov se lève et pose la question sacramentelle à Keitel :

« - Avez-vous pris connaissance du protocole de capitulation ?

« Keitel reste assis. Il saisit le dossier posé devant lui et répond brièvement :

« - Ja.

« - Avez-vous les pouvoirs pour signer ?

« - Ja.

« - Montrez-nous vos pouvoirs.

« Keitel les exhibe.

« - Avez-vous des observations à formuler sur l'exécution de l'acte de capitulation que vous allez signer ?

« Keitel réclame un délai de vingt-quatre heures pour faire cesser le feu sur tout le front.

« Joukov nous consulte du regard, hausse les épaules et répond : - Cette demande a déjà été rejetée. Pas de modifications. Avez-vous d'autres observations à présenter ?

« - Nein.

« - Alors, signez.

« Il est 0h16, Keitel se lève, ajuste son monocle et se dirige vers l'extrémité gauche de notre table où les protocoles de capitulation ont été placés dans une chemise bleue.

« Il s'assied près de moi, sur une chaise placée au bout de la table et pose sa casquette et son bâton devant moi. Comme je lui fais signe de les mettre ailleurs, le maréchal du Reich ramène à côté de lui les insignes de sa dignité, puis, sous mon regard, il signe. Stumpf et Freudenburg signent après lui.

« À 0h28, les Allemands ont paraphé tous les textes et regagnent leur table.

« Les documents sont alors présentés à la signature du maréchal Joukov puis de l'Air Marshal Tedder. Quand arrive notre tour, au général Spaatz et à moi-même, nous nous apercevons que nous n'avons ni l'un ni l'autre notre stylo. Nous avons recours à celui du colonel Demetz – qui, depuis ce jour, conserve jalousement cet objet historique.

« C'est fini. Keitel se lève, salue de son bâton et sort avec sa suite. Il est 0h45.

« Alors le brouhaha turbulent des reporters et des photographes qui avait eu peine à se calmer à l'entrée des Allemands, reprend de plus belle. Les poignées de main et les congratulations que les chefs alliés échangent entre eux sont photographiées et cinématographiées par une pyramide humaine de correspondants de guerre, désireux de prendre les meilleures vues de ces grandes minutes.

« Pour être moins expansive peut-être que celle de nos alliés, notre joie, à nous français, est sans doute la plus profonde. Demetz, Bondoux et moi, nous nous serrons longuement, gravement la main. Nous sentons que le moment que nous venons de vivre à Berlin, dans cette pièce banale, a une signification exceptionnelle : plus encore qu'une revanche, il doit consacrer le dernier acte d'une longue tragédie qui a ensanglanté pendant des générations l'histoire de notre pays. »[236]

---

[236] *Archives militaires françaises*, Vincennes.

XVI

INDOCHINE LA RECONQUÊTE
1945-1953

Le 9 mars 1945, l'armée japonaise s'empare par surprise de l'Indochine, désarme ou massacre les garnisons françaises, dont seulement 5000 hommes parviennent à gagner le sud de la Chine. Le 15 août, le Japon capitule. Le gouvernement français espère remettre au plus vite la main sur l'Indochine, alors occupé au nord par les troupes chinoises et au sud par l'armée britannique. Le 2 septembre, à Hanoi, le leader communiste indochinois Hô Chi Minh proclame l'indépendance du Viêt-Nam qui englobe le Tonkin, l'Annam et la Cochinchine. Il se trouve à la tête de troupes communistes, les Viêt-minhs, hostiles au colonialisme et à la présence française.

Le général Leclerc arrive à Saigon début octobre 1945, à la tête d'un corps expéditionnaire de 25 000 soldats, avec pour mission de rétablir la souveraineté française sur l'ensemble du territoire indochinois. Par des raids éclairs, il entreprend la « pacification » de la Cochinchine et du Sud-Annam, qu'il juge achevée en février 1946. Pacification relative : bien que durement éprouvées par les attaques françaises, les bandes du Viêt-minh trouvent refuge dans les rizières, les forêts, les zones marécageuses, d'où les embuscades peuvent se multiplier contre les troupes françaises.

En mars 1946, le corps expéditionnaire français s'empare du Tonkin, dans le cadre de l'opération Bentré, marquée par un engagement sévère à Haipong contre des éléments chinois. Assuré désormais de sa pleine puissance, Leclerc décide de négocier avec Hô Chi Minh, afin de lui faire reconnaître une autonomie relative du Viêt-Nam au sein de la fédération indochinoise de l'union française, une formule qui doit garantir les intérêts culturels et économiques de la France et assurer le maintien d'une présence militaire. Nullement dupes du double jeux d'Hô Chi Minh, Leclerc, puis le général Valluy, qui lui succède en juillet 1946, renforcent les moyens militaires français, qui finissent par atteindre 115 000 hommes en 1947, associant métropolitains, troupes coloniales, Légion étrangère et supplétifs vietnamiens. La mission est le rétablissement de l'ordre dans une union indochinoise associée à la France. Les commandants en chef français du corps expéditionnaire se succèdent, avec le général Salan (février-avril 1948), le général Blaizot (avril 1948-septembre 1949), le général Carpentier (septembre 1949-décembre 1950).

Le tournant majeur de la guerre d'Indochine intervient en 1949, avec l'arrivée des troupes chinoises communistes de Mao à la frontière du Tonkin. Le Viêt-minh dispose désormais d'une base arrière, où il installe des camps d'entraînement, reçoit un matériel militaire soviétique et chinois de plus en plus important. En moins de deux ans, le général Giap, commandant militaire du Viêt-minh, met sur pied 8 divisions, équipées d'un armement lourd, notamment en artillerie.

L'arrivée des troupes de Mao le long de la frontière indochinoise incite le général français Revers, alors en mission, à préconiser l'évacuation des postes les plus exposés au nord, afin de renforcer les bases arrières, en vue d'une contre-offensive. Le commandement s'y oppose dans un premier temps, mais devant l'aggravation de la situation, le général Carpentier finit par se rallier en octobre 1950 au principe d'une évacuation. Les 4 bataillons du colonel Le Page, partis de Lang Son, doivent faire sauter le verrou de Dong Khe tenu par le Viêt-minh avant de rejoindre les 3 bataillons du colonel Charton venus de Cao Bang. Le Page ne parvient pas à faire sauter le verrou. Charton emprunte une piste à peine frayée. Face au 7 bataillons français, Giap lance dans la bataille 25 bataillons dont plusieurs rameutés de Chine. Encerclées, les troupes françaises opposent une résistance acharnée : 5000 soldats françaises disparaissent dans l'opération, 700 survivants parviennent à gagner les lignes françaises.

En décembre 1950, le général de Lattre de Tassigny arrive en Indochine et prend le commandement des troupes françaises. Il obtient des renforts importants, 12 bataillons d'infanterie et 5 groupes d'artillerie, et remporte de janvier à juin 1951 toute une séries de victoires, Vinh Yen, Mao Khe, Phat Diem. Le Viêt-minh y subit des pertes sévères. Hanoi et le delta sont sauvés. En se rendant aux Etats-Unis, il obtient également un soutien matériel conséquent, afin d'équiper ses troupes. De Lattre fait construire un système fortifié au nord, constitué de 900 fortins, la ligne De Lattre, qui tient en échec à plusieurs reprises les assauts de l'ennemi. Cependant, atteint d'un cancer et très éprouvé par la mort de son fils unique Bernard, tué au combat, De Lattre quitte l'Indochine le 19 novembre 1951, meurt deux mois plus tard, le 11 janvier 1952. Le 15, la veille de ses funérailles, il est élevé, à titre posthume, à la dignité de maréchal de France.

Le général Salan lui succède et met en place une nouvelle tactique, fondée sur des « hérissons », soit des bases aéroterrestres bien pourvues en artillerie et édifiées autour d'un terrain d'aviation. Cette formule donne d'excellents résultats dans un premier temps : en novembre et décembre 1952, à Nan San, Giap et ses soldats essuient deux échecs couteux.

Le 28 mars 1953, le général Navarre succède à Salan. Il met au point un plan qui repose sur deux idées forces : rester sur la défensive au Nord-Viêt-Nam, éliminer les bastions viets au Centre et au Sud-Annam, de façon à récupérer des effectifs importants. Ne passer à l'offensive qu'en 1955, une fois que l'armée régulière indochinoise de Bao Dai, alliée à la France, sera apte à la guerre de mouvement. Les débuts sont prometteurs, avec un raid aéroporté parfaitement réussi sur Lang Son, marqué par la destruction d'importants dépôts d'armes. En revanche, les opérations menées au Centre-Annam n'aboutissent qu'à des résultats décevants et des pertes élevées. Giap riposte par une marche en direction du Sud, vers le Cambodge, et la reprise de l'offensive vers le Mékong et le Nord-Annam.

XVII

ALGÉRIE
1954-1962

Ce conflit débute le 1er novembre 1954, lorsque les indépendantistes algériens emmenés par le tout jeune parti le Front de Libération National (FLN) décident d'entamer la lutte armée contre la présence française. Une soixantaine d'attentats sont perpétrés partout en Algérie. C'est le début d'une guerre de décolonisation qui durera huit années. La présence militaire française se limite à l'époque à 50 000 hommes, dont seulement 20 000 aptes au combat. De son côté le FLN n'aligne guère que 700 à 800 partisans dont plus de la moitié sont à peine équipés. L'organisation manque d'armes, d'explosifs et de détonateurs. À la suite de cette série d'attentats, on n'assiste pas à un soulèvement de la population et l'insécurité se limite à l'Aurès et à la Kabylie. Le reste de l'Algérie reste calme.

Le véritable coup de tonnerre se déclenche le 20 août 1955 dans le Constantinois, lorsque le FLN parvient à rassembler plusieurs milliers de manifestants armés de haches, de machettes, de serpes, et à déclencher une vague de massacres à Philippeville et dans ses environs, en particulier dans le centre minier d'El Halia où la petite colonie européenne, femmes et enfants compris, est massacrée avec cruauté. La guerre d'Algérie prend alors le visage d'un guerre civile révolutionnaire, marquée par les actes les plus abjectes de la barbarie : 71 Français sont assassinés, ainsi qu'une centaine de musulmans francophiles. La répression française est également d'une extrême brutalité : 2000 musulmans sont massacrés d'après les sources françaises, 12 000 d'après le FLN.

Cette répression à un précédent le 8 mai 1945, lorsque des indépendantistes algériens manifestent, malgré l'interdiction du pouvoir français en place. Des coups de feu claquent. Les indépendantistes se vengent sur les civils français, dont une centaine sont massacrés. La Kabylie, avec Sétif pour épicentre, subit une sévère répression de l'armée française : 3000 musulmans tués en représailles. Le FLN fait état de 50 000 victimes, un chiffre supérieur à celui de l'ensemble de la population de la région concernée. Ancien maire d'Alger et militant actif de la Ligue des droits de l'homme, le général Tubert, chargé d'une mission d'enquête, donne dans un rapport le chiffre, le plus vraisemblable, de 15 000 morts. Le général Duval, assurant la répression, estime qu'elle apporte un sursis d'une dizaine d'années et invite le gouvernement français à entreprendre d'importantes réformes.

Comme le fait remarquer l'historien Philippe Masson, les causes des soulèvements sont faciles à déterminer. Plusieurs révoltes se sont déjà produites en Kabylie et dans les Aurès depuis la conquête, des régions considérées instables, où la haine des colons reste présente. On ne peut négliger également les séquelles de la Seconde Guerre mondiale, la perte de prestige de la France suite à la défaite de 1940, les conflits entre pétainistes et gaullistes dans les colonies, le rôle souvent douteux des Américains, la création de l'Onu, considérée comme une promesse d'indépendance, et de la Ligue arabe, signe annonciateur d'un renouveau du monde musulman. Ajoutons la déception du statut de l'Algérie de 1947 avec le maintien d'un double collège, associé à des élections outrageusement truquées au bénéfice des Occidentaux.

L'Algérie, partie intégrante de la France, avec ses trois départements, reste cependant marquée par les inégalités politiques et sociales entre Français de souche européenne et Français de souche musulmane. Jacques Soustelle, nommé gouverneur de ce vaste territoire en novembre 1955, a pour mission de réduire les inégalités entre les deux communautés, de lancer une politique de grands travaux afin de réduire le chômage et mettre fin à la misère. Or le FLN, comme il le proclame à l'issue du congrès de la Soummam en août 1956, entend négocier avec les autorités françaises à l'unique condition que l'indépendance de l'Algérie soit pleinement reconnue. Position inacceptable pour les divers gouvernements français qui visent à intégrer davantage l'Algérie à la France par des réformes multiples en faveur des couches les plus défavorisées, aussi bien occidentales que musulmanes. Pour les principaux chefs militaires français, l'Algérie représente un élément indispensable à la grandeur de la France dans le monde.

Contrairement à l'Indochine, la France n'hésite pas à engager en Algérie des moyens militaires de plus en plus importants pour mettre fin à la rébellion. Le service militaire se trouve porté de 18 à 27 ou 34 mois. Les effectifs connaissent une ascension considérable, 180 000 hommes en janvier 1956, 430 000 deux ans plus tard, sans oublier 270 000 auxiliaires musulmans. L'armée de l'air envoi des commandos de l'air et 700 appareils divers (transport, combat, observation), comprenant aussi bien des avions que des hélicoptères. La marine est également présente avec quatre commandos, trois flottilles de l'aéronautique navale, une demi-brigade de fusiliers marins, ainsi que divers navires.

On assiste simultanément à l'augmentation des effectifs rebelles. De 6000 hommes à la fin de 1955, les forces du FLN atteignent 20 000 partisans un an plus tard, associés à 50 000 auxiliaires occasionnels.

Malgré une force très inférieure à celle du Viêt-minh, le nombre d'embuscades, de sabotages et d'attentats ne cesse d'augmenter en Algérie, passant de 200 en moyenne par mois en 1955 à plus de 2000 deux ans plus tard.

Avec son expérience acquise en Indochine, l'armée française s'adapte rapidement à cette forme de conflit. Dans les Aurès, en Kabylie, le commandement procède à de vastes opérations de bouclage et de ratissage avec des moyens importants. Le bilan de 1955 se traduit pour les rebelles par 2820 tués et 1814 prisonniers dans leurs rangs, tandis que les pertes militaires françaises se limitent à 347 tués et 374 blessés. Une proportion qui va se maintenir pendant toute la durée du conflit. Les pertes du FLN finiront par atteindre 152 863 tués et celles des troupes françaises 28 500 tués, dont 8000 par accidents.

En Algérie, l'armée française doit lutter contre une importante guérilla, bénéficiant d'un territoire trois fois plus important que celui de la métropole, propice aux embuscades, aux attentats et aux sabotages. La population occidentale est concentrée sur le littoral, la population musulmane, en majorité rurale, se trouve dispersée à l'intérieur des terres. Des régions entières, souvent montagneuses et arides, constituent d'excellents refuges pour les maquis.

Pour dissocier la population musulmane de la France, le FLN a recours aux pires méthodes de la guerre subversive de la contrainte, comme les massacres de villageois, les assassinats de citadins, la torture à l'arme blanche (mutilations, nez et lèvres coupés), frappant les éléments francophiles, les habitants qui rechignent à fournir des recrues et à verser l'impôt. Des victimes sont émasculées puis égorgées. Les Occidentaux ne sont pas épargnés : femmes violées et éventrées, colons retrouvés empalés, brulés vifs... Les rivalités entre les diverses branches indépendantistes donnent également lieu à des massacres, comme celui de Melouza en 1957, dont le bilan officiel est de 315 morts.

Le commandement français constate que le FLN dispose au Maroc et en Tunisie de bases arrières, où il établit des camps de repos et d'entraînement, sans oublier des possibilités d'acheminement d'armes modernes. Pour contrer les moyens de ravitaillement du FLN en tous genres, l'armée française fait construire une ligne fortifiée, longue de 320 kilomètres, face à la Tunisie et au Maroc, avec un poste de contrôle tous les 15 kilomètres, des milliers de mines terrestres, des casemates, une ligne électrifiée de 7000 voltes, des barbelés. Certains secteurs sont placés sous le feu de batteries d'artillerie couplées à des radars. Tout passage déclenche l'intervention d'unités du secteur, dont notamment les paras et les légionnaires. Près de 80 000 soldats français sont mobilisés sur l'ensemble de ce barrage. Les tentatives de passage des rebelles donnent lieu notamment en mars-avril 1958 à la bataille de Souk-Arhas, où une troupe de 800 indépendantistes est pratiquement anéantie. De janvier à mai 1958, les rebelles déplorent 4000 tués et 590 prisonniers. L'armée française s'empare de 2000 armes portatives et 350 armes collectives. Les pertes militaires françaises se limitent à 273 tués et 800 blessés. En vertu de cette ligne fortifiée, les forces indépendantistes, privées de renforts d'hommes, d'armes et de munitions, sont condamnées à une asphyxie progressive.

La marine française s'associe à cet isolement par un contrôle régulier le long des côtes, grâce à des patrouilles d'escorteurs ou d'appareils de surveillance maritime. Une dizaine de bâtiments importants sont arraisonnés, permettant la saisie de 1400 tonnes de matériels, soit l'équivalent de l'armement du FLN à son apogée.

À partir de 1956, le terrorisme s'installe dans les villes. Des attaques à la bombe concernent les lieux publics, des bars, des dancings fréquentés par les Occidentaux. Le 7 janvier 1957, le général Massu, commandant de la 10e division parachutiste, se voit confier le soin de juguler le terrorisme à Alger, devant l'impuissance de la police. Massu commence par briser une grève ordonnée par le FLN. Retournant contre l'adversaire ses méthodes, en usant de la torture, il parvient à remonter les filières politiques et militaires du FLN, à démasquer les artificiers et les poseurs de bombe. À partir de l'été 1957, la victoire est totale et les attentats cessent complètement durant plusieurs mois. En neuf mois, les cellules algéroises du FLN sont démantelées une à une, avec notamment la disparition de 3024 suspects. La torture est tolérée par l'ensemble des pouvoirs publics, d'autant plus qu'elle permet la prévention d'attentats à la bombe. Les techniques se perfectionnent avec l'usage du courant électrique (la gégène), la pendaison par les membres, l'immersion de la tête dans une baignoire... Les exécutions sommaires de suspects sont banalisées. En revanche, en métropole, les méthodes employés par les paras font l'objet de vives critiques d'intellectuels.

L'armée française remporte également de nombreux succès sur le terrain, où les régiments de parachutistes et de légionnaires, les bataillons de chasseurs alpins, les divers commandos et autres unités d'élite parcourent les djebels et accrochent les bandes rebelles. L'innovation tactique de l'emploi de l'hélicoptère, à une échelle croissante, facilite considérablement la destruction des maquis ennemis.

La victoire militaire est en vue : 270 000 musulmans servent aux côtés de l'armée française. On les trouve dans les régiments de tirailleurs, les harkas (auxiliaires), les commandos, dans les unités d'autodéfense des villages. À l'opposé, 30 000 musulmans luttent au sein des diverses organisations indépendantistes.

Le plan du général Challe, déclenché en 1959-1960, engage des unités d'élite comme les 10e et 25e divisions parachutistes, la 14e division d'infanterie, la 7e division militaire régionale, les régiments de la Légion, les bataillons de chasseurs alpins, les unités auxiliaires musulmanes. On assiste à toute une série d'opérations d'envergure d'ouest en est, de l'Oranie au Constantinois. Ces opérations baptisées Courroie, Étincelle, Rubis, Pierres Précieuses, Zodiaque, Capricorne, Cigale, Trident se soldent par de brillants succès. Elles détruisent ou accrochent de nombreuses unités rebelles, neutralisent des caches d'armes, des dépôts de vivres, des ateliers. Les pertes infligées au FLN et autres groupes indépendantistes sont de l'ordre de 50% des effectifs.

L'arrivée au pouvoir du général de Gaulle en 1958, marquée par l'avènement d'une cinquième république, va bouleverser la situation en Algérie. D'abord favorable au maintien de la présence française, le général de Gaulle doute finalement de la possibilité d'assimiler les musulmans à la population française. Il n'a pas oublié également que la majorité de l'Algérie ne l'a pas soutenu durant la Seconde Guerre mondiale, en lui préférant le maréchal Pétain, puis le général Giraud. Le doute, la désillusion et la rancune, conduisent le général de Gaulle à envisager finalement l'indépendance de l'Algérie.

Le 8 janvier 1961, le référendum proposé par le général de Gaulle visant à statuer sur l'autodétermination des populations algériennes est organisé simultanément en France et en Algérie. Dans la métropole, 75,26% des Français se déclarent en faveur de la création d'une république algérienne. En Algérie même, 70% des musulmans disent « oui » à l'autodétermination. Les Européens d'Algérie ne sont même pas consultés, bien qu'ils représentent un million de personnes sur une population totale d'une dizaine de millions d'habitants.

Le 22 avril 1961, c'est avec stupeur que les Algérois apprennent à la radio que « l'armée a pris le contrôle de l'Algérie et du Sahara. Il n'y aura pas d'Algérie indépendante ». Les promoteurs de ce putsch sont des colonels, pour la plupart anciens d'Indochine, avec à leurs têtes les généraux Zeller, Jouhaud, Challe et Salan. Le programme des généraux putschistes est simple : achever la pacification de l'Algérie, afin de remettre à la France et au général de Gaulle une Algérie française sur un plateau d'argent. L'armée française restera ainsi fidèle à son engagement de ne pas abandonner les Occidentaux et les musulmans qui lui font confiance. Le drame de l'Indochine ne se reproduira pas.

Le putsch s'effectue à Alger sans coup férir avec le concours du 1er régiment étranger parachutiste (REP), basé à Zeralda. Les partisans du général de Gaulle sont arrêtés. Beaucoup d'hommes politiques s'attendent à une opération aéroportée sur la région parisienne et à une prise du pouvoir par les paras. Le soir même, le général de Gaulle fulmine contre un « quarteron de généraux en retraite », qui ont trahi leur devoir le plus sacré d'obéissance.

Le lendemain même, le putsch se révèle moribond. L'échec vient d'une armée qui a perdu en partie son unité. Les mutations successives ont mis en place des bastions de gaullistes fervents qui freinent le développement du putsch, qui se limite finalement à quelques cadres décidés.

Comme le souligne Philippe Masson, le problème clé est celui de la masse du corps des officiers composée d'hommes désabusés, hésitants ou opportunistes, voire déchirés, qui se refusent à une aventure d'une issue douteuse, avec tous les risques que cela comporte pour leur carrière.

Le putsch ne dure pas plus de 4 jours. Il n'a pas dépassé le niveau d'un simple baroud d'honneur. Les généraux Challe et Zeller se constituent prisonniers, Salan et Jouhaux se fondent dans la clandestinité. Le général de Gaulle en profite pour exercer une mise au pas définitive de l'armée, par une répression sévère. Trois régiments parachutistes sont dissous, le 1er REP, les 14e et 18e RCP, ainsi que les commandos de l'air et le groupement de commandos. Les deux divisions parachutistes, 10e et 25e, sont totalement refondues. La légion est en partie préservée. Plus de 200 officiers sont rayés des cadres et plusieurs dizaines déférés devant les tribunaux militaires. De janvier à décembre 1961, 1800 officiers quittent l'armée, 1300 volontairement et 500 mis en congé spécial. Les généraux Challe et Zeller s'en tirent avec seize années d'emprisonnement. L'armée française, complètement désorientée, s'enfonce dans la passivité, alors que le FLN se trouve au plus bas de ses effectifs. Les opérations sont de plus en plus rares.

L'heure est à la négociation, qui se déroule dans le plus grand secret dans le Jura pour finir par l'accord du 18 mars 1961, à Évian. Le FLN remporte une victoire totale et les délégués français Louis Joxe, Jean de Broglie, Robert Buron ont cédé sur toute la ligne, malgré les directives de fermeté du gouvernement français. Ils ont abandonné ce qu'un Raymond Aron jugeait impossible : pas de réelle garantie pour les Occidentaux, qui ne pourront bénéficier de la double nationalité, encore moins de garantie pour les musulmans favorables à la France, le Sahara fera partie intégrante du territoire algérien. L'armée française doit achever l'évacuation totale de l'Algérie dans un délais de cinq ans.

L'Algérie est alors balayée par un véritable vent de folie meurtrière et sombre dans le chaos. L'organisation de l'armée secrète (OAS), composée de partisans acharnés de l'Algérie française, dont le général Salan a pris le commandement, multiplie les attentats un peu partout, aussi bien en Algérie qu'en métropole, contre des membres vrais ou supposés du FLN, des fonctionnaires gaullistes, des hommes politiques, des intellectuels et autres, dont le général de Gaulle à plusieurs reprises. Les attentats deviennent aveugles. Le but recherché de l'OAS est de déclencher une réaction brutale des musulmans, obligeant ainsi l'armée française à intervenir.

Les accords d'Évian n'apportant aucune garantie pour les Occidentaux et les musulmans favorables à la France, on assiste alors à un départ massif vers la métropole.

Le 1er juillet 1962, l'indépendance de l'Algérie est solennellement proclamée. Le drame n'est pas terminé. L'heure de la vengeance sonne. Partout, dont à Oran en particulier, des Occidentaux et des musulmans francophiles sont massacrés dans des conditions horribles. L'armée française, ligotée par des instructions impératives, intervient rarement. Le général de Gaulle a lui-même précisé, le 24 mai 1962, en plein conseil des ministres, que « la France ne doit avoir aucune responsabilité dans le maintien de l'ordre après l'autodétermination. Elle aura le devoir d'assister les autorités algériennes, mais ce sera de l'assistance technique. Si les gens s'entre-massacrent, ce sera l'affaire des autorités algériennes ».[237] Les supplétifs musulmans de l'armée françaises, dont les harkis, sont ainsi désarmés par leurs officiers et sous-officiers français, livrés à la vengeance du FLN : 150 000 d'entre eux avec leurs familles sont massacrés avec des « raffinements » de cruauté ou sont portés disparus.

La guerre d'Algérie prend fin sur un paradoxe. Le conflit d'Indochine s'achève par une défaite militaire française à Diên Biên Phu

---

[237] *Archives militaires françaises*, Vincennes.

en 1954, mais par un demi-succès diplomatique par la suite. La situation est renversée en Algérie, avec une victoire militaire française sur le terrain et une défaite politique et diplomatique par la suite. L'espoir d'une association, sans parler d'une intégration, s'effondre. Indépendamment du départ massif des Européens, la France perd tous ses atouts militaires, économiques et culturels en Algérie. Le FLN fait table rase du passé et se livre au pari de l'indépendance absolue. Une partie de l'armée française a le sentiment d'avoir été flouée, odieusement trompée. L'autre parti estime qu'avec l'indépendance des anciens protectorats et de l'Afrique noire, il devenait de plus en plus difficile de conserver le bastion algérien étroitement attaché à la France.

XVIII

KOLWEZI
1978

La France signe une vingtaine d'accords de défense et de coopérations avec ses anciennes colonies africaines. En vertu de ses accords, l'armée française est intervenue une quarantaine de fois sur le sol africain en l'espace d'un demi-siècle. Certaines opérations n'ont duré que quelques jours, d'autres ont donné lieu à des déploiements plus longs. Dans le cadre de l'organisation des nations unies (Onu), l'armée française s'est également manifestée un peu partout sur la planète, lors de missions de maintien de la paix, notamment au Liban durant les années 1970 et 1980, aux côtés de l'Otan en Yougoslavie durant les années 1990. Les plus célèbres de ces opérations militaires extérieures sont celles de Kolwezi au Zaïre en mai 1978 et de la première guerre du Golfe en 1990-1991.

Le 13 mai 1978, 4000 rebelles katangais, venus d'Angola, équipés de matériels soviétiques et formés par des instructeurs cubains, mettent en déroute la garnison zaïroise installée à Kolwezi, où vivent environs 3000 Occidentaux, et commettent des massacres contre les civils. En France, le président Giscard d'Estaing est alerté. Afin de protéger ses ressortissants, il décide d'engager le 2e régiment étranger de parachutistes (REP) de la Légion, basé en Corse et placé sous les ordres du colonel Erulin. À Kinshasa, capitale du Zaïre, le président Mobutu est inquiet. Il voudrait bien régler l'affaire tout seul mais il sent bien que la situation risque de lui échapper. Seule une aide occidentale pourrait sauver l'unité de son pays, ainsi que la vie des civils. À Kolwezi, la situation se détériore, les rues sont jonchées de cadavres. Les rebelles s'en prennent non seulement aux citadins zaïrois mais également aux expatriés européens, dont la plupart travaillent pour la Gécamines, une société qui extrait les richesses du sous-sol local. Les Occidentaux doivent se cacher pour échapper au massacre, malheureusement 170 d'entre eux sont tués par les rebelles, ainsi que 700 civils africains.

Le 19 mai, à 14 heures 30, la première vague de parachutistes français du 2e REP, composée de 450 hommes entassés dans des avions français et zaïrois, saute à 250 mètres d'altitude sur l'ancien hippodrome. Immédiatement, de violents combats de rue s'engagent, permettant de délivrer les citadins zaïrois et occidentaux. Une colonne de rebelles, avec une automitrailleuse, est stoppée vers 15 heures à hauteur de la gare. Les groupes rebelles sont attaqués par des actions débordantes des paras français qui les contraignent à fuir la ville. Kolwezi est sous contrôle du 2e REP dès 18 heures. Les paras s'installent aux carrefours. Durant la nuit, les rebelles contre-attaquent mais sont stoppés par les embuscades de la Légion. Le 20, à 6 heures 30, une seconde vague de 250 paras français est larguée. Sautant à l'est de la ville, elle prend les rebelles en enfilade. Finalement, les rebelles décrochent, en abandonnant armes et matériels : 250 d'entre eux sont tués et 600 autres blessés. Les paras français s'emparent également d'un millier d'armes légères, de 4 canons, 15 mortiers, 21 lance-roquettes et 2 blindés. Le 2e REP ne compte que 5 morts et 20 blessés. C'est un succès total, sauvant la vie de plusieurs milliers d'Africains et d'Occidentaux.

Le 21 mai, les 2800 Occidentaux libérés, principalement français et belges, sont amenés sous bonne escorte à l'aérodrome. Les paras belges arrivent à leur tour alors que la bataille se termine. On découvre dans les habitations et les hôtels des dizaines de corps en putréfaction, hommes, femmes et enfants, massacrés par les rebelles. Il n'a fallu qu'une journée au 2e REP pour s'emparer de Kolwezi, chasser des rebelles plus nombreux et sauver des milliers de civils : c'est un succès complet pour l'armée française.

XXIX

OPÉRATION DAGUET
1991

Le 24 février 1991, la division française Daguet, formée suite à l'invasion du Koweït par l'Irak le 2 août 1990, passe à l'offensive à l'extrémité gauche du dispositif allié en Arabie Saoudite, véritable flanc garde de la coalition regroupant une trentaine de pays avec un total de 938 545 hommes (terre, air et marine), dont 535 000 soldats américains, contre 530 000 soldats irakiens. La France engage dans cette opérations 19 500 hommes, dont 12 500 au sein de l'armée de terre, 7000 au sein de l'armée de l'air et de la marine nationale.

La division française Daguet, commandée par les généraux français Roquejoffre et Janvier, aligne 12 500 soldats, 132 hélicoptères, 44 chars de combat AMX30B2, 214 blindés d'infanterie VAB, 96 blindés de reconnaissance et de combat AMX10 RC et 13 ERC 90 Sagaie, 18 pièces d'artillerie de 155 mm. Elle doit affronter la 45e division d'infanterie irakienne, forte de 11 000 soldats, 50 chars T55, T62, T69 et T72, 50 canons de 122 et 132 mm. La division Daguet est soutenue par 4500 soldats américains d'une brigade d'infanterie de la 82e division aéroportée, portant les effectifs totaux à 17 000 hommes.

La division Daguet, couvrant tout le dispositif de l'offensive alliée pour libérer le Koweït, doit pénétrer de 150 kilomètres à l'intérieur du territoire irakien et s'emparer du village d'As Salman, sans oublier son aéroport. Cette mission décisive est brillamment accomplie en 48 heures par la division Daguet, qui enfonce les positions ennemies, capture 3000 soldats irakiens, en met 7000 autres en fuite, détruit 20 chars T55, T62 et T69, s'empare de 2 chars T72, détruit 17 blindés légers et 114 camions, capture 7 autres camions, détruit 26 pièces d'artillerie de 122 et 132 mm, en capture 40 autres, ainsi que 70 mortiers de 82 et 120 mm, sans oublier 700 tonnes de munitions.

Durant cette offensive éclair, les chars AMX30B2 ont tiré 270 obus de 105 mm, les blindés AMX 10 RC 290 obus de 105 mm, les pièces d'artillerie de 155 mm 1640 obus, les mortiers de 120 mm 560 obus, les postes antichars Milan 22 missiles, les hélicoptères Gazelle 328 missiles Hot, les véhicules blindés VAB une soixantaines de missiles. Les pertes militaires françaises se limitent à 9 tués et 33 blessés. Le commandement américain souligne que « la division français Daguet vient d'accomplir un magnifique travail sur le terrain ».[238]

Durant toute la guerre du Golfe 1990-1991, la marine française a engagé une vingtaine de navires, dont le porte-avions Clemenceau, l'armée de l'air une soixantaine d'avions, dont 14 appareils de combat Mirage 2000 et 24 Jaguar. Lors de l'offensive aérienne qui dura 43 jours, l'armée de l'air française a effectué 1387 sorties. Quatre de ses avions Jaguar ont été légèrement endommagés par des tirs de la DCA irakienne. Les Jaguar français ont accompli à eux seuls 615 sorties et 1088 heures de vol.

---

[238] *Archives militaires françaises*, Vincennes.

XXX

LIBYE
2011

Dans le cadre de l'Onu et de l'Otan, l'armée française est intervenue en Libye du 19 mars au 20 octobre 2011, au sein d'une coalition militaire représentée par une quinzaine de pays, dont principalement la France, les Etats-Unis et la Grande-Bretagne, au bénéfice des insurgés du conseil national de transition (CNT) en guerre contre le dictateur Khadafi, ses mercenaires et ses partisans armés.

Lors de cette opération militaire engageant principalement des forces navales et aériennes du côté des Alliés, la France a pris la tête de cette coalition en alignant le plus grand nombre d'aéronefs (avions et hélicoptères), avec 72 appareils, contre 50 pour les Etats-Unis, 22 pour la Grande-Bretagne, 12 pour l'Italie, 12 pour les Émirats Arabes Unis, 11 pour le Canada, 9 pour la Suède, 7 pour la Turquie, 6 pour la Belgique, 6 pour la Norvège, 6 pour l'Espagne, 6 pour le Qatar, 4 pour le Danemark, 3 pour le Grèce.

La marine nationale française a également tenu une place déterminante avec la présence du porte-avions Charles-de-Gaulle, de la frégate de défense aérienne Forbin, de la frégate antiaérienne Jean-Bart, de la frégate furtive Aconit, de la frégate anti-sous-marine Dupleix, du pétrolier Meuse, d'un sous-marin nucléaire d'attaque, du porte-hélicoptères d'assaut amphibie Tonnerre avec à son bord 19 hélicoptères de combat, ainsi que d'autre navires de plus faibles tonnages. La frégate Courbet a remplacé la frégate Aconit en avril. La Grande-Bretagne n'a engagé que trois navires (Triumph, Liverpool, Océan). Les Etats-Unis ont déplacé le navire amiral de la sixième flotte Mount Whitney, le groupe amphibie Kearsagre, relevé ensuite par le groupe amphibie Bataan, 2 sous-marins nucléaires d'attaque (Providence et Scranton), le sous-marin nucléaire lanceur de missiles de croisière Florida.

L'aviation française est la première à intervenir, le 19 mars 2011, à 12 heures 30, avec une patrouille de 8 Rafale, de 2 Mirage 2000D, de 2 Mirage 2000-5, de 7 avions ravitailleurs. Les missions durent 6 heures 30 pour les chasseurs partis de France, dont 2 heures 30 au-dessus de la Libye. De nombreux véhicules blindés libyens sont détruits par les appareils français, évitant ainsi un véritable bain de sang contre la population de Benghazi, hostile à Khadafi. Les avions français empêchent également les attaques aériennes khadafistes sur la ville de Benghazi.

À partir du 22 mars, l'aviation navale française, embarquée à bord du porte-avions Charles-de-Gaulle, participe activement aux opérations, avec 10 Rafale, 6 Super Étendard modernisés, 2 Hawkeye et 5 hélicoptères.

Le 24 mars 2011, un Rafale détruit, au moyen d'une bombe guidée AASM, un avion libyen de combat Soko G2 Galeb qui atterrit sur l'aéroport de Misratah. Le 26 mars, 5 Mig 23 libyens sont également détruits au même endroit par l'aviation française.

Dans la nuit du 23 au 24 mars, des Rafale et des Mirage 2000D détruisent, avec 7 missiles de croisière Scalp, des dépôts de munitions, des installations de maintenance et le centre de commandement de la base aérienne d'al-Joufra. La nuit suivante, l'aviation française détruit avec une bombe guidée laser GBU-12 une batterie d'artillerie, située dans les environs d'Ajdabiya. Le siège de cette ville se termine le même jour avec la destruction de 7 chars libyens T72 par des avions britanniques Panavia Tornado et des Mirage 2000 français. Le 29, les avions français de l'armée de l'air et de la marine nationale accomplissent des frappes sur des véhicules blindés et un important dépôt de munitions dans les régions de Misrata et Zintan.

Entre le 31 mars à 6 heures et le 7 avril à 6 heures, les avions français (armée de l'air et marine nationale) réalisent 900 heures de vol, 120 sorties d'appui et d'interdiction aérienne, 24 sorties de reconnaissance, 13 sorties de détection et de contrôle, 22 sorties de ravitaillement en vol, 28 sorties de ravitaillement divers, 22 sorties de défense aérienne. Le bilan de cette semaine se termine par la destruction d'une dizaine de véhicules blindés ennemis et de 2 sites de missiles de défense antiaérienne.

Dans la nuit du 19 au 20 mai 2011, une série de raids aériens franco-anglo-canadien met hors de combat 8 navires de guerre de la marine libyenne, se trouvant à quai dans divers ports. Les avions français ciblent la frégate Al Ghardabia de classe Koni, principal bâtiment de combat de la marine kadhafiste, ainsi que plusieurs patrouilleurs lance-missiles du type Combattante II.

Depuis le porte-hélicoptères d'assaut Tonnerre, une dizaine d'aéronefs français Tigre et Gazelle détruisent 20 objectifs, dont 15 véhicules blindés et 2 centres de commandement, dans la nuit du 3 au 4 juin. Comme le souligne Jean-Dominique Merchet, spécialiste des questions militaires, la défense libyenne n'est pas restée inerte. Très bien camouflée, les forces kadhafistes ont riposté avec des missiles portables

SA-7, des canons mitrailleurs de 23 mm et des mitrailleuses lourdes de 14,5 mm. Les hélicoptères français sont intervenus que par nuit noire, en volant à très basse altitude. Des années d'entraînement au vol tactique ont été mises à profit au grand dam des kadhafistes. Les forces khadafistes ont été attaquées d'une manière impitoyable, comme en témoigne le nombre de munitions utilisées à chaque raid : une quinzaine de missiles Hot, environ 150 roquettes et autant d'obus de 30 mm. Les frégates françaises ont appuyé cette action, d'une audace incroyable, en tirant 3000 obus sur les positions adverses. Tous les aéronefs français ont pu rejoindre le porte-hélicoptères Tonnerre.

Du 9 au 16 juin 2011, les avions et les hélicoptères français effectuent plus de 250 sorties, dont 146 ayant pour objet des attaques au sol, durant lesquelles une soixantaine d'objectifs sont détruits (20 bâtiments et plus de 40 véhicules militaires), notamment dans les régions de Misrata, Tripoli et Brega.

Entre le 12 et le 14 juillet 2011, le groupement aéromobile français, fort d'une vingtaine d'hélicoptères, est transféré du porte-hélicoptères Tonnerre au Mistral qui prend la relève pour un temps.

Entre le 8 septembre, 6 heures, et le 15 septembre 2011, 6 heures, les avions français accomplissent 96 sorties d'attaque au sol, 30 sorties de reconnaissance, 7 sorties de contrôle aérien et 9 sorties de ravitaillement.

Le 20 octobre, le colonel Kadhafi se trouve à bord d'un convoi de plus de 20 véhicules quittant la ville de Syrte. Le convoi est arrêté par un tir de missile drone américain. Alors que les véhicules se regroupent, le même convoi est attaqué par un Mirage français 2000D, accompagné d'un Mirage F1 CR. Le Mirage 2000D tire deux bombes MK82 à l'avant et à l'arrière de la colonne, causant d'importants dégâts. Kadhafi doit se réfugier à pied dans les environs pour se cacher. Il est alors assailli par des combattants du CNT (conseil national de transition) venant de Misrata et ensuite abattu. Cette mort du dictateur libyen met fin aux opérations militaires alliées en Libye.

Les avions français de l'armée de l'air et de la marine nationale ont effectué 35% des sorties offensives de l'Otan durant cette campagne de Libye. Cela représente plus de 20 000 heures de vol et plus de 4500 sorties. Les forces armées françaises ont touché 2500 cibles militaires, dont 850 sites logistiques, 170 centres de commandement, 480 chars, 250 véhicules et 160 pièces d'artillerie. Ces mêmes forces françaises ont tiré un total de 4621 munitions, dont 15 missiles de croisières Scalp, 225 bombes de précision AASM tirées par les Rafale, 950 bombes à guidage laser GBU tirées par l'aviation, 431 missiles air-sol Hot tirés par les hélicoptères Gazelle, 1500 roquettes tirées par les hélicoptères Tigre et 3000 obus de 76 et 100 mm tirés par la marine nationale (86% de tirs de la coalition). La marine nationale a engagé jusqu'à 29 navires, se plaçant en tête du dispositif des Alliés.

Malgré la grande puissance de feu des kadhafistes, l'armée française n'a enregistré aucune perte dans ses rangs lors des combats, soulignant ainsi l'extrême efficacité du matériel et du personnel.

L'armée française a bien représenté le fer de lance de cette coalition. La France a été le seul pays européen à tenir son rôle de grande puissance militaire, ce qui n'a échappé ni aux Américains ni aux partenaires européens. Les principaux experts militaires français et étrangers estiment que « cette opération a été une véritable promotion de la puissance militaire française ». L'avion de combat Rafale a notamment démontré ses qualités inégalées en Europe : souplesse et polyvalence (capacités à décoller tant de Saint-Dizier que de Solenzara ou du porte-avions Charles-de-Gaulle), réelles capacités multirôles (vaste éventail d'armes, excellence dans les missions air-air comme air-sol). Les avions Mirage 2000 et Super Étendard ont prouvé une fois de plus leurs immenses qualités opérationnelles. Les hélicoptères Gazelle et Tigre se sont révélés d'une efficacité redoutable dans la destruction des positions et des moyens matériels de l'ennemi, même dans les conditions les plus difficiles. Les navires français ont démontré que la marine nationale est la seconde du monde au niveau de l'efficacité tactique et stratégique, ainsi que par la puissance de feu et de projection.

Monsieur Gérard Longuet, ministre de la défense 2011, tire les leçons de l'intervention française en Libye :

« Les opérations en Libye démontrent que nous bénéficions d'une armée bien équipée, bien entraînée et dotée d'une doctrine d'emploi éprouvée et claire. Nos militaires, que j'ai visités plusieurs fois, ont été formidables et très professionnels. Je retiens également que la pleine réintégration de la France dans la structure militaire intégrée de l'Otan nous a permis de peser sur la conduite des opérations.

« D'un point de vue militaire, force est de constater que nous avons atteint nos objectifs rapidement, sans troupes au sol, sans déplorer de morts, et pratiquement sans dommages collatéraux. Ce bilan est exemplaire. Notre intervention permet en outre à la France de valider un certain nombre de choix doctrinaux. La pertinence d'un avion polyvalent, le Rafale, l'aptitude des hélicoptères de l'armée de terre, et particulièrement le Tigre, à s'engager à partir d'un bâtiment à la mer, comptent parmi les nombreux enseignements que les armées tirent de cette opération. »[239]

---

[239] *Archives du journal Sud-Ouest*, Bordeaux.

CONCLUSION

Durant près d'un siècle, de 1914 à nos jours, l'armée française a une fois de plus apporté la preuve de son efficacité légendaire. Rien que dans cet ouvrage de nombreux succès militaires sont présentés avec un vision globale, tactique et stratégique.

Jacques Pigneaux de La Roche, engagé dans les forces françaises libres sous le n°17 en juin 1940, héros de la bataille de Bir-Hakeim en mai-juin 1942, m'écrivait le 12 mai 2009 pour me remercier de lui avoir adressé un de mes ouvrages consacré à cette bataille, paru chez Calmann-Lévy :

« Je vous prie tout d'abord de bien vouloir m'excuser le retard avec lequel je viens de vous remercier pour l'envoi à la Fondation de la France libre de votre excellent ouvrage sur Bir-Hakeim qui a, en particulier, le mérite de replacer cette bataille dans le cadre de la stratégie de la 8e armée britannique.

« Vous faites parfaitement ressortir que la ténacité des Français libres, qui ont contenu cette position lourdement investie par l'ennemi, a été un facteur important de la reconstitution des forces de la 8e armée britannique. »[240]

Un autre de mes lecteurs, Louis Maurice, lieutenant d'artillerie

---

[240] Archives de l'auteur.

en mai-juin 1940, grièvement blessé sur la Somme de 5 blessures dont la plus grave fut la perte totale de l'œil droit, chevalier de la Légion d'honneur et décoré de la Croix de guerre 1939-1945, m'écrivait le 8 avril 2012, suite à la lecture de mon livre *Comme des lions, le sacrifice héroïque de l'armée française mai-juin 1940,* publié en 2005 aux éditions Calmann-Lévy et réédité de nombreuses fois :

« Mes états de service me permettent de porter un jugement sur votre œuvre et de vous dire que je la trouve particulièrement digne d'admiration et notamment par l'objectivité dont vous faites preuve dans la relation des actions que vous avez retenues et plus encore dans les jugements que vous portez sur leurs causes. Soyez-en vivement remercié. »[241]

Ces deux lettres, empreintes de la franchise de la noblesse du cœur, venant de deux authentiques combattants de la Seconde Guerre mondiale, attestent de la véracité des faits présentés dans mes ouvrages, sans la recherche d'une quelconque gloriole et reconnaissance personnelle, mais portés par un hommage rendu aux anciens combattants qui ont sauvé la France du déshonneur et assuré sa grandeur pour la liberté de tous.

« Que leur gloire soit à jamais compagne de notre espérance », écrivait un certain Charles de Gaulle.[242]

---

[241] Archives de l'auteur.

[242] Charles de Gaulle, *Mémoires*, éditions Gallimard 2000.

SOURCES PRINCIPALES

Archives militaires françaises, Vincennes.
Archives militaires allemandes, Fribourg-en-Brisgau.
Archives militaires britanniques, Londres.
Archives militaires italiennes, Londres.
Archives du centre national Jean Moulin, Bordeaux.
Archives de la fondation de la France libre, Paris.
Archives du ministère de la défense, Paris.

Yves Buffetaut, *Atlas de la Première Guerre mondiale*, éditions Autrement 2005.
L'Alsace et les combats des Vosges 1914-1918, guide illustré Michelin 1920.
Louis Cadars, *1915, l'année sanglante et Verdun*, Les Cahiers de l'Histoire n°53, février 1966.
Général J.E. Valluy et Pierre Dufourcq, *La Première Guerre mondiale*, éditions Larousse 1968.
Philippe Sadot, *La Légion libère Narvik, la 13e demi-brigade de marche de la Légion étrangère dans le Grand Nord*, Ligne de Front n°22, mars-avril 2010.
Karl-Heinz Frieser, *Le Mythe de la guerre éclair, la campagne de l'Ouest de 1940*, éditions Belin 2003.
Erik Barbanson, *Somua contre Panzer, Hannut, la première bataille de chars de l'histoire*, Histoires de Guerre n°68, avril 2006.
Claude Paillat, *Le Désastre de 1940, la guerre éclair, 10 mai-24 juin 1940*, éditions Robert Laffont 1985.
Colonel Jean Delmas, colonel Paul Devautour, Eric Lefèvre, *Mai-juin 1940, les combattants de l'honneur*, éditions Copernic 1980.
Yves Buffetaut, *Blitzkrieg à l'Ouest*, Belgique et Nord 1940, collection hors-série Militaria n°8, éditions Histoire et Collections 1993.
Eric Denis, *La Bataille de Stonne*, campagne de France 1940, thématique n°2 l'histoire militaire du XXe siècle, éditions Histoire et

Collections 2008.
Paul Billotte, *Le Temps des armes*, éditions Plon 1972.
Yves Buffetaut, *De Gaulle chef de guerre, 15 mai-6 juin 1940*, éditions Heimdal 1990.
Jacques Mordal, *Dunkerque*, éditions France Empire 1968.
Jean Beaux, *Dunkerque 1940*, éditions Les Presses de la Cité 1967.
Walter Lord, *Le Miracle de Dunkerque*, éditions Robert Laffont 1983.
Pierre Vasselle, *La Bataille au sud d'Amiens, 28 mai-8 juin 1940*, imprimerie F. Paillart 1947.
Jean-Robert Gorce, *Histoire de Guerre n°5*, mai 2000.
Roger Bruge, *Faites sauter la ligne Maginot ! Non, le soldat français de 40 n'a pas démérité*, éditions Fayard 1973.
Général Etienne Plan, Eric Lefèvre, *La Bataille des Alpes, 10-25 juin 1940*, éditions Lavauzelle 1982.
Henri Azeau, *La Guerre franco-italienne, juin 1940*, éditions Les Presses de la Cité 1967.
Henri Béraud, *Bataille des Alpes, juin 1940-1944/45*, éditions Heimdal 1987.
Philippe Masson, *Histoire de l'armée française de 1914 à nos jours*, éditions Perrin 1999.
39/45 magazine, n°133/134, juillet-août 1997, Corse 1940-1944.
Général de Gaulle, *Mémoires de guerre*, éditions Plon 1989.
Général Giraud, *Un seul but, la victoire*, éditions Julliard 1945.
Paul Gaujac, *L'armée de la victoire, de Naples à l'île d'Elbe 1943-1944*, éditions Lavauzelle 1985.
John Ellis, *Cassino, une amère victoire janvier-juin 1944*, éditions Albin Michel 1987.
Ringel, Hurra die Gams, Leopold Stocker s.d.
Böhmler, Monte Cassino, Rupert Verlag 1955.
Miroir de l'Histoire n°318, juillet-août 1980, La France debout 1942-1944.
Général Louis Berteil, *Baroud pour Rome, Italie 1944*, éditions Flammarion s.d.
Général Beaufre, *La revanche de 1945*, éditions Plon 1966.
Général René Chambe, *Bataille du Garigliano*, éditions Flammarion s.d.

Général de Lattre de Tassigny, *Histoire de la Première armée française*, éditions Plon 1950.
Paul Gaujac, *La Guerre en Provence*, éditions Pul 1998.
Michel Marmin, *Leclerc*, éditions Chronique 1997.
Le Point n° 1703, 5 mai 2005.

OUVRAGES
DU MÊME AUTEUR

L'Italie en guerre 1915-1918. Éditions Ulysse 1986.
Les guerres de Mussolini. Éditions Jacques Grancher 1988.
Connaître les châteaux du Périgord. Éditions Sud-Ouest 1989.
La Résistance dans le Sud-Ouest (préface de Jacques Chaban-Delmas). Éditions Sud-Ouest 1989.
L'épopée du corps franc Pommiès. Éditions Jacques Grancher 1990.
Le Sud-Ouest mystérieux. Éditions Sud-Ouest 1990.
L'affaire Grandclément. Éditions Sud-Ouest 1991.
Le livre d'or de la Résistance dans le Sud-Ouest. Éditions Sud-Ouest 1991.
Bordeaux pendant l'occupation. Éditions Sud-Ouest 1992.
Les contes populaires de toutes les Pyrénées. Éditions Sud-Ouest 1992.
Les grands crimes du Sud-Ouest. Éditions Sud-Ouest 1993.
Les FFI au combat. Éditions Jacques Grancher 1994.
Souvenirs de la guerre 1939-1945. Éditions Sud-Ouest 1995.
La montagne de lumière (roman). Éditions Lucien Souny 1995.
Gabriele d'Annunzio en France 1910-1915. Éditions J/D 1997.
Mussolini. Éditions Chronique 1997.
Rommel. Éditions Chronique 1998.
La poche du Médoc 1944-1945. Éditions CMD 1998.
Jacques Chaban-Delmas. Éditions CMD 1998.
Bordeaux et Arcachon à la Belle Époque. Éditions CMD 1998.
Bordeaux brûle-t-il ? La libération de la Gironde 1940-1945. Éditions Les Dossiers d'Aquitaine 1998.
Biarritz à la Belle Époque. Éditions CMD 1998.

Les corridas de Bayonne. Éditions CMD 1999.

Bordeaux, la base sous-marine 1940-1944. Éditions CMD 1999.

Bernadette Soubirous. Éditions CMD 1999.

Les échassiers des Landes. Éditions CMD 1999.

Périgord, l'aventure de la Préhistoire. Éditions CMD 1999.

Périgord, histoire de la truffe. Éditions CMD 1999.

Histoire de la France militaire et résistante. Éditions du Rocher 2000.

Aquitaine, histoire de la Résistance. Éditions CMD 2000.

Limousin, histoire de la Résistance. Éditions CMD 2001.

Orthon le farfadet et autres histoires mystérieuses de l'Aquitaine. Éditions du Rocher 2001.

Jean-Pierre Schnetzler, itinéraire d'un bouddhiste occidental. Éditions Desclée de Brouwer 2001.

L'affaire Bentzmann 1939-1945. Éditions les Chemins de la Mémoire 2002.

La poche de Royan 1939-1945. Éditions les Chemins de la Mémoire 2002.

Les combats victorieux de la Résistance dans la libération 1944-1945. Éditions du Cherche Midi 2002.

Les voies de la sérénité, les grandes religions et l'harmonie intérieure. Éditions Philippe Lebaud 2002.

Regards chrétiens sur le bouddhisme, de la diabolisation aux convergences. Éditions Dervy 2002.

Histoires mystérieuses du Sud-Ouest. Éditions les Chemins de la Mémoire 2002.

La bataille des cadets de Saumur, juin 1940. Éditions les Chemins de la Mémoire 2002.

La libération du Sud-Ouest 1944-1945. Éditions les Chemins de la

Mémoire 2003.
Le grand livre des fantômes. Éditions Trajectoire 2003.
Lama Namgyal, vie et enseignement d'un moine bouddhiste occidental. Éditions les Presses de la Renaissance 2003.
Arcachon : pages de son histoire. Éditions les Chemins de la Mémoire 2003.
Visite historique de Bayonne. Éditions les Chemins de la Mémoire 2003.
Visite historique de Biarritz. Éditions les Chemins de la Mémoire 2003.
Visite historique de Bordeaux. Éditions les Chemins de la Mémoire 2003.
Visite historique du Bassin d'Arcachon. Éditions les Chemins de la Mémoire 2003.
Les plages du débarquement. Éditions les Chemins de la Mémoire 2003.
La France combattante de la victoire 1944-1945. Éditions les Chemins de la Mémoire 2003.
La Poche de la Rochelle 1944-1945. Éditions les Chemins de la Mémoire 2003.
Rommel (biographie), la fin d'un mythe. Éditions du Cherche Midi 2003.
Les Chercheurs d'Absolu. Éditions du Félin 2003.
Lama Guendune, un grand maître tibétain en France. Éditions Oxus 2003.
Les vies antérieures, des preuves pour la réincarnation. Éditions du Félin 2004.
Histoire de la presse en France. Éditions de Vecchi 2004.
Les voies spirituelles du bonheur (yoga, bouddhisme, oraison,

soufisme). Éditions inFolio 2005.

Les Jésuites. Éditions de Vecchi 2005.

Comme des lions, Le sacrifice héroïque de l'armée française en mai-juin 1940. Éditions Calmann Lévy 2005.

Les Templiers. Éditions de Vecchi 2005.

Les grandes affaires de la Résistance. Éditions Lucien Souny 2005.

La Réincarnation, histoires vraies. Éditions Trajectoire 2006.

Les Missionnaires. Éditions de Vecchi 2006.

C'est nous les Africains, l'épopée de l'armée française d'Afrique 1940-1945. Éditions Calmann Lévy 2006.

Histoires extraordinaires du bouddhisme tibétain. Éditions InFolio 2006.

Les grands ordres militaires et religieux. Éditions Trajectoire 2006.

Histoires extraordinaires de la Seconde Guerre mondiale. Éditions Lucien Souny 2006.

Jean Moulin. Éditions Infolio 2007.

La dérive intégriste. Éditions Acropole 2007.

La libération de la France. Éditions Lucien Souny 2007.

Lieux de pèlerinages et grandes processions. Éditions Trajectoire 2007.

Mers el-Kébir, juillet 1940. Éditions Calmann-Lévy 2007.

Lourdes la miraculeuse. Éditions Trajectoire 2008.

Les poches de l'Atlantique 1944-1945. Éditions Lucien Souny 2008.

Les 35 plus grandes affaires criminelles. Éditions Trajectoire 2008.

La guerre italo-grecque 1940-1941. Éditions Calmann-Lévy 2008.

Les victoires militaires françaises de la Seconde Guerre mondiale. Éditions Lucien Souny 2009.

La bataille de Bir-Hakeim, une résistance héroïque. Éditions Calmann-Lévy 2009.

Convergences chrétiennes et bouddhistes. Éditions Oxus 2009.

Les grandes figures de la Résistance. Éditions Lucien Souny 2009.

Les mystères des manuscrits de la mer Morte. Éditions de Vecchi 2009.

Les mystères des prophéties. Éditions de Vecchi 2009.

Spectres, esprits et apparitions. Éditions de Vecchi 2009.

Le bouddhisme vu par la science. Éditions Oxus 2010.

La bataille de France jour après jour mai-juin 1940. Éditions Le Cherche Midi 2010.

Croyances et légendes populaires. Éditions de Vecchi 2010.

La bataille de Stonne, Ardennes 1940. Éditions Perrin 2010.

L'apport capital de la France dans la victoire des Alliés, 1914-1918 et 1939-1945. Éditions Le Cherche Midi 2011.

La bataille de Dunkerque 26 mai – 4 juin 1940. Éditions Tallandier 2011.

39-45 Les soldats oubliés, ceux dont l'Histoire ne parle plus. Éditions Jourdan 2012.

L'armée française pour les Nuls. Éditions First 2012.

Koenig, l'homme de Bir-Hakeim. Éditions du Toucan 2012.

La libération de la France jour après jour 1944-1945. Éditions Le Cherche Midi 2012.

Histoire générale de la Résistance française. Éditions Lucien Souny 2012.

La Résistance. Éditions Gründ 2012.

La Gestapo et les Français. Éditions Pygmalion 2013.

Légendes et fadaises de la Seconde Guerre mondiale. Éditions Jourdan 2013.

Histoires extraordinaires de la Résistance française. Éditions Le Cherche Midi 2013.

La Résistance pour les nuls. Éditions First 2013.

Fiers de notre histoire. Éditions First 2013.

Les Crimes nazis lors de la Libération de la France 1944-1945. Éditions Le Cherche Midi 2014.

12 Trains qui ont changé l'Histoire. Éditions Pygmalion 2014.

La bravoure méconnue des soldats italiens 1914-1918 & 1939-1945. Éditions Altipresse 2014.

Gabriele d'Annunzio ou le roman de la Belle Époque. Éditions Le Rocher 2014.

Les opérations commandos de la Seconde Guerre mondiale. Nouveau Monde éditions 2014. Nouvelle éditions en Poche 2016.

Les grandes figures de la Résistance française. Éditions Sud-Ouest 2014.

Combats oubliés, résistants et soldats français dans les combats de la Libération 1944-1945. Éditions du Toucan-L'Artilleur 2014.

Éloge de l'armée française. Éditions Pierre de Taillac 2014.

La France s'est faite à coups d'épée, l'épopée des grandes batailles d'Hastings à la Libération. Éditions Armand Colin 2015.

Histoires extraordinaires de la guerre aérienne 1939-1945. Éditions JPO 2015.

Histoires incroyables et héroïques de la Résistance. Éditions JPO 2015.

Bordeaux sous l'Occupation. Geste éditions 2015.

Alain Juppé sans masque. Éditions First 2016.

Histoires extraordinaires de la Seconde Guerre mondiale. Éditions Le Cherche Midi 2016.

Histoires incroyables de la guerre 1939-1945. Métive éditions 2016.

Petite histoire du Pays basque. Geste éditions 2016.

La poche du Médoc 1944-1945. Geste éditions 2016.

La libération du Sud-Ouest. Geste éditions 2016.

Les grandes affaires d'espionnage de la Ve République. Éditions First 2016.

Histoire du Pays basque. Geste éditions 2016.

Le mythe du sauveur américain 1917-1918, essai sur une imposture historique. Éditions Pierre de Taillac 2017.

Jean-Claude Hubert, souvenirs de guerre d'un résistant, contre-espion et commando 1939-1945. Geste éditions 2017.

La Charente sous l'occupation. Geste éditions 2017.

Le Pays basque sous l'occupation. Geste éditions 2017.

Le Lot-et-Garonne sous l'occupation. Geste éditions 2017.

Les Landes sous l'occupation. Geste éditions 2017.

Les 100 000 collabos, le fichier interdit de la collaboration française. Éditions Le Cherche Midi 2017.

Ces chrétiens qui ont résisté à Hitler. Éditions Artège 2018.

SS français, récits, lettres et témoignages inédits de la SS Charlemagne. Éditions Jourdan 2018.

Nouvelles histoires extraordinaires de la Résistance, 16 récits inédits de héros qui ont sauvé la France. Éditions Alisio-Leduc 2018.

Les années interdites. Auteurs, journalistes et artistes dans la Collaboration. Éditions de l'Archipel 2018.

Les grandes affaires de la Libération 1944-1945. Éditions Alisio 2019.

Les vérités cachées de la Seconde Guerre mondiale. Éditions du Rocher 2019.

Histoires extraordinaires de miracles et d'apparitions. Enquêtes et récits sur l'invisible dans les traditions chrétiennes et bouddhistes. Éditions Leduc 2019.

Jésus l'universel, l'histoire d'un message spirituel. Éditions Alisio

2019.

L'imposture du sauveur américain 1917-1918 / 1941-1945. Éditions Le Retour aux sources 2020.

Albert Roche, premier soldat de France. Éditions Le Retour aux sources 2020.

Éditions Le Retour aux Sources

DOMINIQUE LORMIER

www.leretourauxsources.com